KU-762-986

Avec tout mon Amour
et mille baisers
♡
de Clarisse
à Adam
(St Valentin 94)

Simone de Beauvoir

Le deuxième sexe

I

Les faits et les mythes

Gallimard

© *Éditions Gallimard, 1949, renouvelé en 1976.*

Simone de Beauvoir a écrit des Mémoires où elle nous donne elle-même à connaître sa vie, son œuvre. Quatre volumes ont paru de 1958 à 1972 : *Mémoires d'une jeune fille rangée, La Force de l'âge, La Force des choses, Tout compte fait*, auxquels s'adjoint le récit de 1964 *Une mort très douce*. L'ampleur de l'entreprise autobiographique trouve sa justification, son sens, dans une contradiction essentielle à l'écrivain : choisir lui fut toujours impossible entre le bonheur de vivre et la nécessité d'écrire, d'une part la splendeur contingente, de l'autre la rigueur salvatrice. Faire de sa propre existence l'objet de son écriture, c'était en partie sortir de ce dilemme.

Simone de Beauvoir est née à Paris le 9 janvier 1908. Elle fit ses études jusqu'au baccalauréat dans le très catholique Cours Désir. Agrégée de philosophie en 1929, elle enseigna à Marseille, Rouen et Paris jusqu'en 1943. *Quand prime le spirituel* fut achevé bien avant la guerre de 1939 mais ne paraîtra qu'en 1979. C'est *L'Invitée* (1943) qu'on doit considérer comme son véritable début littéraire. Viennent ensuite *Le sang des autres* (1945); *Tous les hommes sont mortels* (1946); *Les Mandarins*, roman qui lui vaut le prix Goncourt en 1954, *Les Belles Images* (1966) et *La Femme rompue* (1968).

Outre le célèbre *Deuxième Sexe*, paru en 1949, et devenu l'ouvrage de référence du mouvement féministe mondial, l'œuvre théorique de Simone de Beauvoir comprend de nombreux essais philosophiques ou polémiques, *Privilèges*, par exemple (1955), réédité sous le titre du premier article *Faut-il brûler Sade ?* et *La Vieillesse* (1970). Elle a écrit, pour le théâtre, *Les Bouches inutiles* (1945) et a raconté certains de ses voyages dans *L'Amérique au jour le jour* (1948) et *La Longue Marche* (1957).

Après la mort de Sartre, Simone de Beauvoir a publié *La Cérémonie des adieux* en 1981, et les *Lettres au Castor* (1983) qui rassemblent une partie de l'abondante correspondance qu'elle reçut de lui. Jusqu'au jour de sa mort, le 14 avril 1986, elle a collaboré activement à la revue fondée par elle et Sartre, *Les Temps Modernes*, et manifesté sous des formes diverses et innombrables sa solidarité totale avec le féminisme.

à Jacques Bost

Il y a un principe bon qui a créé
l'ordre, la lumière et l'homme et un
principe mauvais qui a créé le
chaos, les ténèbres et la femme.

PYTHAGORE.

Tout ce qui a été écrit par les
hommes sur les femmes doit être
suspect, car ils sont à la fois juge et
partie.

POULAIN DE LA BARRE.

INTRODUCTION

J'ai longtemps hésité à écrire un livre sur la femme. Le sujet est irritant, surtout pour les femmes; et il n'est pas neuf. La querelle du féminisme a fait couler assez d'encre, à présent elle est à peu près close : n'en parlons plus. On en parle encore cependant. Et il ne semble pas que les volumineuses sottises débitées pendant ce dernier siècle aient beaucoup éclairé le problème. D'ailleurs y a-t-il un problème? Et quel est-il? Y a-t-il même des femmes? Certes la théorie de l'éternel féminin compte encore des adeptes; ils chuchotent : « Même en Russie, *elles* restent bien femmes »; mais d'autres gens bien informés – et les mêmes aussi quelquefois – soupirent : « La femme se perd, la femme est perdue. » On ne sait plus bien s'il existe encore des femmes, s'il en existera toujours, s'il faut ou non le souhaiter, quelle place elles occupent en ce monde, quelle place elles devraient y occuper. « Où sont les femmes? » demandait récemment un magazine inter- mittent [1]. Mais d'abord : qu'est-ce qu'une femme? « *Tota mulier in utero* : c'est une matrice », dit l'un. Cependant parlant de certaines femmes, les connaisseurs décrètent : « Ce ne sont pas des femmes » bien qu'elles aient un utérus comme les autres. Tout le monde s'accorde à reconnaître qu'il y a dans l'espèce humaine des femelles; elles constituent aujourd'hui comme autrefois à peu près

1. Il est mort aujourd'hui, il s'appelait *Franchise*.

la moitié de l'humanité; et pourtant on nous dit que « la féminité est en péril »; on nous exhorte : « Soyez femmes, restez femmes, devenez femmes. » Tout être humain femelle n'est donc pas nécessairement une femme; il lui faut participer à cette réalité mystérieuse et menacée qu'est la féminité. Celle-ci est-elle sécrétée par les ovaires? ou figée au fond d'un ciel platonicien? Suffit-il d'un jupon à frou-frou pour la faire descendre sur terre? Bien que certaines femmes s'efforcent avec zèle de l'incarner, le modèle n'en a jamais été déposé. On la décrit volontiers en termes vagues et miroitants qui semblent empruntés au vocabulaire des voyantes. Au temps de saint Thomas, elle apparaissait comme une essence aussi sûrement définie que la vertu dormitive du pavot. Mais le conceptualisme a perdu du terrain : les sciences biologiques et sociales ne croient plus en l'existence d'entités immuablement fixées qui définiraient des caractères donnés tels que ceux de la femme, du Juif ou du Noir; elles considèrent le caractère comme une réaction secondaire à une *situation.* S'il n'y a plus aujourd'hui de féminité, c'est qu'il n'y en a jamais eu. Cela signifie-t-il que le mot « femme » n'ait aucun contenu? C'est ce qu'affirment vigoureusement les partisans de la philosophie des lumières, du rationalisme, du nominalisme : les femmes seraient seulement parmi les êtres humains ceux qu'on désigne arbitrairement par le mot « femme »; en particulier les Américaines pensent volontiers que la femme en tant que telle n'a plus lieu; si une attardée se prend encore pour une femme, ses amies lui conseillent de se faire psychanalyser afin de se délivrer de cette obsession. A propos d'un ouvrage, d'ailleurs fort agaçant, intitulé *Modern Woman : a lost sex,* Dorothy Parker a écrit : « Je ne peux être juste pour les livres qui traitent de la femme en tant que femme... Mon idée c'est que tous, aussi bien hommes que femmes, qui que nous soyons, nous devons être considérés comme des êtres humains. » Mais le nominalisme est une doctrine un peu courte; et les antiféministes ont beau jeu de montrer que les femmes ne *sont* pas des hommes. Assurément la femme est comme l'homme un être humain : mais une telle affirmation est abstraite; le fait est que tout être humain concret est toujours singulièrement situé. Refuser les notions d'éternel féminin, d'âme noire, de caractère juif, ce n'est pas nier qu'il y ait aujourd'hui des Juifs, des Noirs, des femmes : cette négation ne représente pas pour les intéressés une libération, mais une fuite inauthentique. Il est clair qu'aucune femme ne peut prétendre sans mauvaise foi se situer par-delà son sexe. Une femme écrivain connue a refusé voici quelques années de laisser paraître son portrait dans une série de photographies consacrées précisément aux femmes écrivains : elle voulait être rangée parmi les hommes; mais pour obtenir ce privilège, elle utilisa l'influence de son mari. Les femmes qui affirment qu'elles sont des hommes n'en réclament pas moins des égards et des hommages masculins. Je me rappelle aussi cette jeune trotskyste debout sur une estrade au milieu d'un meeting houleux et qui s'apprêtait à faire le coup de poing malgré son évidente fragilité; elle niait sa faiblesse féminine; mais c'était par amour pour un militant dont elle se voulait l'égale. L'attitude de défi dans laquelle se crispent les Américaines prouve qu'elles sont hantées par le sentiment de leur féminité. Et en vérité il suffit de se promener les yeux ouverts pour constater que l'humanité se partage en deux catégories d'individus dont les vêtements, le visage, le corps, les sourires, la démarche, les intérêts, les occupations sont manifestement différents : peut-être ces différences sont-elles superficielles, peut-être sont-elles destinées à disparaître. Ce qui est certain c'est que pour l'instant elles existent avec une éclatante évidence.

Si sa fonction de femelle ne suffit pas à définir la femme, si nous refusons aussi de l'expliquer par « l'éternel féminin » et si cependant nous admettons que, fût-ce à titre provisoire, il y a des femmes sur terre, nous avons donc à nous poser la question : qu'est-ce qu'une femme?

L'énoncé même du problème me suggère aussitôt une première réponse. Il est significatif que je le pose. Un homme n'aurait pas idée d'écrire un livre sur la situation singulière qu'occupent dans l'humanité les mâles[1]. Si je veux me définir je suis obligée d'abord de déclarer : « Je suis une femme »; cette vérité constitue le fond sur lequel s'enlèvera toute autre affirmation. Un homme ne commence jamais par se poser comme un individu d'un certain sexe : qu'il soit homme, cela va de soi. C'est d'une manière formelle, sur les registres des mairies et dans les déclarations d'identité que les rubriques : masculin, féminin, apparaissent comme symétriques. Le rapport des deux sexes n'est pas celui de deux électricités, de deux pôles : l'homme représente à la fois le positif et le neutre au point qu'on dit en français « les hommes » pour désigner les êtres humains, le sens singulier du mot « vir » s'étant assimilé au sens général du mot « homo ». La femme apparaît comme le négatif si bien que toute détermination lui est imputée comme limitation, sans réciprocité. Je me suis agacée parfois au cours de discussions abstraites d'entendre des hommes me dire : « Vous pensez telle chose parce que vous êtes une femme »; mais je savais que ma seule défense, c'était de répondre : « Je la pense parce qu'elle est vraie » éliminant par là ma subjectivité; il n'était pas question de répliquer : « Et vous pensez le contraire parce que vous êtes un homme »; car il est entendu que le fait d'être un homme n'est pas une singularité; un homme est dans son droit en étant homme, c'est la femme qui est dans son tort. Pratiquement, de même que pour les anciens il y avait une verticale absolue par rapport à laquelle se définissait l'oblique, il y a un type humain absolu qui est le type masculin. La femme a des ovaires, un utérus; voilà des conditions singulières qui l'enferment dans sa subjectivité; on dit volontiers qu'elle pense avec ses glandes.

---

1. Le rapport Kinsey par exemple se borne à définir les caractéristiques sexuelles de l'homme américain, ce qui est tout à fait différent.

L'homme oublie superbement que son anatomie comporte aussi des hormones, des testicules. Il saisit son corps comme une relation directe et normale avec le monde qu'il croit appréhender dans son objectivité, tandis qu'il considère le corps de la femme comme alourdi par tout ce qui le spécifie : un obstacle, une prison. « La femelle est femelle en vertu d'un certain *manque* de qualités », disait Aristote. « Nous devons considérer le caractère des femmes comme souffrant d'une défectuosité naturelle. » Et saint Thomas à sa suite décrète que la femme est un « homme manqué », un être « occasionnel ». C'est ce que symbolise l'histoire de la Genèse où Eve apparaît comme tirée, selon le mot de Bossuet, d'un « os surnuméraire » d'Adam. L'humanité est mâle et l'homme définit la femme non en soi mais relativement à lui; elle n'est pas considérée comme un être autonome. « La femme, l'être relatif... » écrit Michelet. C'est ainsi que M. Benda affirme dans le *Rapport d'Uriel* : « Le corps de l'homme a un sens par lui-même, abstraction faite de celui de la femme, alors que ce dernier en semble dénué si l'on n'évoque pas le mâle... L'homme se pense sans la femme. Elle ne se pense pas sans l'homme. » Et elle n'est rien d'autre que ce que l'homme en décide; ainsi on l'appelle « le sexe » voulant dire par là qu'elle apparaît essentiellement au mâle comme un être sexué : pour lui, elle est sexe, donc elle l'est absolument. Elle se détermine et se différencie par rapport à l'homme et non celui-ci par rapport à elle; elle est l'inessentiel en face de l'essentiel. Il est le Sujet, il est l'Absolu : elle est l'Autre[1].

1. Cette idée a été exprimée sous sa forme la plus explicite par E. Lévinas dans son essai sur le *Temps et l'Autre*. Il s'exprime ainsi : « N'y aurait-il pas une situation où l'altérité serait portée par un être à un titre positif, comme essence? Quelle est l'altérité qui n'entre pas purement et simplement dans l'opposition des deux espèces du même genre? Je pense que le contraire absolument contraire, dont la contrariété n'est affectée en rien par la relation qui peut s'établir entre lui et son corrélatif, la contrariété qui permet au terme de demeurer absolument autre, c'est le féminin. Le sexe n'est pas une différence spécifique quelconque... La différence des sexes n'est pas non plus une contradiction... (Elle) n'est pas

La catégorie de l'*Autre* est aussi originelle que la conscience elle-même. Dans les sociétés les plus primitives, dans les mythologies les plus antiques on trouve toujours une dualité qui est celle du Même et de l'Autre; cette division n'a pas d'abord été placée sous le signe de la division des sexes, elle ne dépend d'aucune donnée empirique : c'est ce qui ressort entre autres des travaux de Granet sur la pensée chinoise, de ceux de Dumézil sur les Indes et Rome. Dans les couples Varuna-Mitra, Ouranos-Zeus, Soleil-Lune, Jour-Nuit, aucun élément féminin n'est d'abord impliqué; non plus que dans l'opposition du Bien au Mal, des principes fastes et néfastes, de la droite et de la gauche, de Dieu et de Lucifer; l'altérité est une catégorie fondamentale de la pensée humaine. Aucune collectivité ne se définit jamais comme Une sans immédiatement poser l'Autre en face de soi. Il suffit de trois voyageurs réunis par hasard dans un même compartiment pour que tout le reste des voyageurs deviennent des « autres » vaguement hostiles. Pour le villageois, tous les gens qui n'appartiennent pas à son village sont des « autres » suspects; pour le natif d'un pays, les habitants des pays qui ne sont pas le sien apparaissent comme des « étrangers »; les Juifs sont « des autres » pour l'antisémite, les Noirs pour les racistes américains, les indigènes pour les colons, les prolétaires pour les classes possédantes. A la fin d'une étude approfondie sur les diverses figures des sociétés primitives Lévi-Strauss a pu conclure : « Le passage de l'état de Nature à l'état de Culture se définit par l'aptitude de la

non plus la dualité de deux termes complémentaires car deux termes complémentaires supposent un tout préexistant... L'altérité s'accomplit dans le féminin. Terme du même rang mais de sens opposé à la conscience. »

Je suppose que M. Lévinas n'oublie pas que la femme est aussi pour soi conscience. Mais il est frappant qu'il adopte délibérément un point de vue d'homme sans signaler la réciprocité du sujet et de l'objet. Quand il écrit que la femme est mystère, il sous-entend qu'elle est mystère pour l'homme. Si bien que cette description qui se veut objective est en fait une affirmation du privilège masculin.

part de l'homme à penser les relations biologiques sous la forme de systèmes d'oppositions : la dualité, l'alternance, l'opposition et la symétrie, qu'elles se présentent sous des formes définies ou des formes floues constituent moins des phénomènes qu'il s'agit d'expliquer que les données fondamentales et immédiates de la réalité sociale [1]. » Ces phénomènes ne sauraient se comprendre si la réalité humaine était exclusivement un *mitsein* basé sur la solidarité et l'amitié. Il s'éclaire au contraire si suivant Hegel on découvre dans la conscience elle-même une fondamentale hostilité à l'égard de toute autre conscience; le sujet ne se pose qu'en s'opposant : il prétend s'affirmer comme l'essentiel et constituer l'autre en inessentiel, en objet.

Seulement l'autre conscience lui oppose une prétention réciproque : en voyage le natif s'aperçoit avec scandale qu'il y a dans les pays voisins des natifs qui le regardent à son tour comme étranger; entre villages, clans, nations, classes, il y a des guerres, des potlatchs, des marchés, des traités, des luttes qui ôtent à l'idée de l'*Autre* son sens absolu et en découvrent la relativité; bon gré, mal gré, individus et groupes sont bien obligés de reconnaître la réciprocité de leur rapport. Comment donc se fait-il qu'entre les sexes cette réciprocité n'ait pas été posée, que l'un des termes se soit affirmé comme le seul essentiel, niant toute relativité par rapport à son corrélatif, définissant celui-ci comme l'altérité pure? Pourquoi les femmes ne contestent-elles pas la souveraineté mâle? Aucun sujet ne se pose d'emblée et spontanément comme l'inessentiel; ce n'est pas l'Autre qui se définissant comme Autre définit l'Un : il est posé comme Autre par l'Un se posant comme Un. Mais pour que le retournement de l'Autre à l'Un ne s'opère pas, il faut qu'il se soumette à ce point de vue étranger. D'où vient en la femme cette soumission?

1. Voir C. LÉVI-STRAUSS, *Les Structures élémentaires de la Parenté.*
Je remercie C. Lévi-Strauss d'avoir bien voulu me communiquer les épreuves de sa thèse que j'ai entre autres largement utilisée dans la deuxième partie, p. 115-136.

Il existe d'autres cas où, pendant un temps plus ou moins long, une catégorie a réussi à en dominer absolument une autre. C'est souvent l'inégalité numérique qui confère ce privilège : la majorité impose sa loi à la minorité ou la persécute. Mais les femmes ne sont pas comme les Noirs d'Amérique, comme les Juifs, une minorité : il y a autant de femmes que d'hommes sur terre. Souvent aussi les deux groupes en présence ont d'abord été indépendants : ils s'ignoraient autrefois, ou chacun admettait l'autonomie de l'autre; et c'est un événement historique qui a subordonné le plus faible au plus fort : la diaspora juive, l'introduction de l'esclavage en Amérique, les conquêtes coloniales sont des faits datés. Dans ces cas, pour les opprimés il y a eu un *avant* : ils ont en commun un passé, une tradition, parfois une religion, une culture. En ce sens le rapprochement établi par Bebel entre les femmes et le prolétariat serait le mieux fondé : les prolétaires non plus se sont pas en infériorité numérique et ils n'ont jamais constitué une collectivité séparée. Cependant à défaut d'*un* événement, c'est un développement historique qui explique leur existence en tant que classe et qui rend compte de la distribution de *ces* individus dans cette classe. Il n'y a pas toujours eu des prolétaires : il y a toujours eu des femmes; elles sont femmes par leur structure physiologique; aussi loin que l'histoire remonte, elles ont toujours été subordonnées à l'homme : leur dépendance n'est pas la conséquence d'un événement ou d'un devenir, elle n'est pas *arrivée*. C'est en partie parce qu'elle échappe au caractère accidentel du fait historique que l'altérité apparaît ici comme un absolu. Une situation qui s'est créée à travers le temps peut se défaire en un autre temps : les Noirs de Haïti entre autres l'ont bien prouvé; il semble, au contraire, qu'une condition naturelle défie le changement. En vérité pas plus que la réalité historique la nature n'est un donné immuable. Si la femme se découvre comme l'inessentiel qui jamais ne retourne à l'essentiel, c'est qu'elle n'opère pas elle-même ce retour. Les prolétaires disent « nous ». Les Noirs aussi. Se posant comme sujets ils changent en « autres » les bourgeois, les Blancs. Les femmes – sauf en certains congrès qui restent des manifestations abstraites – ne disent pas « nous »; les hommes disent « les femmes » et elles reprennent ces mots pour se désigner elles-mêmes; mais elles ne se posent pas authentiquement comme Sujet. Les prolétaires ont fait la révolution en Russie, les Noirs à Haïti, les Indochinois se battent en Indochine : l'action des femmes n'a jamais été qu'une agitation symbolique; elles n'ont gagné que ce que les hommes ont bien voulu leur concéder; elles n'ont rien pris : elles ont reçu[1]. C'est qu'elles n'ont pas les moyens concrets de se rassembler en une unité qui se poserait en s'opposant. Elles n'ont pas de passé, d'histoire, de religion qui leur soit propre; et elles n'ont pas comme les prolétaires une solidarité de travail et d'intérêts; il n'y a pas même entre elles cette promiscuité spatiale qui fait des Noirs d'Amérique, des Juifs des ghettos, des ouvriers de Saint-Denis ou des usines Renault une communauté. Elles vivent dispersées parmi les hommes, rattachées par l'habitat, le travail, les intérêts économiques, la condition sociale à certains hommes – père ou mari – plus étroitement qu'aux autres femmes. Bourgeoises elles sont solidaires des bourgeois et non des femmes prolétaires; blanches des hommes blancs et non des femmes noires. Le prolétariat pourrait se proposer de massacrer la classe dirigeante; un Juif, un Noir fanatiques pourraient rêver d'accaparer le secret de la bombe atomique et de faire une humanité tout entière juive, tout entière noire : même en songe la femme ne peut exterminer les mâles. Le lien qui l'unit à ses oppresseurs n'est comparable à aucun autre. La division des sexes est en effet un donné biologique, non un moment de l'histoire humaine. C'est au sein d'un *mitsein* originel que leur opposition s'est dessinée et elle ne l'a pas brisée. Le couple est une unité fondamentale dont les deux moitiés

1. Cf. deuxième partie, § 5.

sont rivées l'une à l'autre : aucun clivage de la société par sexes n'est possible. C'est là ce qui caractérise fondamentalement la femme : elle est l'Autre au cœur d'une totalité dont les deux termes sont nécessaires l'un à l'autre.

On pourrait imaginer que cette réciprocité eût facilité sa libération; quand Hercule file la laine au pied d'Omphale, son désir l'enchaîne : pourquoi Omphale n'a-t-elle pas réussi à acquérir un durable pouvoir? Pour se venger de Jason, Médée tue ses enfants : cette sauvage légende suggère que du lien qui l'attache à l'enfant la femme aurait pu tirer un ascendant redoutable. Aristophane a imaginé plaisamment dans Lysistrata une assemblée de femmes où celles-ci eussent tenté d'exploiter en commun à des fins sociales le besoin que les hommes ont d'elles : mais ce n'est qu'une comédie. La légende qui prétend que les Sabines ravies ont opposé à leurs ravisseurs une stérilité obstinée, raconte aussi qu'en les frappant de lanières de cuir les hommes ont eu magiquement raison de leur résistance. Le besoin biologique – désir sexuel et désir d'une postérité – qui met le mâle sous la dépendance de la femelle n'a pas affranchi socialement la femme. Le maître et l'esclave aussi sont unis par un besoin économique réciproque qui ne libère pas l'esclave. C'est que dans le rapport du maître à l'esclave, le maître ne *pose* pas le besoin qu'il a de l'autre; il détient le pouvoir de satisfaire ce besoin et ne le médiatise pas; au contraire l'esclave dans la dépendance, espoir ou peur, intériorise le besoin qu'il a du maître; l'urgence du besoin fût-elle égale en tous deux joue toujours en faveur de l'oppresseur contre l'opprimé : c'est ce qui explique que la libération de la classe ouvrière par exemple ait été si lente. Or la femme a toujours été, sinon l'esclave de l'homme, du moins sa vassale; les deux sexes ne se sont jamais partagé le monde à égalité; et aujourd'hui encore, bien que sa condition soit en train d'évoluer, la femme est lourdement handicapée. En presque aucun pays son statut légal n'est identique à celui de l'homme et souvent il la désavantage considérablement. Même lorsque des droits lui sont abstraitement reconnus, une longue habitude empêche qu'ils ne trouvent dans les mœurs leur expression concrète. Economiquement hommes et femmes constituent presque deux castes; toutes choses égales, les premiers ont des situations plus avantageuses, des salaires plus élevés, plus de chances de réussite que leurs concurrentes de fraîche date; ils occupent dans l'industrie, la politique, etc., un beaucoup plus grand nombre de places et ce sont eux qui détiennent les postes les plus importants. Outre les pouvoirs concrets qu'ils possèdent, ils sont revêtus d'un prestige dont toute l'éducation de l'enfant maintient la tradition : le présent enveloppe le passé, et dans le passé toute l'histoire a été faite par les mâles. Au moment où les femmes commencent à prendre part à l'élaboration du monde, ce monde est encore un monde qui appartient aux hommes : ils n'en doutent pas, elles en doutent à peine. Refuser d'être l'Autre, refuser la complicité avec l'homme, ce serait pour elles renoncer à tous les avantages que l'alliance avec la caste supérieure peut leur conférer. L'homme-suzerain protégera matériellement la femme-lige et il se chargera de justifier son existence : avec le risque économique elle esquive le risque métaphysique d'une liberté qui doit inventer ses fins sans secours. En effet, à côté de la prétention de tout individu à s'affirmer comme sujet, qui est une prétention éthique, il y a aussi en lui la tentation de fuir sa liberté et de se constituer en chose : c'est un chemin néfaste car passif, aliéné, perdu, il est alors la proie de volontés étrangères, coupé de sa transcendance, frustré de toute valeur. Mais c'est un chemin facile : on évite ainsi l'angoisse et la tension de l'existence authentiquement assumée. L'homme qui constitue la femme comme un *Autre* rencontrera donc en elle de profondes complicités. Ainsi, la femme ne se revendique pas comme sujet parce qu'elle n'en a pas les moyens concrets, parce qu'elle éprouve le lien nécessaire qui la rattache à l'homme sans en poser la réciprocité, et parce que souvent elle se complaît dans son rôle d'*Autre*.

Mais une question se pose aussitôt : comment toute cette histoire a-t-elle commencé? On comprend que la dualité des sexes comme toute dualité se soit traduite par un conflit. On comprend que si l'un des deux réussissait à imposer sa supériorité, celle-ci devait s'établir comme absolue. Il reste à expliquer que ce soit l'homme qui ait gagné au départ. Il semble que les femmes auraient pu remporter la victoire; ou la lutte aurait pu ne jamais se résoudre. D'où vient que ce monde a toujours appartenu aux hommes et que seulement aujourd'hui les choses commencent à changer? Ce changement est-il un bien? Amènera-t-il ou non un égal partage du monde entre hommes et femmes?

Ces questions sont loin d'être neuves; on y a fait déjà quantité de réponses; mais précisément le seul fait que la femme est *Autre* conteste toutes les justifications que les hommes ont jamais pu en donner : elles leur étaient trop évidemment dictées par leur intérêt. « Tout ce qui a été écrit par les hommes sur les femmes doit être suspect, car ils sont à la fois juge et partie », a dit au XVIIᵉ siècle Poulain de la Barre, féministe peu connu. Partout, en tout temps, les mâles ont étalé la satisfaction qu'ils éprouvent à se sentir les rois de la création. « Béni soit Dieu notre Seigneur et le Seigneur de tous les mondes qu'Il ne m'ait pas fait femme », disent les Juifs dans leurs prières matinales; cependant que leurs épouses murmurent avec résignation : « Béni soit le Seigneur qu'Il m'ait créée selon sa volonté. » Parmi les bienfaits dont Platon remerciait les dieux, le premier était qu'ils l'aient créé libre et non esclave, le second homme et non femme. Mais les mâles n'auraient pu jouir pleinement de ce privilège s'ils ne l'avaient considéré comme fondé dans l'absolu et dans l'éternité : du fait de leur suprématie ils ont cherché à faire un droit. « Ceux qui ont fait et compilé les lois étant des hommes ont favorisé leur sexe, et les jurisconsultes ont tourné les lois en principes », dit

encore Poulain de la Barre. Législateurs, prêtres, philosophes, écrivains, savants se sont acharnés à démontrer que
la condition subordonnée de la femme était voulue dans
le ciel et profitable à la terre. Les religions forgées par les
hommes reflètent cette volonté de domination : dans les
légendes d'Eve, de Pandore, ils ont puisé des armes. Ils
ont mis la philosophie, la théologie à leur service comme
on a vu par les phrases d'Aristote, de saint Thomas que
nous avons citées. Depuis l'antiquité, satiristes et mora-
listes se sont complu à faire le tableau des faiblesses
féminines. On sait quels violents réquisitoires ont été
dressés contre elles à travers toute la littérature française :
Montherlant reprend avec moins de verve la tradition de
Jean de Meung. Cette hostilité paraît quelquefois fondée,
souvent gratuite; en vérité elle recouvre une volonté
d'auto-justification plus ou moins adroitement masquée.
« Il est plus facile d'accuser un sexe que d'excuser
l'autre », dit Montaigne. En certains cas le processus est
évident. Il est frappant par exemple que le code romain
pour limiter les droits de la femme invoque « l'imbécillité, la fragilité du sexe » au moment où par l'affaiblissement de la famille elle devient un danger pour les
héritiers mâles. Il est frappant qu'au XVIe siècle, pour
tenir la femme mariée en tutelle, on fasse appel à
l'autorité de saint Augustin, déclarant que « la femme est
une beste qui n'est ni ferme ni estable » alors que la
célibataire est reconnue capable de gérer ses biens. Montaigne a fort bien compris l'arbitraire et l'injustice du sort
assigné à la femme : « Les femmes n'ont pas du tout tort
quand elles refusent les règles qui sont introduites au
monde, d'autant que ce sont les hommes qui les ont faites
sans elles. Il y a naturellement brigue et riotte entre elles
et nous »; mais il ne va pas jusqu'à se faire leur champion. C'est seulement au XVIIIe que des hommes profondément démocrates envisagent la question avec objectivité. Diderot entre autres s'attache à démontrer que la
femme est comme l'homme un être humain. Un peu plus
tard Stuart Mill la défend avec ardeur. Mais ces philoso-

phes sont d'une exceptionnelle impartialité. Au XIXᵉ siècle la querelle du féminisme devient à nouveau une
querelle de partisans; une des conséquences de la révolution industrielle, c'est la participation de la femme au
travail producteur : à ce moment les revendications
féministes sortent du domaine théorique, elles trouvent
des bases économiques; leurs adversaires deviennent
d'autant plus agressifs; quoique la propriété foncière soit
en partie détrônée, la bourgeoisie s'accroche à la vieille
morale qui voit dans la solidité de la famille le garant de
la propriété privée : elle réclame la femme au foyer
d'autant plus âprement que son émancipation devient
une véritable menace; à l'intérieur même de la classe
ouvrière, les hommes ont essayé de freiner cette libération parce que les femmes leur apparaissaient comme de
dangereuses concurrentes et d'autant plus qu'elles étaient
habituées à travailler à de bas salaires[1]. Pour prouver
l'infériorité de la femme, les antiféministes ont alors mis à
contribution non seulement comme naguère la religion,
la philosophie, la théologie mais aussi la science : biologie, psychologie expérimentale, etc. Tout au plus consen-
tait-on à accorder à l'*autre* sexe « l'égalité dans la
différence ». Cette formule qui a fait fortune est très
significative : c'est exactement celle qu'utilisent à propos
des Noirs d'Amérique les lois Jim Crow; or, cette ségré-
gation soi-disant égalitaire n'a servi qu'à introduire les
plus extrêmes discriminations. Cette rencontre n'a rien
d'un hasard : qu'il s'agisse d'une race, d'une caste, d'une
classe, d'un sexe réduits à une condition inférieure, les
processus de justification sont les mêmes. « L'éternel
féminin » c'est l'homologue de « l'âme noire » et du
« caractère juif ». Le problème juif est d'ailleurs dans son
ensemble très différent des deux autres : le Juif pour
l'antisémite n'est pas tant un inférieur qu'un ennemi et
on ne lui reconnaît en ce monde aucune place qui soit
sienne; on souhaite plutôt l'anéantir. Mais il y a de

---

1. Voir deuxième partie, p. 200-201.

profondes analogies entre la situation des femmes et celle des Noirs : les unes et les autres s'émancipent aujourd'hui d'un même paternalisme et la caste naguère maîtresse veut les maintenir à « leur place », c'est-à-dire à la place qu'elle a choisie pour eux; dans les deux cas elle se répand en éloges plus ou moins sincères sur les vertus du « bon Noir » à l'âme inconsciente, enfantine, rieuse, du Noir résigné, et de la femme « vraiment femme », c'est-à-dire frivole, puérile, irresponsable, la femme soumise à l'homme. Dans les deux cas elle tire argument de l'état de fait qu'elle a créé. On connaît la boutade de Bernard Shaw : « L'Américain blanc, dit-il, en substance, relègue le Noir au rang de cireur de souliers : et il en conclut qu'il n'est bon qu'à cirer des souliers. » On retrouve ce cercle vicieux en toutes circonstances analogues : quand un individu ou un groupe d'individus est maintenu en situation d'infériorité, le fait est qu'il *est* inférieur; mais c'est sur la portée du mot *être* qu'il faudrait s'entendre; la mauvaise foi consiste à lui donner une valeur substantielle alors qu'il a le sens dynamique hégélien : *être* c'est être devenu, c'est avoir été fait tel qu'on se manifeste; oui, les femmes dans l'ensemble *sont* aujourd'hui inférieures aux hommes, c'est-à-dire que leur situation leur ouvre de moindres possibilités : le problème c'est de savoir si cet état de choses doit se perpétuer.

Beaucoup d'hommes le souhaitent : tous n'ont pas encore désarmé. La bourgeoisie conservatrice continue à voir dans l'émancipation de la femme un danger qui menace sa morale et ses intérêts. Certains mâles redoutent la concurrence féminine. Dans l'*Hebdo-Latin* un étudiant déclarait l'autre jour : « Toute étudiante qui prend une situation de médecin ou d'avocat nous *vole* une place »; celui-là ne mettait pas en question ses droits sur ce monde. Les intérêts économiques ne jouent pas seuls. Un des bénéfices que l'oppression assure aux oppresseurs c'est que le plus humble d'entre eux se sent *supérieur* : un « pauvre Blanc » du Sud des U.S.A. a la consolation de se dire qu'il n'est pas un « sale nègre »; et

les Blancs plus fortunés exploitent habilement cet orgueil.
De même le plus médiocre des mâles se croit en face des
femmes un demi-dieu. Il était beaucoup plus facile à
M. de Montherlant de se penser un héros quand il se
confrontait à des femmes (d'ailleurs choisies à dessein)
que lorsqu'il a eu à tenir parmi des hommes son rôle
d'homme : rôle dont beaucoup de femmes se sont acquit-
tées mieux que lui. C'est ainsi qu'en septembre 1948 dans
un de ses articles du *Figaro Littéraire,* M. Claude Mauriac – dont chacun admire la puissante originalité –
pouvait [1] écrire à propos des femmes : « *Nous* écoutons
sur un ton *(sic!)* d'indifférence polie... la plus brillante
d'entre elles, sachant bien que son esprit reflète de façon
plus ou moins éclatante des idées qui viennent de *nous.* »
Ce ne sont évidemment pas les idées de M. C. Mauriac
en personne que son interlocutrice reflète, étant donné
qu'on ne lui en connaît aucune; qu'elle reflète des idées
qui viennent des hommes, c'est possible : parmi les mâles
mêmes il en est plus d'un qui tient pour siennes des
opinions qu'il n'a pas inventées; on peut se demander si
M. Claude Mauriac n'aurait pas intérêt à s'entretenir
avec un bon reflet de Descartes, de Marx, de Gide plutôt
qu'avec lui-même; ce qui est remarquable, c'est que par
l'équivoque du *nous* il s'identifie avec saint Paul, Hegel,
Lénine, Nietzsche et du haut de leur grandeur il considère
avec dédain le troupeau des femmes qui osent lui parler
sur un pied d'égalité; à vrai dire j'en sais plus d'une qui
n'aurait pas la patience d'accorder à M. Mauriac un
« ton d'indifférence polie ».

J'ai insisté sur cet exemple parce que la naïveté masculine y est désarmante. Il y a beaucoup d'autres manières plus subtiles dont les hommes tirent profit de l'altérité
de la femme. Pour tous ceux qui souffrent de complexe
d'infériorité, il y a là un liniment miraculeux : nul n'est
plus arrogant à l'égard des femmes, agressif ou dédai-
gneux, qu'un homme inquiet de sa virilité. Ceux qui ne

---

1. Ou du moins il croyait le pouvoir.

sont pas intimidés par leurs semblables sont aussi beaucoup plus disposés à reconnaître dans la femme un
semblable; même à ceux-ci cependant le mythe de la
Femme, de l'Autre, est cher pour beaucoup de raisons[1];
on ne saurait les blâmer de ne pas sacrifier de gaieté de
cœur tous les bienfaits qu'ils en retirent : ils savent ce
qu'ils perdent en renonçant à la femme telle qu'ils la
rêvent, ils ignorent ce que leur apportera la femme telle
qu'elle sera demain. Il faut beaucoup d'abnégation pour
refuser de se poser comme le Sujet unique et absolu.
D'ailleurs la grande majorité des hommes n'assume pas
explicitement cette prétention. Ils ne *posent* pas la femme
comme une inférieure : ils sont aujourd'hui trop pénétrés
de l'idéal démocratique pour ne pas reconnaître en tous
les êtres humains des égaux. Au sein de la famille, la
femme est apparue à l'enfant, au jeune homme comme
revêtue de la même dignité sociale que les adultes mâles;
ensuite il a éprouvé dans le désir et l'amour la résistance,
l'indépendance, de la femme désirée et aimée; marié, il
respecte dans sa femme l'épouse, la mère, et dans l'expérience concrète de la vie conjugale elle s'affirme en face
de lui comme une liberté. Il peut donc se persuader qu'il
n'y a plus entre les sexes de hiérarchie sociale et qu'en
gros, à travers les différences, la femme est une égale.
Comme il constate cependant certaines infériorités – dont
la plus importante est l'incapacité professionnelle – il met
celles-ci sur le compte de la nature. Quand il a à l'égard
de la femme une attitude de collaboration et de bienveillance, il thématise le principe de l'égalité abstraite; et

---

1. L'article de Michel Carrouges paru sur ce thème dans le numéro 292
des *Cahiers du Sud* est significatif. Il écrit avec indignation : « L'on
voudrait qu'il n'y ait point de mythe de la femme mais seulement une
cohorte de cuisinières, de matrones, de filles de joie, de bas-bleus ayant
fonction de plaisir ou fonction d'utilité! » C'est dire que selon lui la
femme n'a pas d'existence pour soi; il considère seulement sa *fonction*
dans le monde mâle. Sa finalité est en l'homme; alors en effet on peut
préférer sa « fonction » poétique à toute autre. La question est précisément de savoir pourquoi ce serait par rapport à l'homme qu'il faudrait la
définir.

l'inégalité concrète qu'il constate, il ne la *pose* pas. Mais dès qu'il entre en conflit avec elle, la situation se renverse : il thématisera l'inégalité concrète et s'en autorisera même pour nier l'égalité abstraite[1]. C'est ainsi que beaucoup d'hommes affirment avec une quasi bonne foi que les femmes *sont* les égales de l'homme et qu'elles n'ont rien à revendiquer, et *en même temps* : que les femmes ne pourront jamais être les égales de l'homme et que leurs revendications sont vaines. C'est qu'il est difficile à l'homme de mesurer l'extrême importance de discriminations sociales qui semblent du dehors insignifiantes et dont les répercussions morales, intellectuelles sont dans la femme si profondes qu'elles peuvent paraître avoir leur source dans une nature originelle[2]. L'homme qui a le plus de sympathie pour la femme ne connaît jamais bien sa situation concrète. Aussi n'y a-t-il pas lieu de croire les mâles quand ils s'efforcent de défendre des privilèges dont ils ne mesurent même pas toute l'étendue. Nous ne nous laisserons donc pas intimider par le nombre et la violence des attaques dirigées contre les femmes; ni circonvenir par les éloges intéressés qui sont décernés à la « vraie femme »; ni gagner par l'enthousiasme que suscite sa destinée chez des hommes qui ne voudraient pour rien au monde la partager.

Cependant nous ne devons pas considérer avec moins de méfiance les arguments des féministes : bien souvent le souci polémique leur ôte toute valeur. Si la « question des femmes » est si oiseuse c'est que l'arrogance masculine en a fait une « querelle »; quand on se querelle, on ne raisonne plus bien. Ce qu'on a cherché inlassablement à prouver c'est que la femme est supérieure, inférieure ou égale à l'homme : créée après Adam, elle est évidemment

1. Par exemple l'homme déclare qu'il ne trouve sa femme en rien diminuée parce qu'elle n'a pas de métier : la tâche du foyer est aussi noble, etc. Cependant à la première dispute il s'exclame : « Tu serais bien incapable de gagner ta vie sans moi. »
2. Décrire ce processus fera précisément l'objet du volume II de cette étude.

un être secondaire, ont dit les uns; au contraire, ont dit les autres, Adam n'était qu'une ébauche et Dieu a réussi l'être humain dans sa perfection quand il a créé Eve; son cerveau est le plus petit : mais il est relativement le plus grand; le Christ s'est fait homme : c'est peut-être par humilité. Chaque argument appelle aussitôt son contraire et souvent tous deux portent à faux. Si on veut tenter d'y voir clair il faut sortir de ces ornières; il faut refuser les vagues notions de supériorité, infériorité, égalité qui ont perverti toutes les discussions et repartir à neuf.

Mais alors comment poserons-nous la question? Et d'abord qui sommes-nous pour la poser? Les hommes sont juge et partie : les femmes aussi. Où trouver un ange? En vérité un ange serait mal qualifié pour parler, il ignorerait toutes les données du problème; quant à l'hermaphrodite, c'est un cas bien singulier : il n'est pas à la fois homme et femme mais plutôt ni homme ni femme. Je crois que pour élucider la situation de la femme, ce sont encore certaines femmes qui sont le mieux placées. C'est un sophisme que de prétendre enfermer Epiménide dans le concept de Crétois et les Crétois dans celui de menteur : ce n'est pas une mystérieuse essence qui dicte aux hommes et aux femmes la bonne ou la mauvaise foi; c'est leur situation qui les dispose plus ou moins à la recherche de la vérité. Beaucoup de femmes d'aujourd'hui, ayant eu la chance de se voir restituer tous les privilèges de l'être humain, peuvent s'offrir le luxe de l'impartialité : nous en éprouvons même le besoin. Nous ne sommes plus comme nos aînées des combattantes; en gros nous avons gagné la partie; dans les dernières discussions sur le statut de la femme, l'O. N. U. n'a cessé de réclamer impérieusement que l'égalité des sexes achève de se réaliser, et déjà nombre d'entre nous n'ont jamais eu à éprouver leur féminité comme une gêne ou un obstacle; beaucoup de problèmes nous paraissent plus essentiels que ceux qui nous concernent singulièrement : ce détachement même nous permet d'espérer que notre attitude sera objective. Cependant nous connaissons plus intimement que les hommes le monde féminin parce que nous y avons nos racines; nous saisissons plus immédiatement ce que signifie pour un être humain le fait d'être féminin; et nous nous soucions davantage de le savoir. J'ai dit qu'il y avait des problèmes plus essentiels; il n'empêche que celui-ci garde à nos yeux quelque importance : en quoi le fait d'être des femmes aura-t-il affecté notre vie? Quelles chances exactement nous ont été données, et lesquelles refusées? Quel sort peuvent attendre nos sœurs plus jeunes, et dans quel sens faut-il les orienter? Il est frappant que l'ensemble de la littérature féminine soit animée de nos jours beaucoup moins par une volonté de revendication que par un effort de lucidité; au sortir d'une ère de polémiques désordonnées, ce livre est une tentative parmi d'autres pour faire le point.

Mais sans doute est-il impossible de traiter aucun problème humain sans parti pris : la manière même de poser les questions, les perspectives adoptées, supposent des hiérarchies d'intérêts; toute qualité enveloppe des valeurs; il n'est pas de description soi-disant objective qui ne s'enlève sur un arrière-plan éthique. Au lieu de chercher à dissimuler les principes que plus ou moins explicitement on sous-entend, mieux vaut d'abord les poser; ainsi on ne se trouve pas obligé de préciser à chaque page quel sens on donne aux mots : supérieur, inférieur, meilleur, pire, progrès, régression, etc. Si nous passons en revue quelques-uns des ouvrages consacrés à la femme, nous voyons qu'un des points de vue le plus souvent adopté, c'est celui du bien public, de l'intérêt général : en vérité chacun entend par là l'intérêt de la société telle qu'il souhaite la maintenir ou l'établir. Nous estimons quant à nous qu'il n'y a d'autre bien public que celui qui assure le bien privé des citoyens; c'est du point de vue des chances concrètes données aux individus que nous jugeons les institutions. Mais nous ne confondons pas non plus l'idée d'intérêt privé avec celle de bonheur : c'est là un autre point de vue qu'on rencontre fréquemment; les femmes de harem ne sont-elles pas plus heureuses qu'une électrice? La ménagère n'est-elle pas plus heureuse que l'ouvrière? On ne sait trop ce que le mot bonheur signifie et encore moins quelles valeurs authentiques il recouvre; il n'y a aucune possibilité de mesurer le bonheur d'autrui et il est toujours facile de déclarer heureuse la situation qu'on veut lui imposer : ceux qu'on condamne à la stagnation en particulier, on les déclare heureux sous prétexte que le bonheur est immobilité. C'est donc une notion à laquelle nous ne nous référerons pas. La perspective que nous adoptons, c'est celle de la morale existentialiste. Tout sujet se pose concrètement à travers des projets comme une transcendance; il n'accomplit sa liberté que par son perpétuel dépassement vers d'autres libertés; il n'y a d'autre justification de l'existence présente que son expansion vers un avenir indéfiniment ouvert. Chaque fois que la transcendance retombe en immanence il y a dégradation de l'existence en « en soi », de la liberté en facticité; cette chute est une faute morale si elle est consentie par le sujet; si elle lui est infligée, elle prend la figure d'une frustration et d'une oppression; elle est dans les deux cas un mal absolu. Tout individu qui a le souci de justifier son existence éprouve celle-ci comme un besoin indéfini de se transcender. Or, ce qui définit d'une manière singulière la situation de la femme, c'est que, étant comme tout être humain, une liberté autonome, elle se découvre et se choisit dans un monde où les hommes lui imposent de s'assumer contre l'Autre : on prétend la figer en objet, et la vouer à l'immanence puisque sa transcendance sera perpétuellement transcendée par une autre conscience essentielle et souveraine. Le drame de la femme, c'est ce conflit entre la revendication fondamentale de tout sujet qui se pose toujours comme l'essentiel et les exigences d'une situation qui la constitue comme inessentielle. Comment dans la condition féminine peut s'accomplir un être humain? Quelles voies lui sont ouvertes? Lesquelles aboutissent à des impasses? Comment retrouver l'indépendance au sein de la dépendance? Quelles circonstances limitent la liberté de la femme et peut-elle les dépasser? Ce sont là les questions fondamentales que nous voudrions élucider. C'est dire que nous intéressant aux chances de l'invididu nous ne définirons pas ces chances en termes de bonheur, mais en termes de liberté.

Il est évident que ce problème n'aurait aucun sens si nous supposions que pèse sur la femme un destin physiologique, psychologique ou économique. Aussi commencerons-nous par discuter les points de vue pris sur la femme par la biologie, la psychanalyse, le matérialisme historique. Nous essaierons de montrer ensuite positivement comment la « réalité féminine » s'est constituée, pourquoi la femme a été définie comme l'Autre et quelles en ont été les conséquences du point de vue des hommes. Alors nous décrirons du point de vue des femmes le monde tel qu'il leur est proposé[1]; et nous pourrons comprendre à quelles difficultés elles se heurtent au moment où, essayant de s'évader de la sphère qui leur a été jusqu'à présent assignée, elles prétendent participer au *mitsein* humain.

1. Ce sera l'objet d'un deuxième volume.

Première partie

DESTIN

CHAPITRE PREMIER

Les données de la biologie

La femme? c'est bien simple, disent les amateurs de formules simples : elle est une matrice, un ovaire; elle est une femelle : ce mot suffit à la définir. Dans la bouche de l'homme, l'épithète « femelle » sonne comme une insulte; pourtant il n'a pas honte de son animalité, il est fier au contraire si l'on dit de lui « C'est un mâle! » Le terme « femelle » est péjoratif non parce qu'il enracine la femme dans la nature, mais parce qu'il la confine dans son sexe; et si ce sexe paraît à l'homme méprisable et ennemi même chez les bêtes innocentes, c'est évidemment à cause de l'inquiète hostilité que suscite en lui la femme; cependant il veut trouver dans la biologie une justification de ce sentiment. Le mot femelle fait lever chez lui une sarabande d'images : un énorme ovule rond happe et châtre le spermatozoïde agile; monstrueuse et gavée la reine des termites règne sur les mâles asservis; la mante religieuse, l'araignée repues d'amour broient leur partenaire et le dévorent; la chienne en rut court les ruelles, traînant après elle un sillage d'odeurs perverses; la guenon s'exhibe impudemment et se dérobe avec une hypocrite coquetterie; et les fauves les plus superbes, la tigresse, la lionne, la panthère se couchent servilement sous l'impériale étreinte du mâle. Inerte, impatiente, rusée, stupide, insensible, lubrique, féroce, humiliée, l'homme projette dans la femme toutes les femelles à la

fois. Et le fait est qu'elle est une femelle. Mais si l'on veut
cesser de penser par lieux communs deux questions
aussitôt se posent : que représente dans le règne animal la
femelle ? et quelle espèce singulière de femelle se réalise
dans la femme ?

*

Mâles et femelles sont deux types d'individus qui à
l'intérieur d'une espèce se différencient en vue de la
reproduction; on ne peut les définir que corrélativement.
Mais il faut remarquer d'abord que le sens même de la
section des espèces en deux sexes n'est pas clair.

Dans la nature elle n'est pas universellement réalisée.
Pour ne parler que des animaux, on sait que chez les
unicellulaires : infusoires, amibes, bacilles, etc., la multiplication est fondamentalement distincte de la sexualité,
les cellules se divisant et se subdivisant solitairement.
Chez certains métazoaires la reproduction s'opère par
schyzogenèse, c'est-à-dire tronçonnement de l'invididu
dont l'origine est aussi asexuée, ou par blastogenèse,
c'est-à-dire tronçonnement de l'individu produit lui-
même par un phénomène sexuel : les phénomènes de
bourgeonnement et de segmentation observés chez l'hy-
dre d'eau douce, chez les Cœlentérés, les Eponges, les
Vers, les Tuniciers en sont des exemples bien connus.
Dans les phénomènes de parténogenèse l'œuf vierge se
développe en embryon sans l'intervention du mâle,
celui-ci ne joue aucun rôle ou seulement un rôle secondaire : les œufs d'abeille non fécondés se subdivisent et
produisent des bourdons; chez les pucerons, les mâles
sont absents pendant une série de générations et les œufs
non fécondés donnent des femelles. On a reproduit
artificiellement la parthénogenèse chez l'Oursin, l'Etoile
de mer, la Grenouille. Cependant, il arrive chez les
protozoaires que deux cellules fusionnent, formant ce
qu'on appelle un zygote; la fécondation est nécessaire

pour que les œufs de l'abeille engendrent des femelles, ceux du puceron des mâles. Certains biologistes en ont conclu que même dans les espèces capables de se perpétuer de manière unilatérale, la rénovation du germen par un mélange de chromosomes étrangers serait utile au rajeunissement et à la vigueur de la lignée; on comprendrait ainsi que dans les formes les plus complexes de la vie, la sexualité soit une fonction indispensable; seuls les organismes élémentaires pourraient se multiplier sans sexes, et encore épuiseraient-ils ainsi leur vitalité. Mais cette hypothèse est aujourd'hui des plus controversées; des observations ont prouvé que la multiplication asexuée peut se produire indéfiniment sans qu'on remarque aucune dégénérescence; le fait est particulièrement frappant chez les bacilles; les expériences de parthénogenèse se sont faites de plus en plus nombreuses, de plus en plus audacieuses et en beaucoup d'espèces le mâle apparaît comme radicalement inutile. D'ailleurs, l'utilité d'un échange intercellulaire fût-elle démontrée, elle apparaîtrait elle-même comme un pur fait injustifié. La biologie constate la division des sexes, mais fût-elle imbue de finalisme, elle ne réussit pas à la déduire de la structure de la cellule, ni des lois de la multiplication cellulaire ni d'aucun phénomène élémentaire.

L'existence de gamètes[1] hétérogènes ne suffit pas à définir deux sexes distincts; en fait, il arrive souvent que la différenciation des cellules génératrices n'amène pas la scission de l'espèce en deux types : elles peuvent appartenir toutes deux à un même individu. C'est le cas des espèces hermaphrodites, si nombreuses chez les plantes et qu'on rencontre aussi chez quantité d'animaux inférieurs, entre autres chez les annelés et les mollusques. La reproduction s'effectue alors soit par auto-fécondation, soit par fécondation croisée. Sur ce point encore, certains

---

1. On appelle gamètes les cellules génératrices dont la fusion constitue l'œuf.

biologistes ont prétendu légitimer l'ordre établi. Ils considérèrent le gonochorisme, c'est-à-dire le système où les différentes gonades[1] appartiennent à des individus distincts, comme un perfectionnement de l'hermaphroditisme, réalisé par voie évolutive; mais d'autres tiennent au contraire le gonochorisme pour primitif : l'hermaphroditisme en serait une dégénérescence. De toute manière ces notions de supériorité d'un système sur l'autre impliquent, touchant l'évolution, des théories des plus contestables. Tout ce qu'on peut affirmer avec certitude, c'est que ces deux modes de reproduction coexistent dans la nature, qu'ils réalisent l'un et l'autre la perpétuation des espèces et que, tout comme l'hétérogénéité des gamètes, celle des organismes porteurs des gonades apparaît comme accidentelle. La séparation des individus en mâles et femelles se présente donc comme un fait irréductible et contingent.

La plupart des philosophies l'ont prise pour accordée sans prétendre l'expliquer. On connaît le mythe platonicien : au commencement il y avait des hommes, des femmes et des androgynes; chaque individu possédait une double face, quatre bras, quatre jambes et deux corps accolés; ils furent un jour fendus en deux « à la manière dont on fend les œufs » et depuis lors, chaque moitié cherche à rejoindre sa moitié complémentaire : les dieux décidèrent ultérieurement que par l'accouplement de deux moitiés dissemblables de nouveaux êtres humains seraient créés. Mais c'est seulement l'amour que cette histoire se propose d'expliquer : la division en sexes est prise d'abord comme donnée. Aristote ne la justifie pas davantage : car si la coopération de la matière et de la forme est exigée en toute action, il n'est pas nécessaire que les principes actifs et passifs soient distribués en deux catégories d'individus hétérogènes. Ainsi saint Thomas déclare-t-il que la femme est un être « occasionnel », ce

---

1. On appelle gonades les glandes qui produisent les gamètes.

qui est une manière de poser – dans une perspective masculine – le caractère accidentel de la sexualité. Hegel cependant eût été infidèle à son délire rationaliste s'il n'eût tenté de la fonder logiquement. La sexualité représente selon lui la médiation à travers laquelle le sujet s'atteint concrètement comme genre. « Le genre se produit en lui comme un effet contre cette disproportion de sa réalité individuelle, comme un désir de retrouver dans un autre individu de son espèce le sentiment de lui-même en s'unissant à lui, de se compléter et d'envelopper par là le genre dans sa nature et l'amener à l'existence. C'est l'accouplement. » (*Philosophie de la Nature,* 3ᵉ partie, § 369.) Et un peu plus loin : « Le processus consiste en ceci, savoir : ce qu'ils sont en soi, c'est-à-dire un seul genre, une seule et même vie subjective, ils le posent aussi comme tel. » Et Hegel déclare ensuite que, pour que le processus de rapprochement s'effectue, il faut d'abord qu'il y ait différenciation des deux sexes. Mais sa démonstration n'est pas convaincante : on y sent trop le parti pris de retrouver en toute opération les trois moments du syllogisme. Le dépassement de l'invididu vers l'espèce, par lequel individu et espèce s'accomplissent dans leur vérité, pourrait s'effectuer sans troisième terme dans le simple rapport du générateur à l'enfant : la reproduction pourrait être asexuée. Ou encore le rapport de l'un à l'autre pourrait être le rapport de deux semblables, la différenciation résidant dans la singularité des individus d'un même type, comme il arrive dans les espèces hermaphrodites. La description de Hegel dégage une très importante signification de la sexualité : mais son erreur est toujours de faire de signification raison. C'est en exerçant l'activité sexuelle que les hommes définissent les sexes et leurs relations comme ils créent le sens et la valeur de toutes les fonctions qu'ils accomplissent : mais elle n'est pas nécessairement impliquée dans la nature de l'être humain. Dans la *Phénoménologie de la perception,* Merleau-Ponty fait observer que l'existence humaine

nous oblige à reviser les notions de nécessité et de
contingence. « L'existence, dit-il, n'a pas d'attributs for-
tuits, pas de contenu qui ne contribue à lui donner sa
forme, elle n'admet pas en elle-même de pur fait parce
qu'elle est le mouvement par lequel les faits sont assu-
més. » C'est vrai. Mais il est vrai aussi qu'il est des
conditions sans lesquelles le fait même de l'existence
apparaît comme impossible. La présence au monde
implique rigoureusement la position d'un corps qui soit à
la fois une chose du monde et un point de vue sur ce
monde : mais il n'est pas exigé que ce corps possède telle
ou telle structure particulière. Dans *l'Etre et le Néant,*
Sartre discute l'affirmation de Heidegger selon laquelle la
réalité humaine est vouée à la mort du fait de sa finitude;
il établit qu'une existence finie et temporellement illimitée serait concevable; néanmoins si la vie humaine n'était
pas habitée par la mort, le rapport de l'homme au monde
et à soi-même serait si profondément bouleversé que la
définition « l'homme est mortel » se découvre comme
tout autre chose qu'une vérité empirique : immortel, un
existant ne serait plus ce que nous appelons un homme.
Une des caractéristiques essentielles de son destin, c'est
que le mouvement de sa vie temporelle crée derrière lui
et devant lui l'infinité du passé et de l'avenir : la perpétuation de l'espèce apparaît donc comme le corrélatif de
la limitation individuelle; ainsi peut-on considérer le
phénomène de la reproduction comme ontologiquement
fondé. Mais il faut s'arrêter là; la perpétuation de l'espèce
n'entraîne pas la différenciation sexuelle. Que celle-ci soit
assumée par les existants de telle manière qu'en retour
elle entre dans la définition concrète de l'existence, soit. Il
n'en demeure pas moins qu'une conscience sans corps,
qu'un homme immortel sont rigoureusement inconceva-
bles, tandis qu'on peut imaginer une société se reproduisant par parthénogenèse ou composée d'hermaphrodites.

Quant au rôle respectif des deux sexes, c'est un point

sur lequel les opinions ont beaucoup varié; elles ont été
d'abord dénuées de tout fondement scientifique, elles
reflétaient seulement des mythes sociaux. On a longtemps
pensé, on pense encore dans certaines sociétés primitives
à filiation utérine, que le père n'a aucune part dans la
conception de l'enfant : les larves ancestrales s'infiltre-
raient sous forme de germes vivants dans le ventre
maternel. A l'avènement du patriarcat, le mâle revendique âprement sa postérité; on est bien obligé d'accorder
encore un rôle à la mère dans la procréation, mais on
admet qu'elle ne fait que porter et engraisser la semence
vivante : le père seul est créateur. Aristote imagine que le
fœtus est produit par la rencontre du sperme et des
menstrues : dans cette symbiose, la femme fournit seulement une matière passive, c'est le principe mâle qui est
force, activité, mouvement, vie. C'est aussi la doctrine
d'Hippocrate qui reconnaît deux espèces de semences,
une faible ou femelle, et une forte qui est mâle. La théorie
aristotélicienne s'est perpétuée à travers tout le Moyen
Age et jusque dans l'époque moderne. A la fin du XVIIᵉ,
Harvey sacrifiant des biches peu après l'accouplement
trouva dans les cornes de l'utérus des vésicules qu'il
considéra comme des œufs et qui étaient en réalité des
embryons. Le Danois Sténon donna le nom d'ovaires aux
glandes génitales femelles qu'on appelait jusque-là des
« testicules féminins » et il remarqua à leur surface
l'existence de vésicules que Graaf en 1677 identifia à tort
avec l'œuf et auxquels il donna son nom. On continua à
regarder l'ovaire comme un homologue de la glande
mâle. Cette même année cependant on découvrit les
« animalcules spermatiques » et on constata qu'ils péné-
traient dans l'utérus féminin; mais on croyait qu'ils ne
faisaient que s'y nourrir et que l'individu était déjà
préfiguré en eux; le Hollandais Hartsaker en 1694, dessi-
nait une image de l'homunculus caché dans le spermatozoïde, et en 1699 un autre savant déclare qu'il a vu le
spermatozoïde rejeter une sorte de mue sous laquelle est

apparu un petit homme qu'il a dessiné lui aussi. La femme se bornait donc dans ces hypothèses à engraisser un principe vivant actif et déjà parfaitement constitué. Ces théories ne sont pas universellement reçues et les discussions se poursuivent jusqu'au XIXᵉ; c'est l'invention du microscope qui permet d'étudier l'œuf animal; en 1827, Baer identifie l'œuf des mammifères : c'est un élément contenu à l'intérieur de la vésicule de Graaf; bientôt on put en étudier la segmentation; en 1835, furent découverts le sarcorne, c'est-à-dire le protoplasme, puis la cellule; et en 1877 fut réalisée une observation qui montrait la pénétration du spermatozoïde dans l'œuf de l'étoile de mer; à partir de là fut établie la symétrie des noyaux des deux gamètes; le détail de leur fusion a été analysé pour la première fois en 1883 par un zoologiste belge.

Mais les idées d'Aristote n'ont cependant pas perdu tout crédit. Hegel estime que les deux sexes doivent être différents : l'un sera actif, l'autre passif et il va de soi que la passivité sera le lot de la femelle. « L'homme est ainsi par suite de cette différenciation le principe actif tandis que la femme est le principe passif parce qu'elle demeure dans son unité non développée[1]. » Et même une fois l'ovule reconnu comme un principe actif, les hommes ont encore tenté d'opposer son inertie à l'agilité du spermatozoïde. Aujourd'hui une tendance opposée se dessine : les découvertes de la parthénogenèse ont amené certains savants à réduire le rôle du mâle à celui d'un simple agent physico-chimique. Il s'est révélé qu'en quelques espèces l'action d'un acide ou une excitation mécanique pouvaient suffire à provoquer la segmentation de l'œuf et le développement de l'embryon; à partir de là, on a hardiment supposé que le gamète mâle ne serait pas nécessaire à la génération, il serait tout au plus un ferment; peut-être la coopération de l'homme à la pro-

1. HEGEL, *Philosophie de la Nature*, 3ᵉ partie, § 369.

création deviendra-t-elle un jour inutile : il paraît que c'est là le vœu d'un grand nombre de femmes. Mais rien n'autorise une anticipation si hardie parce que rien n'autorise à universaliser les processus spécifiques de la vie. Les phénomènes de la multiplication asexuée et de la parthénogenèse n'apparaissent ni plus ni moins fondamentaux que ceux de la reproduction sexuée. Nous avons dit que celle-ci n'est pas *a priori* privilégiée : mais aucun fait n'indique qu'elle soit réductible à un mécanisme plus élémentaire.

Ainsi, récusant toute doctrine *a priori,* toute théorie hasardeuse, nous nous trouvons placés devant un fait dont on ne peut fournir ni fondement ontologique, ni justification empirique et dont on ne saurait comprendre *a priori* la portée. C'est en l'examinant dans sa réalité concrète que nous pourrons espérer en dégager la signification : alors peut-être le contenu du mot « femelle » se révélera-t-il.

Nous n'entendons pas proposer ici une philosophie de la vie; et dans la querelle qui oppose finalisme et mécanisme nous ne voulons pas prendre hâtivement parti. Cependant il est remarquable que tous les physiologistes et les biologistes emploient un langage plus ou moins finaliste, du seul fait qu'ils donnent un sens aux phénomènes vitaux; nous adopterons leur vocabulaire. Sans rien décider touchant le rapport entre vie et conscience, on peut affirmer que tout fait vivant indique une transcendance, qu'en toute fonction s'empâte un projet : nos descriptions ne sous-entendent rien de plus.

*

Dans la grande majorité des espèces les organismes mâles et femelles coopèrent en vue de la reproduction. Ils sont fondamentalement définis par les gamètes qu'ils produisent. Chez quelques algues et chez quelques champignons ces cellules qui fusionnent pour produire l'œuf sont identiques; ces cas d'isogamie sont significatifs en ce qu'ils manifestent l'équivalence basale des gamètes; d'une manière générale ceux-ci sont différenciés : mais leur analogie demeure frappante. Spermatozoïdes et ovules résultent d'une évolution de cellules primitivement identiques : le développement des cellules primitives femelles en oocytes diffère de celui des spermatocytes par des phénomènes protoplasmiques, mais les phénomènes nucléaires sont sensiblement les mêmes. L'idée exprimée en 1903 par le biologiste Ancel est considérée encore aujourd'hui comme valable : « Une cellule progerminatrice indifférenciée deviendra mâle ou femelle suivant les conditions qu'elle rencontre dans la glande génitale au moment de son apparition, conditions réglées par la transformation d'un certain nombre de cellules épithéliales en éléments nourriciers, élaborateurs d'un matériel spécial. » Cette parenté originaire s'exprime dans la structure des deux gamètes qui, à l'intérieur de chaque espèce, portent le même nombre de chromosomes; au moment de la fécondation les deux noyaux confondent leur substance et en chacun s'opère une réduction des chromosomes qui se trouvent ramenés à la moitié de leur nombre primitif : cette réduction se produit en tous deux de manière analogue; les deux dernières divisions de l'ovule aboutissant à la formation des globules polaires équivalent aux dernières divisions du spermatozoïde. On pense aujourd'hui que selon les espèces c'est le gamète mâle ou femelle qui décide de la détermination du sexe : chez les mammifères, c'est le spermatozoïde qui possède un chromosome hétérogène aux autres et dont la potientalité est tantôt mâle et tantôt femelle. Quant à la transmission des caractères héréditaires, d'après les lois statistiques de Mendel elle s'effectue également par le père et par la mère. Ce qu'il est important de noter c'est que dans cette rencontre aucun des gamètes n'a de privilège sur l'autre : tous deux sacrifient leur individualité, l'œuf absorbe la totalité de leur substance. Il y a donc deux préjugés fort courants qui – tout au moins à ce niveau biologique fondamental – se révèlent faux : le premier, c'est la passivité de la femelle; l'étincelle vivante n'est enfermée dans aucun des deux gamètes, elle jaillit de leur rencontre; le noyau de l'ovule est un principe vital exactement symétrique à celui du spermatozoïde. Le second préjugé contredit le premier, ce qui n'empêche que souvent ils coexistent : c'est que la permanence de l'espèce est assurée par la femelle, le principe mâle ayant une existence explosive et fugace. En réalité l'embryon perpétue le germen du père autant que celui de la mère et les retransmet ensemble à ses descendants sous une forme tantôt mâle et tantôt femelle. C'est pour ainsi dire un germen androgyne qui de génération en génération survit aux avatars individuels du soma.

Ceci dit, il reste qu'entre l'ovule et le spermatozoïde on observe des différences secondaires des plus intéressantes; la singularité essentielle de l'ovule c'est qu'il est chargé de matériaux destinés à nourrir et à protéger l'embryon; il accumule des réserves aux dépens desquelles le fœtus édifiera ses tissus, réserves qui sont non une substance vivante mais une matière inerte; il en résulte qu'il présente une forme massive, sphérique ou ellipsoïdale, et qu'il est relativement volumineux; on sait quelles dimensions atteint l'œuf de l'oiseau; chez la femme l'ovule mesure 0 mm 13 de diamètre; tandis que dans le sperme humain on trouve 60 000 spermatozoïdes par millimètre cube : la masse du spermatozoïde est extrêmement réduite, il a une queue filiforme, une petite tête allongée, aucune substance étrange ne l'alourdit, il est tout entier vie; cette structure le voue à la mobilité; au lieu que l'ovule, où se trouve engrangé l'avenir du fœtus, est un élément fixe : enfermé dans l'organisme femelle ou suspendu dans un milieu extérieur, il attend passivement la fécondation; c'est le gamète mâle qui va à sa recherche; le spermatozoïde est toujours une cellule nue, l'ovule est selon les espèces protégé ou non par une membrane; mais en tout cas dès que le spermatozoïde entre en contact avec lui, il le bouscule, le fait osciller, et s'infiltre en lui : le gamète mâle abandonne sa queue, sa tête se gonfle et d'un mouvement tournant gagne le noyau; pendant ce temps, l'œuf forme aussitôt une membrane qui le ferme aux autres spermatozoïdes. Chez les échinodiens où la fécondation est externe il est facile d'observer, autour de l'ovule qui flotte inerte, la ruée des spermatozoïdes qui se disposent autour de lui en auréole. Cette compétition est aussi un phénomène important qui se retrouve dans la plupart des espèces; beaucoup plus petit que l'ovule, le spermatozoïde est généralement émis en quantités beaucoup plus considérables et chaque ovule a de nombreux prétendants.

Ainsi l'ovule, actif dans son principe essentiel, à savoir le noyau, est superficiellement passif; sa masse fermée sur soi, empâtée en elle-même évoque l'épaisseur nocturne et le repos de l'en soi : c'est sous la forme de la sphère que les anciens se représentaient le monde clos, l'atome opaque; immobile, l'ovule attend; au contraire le spermatozoïde ouvert, menu, agile, figure l'impatience et l'inquiétude de l'existence. Il ne faut pas se laisser entraîner au plaisir des allégories : on a parfois assimilé l'ovule à l'immanence, le spermatozoïde à la transcendance; c'est en renonçant à sa transcendance, à sa mobilité, que celui-ci pénètre l'élément femelle : il est happé et châtré par la masse inerte qui l'absorbe après l'avoir mutilé de sa queue; c'est là une action magique, inquiétante comme toutes les actions passives; tandis que l'activité du gamète mâle est rationnelle, c'est un mouvement mesurable en terme de temps et d'espace. En vérité ce ne sont guère là que des divagations. Gamètes mâles et femelles se fondent ensemble dans l'œuf; ensemble ils se suppriment dans leur totalité. Il est faux de prétendre que l'ovule absorbe voracement le gamète mâle et aussi faux de dire que celui-ci s'annexe victorieusement les réserves de la cellule

femelle puisque dans l'acte qui les confond l'individualité
de l'un et de l'autre se perd. Et sans doute le mouvement
apparaît à la pensée mécaniste comme le phénomène
rationnel par excellence; mais pour la physique moderne
ce n'est pas une idée plus claire que celle d'action à
distance; d'ailleurs on ignore le détail des actions physi-
co-chimiques aboutissant à la rencontre fécondante. Il est
possible pourtant de retenir de cette confrontation une
indication valable. Il y a dans la vie deux mouvements
qui se conjuguent; elle ne se maintient qu'en se dépassant, elle ne se dépasse qu'à condition de se maintenir;
ces deux moments s'accomplissent toujours ensemble, il
est abstrait de prétendre les scinder : cependant c'est
tantôt l'un et tantôt l'autre qui domine. Les deux gamètes
dans leur union à la fois se dépassent et se perpétuent;
mais l'ovule dans sa structure anticipe sur les besoins à
venir; il est constitué de manière à nourrir la vie qui
s'éveillera en lui; au contraire le spermatozoïde n'est
aucunement équipé pour assurer le développement du
germe qu'il suscite. En revanche l'ovule est incapable de
produire le changement qui provoquera une explosion
neuve de vie : tandis que le spermatozoïde se déplace.
Sans la prévoyance ovulaire, son action serait vaine; mais
sans son initiative, l'ovule n'accomplirait pas ses possibilités vivantes. Nous concluons donc que fondamentalement le rôle des deux gamètes est identique; ils créent
ensemble un être vivant dans lequel tous deux se perdent
et se dépassent. Mais dans les phénomènes secondaires et
superficiels qui conditionnent la fécondation, c'est par
l'élément mâle que s'opère la variation de situation
nécessaire à l'éclosion neuve de la vie; c'est par l'élément
femelle que cette éclosion se fixe en un organisme
stable.

Il serait hardi de déduire d'une telle constatation que la
place de la femme est au foyer : mais il y a des gens
hardis. Dans son livre, *le Tempérament et le Caractère,*
Alfred Fouillée prétendait naguère définir la femme tout

entière à partir de l'ovule, et l'homme à partir du spermatozoïde; beaucoup de théories soi-disant profondes reposent sur ce jeu de douteuses analogies. On ne sait trop à quelle philosophie de la nature ces pseudo-pensées se réfèrent. Si l'on considère les lois de l'hérédité, hommes et femmes sont également issus d'un spermatozoïde et d'un ovule. Je suppose que flotte plutôt dans ces esprits brumeux les survivances de la vieille philosophie moyenâgeuse selon laquelle le cosmos était l'exact reflet d'un microcosme : on imagine que l'ovule est un homuncule femelle, la femme un ovule géant. Ces rêveries délaissées depuis les temps de l'alchimie font un bizarre contraste avec la précision scientifique des descriptions sur lesquelles on se fonde dans le même instant : la biologie moderne s'accommode mal du symbolisme médiéval; mais nos gens n'y regardent pas de si près. Si l'on est un peu scrupuleux, on accordera cependant qu'il y a de l'ovule à la femme un long chemin. Dans l'ovule la notion même de femelle n'est pas encore contenue. Hegel remarque justement que le rapport sexuel ne se laisse pas ramener au rapport des deux gamètes. Il nous faut donc étudier l'organisme femelle dans sa totalité.

On a dit déjà que chez nombre de végétaux et certains animaux inférieurs, entre autres les mollusques, la spécification des gamètes n'entraîne pas celle des individus, chacun d'eux produisant à la fois ovules et spermatozoïdes. Même lorsque les sexes se séparent, il n'existe pas entre eux de barrières étanches comme celles qui cloisonnent les espèces; de même que les gamètes se définissent à partir d'un tissu originel indifférencié, mâles et femelles apparaissent plutôt comme des variations sur une base commune. Chez certains animaux – le cas le plus typique est celui de la Bonellie – l'embryon est d'abord asexué et ce sont les hasards de son développement qui décident ultérieurement de sa sexualité. On admet aujourd'hui que dans la plupart des espèces la détermination du sexe dépend de la constitution génotypique de l'œuf. L'œuf vierge de l'abeille se reproduisant par parthénogenèse donne exclusivement des mâles; celui des pucerons dans les mêmes conditions exclusivement des femelles. Quand les œufs sont fécondés il est remarquable que – sauf peut-être chez certaines araignées – le nombre des individus mâles et femelles procréés est sensiblement égal; la différenciation provient de l'hétérogénéité d'un des deux types de gamètes : chez les mammifères ce sont les spermatozoïdes qui possèdent soit une potentialité mâle, soit une potentialité femelle; on ne sait trop ce qui, au cours de la spermatogenèse ou de l'ovogenèse, décide du caractère singulier des gamètes hétérogènes; en tout cas, les lois statistiques de Mendel suffisent à en expliquer la distribution régulière. Pour les deux sexes le processus de fécondation et le début du développement embryonnaire s'effectuaient de manière identique; le tissu épithélial destiné à évoluer en gonade est au départ indifférencié; c'est à un certain stade de maturation que les testicules s'affirment ou que plus tardivement s'ébauche l'ovaire. Ceci explique qu'entre l'hermaphroditisme et le gonochorisme il existe une quantité d'intermédiaires; très souvent un des sexes possède certains organes caractéristiques du sexe complémentaire : le cas le plus frappant est celui du crapaud; on observe chez le mâle un ovaire atrophié nommé organe de Bidder et qu'on peut artificiellement amener à produire des œufs. Chez les mammifères demeurent des vestiges de cette bipotentialité sexuelle : entre autres, l'hydratile pédiculée et sessile, l'utérus masculinus, les glandes mammaires chez le mâle et chez la femelle le canal de Gärtner, le clitoris. Même dans les espèces où la division sexuelle est la plus tranchée, il y a des individus qui sont mâles et femelles à la fois : les cas d'intersexualité sont nombreux chez les animaux et chez l'homme; et on rencontre chez les papillons, les crustacés, des exemples de gynandromorphisme où les caractères mâles et femelles se juxtaposent en une sorte de mosaïque. C'est que, génotypiquement défini, le fœtus est

cependant profondément influencé par le milieu dans
lequel il puise sa substance : on sait que chez les fourmis,
les abeilles, les termites c'est le mode de nutrition qui fait
de la larve une femelle achevée ou qui enraie sa maturation sexuelle, la réduisant au rang d'ouvrière; l'influence
en ce cas porte sur tout l'ensemble de l'organisme : chez
les insectes le *soma* est sexuellement défini à une période
très précoce et ne dépend pas des gonades. Chez les
vertébrés, ce sont essentiellement les hormones émanant
des gonades qui jouent un rôle régulateur. On a démontré
par une quantité d'expériences qu'en faisant varier le
milieu endocrinien on pouvait agir sur la détermination
du sexe; d'autres expériences de greffe et de castration
réalisées sur des animaux adultes ont conduit à la théorie
moderne de la sexualité : chez les mâles et femelles des
vertébrés, le soma est identique, on peut le considérer
comme un élément neutre; c'est l'action de la gonade qui
lui donne ses caractéristiques sexuelles; certaines des
hormones sécrétées opèrent comme stimulants et d'autres
comme inhibiteurs; le tractus génital lui-même est de
nature somatique et l'embryologie montre qu'il se précise
sous l'influence des hormones à partir d'ébauches
bisexuelles. Il y a intersexualité lorsque l'équilibre hormonal n'a pas été réalisé et qu'aucune des deux potentia-
lités sexuelles ne s'est nettement accomplie.

Egalement distribués dans l'espèce, évolués de manière
analogue à partir de racines identiques, les organismes
mâles et femelles, une fois leur formation achevée, apparaissent comme profondément symétriques. Tous deux se
caractérisent par la présence de glandes productrices de
gamètes, ovaires ou testicules, les processus de spermatogenèse et d'ovogenèse étant, on l'a vu déjà, analogues; ces
glandes délivrent leur sécrétion dans un canal plus ou
moins complexe selon la hiérarchie des espèces : la
femelle laisse échapper l'œuf directement par l'oviducte,
ou le retient dans le cloaque ou dans un utérus différencié
avant de l'expulser; le mâle lâche la semence au-dehors,

ou il est muni d'un organe copulateur qui lui permet de l'introduire dans la femelle. Statiquement, mâle et femelle apparaissent donc comme deux types complémentaires. Il faut les considérer d'un point de vue fonctionnel pour saisir leur singularité.

Il est très difficile de donner de la notion de femelle une description généralement valable; la définir comme porteuse d'ovules et le mâle comme porteur de spermatozoïdes est très insuffisant car le rapport de l'organisme aux gonades est extrêmement variable; inversement la différenciation des gamètes n'affecte pas directement l'ensemble de l'organisme : on a prétendu parfois que l'ovule étant plus gros consommait plus de force vivante que le spermatozoïde; mais celui-ci est sécrété en quantité infiniment plus considérable si bien que dans les deux sexes la dépense s'équilibre. On a voulu voir dans la spermatogenèse un exemple de prodigalité et dans l'ovulation un modèle d'économie : mais il y a aussi dans ce phénomène une absurde profusion; l'immense majorité des ovules n'est jamais fécondée. De toute façon gamètes et gonades ne nous offrent pas un microcosme de l'organisme tout entier. C'est celui-ci qu'il faut directement étudier.

Un des traits les plus remarquables quand on parcourt les degrés de l'échelle animale, c'est que de bas en haut la vie s'individualise; en bas elle s'emploie au seul maintien de l'espèce, en haut elle se dépense à travers des individus singuliers. Dans les espèces rudimentaires l'organisme se laisse presque réduire à l'appareil reproducteur; en ce cas il y a une primauté de l'ovule, donc de la femelle, puisque c'est surtout l'ovule qui est voué à la pure répétition de la vie; mais elle n'est guère autre chose qu'un abdomen et son existence est tout entière dévorée par le travail d'une monstrueuse ovulation. Elle atteint par rapport au mâle les dimensions d'une géante; mais souvent ses membres ne sont que des moignons, son corps un sac informe, tous les organes dégénèrent au profit des œufs. En vérité, quoique constituant deux

organismes distincts, mâles et femelles peuvent alors être
à peine considérés comme des individus, ils ne forment
qu'un seul tout aux éléments indissolublement liés : ce
sont là des cas intermédiaires entre l'hermaphroditisme et
le gonochorisme. Ainsi chez les entonisciens qui vivent
en parasites sur le crabe, la femelle est une sorte de
boudin blanchâtre entouré de lamelles incubatrices qui
renferment des milliers d'œufs; au milieu de ceux-ci se
trouvent de minuscules mâles et des larves destinées à
fournir des mâles de remplacement. L'asservissement du
mâle nain est encore plus total chez l'edriolydnus : il est
fixé sous l'opercule de la femelle, il ne possède pas de
tube digestif personnel, son rôle est uniquement reproducteur. Mais dans tous ces cas la femelle n'est pas moins
asservie que lui : elle est asservie à l'espèce; si le mâle est
rivé à son épouse, celle-ci est aussi rivée, soit à un
organisme vivant dont elle se nourrit en parasite, soit à
un substratum minéral; elle se consume à produire les
œufs que le mâle minuscule féconde. Quand la vie prend
des figures un peu plus complexes, une autonomie individuelle s'ébauche et le lien qui unit les sexes se relâche;
mais chez les insectes ils demeurent tous deux étroitement subordonnés aux œufs. Souvent, comme chez les
éphémères, les deux époux meurent aussitôt après le coït
et la ponte; parfois, comme chez les rotifères et les
moustiques, le mâle dépourvu d'appareil digestif périt
après la fécondation, tandis que la femelle peut se nourrir
et survit : c'est que la formation des œufs et leur ponte
réclament un peu de temps; la mère expire dès que le sort
de la génération suivante est assuré. Le privilège détenu
par la femelle chez un grand nombre d'insectes provient
de ce que la fécondation est un processus généralement
très rapide tandis que l'ovulation et l'incubation des œufs
réclament un long travail. Chez les termites, l'énorme
reine gavée de bouillie et qui pond un œuf par seconde
jusqu'à ce que, devenue stérile, on la massacre impitoya-
blement, n'est pas moins esclave que le mâle nain fixé sur

son abdomen et qui féconde les œufs au fur et à mesure de leur expulsion. Dans les matriarcats que constituent les fourmilières et les ruches, les mâles sont des importuns qu'on massacre à chaque saison : au moment du vol nuptial, toutes les fourmis mâles s'échappent de la fourmilière et s'envolent vers les femelles; s'ils les atteignent et les fécondent, ils meurent aussitôt, épuisés; sinon, les ouvrières ne les laissent pas rentrer, elles les tuent devant les portes ou les laissent mourir de faim; mais la femelle fécondée a une triste destinée : elle s'enfonce solitairement dans la terre et souvent périt d'épuisement en pondant les premiers œufs; si elle réussit à reconstituer une fourmilière, elle y passe douze années enfermée à pondre sans répit; les ouvrières qui sont des femelles dont la sexualité a été atrophiée vivent quatre ans, mais d'une vie tout entière consacrée à l'élevage des larves. De même chez les abeilles : le bourdon qui rejoint la reine dans son vol nuptial retombe sur le sol éventré; les autres bourdons sont accueillis à leur retour dans la ruche où ils mènent une existence oisive et encombrante; au début de l'hiver ils sont exécutés. Mais les femelles avortées que sont les ouvrières achètent leur droit à la vie par un travail incessant; la reine est en fait l'esclave de la ruche; elle pond sans répit; et quant à la mort de la vieille reine plusieurs larves sont nourries de manière à pouvoir briguer sa succession, la première éclose assassine les autres au berceau. Chez l'araignée géante, la femelle porte ses œufs dans un sac jusqu'à ce qu'ils arrivent à maturité : elle est beaucoup plus grande et plus robuste que le mâle, et il arrive qu'elle le dévore après l'accouplement; on observe les mêmes mœurs chez la mante religieuse autour de laquelle s'est cristallisé le mythe de la féminité dévorante : l'ovule châtre le spermatozoïde, la mante assassine son époux, ces faits préfigureraient un rêve féminin de castration. Mais en vérité, c'est en captivité surtout que la mante manifeste tant de cruauté : en liberté au milieu d'aliments assez riches, il est très rare

qu'elle fasse du mâle son repas; si elle le mange, c'est
comme la fourmi solitaire souvent mange quelques-uns
de ses propres œufs : afin d'avoir la force de pondre et de
perpétuer l'espèce. Voir dans ces faits une annonce de la
« lutte des sexes » qui met aux prises des individus en
tant que tels, c'est divaguer. Ni chez les fourmis, les
abeilles, les termites, ni chez l'araignée ou la mante
religieuse on ne peut dire que la femelle asservit et dévore
le mâle : c'est l'espèce qui par des voies différentes les
dévore tous deux. La femelle vit plus longtemps et elle
semble avoir plus d'importance; mais elle ne possède
aucune autonomie; la ponte, l'incubation, le soin des
larves composent tout son destin; ses autres fonctions
sont totalement ou partiellement atrophiées. Dans le
mâle au contraire s'ébauche une existence individuelle.
Très souvent il manifeste dans la fécondation plus d'initiative que la femelle; c'est lui qui va à sa recherche, qui
l'attaque, la palpe, la saisit et lui impose le coït; parfois il
lui faut combattre d'autres mâles. Corrélativement les
organes de la locomotion, du tact, de la préhension, sont
souvent chez lui plus évolués; beaucoup de papillons
femelles sont aptères tandis que leurs mâles ont des ailes;
les mâles ont des couleurs, des élytres, des pattes, des
pinces plus développés; et parfois cette richesse s'accompagne d'un vain luxe de couleurs brillantes. En dehors du
coït fugace, la vie du mâle est inutile, gratuite : à côté de
la diligence des ouvrières, l'oisiveté des bourdons est un
remarquable privilège. Mais ce privilège est scandale;
souvent le mâle paie de sa vie une futilité où s'ébauche
l'indépendance. L'espèce qui tient les femelles en esclavage punit le mâle qui prétend lui échapper : elle le
supprime brutalement.

Dans les formes plus élaborées de la vie, la reproduction devient production d'organismes différenciés; elle
prend un double visage : maintenant l'espèce, elle crée
aussi de nouveaux individus; ce côté novateur s'affirme
au fur et à mesure que la singularité de l'individu se

confirme. Il est frappant alors que les deux moments de la perpétuation et de la création se divisent; cette scission, déjà indiquée au moment de la fécondation de l'œuf, se retrouve dans l'ensemble du phénomène générateur. Ce n'est pas la structure même de l'ovule qui commande cette division; la femelle possède comme le mâle une certaine autonomie et son lien avec l'ovule se relâche; le poisson, le batracien, l'oiseau femelles sont tout autre chose qu'un abdomen; moins le lien de la mère avec l'œuf est étroit, moins le travail de la parturition représente une tâche absorbante, plus il y a d'indétermination dans le rapport des parents avec leur progéniture. Il peut arriver que ce soit le père qui se charge d'entretenir les vies fraîches écloses; c'est une chose fréquente chez les poissons. L'eau est un élément susceptible de porter les ovules et le sperme et d'assurer leur rencontre; la fécondation dans le domaine aquatique est presque toujours externe; les poissons ne s'accouplent pas : tout au plus certains se frottent-ils l'un contre l'autre pour se stimuler. La mère expulse les ovules, le père la semence : leur rôle est identique. Il n'y a pas de raison pour que la mère plus que le père reconnaisse les œufs comme siens. Dans certaines espèces, ceux-ci sont abandonnés par les parents et se développent sans secours; parfois un nid leur a été préparé par la mère; parfois encore elle veille sur eux après la fécondation; mais très souvent c'est le père qui les prend en charge : aussitôt qu'il les a fécondés, il chasse au loin la femelle qui tente de les dévorer, il les défend sauvagement contre toute approche; on en cite qui constituent une sorte de nid protecteur en émettant des bulles d'air enrobées d'une substance isolante; souvent aussi ils incubent les œufs dans leur bouche ou, comme l'hippocampe, dans les plis du ventre. On observe chez les batraciens des phénomènes analogues : ils ne connaissent pas un véritable coït; le mâle enlace la femelle et par son enlacement stimule la ponte : au fur et à mesure que les œufs s'échappent du cloaque, il laisse échapper sa semence. Très souvent – en particulier chez le crapaud connu sous le nom de crapaud-accoucheur – c'est le père qui enroulant autour de ses pattes les chapelets d'œufs les transporte avec lui et en assure l'éclosion. Chez l'oiseau, la formation de l'œuf à l'intérieur de la femelle s'opère assez lentement, l'œuf est relativement gros et s'expulse assez difficilement; il a avec la mère des rapports beaucoup plus étroits qu'avec le père qui l'a fécondé au cours du coït rapide; c'est généralement la femelle qui le couve et qui veille ensuite sur les petits; mais très fréquemment le père participe à la construction du nid, à la protection et à la nutrition des petits; il y a des cas assez rares – par exemple chez les passereaux – où c'est lui qui les couve et qui les élève. Les pigeons mâles et femelles sécrètent dans leur jabot une sorte de lait dont ils alimentent les oisillons. Ce qui est remarquable en tous ces cas où le père joue un rôle nourricier, c'est que pendant la période où il se consacre à sa progéniture la spermatogenèse s'interrompt; occupé à maintenir la vie, il n'a plus l'impulsion d'en susciter des formes nouvelles.

C'est chez les mammifères que la vie prend les formes les plus complexes et s'individualise le plus concrètement. Alors la scission des deux moments vitaux : maintenir et créer, se réalise de manière définitive dans la séparation des sexes. C'est dans cet embranchement – à ne considérer que les vertébrés – que la mère soutient avec sa progéniture les rapports les plus étroits et que le père s'en désintéresse davantage; tout l'organisme de la femelle est adapté à la servitude de la maternité et commandé par elle, tandis que l'initiative sexuelle est l'apanage du mâle. La femelle est la proie de l'espèce; pendant une ou deux saisons, selon les cas, toute sa vie est réglée par un cycle sexuel, le cycle œstrien, dont la durée comme le rythme de succession varie d'une espèce à l'autre; ce cycle se décompose en deux phases : pendant la première il y a maturation des ovules (en nombre variable selon les espèces) et dans l'utérus un processus de

nidification; pendant la seconde se produit une nécrose
graisseuse qui aboutit à l'élimination de l'édifice ainsi
élaboré sous forme d'un écoulement blanchâtre. L'œstrus
correspond à la période du rut; mais le rut a chez la
femelle un caractère passif; elle est prête à recevoir le
mâle, elle l'attend; il arrive même chez les mammifères –
comme aussi chez certains oiseaux – qu'elle le sollicite;
mais elle se borne à lui adresser un appel par des cris, des
parades ou des exhibitions; elle ne saurait imposer le coït.
En fin de compte c'est à lui que revient la décision. On a
vu que même chez les insectes où, par le sacrifice total
qu'elle consent à l'espèce, la femelle s'assure de si grands
privilèges, c'est ordinairement le mâle qui provoque la
fécondation; souvent chez les poissons il invite la femelle
à la ponte par sa présence ou par des attouchements; chez
les batraciens il agit comme stimulateur. Mais c'est
surtout chez les oiseaux et les mammifères qu'il s'impose
à elle; très souvent elle le subit avec indifférence ou
même elle lui résiste. Fût-elle provocante, consentante,
c'est lui de toute façon qui la *prend* : elle est *prise*. Le
mot a souvent un sens très précis : soit parce qu'il
possède des organes adaptés, soit parce qu'il est le plus
fort, le mâle la saisit, l'immobilise; c'est lui qui effectue
activement les mouvements du coït; chez beaucoup d'insectes, chez les oiseaux et chez les mammifères, il la
pénètre. Par là elle apparaît comme une intériorité violée.
Ce n'est pas à l'espèce que le mâle fait violence car
celle-ci ne se perpétue qu'en se rénovant, elle périrait si
ovules et spermatozoïdes ne se rejoignaient pas; seulement, la femelle chargée de protéger l'œuf l'enferme en
elle-même et son corps qui constitue pour l'ovule un abri
le soustrait aussi à l'action fécondante du mâle; il est
donc une résistance à briser, tandis qu'en le pénétrant le
mâle se réalise comme activité. Sa domination s'exprime
par la posture du coït : chez presque tous les animaux le
mâle est *sur* la femelle. Et sans doute l'organe dont il se
sert est matériel lui aussi, mais il se découvre sous son

aspect animé : c'est un outil; tandis que dans cette
opération l'organe femelle n'est qu'un réceptacle inerte.
Le mâle y dépose sa semence : la femelle la reçoit. Ainsi,
bien que jouant dans la procréation un rôle fondamentalement actif, elle *subit* le coït qui l'aliène à elle-même par
la pénétration et la fécondation interne; bien qu'elle
éprouve le besoin sexuel comme un besoin individuel,
puisqu'en rut il lui arrive de rechercher le mâle, l'aventure sexuelle est cependant vécue par elle dans l'immédiat comme une histoire intérieure et non comme une
relation au monde et à autrui. Mais la différence fondamentale entre le mâle et la femelle mammifères, c'est que
dans le même rapide instant le spermatozoïde par lequel
la vie du mâle se transcende en un autre lui devient
étranger et se détache de son corps; ainsi le mâle au
moment où il dépasse son individualité s'y enferme à
nouveau. Au contraire l'ovule a commencé à se séparer
de la femelle lorsque mûri il s'est détaché du follicule
pour tomber dans l'oviducte; mais pénétré par un gamète
étranger il s'installe dans l'utérus : d'abord violée, la
femelle est ensuite aliénée; elle porte le fœtus dans son
ventre jusqu'à un stade de maturation variable selon les
espèces : le cobaye naît presque adulte, le chien encore
tout proche de l'état fœtal; habitée par un autre qui se
nourrit de sa substance la femelle pendant tout le temps
de la gestation est à la fois soi-même et autre que
soi-même; après l'accouchement, elle nourrit le nouveau-
né du lait de ses mamelles. Si bien qu'on ne sait trop
quand il peut être considéré comme autonome : au
moment de la fécondation, de la naissance et du sevrage?
Il est remarquable que plus la femelle apparaît comme un
individu séparé, plus impérieusement la continuité
vivante s'affirme par-delà toute séparation; le poisson,
l'oiseau qui expulsent l'ovule vierge ou l'œuf fécondé sont
moins en proie à leur progéniture que la femelle mam-
mifère. Celle-ci retrouve une autonomie après la naissance des petits : alors il s'établit entre elle et eux une

distance; et c'est à partir d'une séparation qu'elle se voue
à eux; elle s'occupe d'eux avec initiative et invention, elle
lutte pour les défendre contre les autres animaux et
devient même agressive. Mais normalement elle ne cherche pas à affirmer son individualité; elle ne s'oppose pas
aux mâles ni aux autres femelles; elle n'a guère d'instinct
combatif[1]; en dépit des assertions aujourd'hui controu-
vées de Darwin, elle accepte sans beaucoup choisir le
mâle qui se présente. Ce n'est pas qu'elle ne possède pas
de qualités individuelles, bien au contraire; dans les
périodes où elle échappe aux servitudes de la maternité,
elle peut parfois s'égaler au mâle : la jument est aussi
rapide que l'étalon, la chienne de chasse a autant de flair
que le chien, les guenons manifestent quand on les
soumet à des tests autant d'intelligence que les singes.
Seulement cette individualité n'est pas revendiquée : la
femelle s'abdique au profit de l'espèce qui réclame cette
abdication.

Le destin du mâle est très différent; on vient de voir
que dans son dépassement même il se sépare et se
confirme en lui-même. Ce trait est constant, de l'insecte
aux animaux supérieurs. Même les poissons et les cétacés
qui vivent par bancs, mollement confondus au sein de la
collectivité, s'en arrachent au moment du rut; ils s'isolent
et deviennent agressifs à l'égard des autres mâles. Immédiate chez la femelle, la sexualité est chez le mâle
médiatisée : il y a une distance qu'il comble activement
entre le désir et son assouvissement; il bouge, il cherche,
il palpe la femelle, la caresse, l'immobilise avant de la
pénétrer; les organes qui servent aux fonctions de relation, locomotion et préhension sont souvent mieux développés chez lui. Il est remarquable que l'impulsion

---

1. Certaines poules se disputent dans la basse-cour les meilleures places
et établissent entre elles à coups de bec une hiérarchie. En l'absence des
mâles, il y a aussi des vaches qui prennent par la force la tête du
troupeau.

vivante qui produit en lui la multiplication des spermatozoïdes se traduise aussi par l'apparition d'un plumage
éclatant, d'écailles brillantes, de cornes, de bois, de
crinière, par son chant, son exubérance; on ne pense plus
que la « livrée de noces » qu'il revêt au moment du rut,
ni que ses parades séductrices, aient une finalité sélective;
mais elles manifestent la puissance de vie qui avec un
luxe gratuit et magnifique s'épanouit alors chez lui. Cette
générosité vitale, l'activité déployée en vue de l'accouplement, et dans le coït même l'affirmation dominatrice de
son pouvoir sur la femelle, tout contribue à poser l'individu comme tel au moment de son dépassement vivant.
C'est en cela que Hegel a raison de voir chez le mâle
l'élément subjectif tandis que la femelle demeure enve-
loppée dans l'espèce. Subjectivité et séparation signifient
aussitôt conflit. L'agressivité est une des caractéristiques
du mâle en rut; elle ne s'explique pas par la compétition
puisque le nombre des femelles est sensiblement égal à
celui des mâles; c'est plutôt la compétition qui s'explique
à partir de cette volonté combative. On dirait qu'avant de
procréer, le mâle revendiquant comme proprement sien
l'acte qui perpétue l'espèce confirme dans sa lutte contre
ses congénères la vérité de son individualité. L'espèce
habite la femelle et absorbe une grande partie de sa vie
individuelle; le mâle au contraire intègre à sa vie individuelle les forces vivantes spécifiques. Sans doute, il subit
lui aussi des lois qui le dépassent, il y a chez lui
spermatogenèse, et un rut périodique; mais ces processus
intéressent beaucoup moins que le cycle œstrien l'ensemble de l'organisme; la production des spermatozoïdes
n'est pas une fatigue non plus que l'ovogenèse proprement dite : c'est le développement de l'œuf en un animal
adulte qui est pour la femelle un travail absorbant. Le
coït est une opération rapide et qui ne diminue pas la
vitalité du mâle. Il ne manifeste à peu près aucun instinct
paternel. Très souvent il abandonne la femelle après
l'accouplement. Quand il demeure près d'elle comme

chef d'un groupe familial (famille monogamique, harem ou troupeau) c'est par rapport à l'ensemble de la communauté qu'il joue un rôle protecteur et nourricier; il est rare qu'il s'intéresse directement aux enfants. Dans ces espèces favorables à l'épanouissement de la vie individuelle, l'effort du mâle vers l'autonomie – qui chez les animaux inférieurs cause sa perte – est couronné de succès. Il est généralement plus grand que la femelle, plus robuste, plus rapide, plus aventureux; il mène une vie plus indépendante et dont les activités sont plus gratuites; il est plus conquérant, plus impérieux : dans les sociétés animales c'est toujours lui qui commande.

Dans la nature, rien n'est jamais tout à fait clair : les deux types, mâle et femelle, ne se distinguent pas toujours avec netteté; on observe parfois entre eux un dimorphisme – couleur du pelage, disposition des taches et bigarrures – qui semble absolument contingent; il arrive au contraire qu'ils ne soient pas discernables et que leurs fonctions se différencient à peine, comme on en a vu pour les poissons. Cependant dans l'ensemble, et surtout en haut de l'échelle animale, les deux sexes représentent deux aspects divers de la vie de l'espèce. Leur opposition n'est pas comme on l'a prétendu celle d'une activité et d'une passivité : non seulement le noyau ovulaire est actif mais le développement de l'embryon est un processus vivant, non un déroulement mécanique. Il serait trop simple de la définir comme celle du changement et de la permanence : le spermatozoïde ne crée que parce que dans l'œuf sa vitalité se maintient; l'ovule ne peut se maintenir qu'en se dépassant sinon il régresse et dénégère. Cependant il est vrai que dans ces opérations, toutes deux actives, maintenir et créer, la synthèse du devenir n'est pas réalisée de la même manière. Maintenir c'est nier la dispersion des instants, c'est au cours de leur jaillissement affirmer la continuité; créer c'est faire éclater au sein de l'unité temporelle un présent irréductible, séparé; et il est vrai aussi que dans la femelle c'est la continuité de la vie qui cherche à se réaliser en dépit de la séparation; tandis que la séparation en forces neuves et individualisées est suscitée par l'initiative mâle; il lui est donc permis de s'affirmer dans son autonomie; l'énergie spécifique, il l'intègre à sa propre vie; au contraire l'individualité de la femelle est combattue par l'intérêt de l'espèce; elle apparaît comme possédée par des puissances étrangères : aliénée. Et c'est pourquoi lorsque l'individualité des organismes s'affirme davantage l'opposition des sexes ne s'atténue pas : au contraire. Le mâle trouve des chemins de plus en plus divers pour dépenser les forces dont il se rend maître; la femelle ressent de plus en plus son asservissement; le conflit entre ses intérêts propres et celui des forces génératrices qui l'habitent s'exaspère. L'accouchement des vaches, des juments est beaucoup plus douloureux et dangereux que celui des souris, des lapines. La femme qui est la plus individualisée des femelles apparaît aussi comme la plus fragile, celle qui vit le plus dramatiquement sa destinée et qui se distingue le plus profondément de son mâle.

Dans l'humanité comme dans la plupart des espèces il naît à peu près autant d'individus des deux sexes (100 filles pour 104 garçons); l'évolution des embryons est analogue; cependant l'épithélium primitif demeure neutre plus longtemps chez le fœtus femelle; il en résulte qu'il est plus longtemps soumis à l'influence du milieu hormonal et que son développement se trouve plus souvent inversé; la plupart des hermaphrodites seraient des sujets génotypiquement féminins qui se seraient masculinisés ultérieurement : on dirait que l'organisme mâle se définit d'emblée comme mâle tandis que l'embryon femelle hésite à accepter sa féminité; mais ces premiers balbutiements de la vie fœtale sont encore trop mal connus pour qu'on puisse leur assigner un sens. Une fois constitués, les appareils génitaux sont dans les deux sexes symétriques; les hormones de l'un et de l'autre appartiennent à la même famille chimique, celle des stérols, et

dérivent tous en dernière analyse de la cholestrine; ce
sont eux qui commandent les différenciations secondaires
du soma. Ni leurs formules, ni les singularités anatomi-
ques ne définissent la femelle humaine comme telle. C'est
son évolution fonctionnelle qui la distingue du mâle.
Comparativement le développement de l'homme est simple. De la naissance à la puberté, il croît à peu près
régulièrement; vers quinze ou seize ans commence la
spermatogenèse qui s'effectue de manière continue jusqu'à la vieillesse; son apparition s'accompagne d'une
production d'hormones qui précise la constitution virile
du soma. Dès lors, le mâle a une vie sexuelle qui est
normalement intégrée à son existence individuelle : dans
le désir, dans le coït, son dépassement vers l'espèce se
confond avec le moment subjectif de sa transcendance : il
est son corps. L'histoire de la femme est beaucoup plus
complexe. Dès la vie embryonnaire la provision d'oocytes
est définitivement constituée; l'ovaire contient environ
cinquante mille ovules enfermés chacun dans un follicule
et dont quatre cents environ arriveront à maturation; dès
sa naissance, l'espèce a pris possession d'elle, et tente de
s'affirmer : en venant au monde la femme traverse une
sorte de première puberté; les oocytes grossissent soudai-
nement; puis l'ovaire se réduit d'un cinquième environ :
on dirait qu'un répit est accordé à l'enfant; tandis que son
organisme se développe, son système génital demeure à
peu près stationnaire : certains follicules se gonflent, mais
sans arriver à maturité; la croissance de la fillette est
analogue à celle du garçon : à âge égal elle est même
souvent plus grande et plus lourde que lui. Mais au
moment de la puberté l'espèce réaffirme ses droits : sous
l'influence de sécrétions ovariennes, le nombre des follicules en voie de croissance augmente, l'ovaire se congestionne et grossit, un des ovules arrive à maturité et le
cycle menstruel s'ouvre; le système génital prend son
volume et sa forme définitifs, le soma se féminise,
l'équilibre endocrinien s'établit. Il est remarquable que

cet événement prenne la figure d'une *crise*; ce n'est pas
sans résistance que le corps de la femme laisse l'espèce
s'installer en elle; et ce combat l'affaiblit et la met en
danger : avant la puberté, il meurt environ autant de
garçons que de filles : de quatorze à dix-huit ans, il meurt
128 filles pour 100 garçons et de dix-huit à vingt-deux
ans, 105 filles pour 100 garçons. C'est à ce moment que
souvent apparaissent chlorose, tuberculose, scoliose,
ostéomyélite, etc. Chez certains sujets la puberté est
anormalement précoce : elle peut se produire vers quatre
ou cinq ans. Chez d'autres au contraire, elle ne se
déclenche pas : le sujet est alors infantile, il souffre
d'aménorrhée ou de dysménorrhée. Certaines femmes
présentent des signes de virilisme : un excès de sécrétions
élaborées par les glandes surrénales leur donne des caractères masculins. Ces anomalies ne représentent absolument pas des victoires de l'individu sur la tyrannie de
l'espèce : à celle-ci il n'est aucun moyen d'échapper car
en même temps qu'elle asservit la vie individuelle, elle
l'alimente; cette dualité s'exprime au niveau des fonctions
ovariennes; dans l'ovaire la vitalité de la femme a ses
racines comme celle de l'homme dans les testicules : dans
les deux cas l'individu châtré n'est pas seulement stérile :
il régresse et dégénère; non « formé », mal formé, l'organisme est tout entier appauvri et déséquilibré; il ne
s'épanouit que par l'épanouissement du système génital;
et cependant beaucoup des phénomènes génitaux n'intéressent pas la vie singulière du sujet et même la mettent
en danger. Les glandes mammaires qui se développent au
moment de la puberté n'ont aucun rôle dans l'économie
individuelle de la femme : à n'importe quel moment de
sa vie on peut en faire l'ablation. Beaucoup de sécrétions
ovariennes ont leur finalité dans l'ovule, dans sa maturation, dans l'adaptation de l'utérus à ses besoins : pour
l'ensemble de l'organisme elles sont un facteur de désé-
quilibre plutôt que de régulation; la femme est adaptée
aux besoins de l'ovule plutôt qu'à elle-même. De la

puberté à la ménopause elle est le siège d'une histoire qui
se déroule en elle et qui ne la concerne pas personnellement. Les Anglo-Saxons appellent la menstruation « the
curse », « la malédiction »; et en effet il n'y a dans le
cycle menstruel aucune finalité individuelle. On croyait
au temps d'Aristote que chaque mois s'écoulait un sang
destiné à constituer en cas de fécondation le sang et la
chair de l'enfant; la vérité de cette vieille théorie c'est que
sans répit la femme ébauche le travail de la gestation.
Chez les autres mammifères ce cycle œstral ne se déroule
que pendant une saison; il ne s'accompagne pas d'écoulement sanglant : c'est seulement chez les singes supérieurs et chez la femme qu'il s'accomplit chaque mois
dans la douleur et le sang[1]. Pendant quatorze jours
environ un des follicules de Graff qui enveloppent les
ovules s'accroît en volume et mûrit cependant que
l'ovaire sécrète l'hormone située au niveau des follicules
et appelée folliculine. Le quatorzième jour s'effectue la
ponte : la paroi du follicule se rompt (ce qui entraîne
parfois une légère hémorragie) l'œuf tombe dans les
trompes cependant que la cicatrice évolue de manière à
constituer le corps jaune. Alors commence la seconde
phase ou phase lutéinique caractérisée par la sécrétion de
l'hormone appelée progestine qui agit sur l'utérus. Celui-
ci se modifie : le système capillaire de la paroi se
congestionne, elle se plisse, se gaufre, formant des espèces
de dentelles; ainsi s'édifie dans la matrice un berceau
destiné à recevoir l'œuf fécondé. Ces transformations
cellulaires étant irréversibles, dans les cas où il n'y a pas
fécondation cet édifice ne se résorbe pas : peut-être chez
les autres mammifères les débris inutiles en sont-ils
emportés par les vaisseaux lymphatiques. Mais chez la

1. L'analyse de ces phénomènes a pu être poussée en ces dernières
années en rapprochant des phénomènes qui se passent chez la femme
ceux qu'on observe chez les singes supérieurs, notamment dans le genre
Rhésus. « *Il est évidemment plus facile d'expérimenter chez ces derniers
animaux* », écrit Louis Gallien (*La Sexualité*).

femme lorsque les dentelles endométrales s'écroulent, il se produit une exfoliation de la muqueuse, les capillaires s'ouvrent et une masse sanguine suinte à l'extérieur. Puis tandis que le corps jaune dégénère, la muqueuse se reconstitue et une nouvelle phase folliculaire commence. Ce processus complexe, encore assez mystérieux dans ses détails, met en branle l'organisme tout entier puisqu'il s'accompagne de sécrétions hormonales qui réagissent sur la thyroïde et l'hypophyse, sur le système nerveux central et le système végétal et par conséquent sur tous les viscères. Presque toutes les femmes – plus de 85 % – présentent des troubles pendant cette période. La tension artérielle s'élève avant le début de l'écoulement sanguin et s'abaisse ensuite; la vitesse du pouls et souvent la température augmentent : les cas de fièvre sont fréquents; l'abdomen devient douloureux; on observe souvent une tendance à la constipation et ensuite des diarrhées; souvent aussi il y a augmentation du volume du foie, rétention d'urée, albuminurie; beaucoup de sujets présentent une hyperémie de la muqueuse pituitaire (mal de gorge), et certains des troubles de l'ouïe et de la vue; la sécrétion de sueur est augmentée et s'accompagne au début des règles d'une odeur *sui generis* qui peut être très forte et persister pendant toute la menstruation. Le métabolisme basal est augmenté. Le nombre des globules rouges diminue; cependant le sang véhicule des substances généralement mises en réserve dans les tissus, en particulier des sels de calcium; la présence de ces sels réagit sur l'ovaire, sur la thyroïde qui s'hypertrophie, sur l'hypophyse qui préside à la métamorphose de la muqueuse utérine et dont l'activité se trouve accrue; cette instabilité des glandes amène une grande fragilité nerveuse : le système central est atteint, il y a souvent céphalée, et le système végétatif réagit avec exagération : il y a diminution du contrôle automatique par le système central ce qui libère des réflexes, des complexes convulsifs et se traduit par une grande instabilité d'humeur : la femme est plus émotive, plus nerveuse, plus irritable que de coutume et peut présenter des troubles psychiques graves. C'est dans cette période qu'elle éprouve le plus péniblement son corps comme une chose opaque aliénée; il est la proie d'une vie têtue et étrangère qui en lui chaque mois fait et défait un berceau; chaque mois un enfant se prépare à naître et avorte dans l'écroulement des dentelles rouges; la femme, comme l'homme, *est* son corps[1] : mais son corps est autre chose qu'elle.

La femme connaît une aliénation plus profonde quand l'œuf fécondé descend dans l'utérus et s'y développe; certes la gestation est un phénomène normal qui, s'il se produit dans les conditions normales de santé et de nutrition, n'est pas nuisible à la mère : il s'établit même entre elle et le fœtus certaines interactions qui lui sont favorables; cependant, contrairement à une théorie optimiste dont l'utilité sociale est trop évidente, la gestation est un travail fatigant qui ne présente pas pour la femme un bénéfice individuel[2] et exige au contraire de lourds sacrifices. Elle s'accompagne souvent dans les premiers mois d'un manque d'appétit et de vomissements qu'on n'observe chez aucune autre femelle domestique et qui manifestent la révolte de l'organisme contre l'espèce qui prend possession de lui; il s'appauvrit en phosphore, en calcium, en fer, ce dernier déficit étant par la suite difficile à combler; la suractivité du métabolisme exalte le système endocrinien; le système nerveux négatif est en état d'excitabilité augmentée; quant au sang, son poids spécifique diminue, il est anémié, il est analogue « à celui des jeûneurs, des inanitiés, des personnes ayant subi des

1. « Je suis donc mon corps, du moins dans toute la mesure où j'ai un acquis et réciproquement mon corps est comme un sujet naturel, comme une esquisse provisoire de mon être total. » (MERLEAU-PONTY, *Phénoménologie de la Perception.*)

2. Je me place ici au point de vue exclusivement physiologique. Il est évident que psychologiquement la maternité peut être pour la femme très profitable, comme elle peut aussi être un désastre.

saignées répétées, des convalescents[1] ». Tout ce qu'une
femme saine et bien nourrie peut espérer, c'est après
l'accouchement de récupérer sans trop de peines ces
dépenses; mais souvent il se produit au cours de la
grossesse de graves accidents ou du moins de dangereux
désordres; et si la femme n'est pas robuste, si son hygiène
n'est pas soigneuse, elle sera prématurément déformée et
vieillie par les maternités : on sait combien le cas est
fréquent dans les campagnes. L'accouchement lui-même
est douloureux; il est dangereux. C'est dans cette crise
qu'on voit avec le plus d'évidence que le corps ne satisfait
pas toujours l'espèce et l'individu ensemble; il arrive que
l'enfant meure et aussi qu'en venant à la vie il tue sa mère
ou que sa naissance provoque en elle une maladie
chronique. L'allaitement est aussi une servitude épui-
sante; un ensemble de facteurs – dont le principal est sans
doute l'apparition d'une hormone, la progestine – amène
dans les glandes mammaires la sécrétion du lait; la
montée en est douloureuse, elle s'accompagne souvent de
fièvres et c'est au détriment de sa propre vigueur que la
nourrice alimente le nouveau-né. Le conflit espèce-
individu, qui dans l'accouchement prend parfois une
figure dramatique, donne au corps féminin une inquiétante fragilité. On dit volontiers que les femmes « ont des
maladies dans le ventre »; et il est vrai qu'elles enferment
en elles un élément hostile : c'est l'espèce qui les ronge.
Beaucoup de leurs maladies ne résultent pas d'une infec-
tion d'origine externe mais d'un dérèglement interne :
ainsi les fausses métrites sont produites par une réaction
de la muqueuse utérine à une excitation ovarienne anormale; si le corps jaune persiste au lieu de se résorber
après la menstruation, il provoque des salpingites et des
endométrites, etc.

C'est encore par une crise difficile que la femme

---

1. Cf. H. VIGNES dans le *Traité de Physiologie*, t. XI, dirigé par
ROGER et BINET.

échappe à l'emprise de l'espèce; entre quarante-cinq et cinquante ans se déroulent les phénomènes de la ménopause, inverses de ceux de la puberté. L'activité ovarienne diminue et même disparaît : cette disparition entraîne un appauvrissement vital de l'individu. On suppose que les glandes cataboliques : thyroïde et hypophyse, s'efforcent de suppléer aux insuffisances de l'ovaire; ainsi observe-t-on à côté de la dépression du retour d'âge des phénomènes de sursaut : bouffées de chaleur, hypertension, nervosité; il y a parfois recrudescence de l'instinct sexuel. Certaines femmes fixent alors de la graisse dans leurs tissus; d'autres se virilisent. Chez beaucoup un équilibre endocrinien se rétablit. Alors la femme se trouve délivrée des servitudes de la femelle; elle n'est pas comparable à un eunuque car sa vitalité est intacte; cependant elle n'est plus la proie de puissances qui la débordent : elle coïncide avec elle-même. On a dit parfois que les femmes âgées constituaient « un troisième sexe »; et en effet elles ne sont pas des mâles mais ne sont plus des femelles; et souvent cette autonomie physiologique se traduit par une santé, un équilibre, une vigueur qu'elles ne possédaient pas auparavant.

Aux différenciations proprement sexuelles se superposent chez la femme des singularités qui en sont plus ou moins directement les conséquences; ce sont des actions hormonales qui déterminent son soma. En moyenne elle est plus petite que l'homme, moins lourde, son squelette est plus grêle, le bassin plus large, adapté aux fonctions de la gestation et de l'accouchement; son tissu conjonctif fixe des graisses et ses formes sont plus arrondies que celles de l'homme; l'allure générale : morphologie, peau, système pileux, etc. est nettement différente dans les deux sexes. La force musculaire est beaucoup moins grande chez la femme : environ les deux tiers de celle de l'homme; elle a une moindre capacité respiratoire : les poumons, la trachée et le larynx sont moins grands chez elle; la différence du larynx entraîne aussi la différence des voix. Le poids spécifique du sang est moindre chez les femmes : il y a moindre fixation d'hémoglobine; elles sont donc moins robustes, plus disposées à l'anémie. Leur pouls bat plus vite, leur système vasculaire est plus instable : elles rougissent aisément. L'instabilité est un trait frappant de leur organisme en général; entre autres il y a chez l'homme stabilité dans le métabolisme du calcium; tandis que la femme fixe beaucoup moins de sels de chaux, elle en élimine pendant les règles et pendant la grossesse; il semble que les ovaires aient touchant le calcium une action catabolique; cette instabilité amène des désordres dans les ovaires et dans la thyroïde qui est plus dévelop-pée chez elle que chez l'homme : et l'irrégularité des sécrétions endocrines réagit sur le système nerveux végé-tatif; le contrôle nerveux et musculaire est imparfaite-ment assuré. Ce manque de stabilité et de contrôle entraîne leur émotivité, directement liée aux variations vasculaires : battements de cœur, rougeur, etc.; et elles sont par là sujettes aux manifestations convulsives : larmes, fou rire, crises de nerfs.

On voit que beaucoup de ces traits proviennent encore de la subordination de la femme à l'espèce. C'est là la conclusion la plus frappante de cet examen : elle est de toutes les femelles mammifères celle qui est le plus profondément aliénée, et celle qui refuse le plus violem-ment cette aliénation; en aucune l'asservissement de l'organisme à la fonction reproductrice n'est plus impé-rieux ni plus difficilement accepté : crise de la puberté et de la ménopause, « malédiction » mensuelle, grossesse longue et souvent difficile, accouchement douloureux et parfois dangereux, maladies, accidents sont caractéristi-ques de la femelle humaine : on dirait que son destin se fait d'autant plus lourd qu'elle se rebelle contre lui davantage en s'affirmant comme individu. Si on la com-pare au mâle celui-ci apparaît comme infiniment privilé-gié : sa vie génitale ne contrarie pas son existence person-nelle; elle se déroule d'une manière continue, sans crise et

généralement sans accident. En moyenne les femmes
vivent aussi longtemps que lui; mais elles sont beaucoup
plus souvent malades et il y a de nombreuses périodes où
elles n'ont pas la disposition d'elles-mêmes.

Ces données biologiques sont d'une extrême importance : elles jouent dans l'histoire de la femme un rôle de
premier plan, elles sont un élément essentiel de sa
situation : dans toutes nos descriptions ultérieures nous
aurons à nous y référer. Car le corps étant l'instrument de
notre prise sur le monde, le monde se présente tout
autrement selon qu'il est appréhendé d'une manière ou
d'une autre. C'est pourquoi nous les avons si longuement
étudiées; elles sont une des clefs qui permettent de
comprendre la femme. Mais ce que nous refusons, c'est
l'idée qu'elles constituent pour elle un destin figé. Elles
ne suffisent pas à définir une hiérarchie des sexes; elles
n'expliquent pas pourquoi la femme est l'Autre; elles ne
la condamnent pas à conserver à jamais ce rôle subordonné.

*

On a prétendu souvent que la seule physiologie permettait de répondre à ces questions : la réussite individuelle a-t-elle les mêmes chances dans les deux sexes?
Lequel joue dans l'espèce le rôle le plus important? Mais
le premier de ces problèmes ne se présente pas du tout de
la même manière pour la femme et pour les autres
femelles, car les animaux constituent des espèces données
dont il est possible de fournir des descriptions statiques :
il suffit de grouper des observations pour décider si la
jument est ou non aussi rapide que l'étalon, si les
chimpanzés mâles réussissent les tests intellectuels mieux
que leurs compagnes; tandis que l'humanité est sans cesse
en devenir. Il y a eu des savants matérialistes qui ont
prétendu poser le problème d'une manière purement
statique; imbus de la théorie du parallélisme psycho-

physiologique, ils ont cherché à établir des comparaisons mathématiques entre les organismes mâles et femelles : et ils imaginaient que ces mesures définissaient immédiatement leurs capacités fonctionnelles. Je citerai un exemple des discussions oiseuses qu'a suscitées cette méthode. Comme on supposait que, de quelque mystérieuse façon, le cerveau sécrète la pensée, il a semblé très important de décider si le poids moyen de l'encéphale féminin est ou non moindre que celui de l'encéphale mâle. On a trouvé qu'en moyenne le premier pèse 1 220 grammes et le second 1 360, le poids de l'encéphale féminin variant de 1 000 à 1 500 grammes et celui des hommes de 1 150 à 1 700. Mais le poids absolu n'est pas significatif; c'est du poids relatif qu'on a donc résolu de tenir compte. On trouve qu'il est de 1/48,4 chez l'homme et 1/44,2 pour la femme. Elle serait donc avantagée. Non, il faut encore rectifier : en de telles comparaisons, c'est l'organisme le plus petit qui semble toujours privilégié; pour faire correctement abstraction du corps en comparant deux groupes d'individus, il faut diviser le poids de l'encéphale par la puissance 0,56 du poids du corps s'ils appartiennent à la même espèce. On considère qu'hommes et femmes représentent deux types différents. On arrive donc aux résultats suivants :

Pour l'homme : P 0,56 = 498 $\qquad \dfrac{1\,360}{498} = 2,73.$

Pour la femme : P 0,56 = 446 $\qquad \dfrac{1\,220}{446} = 2,74.$

On aboutit à l'égalité. Mais ce qui enlève beaucoup d'intérêt à ces débats soigneux c'est que nul rapport n'a pu être établi entre le poids de l'encéphale et le développement de l'intelligence. On ne saurait pas davantage donner une interprétation psychique des formules chimiques qui définissent les hormones mâles et femelles. Quant à nous, nous rejetons catégoriquement l'idée d'un parallélisme psycho-physiologique; c'est une doctrine dont les fondements ont été depuis longtemps et définitivement sapés. Si je la signale c'est que philosophiquement et scientifiquement ruinée, elle hante encore bien des esprits : on a vu que traînent encore en certains de plus antiques survivances. Nous refusons aussi tout système de références qui sous-entend l'existence d'une hiérarchie *naturelle* de valeurs, par exemple d'une hiérarchie évolutive; il est oiseux de se demander si le corps féminin est ou non plus infantile que celui de l'homme, s'il se rapproche plus ou moins de celui des primates supérieurs, etc. Toutes ces dissertations qui mélangent un vague naturalisme avec une éthique ou une esthétique encore plus vagues ne sont que pur verbiage. C'est seulement dans une perspective humaine qu'on peut comparer dans l'espèce humaine la femelle et le mâle. Mais la définition de l'homme, c'est qu'il est un être qui n'est pas donné, qui se fait être ce qu'il est. Comme l'a dit très justement Merleau-Ponty, l'homme n'est pas une espèce naturelle : c'est une idée historique. La femme n'est pas une réalité figée, mais un devenir; c'est dans son devenir qu'il faudrait la confronter à l'homme, c'est-à-dire qu'il faudrait définir ses *possibilités* : ce qui fausse tant de débats c'est qu'on veut la réduire à ce qu'elle a été, à ce qu'elle est aujourd'hui, cependant qu'on pose la question de ses capacités; le fait est que des capacités ne se manifestent avec évidence que lorsqu'elles ont été réalisées : mais le fait est aussi que lorsqu'on considère un être qui est transcendance et dépassement, on ne peut jamais arrêter les comptes.

Cependant, dira-t-on, dans la perspective que j'adopte – celle de Heidegger, de Sartre, de Merleau-Ponty – si le corps n'est pas une *chose*, il est une situation : c'est notre prise sur le monde et l'esquisse de nos projets. La femme est plus faible que l'homme; elle possède moins de force musculaire, moins de globules rouges, une moindre capacité respiratoire; elle court moins vite, soulève des poids moins lourds, il n'y a à peu près aucun sport où elle puisse entrer en compétition avec lui; elle ne peut pas affronter le mâle dans la lutte. A cette faiblesse s'ajoutent l'instabilité, le manque de contrôle et la fragilité dont nous avons parlé : ce sont des faits. Sa prise sur le monde est donc plus restreinte; elle a moins de fermeté et moins de persévérance dans des projets qu'elle est aussi moins capables d'exécuter. C'est dire que sa vie individuelle est moins riche que celle de l'homme.

En vérité ces faits ne sauraient se nier : mais ils ne portent pas en eux-mêmes leur sens. Dès que nous acceptons une perspective humaine, définissant le corps à partir de l'existence, la biologie devient une science abstraite; au moment où la donnée physiologique (infériorité musculaire) revêt une signification, celle-ci apparaît aussitôt comme dépendant de tout un contexte; la « faiblesse » ne se révèle comme telle qu'à la lumière des buts que l'homme se propose, des instruments dont il dispose et des lois qu'il s'impose. S'il ne voulait pas appréhender le monde, l'idée même de *prise* sur les choses n'aurait pas de sens; quand dans cette appréhension le plein emploi de la force corporelle n'est pas exigé, au-dessous du minimum utilisable, les différences s'annulent; là où les mœurs interdisent la violence, l'énergie musculaire ne saurait fonder une domination : il faut des références existentielles, économiques et morales pour que la notion de *faiblesse* puisse être concrètement définie. On a dit que l'espèce humaine était une antiphysis; l'expression n'est pas tout à fait exacte car l'homme ne saurait contredire le donné; mais c'est par la manière dont il l'assume qu'il en constitue la vérité; la nature n'a de réalité pour lui qu'en tant qu'elle est reprise par son action : sa propre nature ne fait pas exception. Pas plus que sa prise sur le monde, il n'est possible de mesurer dans l'abstrait la charge que constitue pour la femme la fonction génératrice : le rapport de la maternité à la vie individuelle est naturellement réglé chez les animaux par le cycle du rut et des saisons; il est indéfini chez la femme; seule la société peut en décider; selon qu'elle réclame plus ou moins de naissances, selon les conditions hygiéniques dans lesquelles se déroulent grossesse et accouchement, l'asservissement de la femme à l'espèce est plus ou moins étroit. Ainsi, si l'on peut dire que parmi les animaux supérieurs l'existence individuelle s'affirme plus impérieusement chez le mâle que chez la femelle, dans l'humanité les « possibilités » individuelles dépendent de la situation économique et sociale.

De toute manière, il n'arrive pas toujours que les privilèges individuels du mâle lui confèrent au sein de l'espèce la supériorité; la femelle reconquiert dans la maternité une autre sorte d'autonomie. Quelquefois, il impose sa domination : c'est le cas, par exemple, des singes étudiés par Zuckermann; mais souvent les deux moitiés du couple mènent une vie séparée; le lion partage avec la lionne à égalité les soins du foyer. Ici encore le cas de l'espèce humaine ne se laisse réduire à aucun autre; ce n'est pas comme individus que les hommes se définissent d'abord; jamais hommes et femmes ne se sont défiés en combats singuliers; le couple est un *mitsein* originel; et lui-même apparaît toujours comme un élément fixe ou transitoire d'une collectivité plus vaste; au sein de ces sociétés, qui du mâle ou de la femelle est le plus nécessaire à l'espèce? Au niveau des gamètes, au niveau des fonctions biologiques du coït et de la gestation, le principe mâle crée pour maintenir, le principe femelle maintient pour créer : que devient cette division dans la vie sociale? Pour les espèces fixées à des organismes étrangers ou à des substrata, pour celles à qui la nature dispense des aliments en abondance et sans effort, le rôle du mâle se borne à la fécondation; quand il faut quêter, chasser, lutter pour assurer la nourriture nécessaire aux petits, le mâle concourt souvent à leur entretien; ce concours devient absolument indispensable dans une espèce où les enfants demeurent incapables de subvenir à leurs besoins longtemps après que la mère cessé de les allaiter : alors le travail du mâle prend une extrême importance; les vies qu'il a suscitées ne se maintiendraient pas sans lui. Il suffit d'un mâle pour féconder chaque année quantité de femelles : mais pour qu'après leur naissance les enfants survivent, pour les défendre contre les ennemis, pour arracher à la nature tout ce dont ils ont besoin, ce sont les mâles qui sont nécessaires. L'équilibre des forces productrices et des forces reproductrices se réalise différemment aux divers moments économiques de l'histoire humaine et ils conditionnent le rapport du mâle et de la femelle aux enfants et par suite entre eux. Mais nous sortons alors du domaine de la biologie : à sa seule lumière on ne saurait poser la primauté d'un des sexes quant au rôle qu'il joue pour perpétuer l'espèce.

Enfin une société n'est pas une espèce : en elle l'espèce se réalise comme existence; elle se transcende vers le monde et vers l'avenir; ses mœurs ne se déduisent pas de la biologie; les individus ne sont jamais abandonnés à leur nature, ils obéissent à cette seconde nature qu'est la coutume et dans laquelle se reflètent des désirs et des craintes qui traduisent leur attitude ontologique. Ce n'est pas en tant que corps, c'est en tant que corps assujetti à des tabous, à des lois, que le sujet prend conscience de lui-même et s'accomplit : c'est au nom de certaines valeurs qu'il se valorise. Et encore une fois ce n'est pas la physiologie qui saurait fonder des valeurs : plutôt, les données biologiques revêtent celles que l'existant leur confère. Si le respect ou la peur qu'inspire la femme interdisent d'user de violence envers elle, la supériorité musculaire du mâle n'est pas source de pouvoir. Si les mœurs veulent – comme en certaines tribus indiennes – que ce soient les jeunes filles qui se choisissent des maris, ou si c'est le père qui décide des mariages, l'agressivité sexuelle du mâle ne lui confère aucune initiative, aucun privilège. La liaison intime de la mère à l'enfant sera source pour elle de dignité ou d'indignité selon la valeur accordée à l'enfant et qui est très variable; cette liaison même, on l'a dit, sera reconnue ou non selon les préjugés sociaux.

Ainsi c'est à la lumière d'un contexte ontologique, économique, social et psychologique que nous aurons à éclairer les données de la biologie. L'asservissement de la femme à l'espèce, les limites de ses capacités individuelles sont des faits d'une extrême importance; le corps de la femme est un des éléments essentiels de la situation qu'elle occupe en ce monde. Mais ce n'est pas non plus lui qui suffit à la définir; il n'a de réalité vécue qu'en tant qu'assumé par la conscience à travers des actions et au sein d'une société; la biologie ne suffit pas à fournir une réponse à la question qui nous préoccupe : pourquoi la femme est-elle *l'Autre*? Il s'agit de savoir comment en elle la nature a été reprise au cours de l'histoire; il s'agit de savoir ce que l'humanité a fait de la femelle humaine.

CHAPITRE II

Le point de vue psychanalytique

L'immense progrès que la psychanalyse a réalisé sur la psycho-physiologie, c'est de considérer qu'aucun facteur n'intervient dans la vie psychique sans avoire revêtu un sens humain; ce n'est pas le corps-objet décrit par 'es savants qui existe concrètement, mais le corps vécu par le sujet. La femelle est une femme, dans la mesure où elle s'éprouve comme telle. Il y a des données biologiquement essentielles et qui n'appartiennent pas à sa situation vécue : ainsi la structure de l'ovule se n'y reflète pas; au contraire un organe sans grande importance biologique tel que le clitoris y joue un rôle de premier plan. Ce n'est pas la nature qui définit la femme : c'est celle-ci qui se définit en reprenant la nature à son compte dans son affectivité.

Dans cette perspective s'est édifié tout un système : nous n'entendons pas ici le critiquer dans son ensemble mais seulement examiner sa contribution à l'étude de la femme. Ce n'est pas une entreprise facile que de discuter *la* psychanalyse. Comme toutes les religions – christianisme, marxisme – elle se montre, sur un fond de concepts rigides, d'une souplesse gênante. Tantôt les mots y sont pris dans leur sens le plus réduit, le terme phallus par exemple désignant très exactement cette excroissance charnue qu'est un sexe mâle; tantôt indéfiniment élargis ils prennent une valeur symbolique : le phallus exprime-

rait tout l'ensemble du caractère et de la situation virils.
Si on attaque la lettre de la doctrine, le psychanalyste
prétend qu'on en méconnaît l'esprit; si on en approuve
l'esprit, il veut aussitôt vous enfermer dans la lettre. La
doctrine n'a pas d'importance, dit celui-ci : la psychanalyse est une méthode; mais le succès de la méthode
fortifie le doctrinaire dans sa foi. D'ailleurs où rencontrer
le vrai visage de la psychanalyse, sinon chez les psychanalystes? Mais parmi ceux-ci comme parmi les chrétiens
et les marxistes, il existe des hérétiques; et plus d'un
psychanalyste a déclaré que « les pires ennemis de la
psychanalyse ce sont les psychanalystes ». En dépit d'une
précision scolastique souvent pédante, beaucoup d'équivoques n'ont pas été dissipées. Comme l'ont fait remarquer Sartre et Merleau-Ponty, la proposition « la sexualité est coextensive à l'existence » peut s'entendre de deux
manières très différentes; on peut vouloir dire que tout
avatar de l'existant a une signification sexuelle, ou que
tout phénomène sexuel a un sens existentiel : entre ces
deux affirmations, une conciliation est possible; mais
souvent on se borne à glisser de l'une à l'autre. D'ailleurs
dès qu'on distingue « sexuel » et « génital » la notion de
sexualité devient floue. « Le sexuel chez Freud c'est
l'aptitude intrinsèque à déclencher le génital », dit Dal-
biez. Mais rien de plus trouble que l'idée d' « aptitude »
c'est-à-dire de possible : seule la réalité fait la preuve
indubitable de la possibilité. Freud a refusé n'étant pas
philosophe de justifier philosophiquement son système;
ses disciples prétendent que par là il élude toute attaque
d'ordre métaphysique. Cependant, il y a derrière toutes
ses affirmations des postulats métaphysiques : utiliser
son langage, c'est adopter une philosophie. Ce sont ces
confusions même qui, rendant la critique malaisée,
l'exigent.

Freud ne s'est pas beaucoup soucié du destin de la
femme; il est clair qu'il en a calqué la description sur
celle du destin masculin dont il s'est borné à modifier

quelques traits. Avant lui, le sexologue Marañon avait déclaré : « En tant qu'énergie différenciée, la libido est, peut-on dire, une force de sens viril. Nous en dirons autant de l'orgasme. » Selon lui les femmes qui atteignent l'orgasme sont des femmes « viriloïdes »; l'élan sexuel est « à sens unique » et la femme est seulement à moitié du chemin [1]. Freud ne va pas jusque-là; il admet que la sexualité de la femme est aussi évoluée que celle de l'homme; mais il ne l'étudie guère en elle-même. Il écrit : « La libido est de façon constante et régulière d'essence mâle, qu'elle apparaisse chez l'homme ou chez la femme. » Il refuse de poser dans son originalité la libido féminine : elle lui apparaîtra donc nécessairement comme une déviation complexe de la libido humaine en général. Celle-ci se développe d'abord, pense-t-il, d'une manière identique dans les deux sexes : tous les enfants traversent une phase orale qui les fixe sur le sein maternel, puis une phase anale et enfin ils atteignent la phase génitale; c'est à ce moment qu'ils se différencient. Freud a mis en lumière un fait dont on n'avait pas reconnu avant lui toute l'importance : l'érotisme masculin se localise définitivement dans le pénis; tandis qu'il y a chez la femme deux systèmes érotiques distincts : l'un clitoridien qui se développe au stade infantile et l'autre vaginal qui ne s'épanouit qu'après la puberté; quand le garçon arrive à la phase génitale, son évolution est achevée; il faudra qu'il passe de l'attitude auto-érotique où le plaisir est visé dans sa subjectivité, à une attitude hétéro-érotique qui liera le plaisir à un objet, normalement la femme; ce passage se produira au moment de la puberté à travers une phase narcissique : mais le pénis demeurera comme dans l'enfance l'organe érotique privilégié. La femme

---

1. Il est curieux de retrouver cette théorie chez D. H. Lawrence. Dans *le Serpent à plumes,* don Cipriano prend soin que sa maîtresse n'arrive jamais à l'orgasme : elle doit vibrer en accord avec l'homme, non s'individualiser dans le plaisir.

devra aussi à travers le narcissisme objectiver sur
l'homme sa libido; mais le processus sera beaucoup plus
complexe parce qu'il faudra que du plaisir clitoridien elle
passe au plaisir vaginal. Il n'y a qu'une étape génitale
pour l'homme tandis qu'il y en a deux chez la femme;
elle risque bien davantage de ne pas arriver au bout de
son évolution sexuelle, de demeurer au stade infantile et
en conséquence de développer des névroses.

Déjà au stade auto-érotique, l'enfant s'attache plus ou
moins fortement à un objet : le garçon se fixe sur sa mère
et veut s'identifier à son père; il s'effraie de cette prétention, et il craint que pour l'en punir son père ne le mutile;
du « complexe d'Œdipe » naît le « complexe de castration »; il développe alors des sentiments d'agressivité à
l'égard du père mais en même temps il intériorise son
autorité : ainsi se constitue le Surmoi qui censure les
tendances incestueuses; ces tendances sont refoulées, le
complexe est liquidé, et le fils est délivré du père, qu'il a
en fait installé en lui-même sous la figure de règles
morales. Le Surmoi est d'autant plus fort que le complexe
d'Œdipe a été plus défini et plus rigoureusement combattu. Freud a d'abord décrit de manière tout à fait
symétrique l'histoire de la fillette; ensuite il a donné à la
forme féminine du complexe infantile le nom de complexe d'Electre; mais il est clair qu'il la défini moins en
lui-même qu'à partir de sa figure masculine; il admet
cependant entre les deux une différence très importante :
la petite fille a d'abord une fixation maternelle alors que
le garçon n'est à aucun moment attiré sexuellement par le
père; cette fixation est une survivance de la phase orale;
l'enfant s'identifie alors au père; mais vers l'âge de cinq
ans, elle découvre la différence anatomique des sexes et
elle réagit à l'absence de pénis par un complexe de
castration : elle s'imagine avoir été mutilée et en souffre;
elle doit alors renoncer à ses prétentions viriles, elle
s'identifie à la mère et cherche à séduire son père.
Complexe de castration et complexe d'Electre se renfor-

cent l'un l'autre; le sentiment de frustration de la fillette
est d'autant plus cuisant qu'aimant son père elle se
voudrait semblable à lui; et inversement ce regret fortifie
son amour : c'est par la tendresse qu'elle inspire au père
qu'elle peut compenser son infériorité. La fille éprouve à
l'égard de sa mère un sentiment de rivalité, d'hostilité.
Puis chez elle aussi le Surmoi se constitue, les tendances
incestueuses sont refoulées; mais le Surmoi est plus
fragile : le complexe d'Electre est moins net que l'Œdipe,
du fait que la première fixation a été maternelle; et
puisque le père était lui-même l'objet de cet amour qu'il
condamnait, ses interdits avaient moins de force que dans
le cas du fils rival. Comme son évolution génitale, on voit
que l'ensemble du drame sexuel est plus complexe pour
la petite fille que pour ses frères : elle peut être tentée de
réagir au complexe de castration en refusant sa féminité,
en s'entêtant à convoiter un pénis et à s'identifier au père;
cette attitude la conduira à demeurer au stade clitoridien,
à devenir frigide ou à se tourner vers l'homosexualité.

Les deux reproches essentiels que l'on peut adresser à
cette description viennent du fait que Freud l'a calquée
sur un modèle masculin. Il suppose que la femme se sent
un homme mutilé : mais l'idée de mutilation implique
une comparaison et une valorisation; beaucoup de psychanalystes admettent aujourd'hui que la fillette regrette
le pénis sans supposer cependant qu'elle en a été dépouillée; ce regret n'est même pas si général; et il ne saurait
naître d'une simple confrontation anatomique; quantité
de petites filles ne découvrent que tardivement la constitution masculine; et, si elles la découvrent, c'est seulement par la vue; le garçon a de son pénis une expérience
vivante, qui lui permet d'en tirer de l'orgueil, mais cet
orgueil n'a pas un corrélatif immédiat dans l'humiliation
de ses sœurs car celles-ci ne connaissent l'organe masculin que dans son extériorité : cette excroissance, cette
fragile tige de chair peut ne leur inspirer que de l'indifférence et même du dégoût; la convoitise de la fillette,

lorsqu'elle apparaît, résulte d'une valorisation préalable de la virilité : Freud la prend pour accordée quand il faudrait en rendre compte[1]. D'autre part, faute de s'inspirer d'une description originale de la libido féminine, la notion de complexe d'Electre est très vague. Déjà chez les garçons la présence d'un complexe d'Œdipe d'ordre proprement génital est loin d'être générale; mais, sauf de très rares exceptions, on ne saurait admettre que le père soit pour sa fille une source d'excitation génitale; un des grands problèmes de l'érotisme féminin, c'est que le plaisir clitoridien s'isole : c'est seulement vers la puberté, en liaison avec l'érotisme vaginal, que se développent dans le corps de la femme quantité de zones érogènes; dire que chez une enfant de dix ans les baisers et caresses du père ont une « aptitude intrinsèque » à déclencher le plaisir clitoridien c'est une assertion qui dans la majorité des cas n'a aucun sens. Si on admet que le « complexe d'Electre » n'a qu'un caractère affectif très diffus, alors on pose toute la question de l'affectivité que le freudisme ne nous donne pas le moyen de définir dès qu'on la distingue de la sexualité. De toute manière ce n'est pas la libido féminine qui divinise le père : la mère n'est pas divinisée par le désir qu'elle inspire au fils; le fait que le désir féminin se porte sur un être souverain lui donne un caractère original; mais elle n'est pas constitutive de son objet, elle le subit. La souveraineté du père est un fait d'ordre social : et Freud échoue à en rendre compte; il avoue lui-même qu'il est impossible de savoir quelle autorité a décidé à un moment de l'histoire que le père l'emporterait sur la mère : cette décision représente selon lui un progrès, mais dont on ne connaît pas les causes. « Ce ne peut être ici l'autorité paternelle puisque cette autorité n'a précisément été conférée au père que par le progrès », écrit-il dans son dernier ouvrage[2].

1. Cette discussion sera reprise beaucoup plus longuement vol. II, chap. 1er.
2. Cf. *Moïse et son peuple,* trad. A. Bermann, p. 177.

C'est pour avoir compris l'insuffisance d'un système
qui fait reposer sur la seule sexualité le développement de
la vie humaine qu'Adler s'est séparé de Freud : il entend
la réintégrer à la personnalité totale; tandis que chez
Freud toutes les conduites apparaissent comme provo-
quées par le désir c'est-à-dire par la recherche du plaisir,
l'homme apparaît à Adler comme visant certains buts; au
mobile, il substitue des motifs, une finalité, des plans; il
fait à l'intelligence une place si grande que souvent le
sexuel ne prend à ses yeux qu'une valeur symbolique.
Selon ses théories le drame humain se décompose en trois
moments : il y a chez tout individu une volonté de
puissance mais qui s'accompagne d'un complexe d'infériorité; ce conflit le conduit à user de mille subterfuges
pour éviter l'épreuve du réel qu'il craint de ne pas savoir
surmonter; le sujet établit une distance entre lui et la
société qu'il redoute : de là proviennent les névroses qui
sont un trouble du sens social. En ce qui concerne la
femme, son complexe d'infériorité prend la forme d'un
refus honteux de sa féminité : ce n'est pas l'absence du
pénis qui provoque ce complexe mais tout l'ensemble de
la situation; la fillette n'envie le phallus que comme le
symbole des privilèges accordés aux garçons; la place
qu'occupe le père dans la famille, l'universelle prépondérance des mâles, l'éducation, tout la confirme dans l'idée
de la supériorité masculine. Plus tard, au cours des
rapports sexuels, la posture même du coït qui place la
femme sous l'homme est une humiliation nouvelle. Elle
réagit par une « protestation virile »; ou bien elle cherche
à se masculiniser, ou bien avec des armes féminines elle
engage la lutte contre l'homme. C'est par la maternité
qu'elle peut retrouver dans l'enfant un équivalent du
pénis. Mais ceci suppose qu'elle commence par s'accepter
intégralement comme femme, donc qu'elle assume son
infériorité. Elle est divisée contre elle-même beaucoup
plus profondément que l'homme.

Il n'y a pas lieu d'insister ici sur les différences

théoriques qui séparent Adler de Freud et sur les possibilités d'une réconciliation : ni l'explication par le mobile ni l'explication par le motif ne sont jamais suffisantes : tout mobile pose un motif, mais le motif n'est jamais appréhendé qu'à travers un mobile; une synthèse de l'adlérisme et du freudisme semble donc réalisable. En fait tout en faisant intervenir des notions de but et de finalité, Adler garde intégralement l'idée d'une causalité psychique; il est un peu par rapport à Freud dans le rapport de l'énergétisme au mécanisme : qu'il s'agisse de choc ou de force attractive, le physicien admet toujours le déterminisme. C'est là le postulat commun à tous les psychanalystes : l'histoire humaine s'explique selon eux par un jeu d'éléments déterminés. Tous assignent à la femme le même destin. Son drame se ramène au conflit entre ses tendances « viriloïdes » et « féminines »; les premières se réalisent dans le système clitoridien, les secondes dans l'érotisme vaginal; infantilement elle s'identifie au père; puis elle éprouve un sentiment d'infériorité à l'égard de l'homme et elle est mise dans l'alternative ou bien de maintenir son autonomie, de se viriliser – ce qui sur le fond d'un complexe d'infériorité provoque une tension qui risque d'entraîner des névroses; ou bien de trouver dans la soumission amoureuse un heureux accomplissement d'elle-même, solution qui lui est facilitée par l'amour qu'elle portait au père souverain; c'est lui qu'elle recherche dans l'amant ou le mari, et l'amour sexuel s'accompagne chez elle du désir d'être dominée. Elle sera récompensée par la maternité qui lui restitue une nouvelle sorte d'autonomie. Ce drame apparaît comme doué d'un dynamisme propre; il cherche à se dérouler à travers tous les accidents qui le défigurent et chaque femme le subit passivement.

Les psychanalystes ont beau jeu de trouver de leurs théories des confirmations empiriques : on sait qu'en compliquant assez subtilement le système de Ptolémée, on a pu longtemps soutenir qu'il rendait exactement compte de la position des planètes; en superposant à l'Œdipe un Œdipe inversé, en montrant en toute angoisse un désir, on réussira à intégrer au freudisme les faits mêmes qui le contredisent. On ne peut jamais saisir une forme qu'à partir d'un fond et la manière dont la forme est appréhendée découpe derrière elle ce fond en traits positifs; ainsi, si l'on s'obstine à décrire une histoire singulière dans une perspective freudienne, on retrouvera derrière elle le schéma freudien; seulement quand une doctrine oblige à multiplier les explications secondaires d'une manière indéfinie et arbitraire, quand l'observation découvre autant d'anomalies que de cas normaux, il est préférable d'abandonner les anciens cadres. Aussi bien aujourd'hui chaque psychanalyste s'emploie à assouplir à sa manière les concepts freudiens; il tente des concilia-tions; par exemple un psychanalyste contemporain écrit : « Du moment qu'il y a complexe, il y a par définition plusieurs composantes... Le complexe consiste dans le groupement de ces éléments disparates et non dans la représentation de l'un d'entre eux par les autres[1] : » Mais l'idée d'un simple groupement d'éléments est inaccepta-ble : la vie psychique n'est pas une mosaïque; elle est tout entière en chacun de ses moments et il faut respecter cette unité. Ceci n'est possible qu'en retrouvant à travers les faits disparates l'intentionnalité originelle de l'existence. Faute de remonter à cette source, l'homme apparaît comme un champ de bataille entre des pulsions et des interdits également dénués de sens et contingents. Il y a chez tous les psychanalystes un refus systématique de l'idée de *choix* et de la notion de valeur qui en est corrélative; c'est là ce qui constitue la faiblesse intrinsè-que du système. Ayant coupé pulsions et interdits du choix existentiel, Freud échoue à nous en expliquer l'origine : il les prend pour donnés. Il a tenté de rempla-cer la notion de valeur par celle d'autorité; mais il

---

1. BAUDOUIN, *L'Ame enfantine et la Psychanalyse.*

convient dans *Moïse et son peuple* qu'il n'a aucun moyen
de rendre compte de cette autorité. L'inceste, par exemple, est défendu parce que le père l'a défendu : mais
pourquoi cette défense? c'est mystère. Le Surmoi intériorise des ordres et des défenses émanant d'une tyrannnie
arbitraire; les tendances instinctives sont là, on ne sait pas
pourquoi; ces deux réalités sont hétérogènes parce qu'on
a posé la morale comme étrangère à la sexualité; l'unité
humaine apparaît comme brisée, il n'y a pas de passage
de l'individu à la société : Freud est obligé pour les réunir
d'inventer d'étranges romans[1]. Adler a bien vu que le
complexe de castration ne pouvait s'expliquer que dans
un contexte social; il a abordé le problème de la valorisation, mais il n'est pas remonté à la source ontologique
des valeurs reconnues par la société et il n'a pas compris
que des valeurs étaient engagées dans la sexualité proprement dite, ce qui l'a conduit à en méconnaître l'importance.

Assurément, la sexualité joue dans la vie humaine un
rôle considérable : on peut dire qu'elle la pénètre tout
entière; déjà la physiologie nous a montré que la vie des
testicules et celle de l'ovaire se confondent avec celle du
soma. L'existant est un corps sexué; dans ses rapports aux
autres existants qui sont aussi des corps sexués, la sexualité est donc toujours engagée; mais si corps et sexualité
sont des expressions concrètes de l'existence, c'est aussi à
partir de celle-ci qu'on peut en découvrir les significations : faute de cette perspective la psychanalyse prend
pour accordés des faits inexpliqués. Par exemple, on nous
dit que la fillette a *honte* d'uriner accroupie, les fesses
nues : mais qu'est-ce que la honte? de même, avant de se
demander si le mâle est orgueilleux parce qu'il a un pénis
ou si dans le pénis s'exprime son orgueil il faut savoir ce
qu'est l'orgueil et comment la prétention du sujet peut
s'incarner en un objet. Il ne faut pas prendre la sexualité

1. FREUD, *Totem et Tabou.*

comme une donnée irréductible; il y a chez l'existant une
« recherche de l'être » plus originelle; la sexualité n'est
qu'un de ces aspects. C'est ce que montre Sartre dans
l'Etre et le Néant; c'est ce que dit aussi Bachelard dans ses
ouvrages sur la Terre, l'Air, l'Eau : les psychanalystes
considèrent que la vérité première de l'homme, c'est son
rapport avec son propre corps et le corps de ses semblables au sein de la société; mais l'homme porte un intérêt
primordial à la substance du monde naturel qui l'entoure
et qu'il essaie de découvrir dans le travail, le jeu, dans
toutes les expériences de « l'imagination dynamique »;
l'homme prétend rejoindre concrètement l'existence à
travers le monde tout entier, appréhendé de toutes les
façons possibles. Pétrir la terre, creuser un trou ce sont
des activités aussi originelles que l'étreinte, que le coït :
on se trompe en y voyant seulement des symboles
sexuels; le trou, le visqueux, l'entaille, la dureté, l'intégrité sont des réalités premières; l'intérêt que l'homme
leur porte n'est pas dicté par la libido mais plutôt la
libido sera colorée par la manière dont elles se sont
découvertes à lui. Ce n'est pas parce qu'elle symbolise la
virginité féminine que l'intégrité fascine l'homme : mais
c'est son amour de l'intégrité qui lui rend la virginité
précieuse. Le travail, la guerre, le jeu, l'art définissent des
manières d'être au monde qui ne se laissent réduire à
aucune autres; elles découvrent des qualités qui interfèrent avec celles que révèle la sexualité; c'est à la fois à
travers elles et à travers ces expériences érotiques que
l'individu se choisit. Mais seul un point de vue ontologique permet de restituer l'unité de ce choix.

C'est cette notion de choix que repousse le plus
violemment le psychanalyste au nom du déterminisme et
de « l'inconscient collectif »; cet inconscient fournirait à
l'homme des images toutes faites et un symbolisme
universel; c'est lui qui expliquerait les analogies des rêves,
des actes manqués, des délires, des allégories et des
destinées humaines; parler de liberté ce serait se refuser la

possibilité d'expliquer ces troublantes concordances.
Mais l'idée de liberté n'est pas incompatible avec l'existence de certaines constances. Si la méthode psychanaly-
tique est souvent féconde malgré les erreurs de la théorie,
c'est qu'il y a dans toute histoire singulière des données
dont nul ne songe à nier la généralité : les situations et les
conduites se répètent; c'est au sein de la généralité et de la
répétition que jaillit le moment de la décision. « L'anatomie, c'est le destin », disait Freud; à ce mot fait écho
celui de Merleau-Ponty : « Le corps, c'est la généralité. »
L'existence est une à travers la séparation des existants :
elle se manifeste dans des organismes analogues; il y aura
donc des constantes dans la liaison de l'ontologique et du
sexuel. A une époque donnée, les techniques, la structure
économique et sociale d'une collectivité, découvrent à
tous ses membres un monde identique : il y aura aussi
une relation constante de la sexualité aux formes sociales;
des individus analogues, placés dans des conditions analogues, saisiront dans le donné des significations analogues; cette analogie ne fonde pas une rigoureuse universalité, mais elle permet de retrouver dans les histoires
individuelles des types généraux. Le symbole ne nous
apparaît pas comme une allégorie élaborée par un mystérieux inconscient : c'est l'appréhension d'une signification à travers un analogon de l'objet signifiant; du fait de
l'identité de la situation existentielle à travers tous les
existants et de l'identité de la facticité qu'ils ont à
affronter, les significations se dévoilent de la même
manière à quantité d'individus; le symbolisme n'est pas
tombé du ciel ni surgi des profondeurs souterraines :
il a été élaboré, tout comme le langage, par la réalité humaine qui est *mitsein* en même temps que séparation; et ceci explique que l'invention singulière y ait
aussi sa place : pratiquement la méthode psychanalyste
est bien obligée de l'admettre, que la doctrine l'y autorise ou non. Cette perspective nous permet par exemple
de comprendre la valeur généralement accordée au

pénis[1]. Il est impossible d'en rendre compte sans partir d'un fait existentiel : la tendance du sujet à l'*aliénation*; l'angoisse de sa liberté conduit le sujet à se rechercher dans les choses, ce qui est une manière de se fuir; c'est une tendance si fondamentale qu'aussitôt après le sevrage quand il est séparé du Tout, l'enfant s'efforce de saisir dans les glaces, dans le regard de ses parents son existence aliénée. Les primitifs s'aliènent dans le mana, dans le totem; les civilisés dans leur âme individuelle, dans leur moi, leur nom, leur propriété, leur ouvrage : c'est là la première tentation de l'inauthenticité. Le pénis est singulièrement propre à jouer pour le petit garçon ce rôle de « double » : c'est pour lui un objet étranger en même temps qu'il est lui-même; c'est un jouet, une poupée et c'est sa propre chair; parents et nourrices le traitent comme une petite personne. On conçoit alors qu'il devienne pour l'enfant « un *alter ego* d'habitude plus rusé, plus intelligent et plus adroit que l'individu[2] »; du fait que la fonction urinaire et plus tard l'érection sont à mi-chemin entre les processus volontaires et les processus spontanés, du fait qu'il est une source capricieuse, quasi étrangère d'un plaisir subjectivement ressenti, le pénis est posé par le sujet comme soi-même et autre que soi-même; la transcendance spécifique s'incarne en lui de manière saisissable et il est source de fierté; parce que le phallus est séparé, l'homme peut intégrer à son individualité la vie qui le déborde. On conçoit alors que la longueur du pénis, la puissance du jet urinaire, de l'érection, de l'éjaculation deviennent pour lui la mesure de sa valeur propre[3]. Ainsi il est constant que le phallus

---

1. Nous reviendrons plus longuement sur ce sujet au vol. II, ch. Ier.
2. ALICE BALINT, *La Vie intime de l'enfant*, p. 101.
3. On m'a cité le cas de petits paysans qui s'amusaient à faire des concours d'excréments : celui qui avait les fèces les plus volumineuses et les plus solides jouissait d'un prestige qu'aucune autre réussite, dans les jeux ou même dans la lutte, ne pouvait compenser. L'étron jouait ici le même rôle que le pénis : il y avait également aliénation.

incarne charnellement la transcendance; comme il est aussi constant que l'enfant se sente transcendé, c'est-à-dire frustré de sa transcendance, par le père, on retrouvera donc l'idée freudienne de « complexe de castration ». Privée de cet *alter ego* la petite fille ne s'aliène pas dans une chose saisissable, ne se récupère pas : par là, elle est conduite à se faire tout entière objet, à se poser comme l'Autre; la question de savoir si elle s'est ou non comparée aux garçons est secondaire; l'important c'est que même non connue par elle, l'absence du pénis l'empêche de se rendre présente à elle-même en tant que sexe; il en résultera maintes conséquences. Mais ces constantes que nous signalons ne définissent pas néanmoins un destin : le phallus prend tant de valeur parce qu'il symbolise une souveraineté qui se réalise en d'autres domaines. Si la femme réussissait à s'affirmer comme sujet, elle inventerait des équivalents du phallus : la poupée où s'incarne la promesse de l'enfant peut devenir une possession plus précieuse que le pénis[1]. Il y a des sociétés à filiation utérine où les femmes détiennent les *masques* dans lesquels la collectivité s'aliène; le pénis alors perd beaucoup de sa gloire. Ce n'est qu'au sein de la situation saisie dans sa totalité que le privilège anatomique fonde un véritable privilège humain. La psychanalyse ne saurait trouver sa vérité que dans le contexte historique.

Pas plus qu'il ne suffit de dire que la femme est une femelle on ne peut la définir par la conscience qu'elle prend de sa féminité : elle en prend conscience au sein de la société dont elle est membre. Intériorisant l'inconscient et toute la vie psychique, le langage même de la psychanalyse suggère que le drame de l'individu se déroule en lui : les mots de complexe, tendances, etc. l'impliquent. Mais une vie est une relation au monde; c'est en se choisissant à travers le monde que l'individu se définit;

---

1. Nous reviendrons sur ces idées dans la deuxième partie; nous les indiquons seulement à titre méthodique.

c'est vers le monde qu'il faudra nous tourner pour
répondre aux questions qui nous préoccupent. En particulier la psychanalyse échoue à expliquer pourquoi la
femme est l'*Autre*. Car Freud même admet que le prestige
du pénis s'explique par la souveraineté du père et il
avoue qu'il ignore l'origine de la suprématie mâle.

Sans rejeter en bloc les apports de la psychanalyse dont
certains aperçus sont féconds, nous refuserons donc sa
méthode. D'abord nous ne nous bornerons pas à prendre
la sexualité comme une donnée : que cette attitude soit
courte, c'est ce que manifeste la pauvreté des descriptions
touchant la libido féminine; j'ai dit déjà que jamais les
psychanalystes ne l'ont étudiée de front, mais seulement à
partir de la libido mâle; ils semblent ignorer la fondamentale ambivalence de l'attraction qu'exerce sur la femme le
mâle. Freudiens et adlériens expliquent l'angoisse éprouvée par la femme devant le sexe masculin comme l'inver-
sion d'un désir frustré. Stekel a mieux vu qu'il y a là une
réaction originale; mais il en rend compte d'une manière
superficielle : la femme aurait peur de la défloration, de
la pénétration, de la grossesse, de la douleur, et cette peur
freinerait son désir; cette explication est trop rationnelle.
Au lieu d'admettre que le désir se déguise en angoisse ou
est combattu par la crainte, il faudrait considérer comme
une donnée originale cette sorte d'appel à la fois urgent et
effrayé qu'est le désir femelle; c'est la synthèse indissoluble de l'attraction et de la répulsion qui le caractérise. Il
est remarquable que beaucoup de femelles animales
fuient le coït au moment où elles le sollicitent : on les
taxe de coquetterie, d'hypocrisie; mais il est absurde de
prétendre expliquer des comportements primitifs en les
assimilant à des conduites complexes : ce sont eux au
contraire qui sont à la source des attitudes qu'on appelle
chez la femme coquetterie, hypocrisie. L'idée d'une « libido passive » déconcerte parce qu'on a défini la libido à
partir du mâle comme pulsion, énergie; mais on ne
concevrait pas non plus à priori qu'une lumière puisse

être à la fois jaune et bleue : il faut avoir l'intuition du vert. On cernerait davantage la réalité si au lieu de définir la libido en termes vagues d' « énergie » on confrontait la signification de la sexualité avec celle d'autres attitudes humaines : prendre, capter, manger, faire, subir, etc.; car elle est un des modes singuliers d'appréhender un objet; il faudrait étudier aussi les qualités de l'objet érotique tel qu'il se donne non seulement dans l'acte sexuel mais dans la perception en général. Cet examen sort du cadre de la psychanalyse qui pose l'érotisme comme irréductible.

D'autre part, nous poserons tout autrement le problème de la destinée féminine : nous situerons la femme dans un monde de valeurs et nous donnerons à ses conduites une dimensions de liberté. Nous pensons qu'elle a à choisir entre l'affirmation de sa transcendance et son aliénation en objet; elle n'est pas le jouet de pulsions contradictoires; elle invente des solutions entre lesquelles existe une hiérarchie éthique. Substituant à la valeur l'autorité, au choix la pulsion, la psychanalyse propose un ersatz de la morale : c'est l'idée de normalité. Cette idée est certes fort utile en thérapeutique; mais elle a pris dans la psychanalyse en général une inquiétante extension. Le schéma descriptif se propose comme une loi; et assurément une psychologie mécaniste ne saurait accepter la notion d'invention morale; elle peut à la rigueur rendre compte du *moins* et jamais du plus; à la rigueur elle admet des échecs, jamais des créations. Si un sujet ne reproduit pas dans sa totalité l'évolution considérée comme normale on dira que l'évolution s'est arrêtée en route, on interprétera cet arrêt comme un manque, une négation et jamais comme une décision positive. C'est ce qui rend entre autres si choquante la psychanalyse des grands hommes : on nous dit que tel transfert, telle sublimation, n'a pas réussi à s'effectuer en eux; on ne suppose pas qu'ils l'ont peut-être refusé et que peut-être ils avaient à cela de bonnes raisons; on ne veut pas considérer que leurs conduites ont pu être motivées

par des fins librement posées; c'est toujours dans sa
liaison au passé et non en fonction d'un avenir vers lequel
il se projette qu'on explique l'individu. Aussi ne nous en
donne-t-on jamais qu'une image inauthentique et dans
l'inauthenticité on ne saurait guère trouver d'autre crité-
rium que la normalité. La description du destin féminin
est de ce point de vue tout à fait frappante. Au sens où les
psychanalystes l'entendent, « s'identifier » à la mère ou
au père, c'est s'*aliéner* en un modèle, c'est préférer au
mouvement spontané de sa propre existence une image
étrangère, c'est jouer à être. On nous montre la femme
sollicitée entre deux modes d'aliénation; il est bien évident que jouer à être un homme sera pour elle une source
d'échec; mais jouer à être une femme est aussi un leurre :
être femme ce serait être l'objet, l'*Autre*; et l'Autre
demeure sujet au sein de sa démission. Le vrai problème
pour la femme c'est refusant ces fuites de s'accomplir
comme transcendance : il s'agit alors de voir quelles
possibilités lui ouvrent ce qu'on appelle l'attitude virile et
l'attitude féminine; quand un enfant suit le chemin
indiqué par tel ou tel de ses parents, ce peut être parce
qu'il reprend librement leurs projets : sa conduite peut
être le résultat d'un choix motivé par des fins. Même chez
Adler la volonté de puissance n'est qu'une sorte d'énergie
absurde; il appelle « protestation virile » tout projet où
s'incarne la transcendance; quand une fillette grimpe aux
arbres c'est selon lui pour s'égaler aux garçons : il
n'imagine pas que grimper aux arbres lui plaît; pour la
mère l'enfant est tout autre chose qu'un « équivalent du
pénis »; peindre, écrire, faire de la politique ce ne sont
pas seulement « de bonnes sublimations » : il y a là des
buts qui sont voulus par eux-mêmes. Le nier, c'est fausser
toute l'histoire humaine. On pourra remarquer un certain
parallélisme entre nos descriptions et celle des psychanalystes. C'est que du point de vue des hommes – qui est
celui qu'adoptent les psychanalystes mâles et femelles –
on considère comme féminines les conduites d'aliénation,

comme viriles celles où un sujet pose sa transcendance. Un historien de la femme, Donaldson, remarquait que les définitions « l'homme est un être humain mâle, la femme est un être humain femelle » ont été asymétriquement mutilées; c'est singulièrement chez les psychanalystes que l'homme est défini comme être humain et la femme comme femelle : chaque fois qu'elle se comporte en être humain on dit qu'elle imite le mâle. Le pyschanalyste nous décrit l'enfant et la jeune fille sollicitée de s'identifier au père et à la mère, partagée entre des tendances « viriloïdes » et « féminines »; tandis que nous la concevons comme hésitant entre le rôle d'*objet*, d'*Autre* qui lui est proposé, et la revendication de sa liberté; ainsi arrivera-t-il que nous tombions d'accord sur un certain nombre de faits : et en particulier quand nous considérons les chemins de fuite inauthentique qui s'offrent aux femmes. Mais nous ne leur accordons pas du tout la même signification que le freudien ou l'adlérien. Pour nous la femme se définit comme un être humain en quête de valeurs au sein d'un monde de valeurs, monde dont il est indispensable de connaître la structure économique et sociale; nous l'étudierons dans une perspective existentielle à travers sa situation totale.

CHAPITRE III

Le point de vue du matérialisme historique

La théorie du matérialisme historique a mis en lumière de très importantes vérités. L'humanité n'est pas une espèce animale : c'est une réalité historique. La société humaine est une anti-physis : elle ne subit pas passivement la présence de la nature, elle la reprend à son compte. Cette reprise n'est pas une opération intérieure et subjective : elle s'effectue objectivement dans la praxis. Ainsi la femme ne saurait être considérée simplement comme un organisme sexué : parmi les données biologiques, seules ont une importance celles qui prennent dans l'action une valeur concrète; la conscience que la femme prend d'elle-même n'est pas définie par sa seule sexualité : elle reflète une situation qui dépend de la structure économique de la société, structure qui traduit le degré de l'évolution technique auquel est parvenue l'humanité. On a vu que biologiquement les deux traits essentiels qui caractérisent la femme sont les suivants : sa prise sur le monde est moins étendue que celle de l'homme; elle est plus étroitement asservie à l'espèce. Mais ces faits prennent une valeur tout à fait différente selon le contexte économique et social. Dans l'histoire humaine la prise sur le monde ne se définit jamais par le corps nu : la main, avec son pouce préhensif, déjà se dépasse vers l'instrument qui multiplie son pouvoir; dès les plus anciens documents de la préhistoire, l'homme nous appa-

raît toujours comme armé. Au temps où il s'agissait de
brandir de lourdes massues, de tenir en échec les bêtes
sauvages, la faiblesse physique de la femme constituait
une infériorité flagrante : il suffit que l'instrument
réclame une force légèrement supérieure à celle dont la
femme dispose pour qu'elle apparaisse comme radicalement impuissante. Mais il peut se faire au contraire que
la technique annule la différence musculaire qui sépare
l'homme de la femme : l'abondance ne crée de supériorité que dans la perspective d'un besoin; il n'est pas
mieux de trop avoir que d'avoir assez. Ainsi le manie-
ment d'un grand nombre de machines modernes n'exige
qu'une partie des ressources viriles : si le minimum nécessaire n'est pas supérieur aux capacités de la femme,
elle devient dans le travail l'égale de l'homme. En fait on
peut commander aujourd'hui d'immenses déploiements
d'énergie simplement en pressant un bouton. Quant aux
servitudes de la maternité elles prennent selon les mœurs
une importance très variable : elles sont accablantes si on
impose à la femme de nombreuses procréations et si elle
doit nourrir et élever les enfants sans secours; si elle
procrée librement, si la société vient à son aide pendant
la grossesse et s'occupe de l'enfant, les charges maternelles sont légères et peuvent être facilement compensées
dans le domaine du travail.

C'est selon cette perspective qu'Engels dans *l'Origine
de la Famille* retrace l'histoire de la femme : cette
histoire dépendrait essentiellement de celle des techniques. A l'âge de la pierre, quand la terre était commune à
tous les membres du clan, le caractère rudimentaire de la
bêche, de la houe primitives limitait les possibilités
agricoles : les forces féminines étaient à la mesure du
travail exigé par l'exploitation des jardins. Dans cette
division primitive du travail, les deux sexes constituent
déjà en quelque sorte deux classes; entre ces classes il y a
égalité; tandis que l'homme chasse et pêche, la femme
demeure au foyer; mais les tâches domestiques embras-

sent un travail productif : fabrication des poteries, tissage, jardinage; et par là elle a un grand rôle dans la vie économique. Par la découverte du cuivre, de l'étain, du bronze, du fer, avec l'apparition de la charrue, l'agriculture étend son domaine : un travail intensif est exigé pour défricher les forêts, faire fructifier les champs. Alors l'homme recourt au service d'autres hommes qu'il réduit en esclavage. La propriété privée apparaît : maître des esclaves et de la terre, l'homme devient aussi propriétaire de la femme. C'est là « la grande défaite historique du sexe féminin ». Elle s'explique par le bouleversement survenu dans la division du travail par suite de l'invention des nouveaux instruments. « La même cause qui avait assuré à la femme son autorité antérieure dans la maison : son confinement dans les travaux du ménage, cette même cause y assurait maintenant la prépondérance de l'homme; le travail de ménage de la femme disparaissait dès lors à côté du travail productif de l'homme; le second était tout, le premier une annexe insignifiante. » Alors le droit paternel ne substitue au droit maternel : la transmission du domaine se fait de père en fils et non plus de la femme à son clan. C'est l'apparition de la famille patriarcale fondée sur la propriété privée. Dans une telle famille la femme est opprimée. L'homme régnant en souverain se permet entre autres des caprices sexuels : il couche avec des esclaves ou des hétaïres, il est polygame. Dès que les mœurs rendent la réciprocité possible la femme se venge par l'infidélité : le mariage se complète naturellement par l'adultère. C'est la seule défense de la femme contre l'esclavage domestique où elle est tenue : l'oppression sociale qu'elle subit est la conséquence de son oppression économique. L'égalité ne peut se rétablir que lorsque les deux sexes auront des droits juridiquement égaux; mais cet affranchissement exige la rentrée de tout le sexe féminin dans l'industrie publique. « La femme ne peut être émancipée que lorsqu'elle peut prendre part dans une grande mesure sociale à la production et n'est plus réclamée par le travail domestique que dans une mesure insignifiante. Et cela n'est devenu possible que dans la grande industrie moderne, qui non seulement admet sur une grande échelle le travail de la femme mais encore l'exige formellement... »

Ainsi le sort de la femme et celui du socialisme sont intimement liés comme on le voit aussi dans le vaste ouvrage consacré par Bebel à la femme. « La femme et le prolétaire, dit-il, sont tous deux des opprimés. » C'est le même développement de l'économie à partir du bouleversement apporté par le machinisme qui doit les libérer l'un et l'autre. Le problème de la femme se réduit à celui de sa capacité de travail. Puissante au temps où les techniques étaient adaptées à ses possibilités, détrônée quand elle est devenue incapable de les exploiter, elle retrouve dans le monde moderne son égalité avec l'homme. Ce sont les résistances du vieux paternalisme capitaliste qui dans la plupart des pays empêchent cette égalité d'être concrètement accomplie : elle le sera du jour où ces résistances seront brisées. Elle l'est déjà en U.R.S.S., affirme la propagande soviétique. Et quand la société socialiste se sera réalisée dans le monde entier il n'y aura plus des hommes et des femmes mais seulement des travailleurs égaux entre eux.

Bien que la synthèse ébauchée par Engels marque un progrès sur celles que nous avons examinées antérieurement, elle nous déçoit : les problèmes les plus importants sont escamotés. Le pivot de toute l'histoire, c'est le passage du régime communautaire à la propriété privée : on ne nous indique absolument pas comment il a pu s'effectuer; Engels avoue même que « nous n'en savons rien jusqu'à présent[1] »; non seulement il en ignore le détail historique mais il n'en suggère aucune interprétation. De même il n'est pas clair que la propriété privée ait fatalement entraîné l'asservissement de la femme. Le

---

1. *L'Origine de la Famille* (p. 209-210).

matérialisme historique prend pour accordés des faits qu'il faudrait expliquer : il pose sans le discuter le lien d'*intérêt* qui rattache l'homme à la propriété; mais où cet intérêt, source des institutions sociales, a-t-il lui-même sa source? Ainsi l'exposé de Engels demeure-t-il superficiel et les vérités qu'il découvre apparaissent comme contingentes. C'est qu'il est impossible de les approfondir sans déborder le matérialisme historique. Il ne saurait fournir de solutions aux problèmes que nous avons indiqués parce que ceux-ci intéressent l'homme tout entier et non cette abstraction qu'est *l'homo œconomicus.*

Il est clair par exemple que l'idée même de possession singulière ne peut prendre de sens qu'à partir de la condition originelle de l'existant. Pour qu'elle apparaisse, il faut d'abord qu'il y ait dans le sujet une tendance à se poser dans sa singularité radicale, une affirmation de son existence comme autonome et séparée. On comprend que cette prétention soit demeurée subjective, intérieure, sans vérité, tant que l'individu n'avait pas les moyens pratiques de la satisfaire objectivement : faute d'outils adéquats, il n'éprouvait pas d'abord son pouvoir sur le monde, il se sentait perdu dans la nature et dans la collectivité, passif, menacé, jouet de forces obscures; c'est seulement en s'identifiant au clan tout entier qu'il osait se penser : le totem, le mana, la terre étaient des réalités collectives. Ce que la découverte du bronze a permis à l'homme, c'est dans l'épreuve d'un travail dur et productif de se découvrir comme créateur; dominant la nature, il n'a plus peur d'elle, il a l'audace en face des résistances vaincues de se saisir comme activité autonome, de s'accomplir dans sa singularité[1]. Mais cet accomplissement

---

1. Gaston Bachelard dans *la Terre et les rêveries de la Volonté* fait entre autres une étude suggestive du travail du forgeron. Il montre comment par le marteau et l'enclume l'homme s'affirme et se sépare. « L'instant du forgeron est un instant à la fois bien isolé et grossi. Il promeut le travailleur à la maîtrise du temps, par la violence d'un instant », p. 142; et plus loin : « L'être forgeant accepte le défi de l'univers dressé contre lui. »

ne se fût jamais réalisé si l'homme ne l'avait originellement voulu; la leçon du travail ne s'est pas inscrite en un
sujet passif : le sujet s'est lui-même forgé et conquis en
forgeant ses outils et conquérant la terre. D'autre part,
l'affirmation du sujet ne suffit pas à expliquer la propriété : dans le défi, la lutte, le combat singulier, chaque
conscience peut tenter de s'élever à la souveraineté. Pour
que le défi ait pris la forme du potlach, c'est-à-dire d'une
rivalité économique, pour qu'à partir de là le chef
d'abord, puis les membres du clan, aient revendiqué des
biens privés, il faut qu'il se trouve dans l'homme une
autre tendance originelle : nous avons dit déjà à un
chapitre précédent que l'existant ne réussit à se saisir
qu'en s'aliénant; il se cherche à travers le monde sous une
figure étrangère et qu'il fait sienne. Dans le totem, le
mana, dans le territoire qu'il occupe c'est son existence
aliénée que rencontre le clan; quand l'individu se sépare
de la communauté, il réclame une incarnation singulière : le mana s'individualise dans le chef, puis en chaque
individu; et en même temps chacun tente de s'approprier
un morceau du sol, des instruments de travail, des
récoltes. Dans ces richesses qui sont siennes c'est lui-
même que l'homme retrouve parce qu'il s'est perdu en
elles : on comprend alors qu'il puisse leur accorder une
importance aussi fondamentale qu'à sa vie même. Alors
l'*intérêt* de l'homme pour sa propriété devient une relation intelligible. Mais on voit qu'on n'en peut pas rendre
compte par l'outil seul : il faut saisir toute l'attitude de
l'homme armé de l'outil, attitude qui implique une
infrastructure ontologique.

De même il est impossible de *déduire* de la propriété
privée l'oppression de la femme. Ici encore l'insuffisance
du point de vue de Engels est manifeste. Il a bien compris
que la faiblesse musculaire de la femme n'est devenue
une infériorité concrète que dans sa relation avec l'outil
de bronze et de fer : mais il n'a pas vu que les limites de
sa capacité de travail ne constituaient elles-mêmes un

désavantage concret que dans une certaine perspective. C'est parce que l'homme est transcendance et ambition qu'il projette à travers tout nouvel outil de nouvelles exigences : quand il a eu inventé les instruments de bronze, il ne s'est plus contenté d'exploiter les jardins, il a voulu défricher et cultiver de vastes champs : ce n'est pas du bronze lui-même qu'a jailli cette volonté. L'incapacité de la femme a entraîné sa ruine parce que l'homme l'a appréhendée à travers un projet d'enrichissement et d'expansion. Et ce projet ne suffit pas encore à expliquer qu'elle ait été opprimée : la division du travail par sexe aurait pu être une amicale association. Si le rapport originel de l'homme avec ses semblables était exclusivement un rapport d'amitié, on ne saurait rendre compte d'aucun type d'asservissement : ce phénomène est une conséquence de l'impérialisme de la conscience humaine qui cherche à accompagner objectivement sa souveraineté. S'il n'y avait pas en elle la catégorie originelle de l'Autre, et une prétention originelle à la domination de l'Autre, la découverte de l'outil de bronze n'aurait pu entraîner l'oppression de la femme. Engels ne rend pas non plus compte du caractère singulier de cette oppression. Il a essayé de réduire l'opposition des sexes à un conflit de classe : il l'a fait d'ailleurs sans beaucoup de conviction; la thèse n'est pas soutenable. Il est vrai que la division du travail par sexe et l'oppression qui en résulte évoquent sur certains points la division par classes : mais on ne saurait les confondre; il n'y a dans la scission entre classes aucune base biologique; dans le travail, l'esclave prend conscience de soi contre le maître; le prolétariat a toujours éprouvé sa condition dans la révolte, retournant par là à l'essentiel, constituant une menace pour ses exploiteurs; et ce qu'il vise c'est sa disparition en tant que classe. Nous avons dit dans l'introduction combien la situation de la femme est différente, singulièrement à cause de la communauté de vie et d'intérêts qui la rend solidaire de l'homme, et par la

complicité qu'il rencontre en elle : aucun désir de révolution ne l'habite, elle ne saurait se supprimer en tant que
sexe : elle demande seulement que certaines conséquences de la spécification sexuelle soient abolies. Ce qui est
plus grave encore, c'est qu'on ne saurait sans mauvaise
foi considérer la femme uniquement comme une travailleuse; autant que sa capacité productrice, sa fonction de
reproductrice est importante, tant dans l'économie
sociale que dans la vie individuelle; il y a des époques où
il est plus utile de faire des enfants que de manier la
charrue. Engels a escamoté le problème; il se borne à
déclarer que la communauté socialiste abolira la famille :
c'est une solution bien asbtraite; on sait combien
l'U.R.S.S. a dû changer souvent et radicalement sa politique familiale selon que s'équilibraient différemment les
besoins immédiats de la production et ceux de la repopulation; d'ailleurs supprimer la famille n'est pas nécessairement affranchir la femme : l'exemple de Sparte et du
régime nazi prouve que, pour être directement rattachée
à l'Etat, elle peut n'en être pas moins opprimée par les
mâles. Une éthique véritablement socialiste, c'est-à-dire
qui cherche la justice sans supprimer la liberté, qui
impose aux individus des charges mais sans abolir l'individualité, se trouvera fort embarrassée par les problèmes
que pose la condition de la femme. Il est impossible
d'assimiler tout simplement la gestation à un *travail* ou à
un *service* tel que le service militaire. On fait plus
profondément effraction dans la vie d'une femme en
exigeant d'elle des enfants qu'en réglementant les occupations des citoyens : aucun Etat n'a jamais osé instituer le
coït obligatoire. Dans l'acte sexuel, dans la maternité, le
femme n'engage pas seulement du temps et des forces
mais des valeurs essentielles. En vain, le matérialisme
rationaliste prétend-il méconnaître ce caractère dramatique de la sexualité : on ne peut réglementer l'instinct
sexuel : il n'est pas sûr qu'il ne porte pas en lui un refus
de son assouvissement, disait Freud; ce qui est certain

c'est qu'il ne se laisse pas intégrer au social parce qu'il y a dans l'érotisme une révolte de l'instant contre le temps, de l'individuel contre l'universel; à vouloir le canaliser et l'exploiter, on risque de le tuer car on ne peut disposer de la spontanéité vivante comme on dispose de la matière inerte; et on ne peut pas davantage la forcer comme on force une liberté. On ne saurait obliger directement la femme à enfanter : tout ce qu'on peut faire c'est l'enfermer dans des situations où la maternité est pour elle la seule issue : la loi ou les mœurs lui imposent le mariage, on interdit les mesures anticonceptionnelles et l'avortement, on défend le divorce. Ce sont exactement ces vieilles contraintes du patriarcat que l'U.R.S.S. a aujourd'hui ressuscitées; elle a ravivé les théories paternalistes du mariage; et par là, elle a été amenée à demander à nouveau à la femme de se faire objet érotique : un discours récent invitait les citoyennes soviétiques à soigner leur toilette, à user de maquillage, à devenir coquettes pour retenir leur mari et attiser son désir. Il est impossible, on le voit bien par cet exemple, de considérer la femme uniquement comme une force productrice : elle est pour l'homme une partenaire sexuelle, une reproductrice, un objet érotique, une Autre à travers laquelle il se cherche lui-même. Les régimes totalitaires ou autoritaires ont beau d'un commun accord interdire la psychanalyse et déclarer que pour les citoyens loyalement intégrés à la collectivité les drames individuels n'ont pas lieu, l'érotisme est une expérience où la généralité est toujours ressaisie par une individualité. Et pour un socialisme démocratique où les classes seraient abolies mais non les individus, la question du destin individuel garderait toute son importance : la différenciation sexuelle garderait toute son importance. Le rapport sexuel qui unit la femme à l'homme n'est pas le même que celui qu'il soutient avec elle; le lien qui la rattache à l'enfant est irréductible à tout autre. Elle n'a pas été créée par le seul outil de bronze : la machine ne suffit pas à l'abolir. Revendiquer pour elle tous les droits, toutes les chances de l'être humain en général ne signifie pas qu'on doive s'aveugler sur sa situation singulière. Et pour la connaître il faut déborder le matérialisme historique qui ne voit dans l'homme et la femme que des entités économiques.

Ainsi nous refusons pour la même raison le monisme sexuel de Freud et le monisme économique de Engels. Un psychanalyste interprétera toutes les revendications sociales de la femme comme un phénomène de « prostestation virile »; au contraire pour le marxiste sa sexualité ne fait qu'exprimer par des détours plus ou moins complexes sa situation économique; mais les catégories « clitoridienne », ou « vaginale » comme les catégories « bourgeoise » ou « prolétaire » sont également impuissantes à enfermer une femme concrète. Sous-tendant les drames individuels comme l'histoire économique de l'humanité il y a une infrastructure existentielle qui permet seule de comprendre dans son unité cette forme singulière qu'est une vie. La valeur du freudisme vient de ce que l'existant est un corps : la manière dont il s'éprouve comme corps en face d'autres corps traduit concrètement sa situation existentielle. De même ce qui est vrai dans la thèse marxiste, c'est que les prétentions ontologiques de l'existant prennent une figure concrète d'après les possibilités matérielles qui s'offrent à lui, singulièrement d'après celles qui lui ouvrent les techniques. Mais si on ne les intègre pas à la totalité de la réalité humaine, la sexualité, la technique seule ne sauraient rien expliquer. C'est pourquoi chez Freud les interdits posés par le Surmoi et les pulsions du Moi apparaissent comme des faits contingents; et dans l'exposé de Engels sur l'histoire de la famille, les événements les plus importants semblent surgir inopinément selon les caprices d'un mystérieux hasard. Pour découvrir la femme, nous ne refuserons pas certaines contributions de la biologie, de la psychanalyse, du matérialisme historique : mais nous considérerons que le corps, la vie sexuelle, les techniques n'existent concrètement pour l'homme qu'en tant qu'il les saisit dans la perspective globale de son existence. La valeur de la force musculaire, du phallus, de l'outil ne saurait se définir que dans un monde de valeurs : elle est commandée par le projet fondamental de l'existant se transcendant vers l'être.

Deuxième partie

HISTOIRE

I

Ce monde a toujours appartenu aux mâles : aucune des
raisons qu'on en a proposées ne nous ont paru suffisantes.
C'est en reprenant à la lumière de la philosophie existentielle les données de la préhistoire et de l'ethnographie
que nous pourrons comprendre comment la hiérarchie
des sexes s'est établie. Nous avons posé déjà que lorsque
deux catégories humaines se trouvent en présence, chacune veut imposer à l'autre sa souveraineté; si toutes
deux sont à même de soutenir cette revendication, il se
crée entre elles soit dans l'hostilité, soit dans l'amitié,
toujours dans la tension, une relation de réciprocité; si
une des deux est privilégiée, elle l'emporte sur l'autre et
s'emploie à la maintenir dans l'oppression. On comprend
donc que l'homme ait eu la volonté de dominer la
femme : mais quel privilège lui a permis d'accomplir
cette volonté?

Les renseignements que fournissent les ethnographes
sur les formes primitives de la société humaine sont
terriblement contradictoires, et d'autant plus qu'ils sont
mieux informés et moins systématiques. Il est singulièrement difficile de se faire une idée de la situation de la
femme dans la période qui précéda celle de l'agriculture.
On ne sait même pas si dans des conditions de vie si
différentes de celles d'aujourd'hui la musculature de la
femme, son appareil respiratoire, n'étaient pas aussi

développés que chez l'homme. De durs travaux lui
étaient confiés et en particulier c'est elle qui portait les
fardeaux; cependant ce dernier fait est ambigu : probablement si cette fonction lui était assignée c'est que dans les
convois l'homme gardait les mains libres afin de se
défendre contre les agresseurs possibles, bêtes ou gens;
son rôle était donc le plus dangereux et celui qui demandait le plus de vigueur. Il semble néanmoins qu'en de
nombreux cas les femmes étaient assez robustes et assez
résistantes pour participer aux expéditions des guerriers.
D'après les récits d'Hérodote, d'après les traditions concernant les Amazones du Dahomey et beaucoup d'autres
témoignages antiques ou modernes, il est arrivé que des
femmes prennent part à des guerres ou des vendettas
sanglantes; elles y déployaient autant de courage et de
cruauté que les mâles : on en cite qui mordaient à pleines
dents dans le foie de leurs ennemis. Malgré tout, il est
vraisemblable qu'alors comme aujourd'hui les hommes
avaient le privilège de la force physique; à l'âge de la
massue et des bêtes sauvages, à l'âge où les résistances de
la nature étaient à leur maximum et les outils les plus
rudimentaires, cette supériorité devait avoir une extrême
importance. En tout cas, si robustes que fussent alors les
femmes, dans la lutte contre le monde hostile les servitudes de la reproduction représentaient pour elles un
terrible handicap : on raconte que les Amazones muti-
laient leurs seins, ce qui signifie que du moins pendant la
période de leur vie guerrière elles refusaient la maternité.
Quant aux femmes normales, la grossesse, l'accouchement, la menstruation diminuaient leurs capacités de
travail et les condamnaient à de longues périodes d'impotence; pour se défendre contre les ennemis, pour
assurer leur entretien et celui de leur progéniture elles
avaient besoin de la protection des guerriers, et du
produit de la chasse, de la pêche auxquelles se vouaient
les mâles; comme il n'y avait évidemment aucun contrôle

des naissances, comme la nature n'assure pas à la femme des périodes de stérilité comme aux autres femelles mammifères, les maternités répétées devaient absorber la plus grande partie de leurs forces et de leur temps; elles n'étaient pas capables d'assurer la vie des enfants qu'elles mettaient au monde. C'est là un premier fait lourd de conséquence : les débuts de l'espèce humaine ont été difficiles; les peuples collecteurs, chasseurs et pêcheurs n'arrachaient du sol que de maigres richesses, et au prix d'un dur effort; il naissait trop d'enfants eu égard aux ressources de la collectivité; la fécondité absurde de la femme l'empêchait de participer activement à l'accroissement de ces ressources tandis qu'elle créait indéfiniment de nouveaux besoins. Nécessaire à la perpétuation de l'espèce, elle la perpétuait avec trop d'abondance : c'est l'homme qui assurait l'équilibre de la reproduction et de la production. Ainsi la femme n'avait pas même le privilège de maintenir la vie en face du mâle créateur; elle ne jouait pas le rôle de l'ovule par rapport au spermatozoïde, de la matrice par rapport au phallus; elle avait seulement une part dans l'effort de l'espèce humaine à persévérer dans son être, et c'est grâce à l'homme que cet effort aboutissait concrètement.

Cependant puisque l'équilibre production-reproduction réussit toujours à s'établir, fût-ce au prix d'infanticides, de sacrifices, de guerres, hommes et femmes du point de vue de la survivance collective sont également nécessaires; on pourrait même supposer qu'à certains stades l'abondance alimentaire, son rôle protecteur et nourricier ait subordonné le mâle à la femme-mère; il y a des femelles animales qui puisent dans la maternité une complète autonomie; pourquoi la femme n'a-t-elle pas réussi à s'en faire un piédestal? Même dans les moments où l'humanité réclamait le plus âprement des naissances, le besoin de main-d'œuvre l'emportant sur celui des matières premières à exploiter, même aux époques où la maternité a été le plus vénérée, elle n'a pas permis aux femmes de conquérir la première place[1]. La raison en est que l'humanité n'est pas une simple espèce naturelle : elle ne cherche pas à se maintenir en tant qu'espèce; son projet n'est pas la stagnation : c'est à se dépasser qu'elle tend.

Les hordes primitives ne s'intéressaient guère à leur postérité. N'étant pas rivées à un territoire, ne possédant rien, ne s'incarnant en aucune chose stable, elles ne pouvaient se former aucune idée concrète de la permanence; elles n'avaient pas le souci de se survivre et ne se reconnaissaient pas dans leur descendance; elles ne craignaient pas la mort et ne réclamaient pas d'héritiers; les enfants constituaient pour elles une charge et non une richesse; la preuve, c'est que les infanticides ont toujours été nombreux chez les peuples nomades; et beaucoup de nouveaux-nés qu'on ne massacre pas meurent faute d'hygiène dans l'indifférence générale. La femme qui engendre ne connaît donc pas l'orgueil de la création; elle se sent le jouet passif de forces obscures, et le douloureux accouchement est un accident inutile ou même importun. Plus tard, on accorda plus de prix à l'enfant. Mais de toute façon, engendrer, allaiter ne sont pas des *activités*, ce sont des fonctions naturelles; aucun projet n'y est engagé; c'est pourquoi la femme n'y trouve pas le motif d'une affirmation hautaine de son existence; elle subit passivement son destin biologique. Les travaux domestiques auxquels elle est vouée, parce qu'ils sont seuls conciliables avec les charges de la maternité, l'enferment dans la répétition et dans l'immanence; ils se reproduisent de jour en jour sous une forme identique qui se perpétue presque sans changement de siècle en siècle; ils ne produisent rien de neuf. Le cas de l'homme est radicalement différent; il ne nourrit pas la collectivité à la manière des abeilles ouvrières par un simple processus vital mais par des actes qui transcendent sa condition animale. L'*homo faber* est

---

1. La sociologie n'accorde plus aujourd'hui aucun crédit aux élucubrations de Baschoffen.

dès l'origine des temps un inventeur : déjà le bâton, la massue dont il arme son bras pour gauler les fruits, pour assommer les bêtes sont des instruments par lesquels il agrandit sa prise sur le monde; il ne se borne pas à transporter au foyer des poissons cueillis au sein de la mer : il faut d'abord qu'il conquière le domaine des eaux en creusant des pirogues; pour s'approprier les richesses du monde il annexe le monde même. Dans cette action il éprouve son pouvoir; il pose des fins, il projette vers elles des chemins : il se réalise comme existant. Pour maintenir, il crée; il déborde le présent, il ouvre l'avenir. C'est pourquoi les expéditions de pêche et de chasse ont un caractère sacré. On accueille leurs réussites par des fêtes et des triomphes; l'homme y reconnaît son humanité. Cet orgueil il le manifeste aujourd'hui encore quand il a bâti un barrage, un gratte-ciel, une pile atomique. Il n'a pas seulement travaillé à conserver le monde donné : il en a fait éclater les frontières, il a jeté les bases d'un nouvel avenir.

Son activité a une autre dimension qui lui donne sa suprême dignité : elle est souvent dangereuse. Si le sang n'était qu'un aliment, il n'aurait pas une valeur plus haute que le lait; mais le chasseur n'est pas un boucher : dans la lutte contre les animaux sauvages il court des risques. Le guerrier pour augmenter le prestige de la horde, du clan auquel il appartient, met en jeu sa propre vie. Et par là il prouve avec éclat que ce n'est pas la vie qui est pour l'homme la valeur suprême mais qu'elle doit servir des fins plus importantes qu'elle-même. La pire malédiction qui pèse sur la femme c'est qu'elle est exclue de ces expéditions guerrières; ce n'est pas en donnant la vie, c'est en risquant sa vie que l'homme s'élève au-dessus de l'animal; c'est pourquoi dans l'humanité la supériorité est accordée non au sexe qui engendre mais à celui qui tue.

Nous tenons ici la clef de tout le mystère. Au niveau de la biologie, c'est seulement en se créant à neuf qu'une espèce se maintient; mais cette création n'est qu'une répétition de la même Vie sous des formes différentes.

C'est en transcendant la Vie par l'Existence que l'homme assure la répétition de la Vie : par ce dépassement il crée des valeurs qui dénient à la pure répétition toute valeur. Chez l'animal, la gratuité, la variété des activités mâles restent vaines parce qu'aucun projet ne l'habite; quand il ne sert pas l'espèce, ce qu'il fait n'est rien; tandis qu'en servant l'espèce, le mâle humain modèle la face du monde, il crée des instrumentrs neufs, il invente, il forge l'avenir. Se posant comme souverain il rencontre la complicité de la femme elle-même : car elle est elle aussi un existant, elle est habitée par la transcendance et son projet n'est pas la répétition mais son dépassement vers un avenir autre; elle trouve au cœur de son être la confirmation des prétentions masculines. Elle s'associe aux hommes dans les fêtes qui célèbrent les succès et les victoires des mâles. Son malheur, c'est d'avoir été biologiquement vouée à répéter la Vie, alors qu'à ses yeux mêmes la Vie ne porte pas en soi ses raisons d'être, et que ces raisons sont plus importantes que la vie même.

Certains passages de la dialectique par laquelle Hegel définit le rapport du maître à l'esclave s'appliqueraient bien mieux au rapport de l'homme à la femme. Le privilège du Maître, dit-il, vient de ce qu'il affirme l'Esprit contre la Vie par le fait de risquer sa vie : mais en fait l'esclave vaincu a connu ce même risque; tandis que la femme est originellement un existant qui donne *la* Vie et ne risque pas *sa* vie; entre le mâle et elle il n'y a jamais eu de combat; la définition de Hegel s'applique singulièrement à elle. « L'autre [conscience] est la conscience dépendante pour laquelle la réalité essentielle est la vie animale, c'est-à-dire l'être donné par une entité autre. » Mais ce rapport se distingue du rapport d'oppression parce que la femme vise et reconnaît elle aussi les valeurs qui sont concrètement atteintes par les mâles; c'est lui qui ouvre l'avenir vers lequel elle aussi se transcende; en vérité les femmes n'ont jamais opposé aux valeurs mâles des valeurs femelles : ce sont des hommes désireux de maintenir les prérogatives masculines qui ont inventé cette division; ils n'ont prétendu créer un domaine féminin – règle de la vie, de l'immanence – que pour y enfermer la femme; mais c'est par-delà toute spécification sexuelle que l'existant cherche dans le mouvement de sa transcendance sa justification : la soumission même des femmes en est la preuve. Ce qu'elles revendiquent aujourd'hui c'est d'être reconnues comme existants au même titre que les hommes et non de soumettre l'existence à la vie, l'homme à son animalité.

Une perspective existentielle nous a donc permis de comprendre comment la situation biologique et économique des hordes primitives devait amener la suprématie des mâles. La femelle est plus que le mâle en proie à l'espèce; l'humanité a toujours cherché à s'évader de sa destinée spécifique; par l'invention de l'outil, l'entretien de la vie est devenu pour l'homme activité et projet tandis que dans la maternité la femme demeurait rivée à son corps, comme l'animal. C'est parce que l'humanité se met en question dans son être c'est-à-dire préfère à la vie des raisons de vivre qu'en face de la femme l'homme s'est posé comme le maître; le projet de l'homme n'est pas de se répéter dans le temps : c'est de régner sur l'instant et forger l'avenir. C'est l'activité mâle qui créant des valeurs a constitué l'existence elle-même comme valeur; elle l'a emporté sur les forces confuses de la vie; elle a asservi la Nature et la Femme. Il nous faut voir à présent comment cette situation s'est perpétuée et a évolué à travers les siècles. Quelle place l'humanité a-t-elle faite à cette partie d'elle-même qui s'est en son sein définie comme l'Autre? Quels droit lui a-t-on reconnus? Comment les hommes l'ont-ils définie?

II

Nous venons de voir que dans la horde primitive, le sort de la femme est très dur; chez les femelles animales

la fonction reproductrice est naturellement limitée et
quand elle s'effectue l'individu est dispensé plus ou moins
complètement d'autres fatigues; seules les femelles domestiques sont parfois exploitées jusqu'à épuisement de leurs
forces en tant que reproductrices et dans leurs capacités
individuelles par un maître exigeant. Ce fut sans doute le
cas de la femme en un temps où la lutte contre un monde
ennemi réclamait le plein emploi des ressources de la
communauté; aux fatigues d'une procréation incessante
et déréglée s'ajoutaient celles des dures tâches domestiques. Cependant certains historiens prétendent que c'est à
ce stade que la supériorité du mâle est le moins marquée;
ce qu'il faudrait dire plutôt c'est que cette supériorité est
immédiatement vécue, pas encore posée et voulue; on ne
s'applique pas à compenser les désavantages cruels qui
handicapent la femme; mais on ne cherche pas non plus à
la brimer comme il arrivera plus tard en régime paterna-
liste. Aucune institution n'entérine l'inégalité des sexes;
aussi bien n'y a-t-il pas d'institutions : pas de propriété,
pas d'héritage, pas de droit. La religion est neutre : on
adore quelque totem asexué.

C'est quand les nomades se fixèrent au sol et devinrent
agriculteurs qu'on voit apparaître les institutions et le
droit. L'homme ne se borne plus à se débattre durement
contre les forces hostiles; il commence à s'exprimer
concrètement à travers la figure qu'il impose au monde, à
penser ce monde et à se penser; à ce moment la différenciation sexuelle se reflète dans la structure de la collectivité; elle prend un caractère singulier : dans les communautés agricoles la femme est souvent revêtue d'un
extraordinaire prestige. Ce prestige s'explique essentiellement par l'importance toute neuve que prend l'enfant
dans une civilisation basée sur le travail de la terre; en
s'installant sur un territoire, les hommes en réalisent
l'appropriation; sous une forme collective la propriété
apparaît; elle exige de ses possesseurs une postérité; la
maternité devient une fonction sacrée. Beaucoup de

tribus vivent en régime communautaire : cela ne signifie pas que les femmes appartiennent à tous les hommes de la collectivité; on ne croit guère aujourd'hui que le mariage par promiscuité ait jamais été pratiqué; mais hommes et femmes n'ont d'existence religieuse, sociale et économique qu'en tant que groupe : leur individualité demeure un pur fait biologique; le mariage, quelle que soit sa forme : monogamie, polygamie, polyandrie, n'est lui aussi qu'un accident profane qui ne crée aucun lien mystique. Il n'est pour l'épouse source d'aucune servitude, elle demeure intégrée à son clan. L'ensemble du clan rassemblé sous un même totem possède mystiquement un même mana, matériellement la jouissance commune d'un même territoire. Selon le processus d'aliénation dont j'ai parlé, le clan se saisit dans ce territoire sous une figure objective et concrète; par la permanence du sol il se réalise donc comme une unité dont l'identité persiste à travers la dispersion du temps. Seule cette démarche existentielle permet de comprendre l'identification qui a subsisté jusqu'à nos jours entre le clan, les gens, la famille et la propriété. A la conception des tribus nomades pour qui n'existe que l'instant, la communauté agricole substitue celle d'une vie enracinée dans le passé et s'annexant l'avenir : on vénère l'ancêtre totémique qui donne son nom aux membres du clan; et le clan accorde un intérêt profond à ses descendants : il se survivra à travers le sol qu'il leur lègue et qu'ils exploiteront. La communauté pense son unité et veut son existence par-delà le présent : elle se reconnaît dans les enfants, elle les reconnaît comme siens, en eux elle s'accomplit et se dépasse.

Mais beaucoup de primitifs ignorent la part que prend le père à la procréation des enfants; ils considèrent ceux-ci comme la réincarnation des larves ancestrales qui flottent autour de certains arbres, de certains rochers, dans certains lieux sacrés, et qui descendent dans le corps de la femme; on estime parfois que celle-ci ne doit pas être vierge pour que cette infiltration soit possible, mais

d'autres peuples croient qu'elle se produit aussi bien par
les narines ou par la bouche; de toute façon, la défloration
est ici secondaire et, pour des raisons mystiques, elle
est rarement l'apanage du mari. La mère est évidemment
nécessaire à la naissance de l'enfant; c'est elle qui
conserve et nourrit le germe dans son sein et c'est donc
par elle que dans le monde visible la vie du clan se
propage. Elle se trouve ainsi jouer un rôle de premier
plan. Très souvent les enfants appartiennent au clan de
leur mère, portent son nom, participent à ses droits et
particulièrement à la jouissance de la terre que le clan
détient. La propriété communautaire se transmet alors
par les femmes : par elles les champs et les moissons sont
assurés aux membres du clan et inversement c'est par
leurs mères que ceux-ci sont destinés à tel ou à tel
domaine. On peut donc considérer que mystiquement la
terre appartient aux femmes : elles ont une emprise à la
fois religieuse et légale sur la glèbe et ses fruits. Le lien
qui les unit est plus étroit encore qu'une appartenance; le
régime de droit maternel se caractérise par une véritable
assimilation de la femme à la terre; en toutes deux
s'accomplit à travers ses avatars la permanence de la vie,
la vie qui est essentiellement génération. Chez les nomades la procréation ne semble guère qu'un accident et les
richesses du sol demeurent méconnues; mais l'agriculteur
admire le mystère de la fécondité qui s'épanouit dans les
sillons et dans le ventre maternel; il sait qu'il a été
engendré comme le bétail et les récoltes, il veut que son
clan engendre d'autres hommes qui le perpétueront en
perpétuant la fertilité des champs; la nature tout entière
lui apparaît comme une mère; la terre est femme; et la
femme est habitée par les mêmes puissances obscures que
la terre[1]. C'est en partie pour cette raison que le travail

---

1. « Salut, Terre, mère des hommes, sois fertile dans l'embrassement
du Dieu et remplis-toi de fruits à l'usage de l'homme », dit un vieux
charme anglo-saxon.

agricole lui est confié : capable d'appeler dans son sein les larves ancestrales, elle a aussi la puissance de faire jaillir des champs ensemencés les fruits et les épis. Il s'agit dans l'un et l'autre cas non d'une opération créatrice mais d'une conjuration magique. A ce stade l'homme ne se borne plus à collecter les produits du sol : mais il ne connaît pas encore sa puissance; il hésite entre les techniques et la magie; il se sent passif, dépendant de la Nature qui dispense au hasard l'existence et la mort. Certes, il reconnaît plus ou moins l'utilité de l'acte sexuel et des techniques qui domestiquent le sol : mais enfants et moissons n'en apparaissent pas moins comme des dons surnaturels; et ce sont les mystérieux effluves émanant du corps féminin qui attirent en ce monde les richesses enfouies aux sources mystérieuses de la vie. De telles croyances sont encore vivaces aujourd'hui parmi de nombreuses tribus d'Indiens, d'Australiens, de Polynésiens[1]; elles ont pris d'autant plus d'importance qu'elles s'harmonisaient avec les intérêts pratiques de la collectivité. La maternité destine la femme à une existence sédentaire; il est naturel, tandis que l'homme chasse, pêche, guerroie, qu'elle demeure au foyer. Mais chez les peuples primitifs on ne cultive guère que des jardins de dimensions modestes et contenus dans les limites du village; leur exploitation est une tâche domestique; les

1. Dans l'Ouganda, chez les Bhanta des Indes, une femme stérile est considérée comme dangereuse pour le jardin. A Nicobar, on pense que la récolte sera plus abondante si elle est faite par une femme enceinte. A Bornéo, ce sont les femmes qui choisissent et conservent les semences. « Il semble que l'on sente en elles une affinité naturelle avec les graines dont elles disent qu'elles sont en état de grossesse. Parfois les femmes vont passer la nuit dans les champs de paddy au temps où il pousse » (Hose and Mac Dougall). Dans l'Inde antérieure, des femmes nues poussent de nuit la charrue autour du champ. Les Indiens de l'Orénoque laissaient aux femmes le soin de semer et planter car « de même que les femmes savaient concevoir et mettre au monde les enfants, de même les graines et les racines qu'elles plantaient portaient des fruits bien plus abondants que si elles avaient été plantées de la main des hommes » (Frazer). On trouve quantité d'exemples analogues chez Frazer.

instruments de l'âge de pierre ne réclament pas un effort intensif; économie et mystique sont d'accord pour abandonner aux femmes le travail agricole. Dans la mesure où elle commence à naître, l'industrie domestique est aussi leur lot : elles tissent tapis et couvertures, elles façonnent les poteries. Souvent ce sont elles qui président aux échanges des marchandises : le commerce est entre leurs mains. C'est donc par elles que la vie du clan se maintient et se propage; de leur travail et de leurs vertus magiques dépendent enfants, troupeaux, moissons, ustensiles, toute la prospérité du groupe dont elles sont l'âme. Tant de puissance inspire aux hommes un respect mêlé de terreur qui se reflète dans leur culte. C'est en elles que va se résumer toute la Nature étrangère.

On a dit déjà que l'homme ne se pense jamais qu'en pensant l'*Autre*; il saisit le monde sous le signe de la dualité; celle-ci n'a pas d'abord un caractère sexuel. Mais naturellement étant différente de l'homme qui se pose comme le même c'est dans la catégorie de l'Autre que la femme est rangée; l'Autre enveloppe la femme; elle n'est d'abord pas assez importante pour l'incarner seule, si bien que se dessine au cœur de l'Autre une subdivision : dans les vieilles cosmogonies un même élément a souvent une incarnation à la fois mâle et femelle; ainsi l'Océan et la Mer chez les Babyloniens sont la double incarnation du chaos cosmique. Quand le rôle de la femme grandit, elle absorbe presque dans sa totalité la région de l'Autre. Alors apparaissent les divinités fémines à travers lesquelles on adore l'idée de fécondité. On a retrouvé à Suse l'image la plus ancienne de la Grande Déesse, la Grande Mère à la robe longue, à la haute coiffure, que d'autres statues nous montrent couronnée de tours; les fouilles de Crète en ont livré plusieurs effigies. Elle est tantôt stéatopyge et accroupie, tantôt plus mince et debout, parfois vêtue et souvent nue, serrant les bras sous ses seins gonflés. Elle est la reine du ciel, une colombe la figure; elle est aussi impératrice des enfers, elle en sort en rampant, et le serpent la symbolise. Elle se manifeste dans les montagnes, les bois, sur la mer, dans les sources. Partout elle crée la vie; si elle tue, elle ressuscite. Capricieuse, luxurieuse, cruelle comme la Nature, à la fois propice et redoutable, elle règne sur toute l'Egéide, sur la Phrygie, la Syrie, l'Anatolie, sur toute l'Asie occidentale. Elle s'appelle Ishtar à Babylone, Astarté chez les peuples sémitiques et chez les Grecs Géa, Rhéa ou Cybèle; on la retrouve en Egypte sous les traits d'Isis; les divinités mâles lui sont subordonnées. Suprême idole dans les régions lointaines du ciel et des enfers, la femme est sur terre entourée de tabous comme tous les êtres sacrés, elle est elle-même tabou; à cause des pouvoirs qu'elle détient on la regarde comme magicienne, sorcière; on l'associe aux prières, elle devient parfois prêtresse telles les druidesses chez les anciens Celtes; en certains cas elle participe au gouvernement de la tribu, il arrive même qu'elle l'exerce seule. Ces âges reculés ne nous ont légué aucune littérature. Mais les grandes époques patriarcales conservent dans leur mythologie, leurs monuments, leurs traditions, le souvenir d'un temps où les femmes occupaient une situation très haute. Du point de vue féminin, l'époque brahmanique est une régression sur celle du Rig Véda, et celle-ci sur le stade primitif qui l'a précédée. Les Bédouines de l'époque pré-islamique avaient un statut bien supérieur à celui que leur assigne le Koran. Les grandes figures de Niobé, de Médée, évoquent une ère où les mères considérant leurs enfants comme leur bien propre s'en enorgueillissaient. Et dans les poèmes homériques, Andromaque, Hécube ont une importance que la Grèce classique ne reconnaît plus aux femmes cachées dans l'ombre du gynécée.

Ces faits ont amené à supposer qu'existait dans les temps primitifs un véritable Règne des femmes; c'est cette hypothèse proposée par Baschoffen qu'a reprise Engels; le passage du matriarcat au patriarcat lui apparaît comme « la grande défaite historique du sexe féminin ». Mais en

vérité cet âge d'or de la Femme n'est qu'un mythe. Dire
que la femme était l'*Autre* c'est dire qu'il n'existait pas
entre les sexes un rapport de réciprocité : Terre, Mère,
Déesse, elle n'était pas pour l'homme une semblable;
c'est *au-delà* du règne humain que sa puissance s'affirmait : elle était donc *hors de* ce règne. La société a
toujours été mâle; le pouvoir politique a toujours été aux
mains des hommes. « L'autorité publique ou simplement
sociale appartient toujours aux hommes », affirme Lévi-
Strauss au terme de son étude sur les sociétés primitives.
Le semblable, l'autre, qui est aussi le même, avec qui
s'établissent des relations réciproques, c'est toujours pour
le mâle un individu mâle. La dualité qui se découvre sous
une forme ou une autre au cœur des collectivités oppose
un groupe d'hommes à un groupe d'hommes : et les
femmes font partie des biens que ceux-ci possèdent et qui
sont entre eux un instrument d'échange. L'erreur est
venue de ce qu'on a confondu deux figures de l'altérité
qui s'excluent rigoureusement. Dans la mesure où la
femme est considérée comme l'Autre absolu, c'est-à-dire,
– quelle que soit sa magie, – comme l'inessentiel, il est
précisément impossible de la regarder comme un autre
sujet [1]. Les femmes n'ont donc jamais constitué un groupe
séparé qui se fût posé *pour soi* en face du groupement
mâle; elles n'ont jamais eu une relation directe et autonome avec les hommes. « Le lien de réciprocité qui fonde
le mariage n'est pas établi entre des hommes et des
femmes, mais entre des hommes au moyen de femmes
qui en sont seulement la principale occasion », dit Lévi

---

1. On verra que cette distinction s'est perpétuée. Les époques qui
regardent la femme comme l'*Autre* sont celles qui refusent le plus
âprement de l'intégrer à la société à titre d'être humain. Aujourd'hui, elle
ne devient une *autre* semblable qu'en perdant son aura mystique. C'est
sur cette équivoque qu'ont toujours joué les antiféministes. Ils acceptent
volontiers d'exalter la femme comme *Autre* de manière à constituer son
altérité comme absolue, irréductible, et à lui refuser l'accès du *mitsein*
humain.

Strauss[1]. La condition concrète de la femme n'est pas
affectée par le type de filiation qui prévaut dans la société
à laquelle elle appartient; que le régime soit patrilinéaire,
matrilinéaire, bilatéral ou indifférencié (l'indifférencia-
tion n'étant jamais rigoureuse) elle est toujours sous la
tutelle des hommes; la seule question est de savoir si elle
demeure après le mariage soumise à l'autorité de son père
ou de son frère aîné, – autorité qui s'étendra aussi à ses
enfants – ou si elle passe sous celle du mari. En tout cas :
« La femme, elle, n'est jamais que le symbole de sa
lignée... la filiation matrilinéaire, c'est la main du père ou
du frère de la femme qui s'étend jusqu'au village du
frère[2]. » Elle n'est que médiatrice du droit, non sa
détentrice. En vérité, ce sont les relations des deux
groupes masculins qui sont définies par le régime de
filiation, et non le rapport des deux sexes. Pratiquement
la condition concrète de la femme n'est pas liée d'une
manière stable à tel ou tel type de droit. Il arrive qu'en
régime matrilinéaire elle occupe une situation très haute :
encore faut-il prendre garde que la présence d'une femme
chef, d'une reine, à la tête d'une tribu ne signifie absolument pas que les femmes y soient souveraines : l'avènement de Catherine de Russie n'a en rien modifié le sort
des paysannes russes; et il n'est pas moins fréquent qu'elle
vive dans l'abjection. D'ailleurs, les cas où la femme
demeure dans son clan et où son mari n'est admis qu'à lui
faire des visites rapides, voire clandestines, sont très rares.
Presque toujours elle s'en va habiter sous le toit de son
époux : ce fait suffit à manifester la primauté du mâle.
« Derrière les oscillations du mode de filiation, dit Lévi-
Strauss, la permanence de la résidence patrilocale atteste
la relation fondamentale d'asymétrie entre les sexes qui
caractérise la société humaine. » Comme elle garde ses
enfants auprès d'elle, il en résulte que l'organisation

---

1. Cf. LÉVI-STRAUSS, *Les Structures élémentaires de la Parenté.*
2. *Ibid.*

territoriale de la tribu ne se recoupe pas avec son organisation totémique : celle-ci est rigoureusement fondée, celle-là contingente; mais pratiquement c'est la première qui a le plus d'importance car le lieu où les gens travaillent et vivent compte plus que leur appartenance mystique. Dans les régimes de transition qui sont les plus répandus, il y a deux espèces de droits, l'un religieux, l'autre basé sur l'occupation et le travail de la terre, qui s'entrepénètrent. Pour n'être qu'une institution laïque, le mariage n'en a pas moins une grande importance sociale et la famille conjugale, quoique dépouillée de signification religieuse, existe fortement sur le plan humain. Même dans les collectivités où se rencontre une grande liberté sexuelle, il convient que la femme qui met un enfant au monde soit mariée; elle ne réussit pas à constituer, seule avec sa progéniture, un groupe autonome; et la protection religieuse de son frère ne suffit pas; la présence d'un époux est exigée. Il a souvent de grandes responsabilités à l'égard des enfants; ceux-ci n'appartiennent pas à son clan, mais c'est cependant lui qui les nourrit et les élève; il se crée entre mari et femme, père et fils, des liens de cohabitation, de travail, d'intérêts communs, de tendresse. Entre cette famille laïque et le clan totémique les rapports sont très complexes comme en témoigne la diversité des rites du mariage. Primitivement le mari achète une femme au clan étranger, ou du moins il y a d'un clan à l'autre un échange de prestations, le premier livrant un de ses membres, le second cédant du bétail, des fruits, du travail. Mais comme le mari prend à charge sa femme et les enfants de celle-ci, il arrive aussi qu'il reçoive des frères de l'épousée une rétribution. Entre les réalités mystiques et économiques l'équilibre est instable. L'homme a souvent beaucoup plus d'attachement pour ses fils que pour ses neveux; c'est en tant que père qu'il choisira de s'affirmer quand une telle affirmation deviendra possible. Et c'est pourquoi toute société tend vers une forme patriarcale lorsque son évolution amène l'homme à prendre conscience de soi et à imposer sa volonté. Mais il est important de souligner que même aux temps où il était encore confondu devant les mystères de la Vie, de la Nature, de la Femme, il ne s'est jamais démis de son pouvoir; quand effrayé par la dangereuse magie que recèle la femme, il la pose comme l'essentiel, c'est lui qui la pose et il se réalise ainsi comme l'essentiel dans cette aliénation qu'il consent; malgré les fécondes vertus qui la pénètrent, l'homme demeure son maître comme il est maître de la terre fertile; elle est destinée à être soumise, possédée, exploitée comme l'est aussi la Nature dont elle incarne la magique fertilité. Le prestige dont elle jouit aux yeux des hommes, c'est d'eux qu'elle le reçoit; ils s'agenouillent devant l'Autre, ils adorent la Déesse Mère. Mais si puissante que celle-ci paraisse, c'est à travers des notions créées par la conscience mâle qu'elle est saisie. Toutes les idoles inventées par l'homme, si terrifiantes qu'il les ait forgées, sont en fait dans sa dépendance et c'est pourquoi il lui sera possible de les détruire. Dans les sociétés primitives cette dépendance n'est pas reconnue et posée, mais elle existe immédiatement, en soi; et elle sera facilement médiatisée dès que l'homme prendra une plus claire conscience de lui-même, dès qu'il osera s'affirmer et s'opposer. Et en vérité, même quand l'homme se saisit comme donné, passif, subissant les hasards des pluies et du soleil, il se réalise aussi comme transcendance, comme projet; déjà en lui l'esprit, la volonté s'affirment contre la confusion et la contingence de la vie. L'ancêtre totémique dont la femme assume les multiples incarnations est plus ou moins nettement sous son nom d'animal ou d'arbre un principe mâle; la femme en perpétue l'existence charnelle, mais son rôle est seulement nourricier, non pas créateur; en aucun domaine elle ne crée; elle entretient la vie de la tribu en lui donnant des enfants et du pain, rien de plus : elle demeure vouée à l'immanence; de la société elle incarne seulement l'aspect statique, fermé sur soi. Tandis que l'homme continue d'accaparer les fonctions qui ouvrent cette société sur la nature et sur l'ensemble de la collectivité humaine; les seuls travaux dignes de lui, ce sont la guerre, la chasse, la pêche, il conquiert des proies étrangères et les annexe à la tribu; guerre, chasse, pêche représentent une expansion de l'existence, son dépassement vers le monde; le mâle demeure la seule incarnation de la transcendance. Il n'a pas encore les moyens pratiques de dominer totalement la Femme-Terre, il n'ose pas encore se dresser contre elle : mais déjà il veut s'en arracher. C'est à mon sens dans cette volonté qu'il faut chercher la raison profonde de la fameuse coutume de l'exogamie si répandue dans les sociétés à filiation utérine. Même si l'homme ignore le rôle qu'il joue dans la procréation, le mariage a pour lui une grande importance : c'est par là qu'il accède à la dignité d'adulte et qu'il reçoit en partage une parcelle du monde; par sa mère il est lié au clan, aux ancêtres, et à tout ce qui constitue sa propre substance; mais dans toutes ses fonctions laïques, travail, mariage, il prétend s'évader de ce cercle, affirmer la transcendance contre l'immanence, s'ouvrir un avenir différent du passé où il plonge ses racines; selon le type d'appartenance reconnu dans les différentes sociétés, la prohibition de l'inceste prend des formes différentes, mais elle garde des époques primitives à nos jours le même sens : ce que l'homme souhaite posséder, c'est ce qu'il n'*est* pas; il s'unit à ce qui lui apparaît comme Autre que lui. Il ne faut donc pas que l'épouse participe au *mana* de l'époux, il faut qu'elle lui soit étrangère : donc étrangère à son clan. Le mariage primitif se fonde parfois sur un rapt soit symbolique : c'est que la violence faite à autrui est l'affirmation la plus évidente de son altérité. En conquérant sa femme par la force, le guerrier prouve qu'il a su s'annexer une richesse étrangère et faire éclater les bornes du destin que sa naissance lui avait assignées; l'achat sous ses différentes formes – tribut payé, prestation de services – manifeste avec moins d'éclat la même signification[1].

Peu à peu, l'homme a médiatisé son expérience et dans ses représentations comme dans son existence pratique, c'est le principe mâle qui a triomphé. L'Esprit l'a emporté sur la Vie, la transcendance sur l'immanence, la technique sur la magie et la raison sur la superstition. La dévaluation de la femme représente une étape nécessaire dans l'histoire de l'humanité : car c'est non de sa valeur positive mais de la faiblesse de l'homme qu'elle tirait son prestige; en elle s'incarnaient les inquiétants mystères naturels : l'homme échappe à son emprise quand il se libère de la nature. C'est le passage de la pierre au bronze qui lui permit de réaliser par son travail la conquête du sol et de se conquérir lui-même. L'agriculteur est soumis aux hasards de la terre, des germinations, des saisons, il est passif, il conjure et il attend : c'est pourquoi les esprits totémiques peuplaient le monde humain; le paysan subissait les caprices de ces puissances qui l'investissaient. L'ouvrier au contraire modèle l'outil selon son dessein; il lui impose avec ses mains la figure de son projet; en face

1. Nous trouvons dans la thèse déjà citée de Lévi-Strauss, sous une forme un peu différente, une confirmation de cette idée. Il ressort de son étude que la prohibition de l'inceste n'est aucunement le fait primitif d'où découle l'exogamie; mais elle reflète sous forme négative une volonté positive d'exogamie. Il n'y a aucune raison immédiate pour qu'une femme soit impropre au commerce avec les hommes de son clan; mais il est socialement utile qu'elle fasse partie des prestations par lesquelles chaque clan au lieu de se fermer sur soi établit avec l'autre un rapport de réciprocité : « L'exogamie a une valeur moins négative que positive... elle interdit le mariage endogame... non certes parce qu'un péril biologique est attaché au mariage consanguin mais parce qu'un bénéfice social résulte d'un mariage exogame. » Il ne faut pas que le groupe consomme à titre privé les femmes qui constituent un de ses biens mais qu'il en fasse un instrument de communication; si le mariage avec une femme du clan est interdit « l'unique raison est qu'elle est *même* alors qu'elle doit (et donc peut) devenir *autre*... Les femmes vendues en esclavage peuvent être les mêmes que celles qui furent primitivement offertes. Il ne faut aux unes et aux autres que le *signe de l'altérité* qui est la conséquence d'une certaine position dans une structure et non d'un caractère inné. »

de la nature inerte, qui lui résiste mais qu'il vainc, il s'affirme comme volonté souveraine; qu'il précipite ses coups sur l'enclume, il précipite l'achèvement de l'outil : tandis que rien ne peut hâter le mûrissement des épis; il apprend sur la chose façonnée sa responsabilité : son geste adroit ou maladroit la façonne ou la brise, prudent, habile, il l'amène à un point de perfection dont il est fier : son succès ne dépend pas de la faveur des dieux mais de lui-même; il défie ses compagnons, il s'enorgueillit de ses réussites; et s'il fait encore quelque place aux rites, des techniques exactes lui semblent bien plus importantes; les valeurs mystiques passent au second plan et les intérêts pratiques au premier; il ne s'affranchit pas entièrement des dieux : mais il les sépare de lui en se séparant d'eux; il les relègue dans leur ciel olympien et garde pour lui le domaine terrestre; le grand Pan commence à s'étioler quand retentit le premier coup de marteau et le règne de l'homme s'ouvre. Il apprend son pouvoir. Dans le rapport de son bras créateur à l'objet fabriqué il expérimente la causalité : le grain semé germe ou ne germe pas tandis que le métal réagit toujours de la même manière au feu, à la trempe, à l'action mécanique; ce monde d'ustensiles se laisse enfermer dans des concepts clairs : la pensée rationnelle, la logique et les mathématiques peuvent alors apparaître. Toute la figure de l'univers est bouleversée. La religion de la femme était liée au règne de l'agriculture, règne de la durée irréductible, de la contingence, du hasard, de l'attente, du mystère; celui de l'*homo faber*, c'est le règne du temps qu'on peut vaincre comme l'espace, de la nécessité, du projet, de l'action, de la raison. Même quand il affronte la terre l'homme l'affrontera dorénavant en ouvrier; il découvre qu'on peut enrichir le sol, qu'il est bon de le laisser reposer, qu'il faut traiter de telle façon telle semence : c'est lui qui fait pousser les récoltes; il creuse des canaux, il irrigue ou assèche le sol, il trace des routes, il bâtit des temples : il crée le monde à neuf. Les peuples qui sont

demeurés sous la coupe de la déesse-mère, ceux où s'est
perpétuée la filiation utérine se sont aussi arrêtés à un
stade de civilisation primitive. C'est que la femme n'était
vénérée que dans la mesure où l'homme se faisait l'esclave de ses propres craintes, le complice de sa propre
impuissance : c'est dans la terreur et non dans l'amour
qu'il lui rendait un culte. Il ne pouvait s'accomplir qu'en
commençant par la détrôner[1]. C'est le principe mâle de
force créatrice, de lumière, d'intelligence, d'ordre qu'il
reconnaîtra alors comme un souverain. Auprès de la
déesse-mère surgit un dieu, fils, ou amant, qui lui est
encore inférieur mais qui lui ressemble trait pour trait et
qui lui est associé. Lui aussi incarne un principe de
fécondité : c'est un taureau, c'est le Minotaure, c'est le
Nil fertilisant les plaines d'Egypte. Il meurt en automne
et renaît au printemps après que l'épouse-mère invulnérable, mais éplorée, a consacré ses forces à rechercher
son corps et à le ranimer. On voit apparaître en Crète ce
couple que l'on retrouve sur tous les rivages de la
Méditerranée : c'est en Egypte Isis et Horus, Astarté et
Adonis en Phénicie, Cybèle et Attis en Asie Mineure et,
dans la Grèce hellénique, Rhéa et Zeus. Puis la Grande
Mère se trouva détrônée. En Egypte, où la condition de la
femme reste exceptionnellement favorable, la déesse
Nout qui incarne le ciel et Isis, la terre fécondée, épouse
du Nil, Osiris, demeurent déesses d'une extrême importance; mais c'est cependant Râ, le dieu soleil, lumière et
énergie virile qui est le roi suprême. A Babylone, Ishtar
n'est plus que l'épouse de Bel-Mardouk; c'est lui qui crée
les choses et qui en garantit l'harmonie. Le dieu des
Sémites est mâle. Quand Zeus règne au ciel, il faut que

1. Bien entendu cette condition est nécessaire mais non suffisante : il y
a des civilisations patrilinéaires qui se sont figées à un stade primitif;
d'autres, comme celle des Mayas, qui se sont dégradées. Il n'y a pas une
hiérarchie absolue entre les sociétés de droit maternel et celles de droit
paternel : mais seules ces dernières ont évolué techniquement et idéolo-
giquement.

Géa, Rhéa, Cybèle abdiquent : il ne reste en Déméter qu'une divinité encore imposante mais secondaire. Les dieux védiques ont des épouses mais qu'on n'adore pas au même titre qu'eux. Le Jupiter romain ne connaît pas d'égal[1].

Ainsi le triomphe du patriarcat ne fut ni un hasard ni le résultat d'une révolution violente. Dès l'origine de l'humanité, leur privilège biologique a permis aux mâles de s'affirmer seuls comme sujets souverains; ils n'ont jamais abdiqué ce privilège; ils ont aliéné en partie leur existence dans la Nature et dans la Femme; mais ils l'ont ensuite reconquise; condamnée à jouer le rôle de l'Autre, la femme était aussi condamnée à ne posséder qu'une puissance précaire : esclave ou idole ce n'est jamais elle qui a choisi son lot. « Les hommes font les dieux; les femmes les adorent », a dit Frazer; ce sont eux qui décident si leurs divinités suprêmes seront femelles ou mâles; la place de la femme dans la société est toujours celle qu'ils lui assignent; en aucun temps elle n'a imposé sa propre loi.

Peut-être cependant si le travail producteur était demeuré à la mesure de ses forces, la femme aurait réalisé *avec* l'homme la conquête de la nature; l'espèce humaine se fût affirmée contre les dieux à travers les individus mâles et femelles; mais elle n'a pas pu faire siennes les promesses de l'outil. Engels n'a expliqué qu'incomplètement sa déchéance : il ne suffit pas de dire que l'inven-

---

1. Il est intéressant de noter (d'après M. Begouen, *Journal de Psychologie*, année 1934) que dans l'époque aurignacienne on rencontre de nombreuses statuettes représentant des femmes aux attributs sexuels exagérément soulignés : elles sont remarquables par leur embonpoint et par l'importance accordée à leur vulve. En outre on trouve aussi dans les cavernes des vulves isolées, grossièrement dessinées. Dans le Solutréen et le Magdalénien ces effigies disparaissent. Dans l'Aurignacien les statuettes masculines sont très rares et il n'y a jamais de représentation de l'organe mâle. Dans le Magdalénien on trouve encore la figuration de quelques vulves mais en petit nombre et au contraire on a découvert une grande quantité de phallus.

tion du bronze et du fer a profondément modifié l'équilibre des forces productrices et que par là l'infériorité de la femme s'est accomplie; cette infériorité ne suffit pas en soi à rendre compte de l'oppression qu'elle a subie. Ce qui lui a été néfaste c'est que ne devenant pas pour l'ouvrier un compagnon de travail elle a été exclue du *mitsein* humain : que la femme soit faible et de capacité productrice inférieure n'explique pas cette exclusion; c'est parce qu'elle ne participait pas à sa manière de travailler et de penser, parce qu'elle demeurait asservie aux mystères de la vie, que le mâle n'a pas reconnu en elle un semblable; du moment qu'il ne l'adoptait pas, qu'elle gardait à ses yeux la dimension d'*autre*, l'homme ne pouvait que se faire son oppresseur. La volonté mâle d'expansion et de domination a transformé l'incapacité féminine en une malédiction. L'homme a voulu épuiser les possibilités nouvelles ouvertes par les nouvelles techniques : il a fait appel à une main-d'œuvre servile, il a réduit son semblable en esclavage. Le travail des esclaves étant beaucoup plus efficace que celui que la femme pouvait fournir, elle a perdu le rôle économique qu'elle jouait dans la tribu. Et dans son rapport avec l'esclave le maître a trouvé une confirmation de sa souveraineté beaucoup plus radicale que dans l'autorité mitigée qu'il exerçait sur la femme. Etant vénérée et redoutée pour sa fécondité, étant *autre* que l'homme et participant au caractère inquiétant de l'*autre*, la femme tenait d'une certaine manière l'homme dans sa dépendance au moment même où elle dépendait de lui; la réciprocité du rapport maître-esclave existait *actuellement* pour elle et par là elle échappait à l'esclavage. L'esclave, lui, n'est protégé par aucun tabou, il n'est rien qu'un homme asservi, non pas différent mais inférieur : le jeu dialectique de son rapport au maître mettra des siècles à s'actualiser; au sein de la société patriarcale organisée, l'esclave n'est qu'une bête de somme à face humaine : le maître exerce sur lui une autorité tyrannique; par là

s'exalte son orgueil : et il le retourne contre la femme.
Tout ce qu'il gagne, il le gagne contre elle; plus il devient
puissant, plus elle déchoit. En particulier quand il devient
propriétaire du sol[1] il revendique aussi la propriété de la
femme. Naguère il était possédé par *le* mana, par *la*
Terre : maintenant il a *une* âme, *des* terres; affranchi de
la Femme il réclame aussi une femme et une postérité à
lui. Il veut que le travail familial qu'il utilise au profit de
ses champs, soit totalement *sien* et pour cela il faut que
les travailleurs lui appartiennent : il asservit sa femme et
ses enfants. Il lui faut des héritiers en qui se prolongera sa
vie terrestre du fait qu'il leur lègue ses biens et qui lui
rendront par-delà la tombe les honneurs nécessaires au
repos de son âme. Le culte des dieux domestiques se
superpose à la constitution de la propriété privée et la
fonction d'héritier est économique et mystique à la fois.
Ainsi du jour où l'agriculture cesse d'être une opération
essentiellement magique et devient d'abord un travail
créateur, l'homme se découvre comme force génératrice;
il revendique ses enfants en même temps que ses moissons[2].

Il n'y a pas dans les temps primitifs de révolution
idéologique plus importante que celle qui substitue
l'agnation à la filiation utérine; désormais la mère est
ravalée au rang de nourrice, de servante et la souveraineté
du père est exaltée; c'est lui qui détient les droits et les
transmet. Apollon, dans *les Euménides* d'Eschyle, proclame ces vérités neuves : « Ces n'est pas la mère qui
engendre ce qu'on appelle son enfant : elle n'est que la

1. Voir première partie, ch. III.
2. De même que la femme était assimilée aux sillons, le phallus est
alors assimilé à la charrue, et inversement. Sur un dessin de l'époque
kassite représentant une charrue sont tracés les symboles de l'acte
générateur; ensuite l'identité phallus-charrue a été souvent reproduite
plastiquement. Le mot *Iak* en quelques langues austro-asiatiques désigne
à la fois phallus et bêche. Il existe une prière assyrienne adressée à un dieu
dont « la charrue a fécondé la terre ».

nourrice du germe versé dans son sein; celui qui engendre, c'est le père. La femme comme un dépositaire étranger reçoit le germe et s'il plaît aux dieux elle le conserve. » Il est évident que ces affirmations ne résultent pas d'une découverte scientifique : elles sont une profession de foi. Sans doute l'expérience de la causalité technique où l'homme puise l'assurance de son pouvoir créateur l'a conduit à reconnaître qu'il était aussi nécessaire que la mère à la procréation. L'idée a guidé l'observation; mais celle-ci se borne à accorder au père un rôle égal à celui de la mère : elle amenait à supposer que, sur le plan naturel, la condition de la conception, c'était la rencontre du sperme et des menstrues; l'idée qu'exprime Aristote : la femme est seulement matière, « le principe du mouvement qui est le mâle dans tous les êtres qui naissent est meilleur et plus divin », cette idée traduit une volonté de puissance qui dépasse toute connaissance. En s'attribuant exclusivement sa postérité, l'homme se dégage définitivement de l'emprise de la féminité, il conquiert contre la femme la domination du monde. Vouée à la procréation et à des tâches secondaires, dépouillée de son importance pratique et de son prestige mystique, la femme n'apparaît plus que comme servante.

Cette conquête, les hommes l'ont figurée comme l'aboutissement d'une lutte violente. Une des plus antiques cosmogines, celle des Assyro-Babyloniens, nous raconte leur victoire dans un texte qui date du VIIe siècle mais qui reproduit une légende beaucoup plus ancienne. L'Océan et la Mer, Atoum et Tamiat, engendrèrent le monde céleste, le monde terrestre et tous les grands dieux; mais trouvant ceux-ci trop turbulents ils décidèrent de les anéantir; et c'est Tamiat, la femme-mère, qui mena la luttre contre le plus fort et le plus beau de ses descendants, Bel-Mardouk; celui-ci, l'ayant défiée au combat, après une terrible bataille la tua et trancha son corps en deux; d'une moitié il fit la voûte céleste, de l'autre, le support du monde terrestre; puis il organisa l'univers et

créa l'humanité. Dans le drame des *Euménides* qui
illustre le triomphe du patriarcat sur le droit maternel,
Oreste assassine aussi Clytemnestre. Par ces sanglantes
victoires, la force virile, les puissances solaires d'ordre et
de lumière l'emportent sur le chaos féminin. En absol-
vant Oreste, le tribunal des dieux proclame qu'il était le
fils d'Agamemnon avant d'être celui de Clytemnestre. Le
vieux droit maternel est mort : c'est l'audacieuse révolte
du mâle qui l'a tué. On a vu qu'en vérité le passage au
droit paternel s'est accompli par de lentes transitions. La
conquête masculine a été une reconquête : l'homme n'a
fait que prendre possession de ce que déjà il possédait; il a
mis le droit en harmonie avec la réalité. Il n'y a eu ni
lutte, ni victoire, ni défaite. Cependant ces légendes ont
un sens profond. Au moment où l'homme s'affirme
comme sujet et liberté, l'idée d'Autre se médiatise. De ce
jour le rapport avec l'Autre est un drame : l'existence de
l'Autre est une menace, un danger. La vieille philosophie
grecque, que Platon sur ce point ne dément pas, a montré
que l'altérité est la même chose que la négation, donc le
Mal. Poser l'Autre, c'est définir un manichéisme. C'est
pourquoi les religions et les codes traitent la femme avec
tant d'hostilité. A l'époque où le genre humain s'est élevé
jusqu'à la rédaction écrite de ses mythologies et de ses
lois, le patriarcat est définitivement établi : ce sont les
mâles qui composent les codes. Il est naturel qu'ils
donnent à la femme une situation subordonnée; mais on
pourrait imaginer qu'ils la considèrent avec la même
bienveillance que les enfants et le bétail. Il n'en est rien.
Organisant l'oppression de la femme, les législateurs ont
peur d'elle. Des vertus ambivalentes dont elle était revêtue on retient surtout l'aspect néfaste : de sacrée elle
devient impure. Eve donnée à Adam pour être sa
compagne a perdu le genre humain; quand ils veulent se
venger des hommes, les dieux païens inventent la femme
et c'est la première-née de ces créatures femelles, Pandore, qui déchaîne tous les maux dont souffre l'humanité.

L'Autre, c'est la passivité en face de l'activité, la diversité qui brise l'unité, la matière opposée à la forme, le désordre qui résiste à l'ordre. La femme est ainsi vouée au Mal. « Il y a un principe bon qui a créé l'ordre, la lumière et l'homme; et un principe mauvais qui a créé le chaos, les ténèbres et la femme », dit Pythagore. Les lois de Manou la définissent comme un être vil qu'il convient de tenir en esclavage. Le Lévitique l'assimile aux bêtes de somme possédées par le patriarche. Les lois de Solon ne lui confèrent aucun droit. Le code romain la met en tutelle et proclame son « imbécillité ». Le droit canon la considère comme la « porte du Diable ». Le Koran la traite avec le plus absolu mépris.

Et cependant le Mal est nécessaire au Bien, la matière à l'idée et la nuit à la lumière. L'homme sait que pour assouvir ses désirs, pour perpétuer son existence, la femme lui est indispensable; il lui faut l'intégrer à la société : dans la mesure où elle se soumet à l'ordre établi par les mâles, elle est purifiée de sa souillure originelle. L'idée est fortement exprimée dans les lois de Manou : « Une femme par un mariage légitime revêt les mêmes qualités que son époux, semblable à la rivière qui se perd dans l'océan et elle est admise après sa mort dans le même paradis céleste. » Ainsi la Bible trace avec éloge le portrait de la « femme forte ». Le christianisme, malgré sa haine de la chair, respecte la vierge consacrée et l'épouse chaste et docile. Associée au culte, la femme peut même avoir un rôle religieux important : la brahmani aux Indes, la flaminia à Rome sont aussi saintes que leur mari; dans le couple c'est l'homme qui domine, mais l'union des principes mâle et femelle demeure nécessaire au mécanisme de la fécondité, à la vie et à l'ordre de la société.

C'est cette ambivalence de l'Autre, de la Femelle qui va se refléter dans la suite de son histoire; elle sera jusqu'à nos jours soumise à la volonté des hommes. Mais cette volonté est ambiguë : par une totale annexion la femme serait ravalée au rang d'une chose; or l'homme prétend revêtir de sa propre dignité ce qu'il conquiert et possède; l'Autre garde à ses yeux un peu de sa magie primitive; comment faire de l'épouse à la fois une servante et une compagne, c'est un des problèmes qu'il cherchera à résoudre; son attitude évoluera au cours des siècles, ce qui entraînera aussi une évolution dans le destin féminin[1].

III

Détrônée par l'avènement de la propriété privée, c'est à la propriété privée que le sort de la femme est lié à travers les siècles : pour une grande partie son histoire se confond avec l'histoire de l'héritage. On comprend l'importance fondamentale de cette institution si l'on garde à l'esprit que le propriétaire aliène son existence dans la propriété; il y tient plus qu'à sa vie même; elle déborde les limites étroites de cette vie temporelle, elle subsiste par-delà la destruction du corps, incarnation terrestre et sensible de l'âme immortelle; mais cette survivance ne se réalise que si la propriété demeure aux mains du possesseur : elle ne saurait par-delà la mort être sienne que si elle appartient à des individus en qui il se prolonge et se reconnaisse, qui soient *siens*. Cultiver le domaine paternel, rendre un culte aux mânes du père, c'est pour l'héritier une seule et même obligation : il assure la survivance des ancêtres sur terre et dans le monde souterrain. L'homme n'acceptera donc de partager avec la femme ni ses biens ni ses enfants. Il n'arrivera pas à imposer totalement et pour toujours ses prétentions. Mais

1. Nous examinerons cette évolution en Occident. L'histoire de la femme en Orient, aux Indes, en Chine a été en effet celle d'un long et immuable esclavage. Du Moyen Age à nos jours nous centrerons cette étude sur la France dont le cas est typique.

au moment où le patriarcat est puissant, il arrache à la femme tous ses droits sur la détention et la transmission des biens. Il paraît d'ailleurs logique de les lui dénier. Quand on admet que les enfants d'une femme ne sont plus siens, du même coup ils n'ont aucun lien avec le groupe dont la femme est issue. Par le mariage, la femme n'est plus désormais prêtée d'un clan à un autre : elle est radicalement enlevée au groupe dans lequel elle est née et annexée à celui de son époux; il l'achète comme on achète une tête de bétail ou un esclave, il lui impose ses divinités domestiques : et les enfants qu'elle engendre appartiennent à la famille de l'époux. Si elle était héritière, elle transmettrait donc abusivement les richesses de la famille paternelle à celle de son mari : on l'exclut soigneusement de la succession. Mais inversement, du fait qu'elle ne possède rien, la femme n'est pas élevée à la dignité d'une personne; elle fait elle-même partie du patrimoine de l'homme, d'abord de son père, puis de son mari. Sous le régime strictement patriarcal, le père peut condamner à mort dès leur naissance ses enfants mâles et femelles; mais au premier cas la société limite le plus souvent son pouvoir : tout nouveau-né mâle normalement constitué est admis à vivre; tandis que la coutume de l'exposition des filles est très répandue; chez les Arabes il y avait des infanticides massifs : aussitôt nées, les filles étaient jetées dans des fosses. Accepter l'enfant femelle c'est de la part du père un acte de libre générosité; la femme n'entre dans ces sociétés que par une sorte de grâce qui lui est concédée, et non légitimement comme le mâle. En tout cas, la souillure de la naissance apparaît beaucoup plus grave pour la mère quand l'enfant est une fille : chez les Hébreux le Lévitique réclame en ce cas une purification deux fois plus longue que si l'accouchée a mis au monde un garçon. Dans les collectivités où existe la coutume du « prix du sang » on n'exige qu'une petite somme lorsque la victime est de sexe féminin : sa valeur est par rapport au mâle comme celle de l'esclave par rapport à l'homme libre. Jeune fille, le père a tous pouvoirs sur elle; par le mariage il les transmet à l'époux dans sa totalité. Puisqu'elle est sa propriété comme l'esclave, la bête de somme, la chose, il est naturel que l'homme puisse avoir autant d'épouses qu'il lui plaît; seules des raisons économiques limitent la polygamie; le mari peut répudier ses femmes au gré de ses caprices, la société ne leur octroie à peu près aucune garantie. En revanche, la femme est asservie à une chasteté rigoureuse. Malgré les tabous, les sociétés de droit maternel autorisent une grande licence de mœurs; la chasteté prénuptiale est rarement exigée; et l'adultère est considéré sans beaucoup de sévérité. Au contraire, quand la femme devient la propriété de l'homme, il la veut vierge et il exige sous les peines les plus graves une totale fidélité; ce serait le pire des crimes que de risquer de donner les droits d'héritage à un rejeton étranger : c'est pourquoi le *pater familias* a le droit de mettre à mort l'épouse coupable. Aussi longtemps que dure la propriété privée, aussi longtemps l'infidélité conjugale est considérée du côté de la femme comme crime de haute trahison. Tous les codes, qui jusqu'à nos jours ont maintenu l'inégalité en matière d'adultère, arguent de la gravité de la faute commise par la femme qui risque d'introduire dans la famille un bâtard. Et si le droit de se faire justice à soi-même a été aboli depuis Auguste, le code Napoléon promet encore l'indulgence du jury au mari justicier. Quand la femme appartenait à la fois au clan paternel et à la famille conjugale, entre les deux séries de liens qui s'enchevêtraient et même s'opposaient, elle réussissait à conserver une assez grande liberté, chacun des deux systèmes lui servant d'appui contre l'autre : par exemple elle pouvait souvent choisir son mari d'après son caprice, du fait que le mariage n'était qu'un événement laïque n'affectant pas la structure profonde de la société. Mais en régime patriarcal elle est la propriété de son père qui la marie à son gré; ensuite rivée au foyer de l'époux elle n'est plus que sa chose et la chose du *genos* où elle a été introduite.

Quand la famille et le patrimoine privé demeurent sans contestation les bases de la société, la femme demeure aussi totalement aliénée. C'est ce qui s'est produit dans le monde musulman. La structure en est féodale, c'est-à-dire qu'il n'est pas apparu d'Etat assez fort pour unifier et soumettre les différentes tribus : aucun pouvoir ne tient en échec celui du chef patriarcal. La religion qui s'est créée au moment où le peuple arabe était guerrier et conquérant a affiché pour la femme le plus total mépris. « Les hommes sont supérieurs aux femmes à cause des qualités par lesquelles Dieu leur a donné la prééminence et aussi parce qu'ils dotent les femmes », dit le Koran; elle n'a jamais détenu ni pouvoir réel ni prestige mystique. La Bédouine travaille durement, elle manie la charrue et porte des fardeaux : par là elle établit avec son époux un lien de dépendance réciproque; elle sort librement, à visage découvert. La Musulmane voilée et enfermée est encore aujourd'hui dans la plupart des couches de la société une sorte d'esclave. Je me rappelle dans un village troglodyte de Tunisie une caverne souterraine où quatre femmes étaient accroupies : la vieille épouse borgne, édentée, au visage horriblement ravagé, faisait cuire des pâtes sur un petit brasier au milieu d'une âcre fumée; deux épouses un peu plus jeunes mais presque aussi défigurées berçaient des enfants dans leurs bras : l'une d'elles allaitait; assise devant un métier à tisser une jeune idole merveilleusement parée de soie, d'or et d'argent nouait des brins de laine. En quittant cet antre sombre – royaume de l'immanence, matrice et tombeau – j'ai croisé dans le corridor qui montait vers la lumière le mâle vêtu de blanc, éclatant de propreté, souriant, solaire. Il revenait du marché où il avait causé avec d'autres hommes des affaires du monde; il passerait quelques heures dans cette retraite qui était sienne au cœur du vaste univers auquel il appartenait, dont il n'était pas séparé. Pour les vieillardes flétries, pour la jeune mariée vouée à la même rapide déchéance, il n'y avait pas d'autre univers que la cave enfumée d'où elles ne sortaient qu'à la nuit, silencieuses et voilées.

Les Juifs de l'époque biblique ont à peu près les mêmes mœurs que les Arabes. Les patriarches sont polygames et ils peuvent répudier leurs femmes à peu près selon leurs caprices; on exige sous des peines rigoureuses que la jeune épouse soit livrée vierge à son époux; en cas d'adultère, elle est lapidée; elle est confinée dans les travaux du ménage comme le prouve le portrait de la femme forte : « Elle travaille la laine et le lin... elle se lève quand il est encore nuit... Dans la nuit sa lampe ne s'éteint pas... Le pain de la paresse, elle n'en mange pas. » Même chaste et travailleuse, c'est une impure, on l'entoure de tabous; son témoignage n'est pas reçu en justice. L'Ecclésiaste parle d'elle avec le plus profond dégoût : « J'ai trouvé plus amère que la mort la femme dont le cœur est un piège et un filet et dont les mains sont des liens... j'ai trouvé un homme entre mille mais je n'ai pas trouvé une femme entre toutes. » A la mort de son mari, l'usage sinon la loi demandait que la veuve épousât un frère du défunt.

Cette coutume du *lévirat* se rencontre chez beaucoup de peuples d'Orient. Dans tous les régimes où la femme est en tutelle, un des problèmes qui se posent est la situation faite aux veuves. La solution la plus radicale, c'est de les sacrifier sur le tombeau de leur époux. Mais il n'est pas vrai que même aux Indes la loi ait jamais imposé de tels holocaustes; les lois de Manou admettaient que l'épouse survive à l'époux; les suicides spectaculaires n'ont jamais été qu'une mode aristocratique. Il est beaucoup plus fréquent que la veuve soit mise à la disposition des héritiers de son époux. Le *lévirat* prend parfois la forme de la polyandrie; pour prévenir les incertitudes du veuvage on donne comme maris à une femme tous les frères d'une famille, coutume qui sert aussi à défendre les gens contre l'impuissance possible du mari. Il semble d'après un texte de César qu'en Bretagne tous les hommes d'une famille aient eu ainsi en commun un certain nombre de femmes.

Le patriarcat ne s'est pas partout établi sous cette forme radicale. A Babylone les lois d'Hammourabi reconnaissaient certains droits à la femme : elle reçoit une part de l'héritage paternel et quand elle se marie son père lui constitue une dot. En Perse, la polygamie est en usage; la femme est tenue à une obéissance absolue envers le mari que le père lui choisit dès qu'elle est nubile; mais elle est plus honorée que chez la plupart des peuples orientaux; l'inceste n'est pas interdit, il existait de fréquents mariages entre frère et sœur; elle est chargée de l'éducation des enfants jusqu'à l'âge de sept ans quand il s'agit des garçons, jusqu'à leur mariage en ce qui regarde les filles. La femme peut recevoir une partie de l'héritage de son mari si le fils ne s'en montre pas digne; si elle est « épouse privilégiée » au cas où le mari meurt sans laisser de fils adulte, on lui confie la tutelle des enfants mineurs et l'administration des affaires. Les règles du mariage montrent clairement l'importance qu'a pour le chef de famille l'existence d'une postérité. Il semble qu'il y ait eu cinq formes de mariage[1] : 1º La femme se mariait avec le consentement de ses parents; on l'appelait alors « épouse privilégiée »; ses enfants appartenaient à son mari. 2º Quand une femme était enfant unique, le premier de ses enfants était remis à ses parents pour leur tenir lieu de fille; ensuite elle devenait « épouse privilégiée ». 3º Si un homme mourait célibataire, sa famille dotait et mariait une femme étrangère : on l'appelait femme adoptée; la moitié des enfants appartenait au mort, l'autre moitié au mari vivant. 4º Une veuve, sans enfants, remariée s'appelait femme servante : elle devait

---

1. Cet exposé reproduit celui de C. Huart dans *la Perse antique et la Civilisation iranienne*, p. 195-196.

la moitié des enfants du second lit au mari mort. 5° La femme qui se mariait sans le consentement de ses parents ne pouvait pas hériter d'eux avant que son fils aîné devenu majeur ne l'eût donnée comme « épouse privilégiée » à son père à lui; si son mari mourait avant, elle était regardée comme mineure et mise en tutelle. Le statut de la femme adoptée et de la femme servante établit le droit de tout homme à se survivre dans une descendance à laquelle ne le rattache pas nécessairement un lien du sang. Ceci confirme ce que nous disions plus haut : ce lien a été en quelque sorte inventé par l'homme quand il a voulu s'annexer par delà sa vie finie une immortalité terrestre et souterraine.

C'est en Egypte que la condition de la femme a été la plus favorisée. Les déesses-mères en devenant épouses ont gardé leur prestige; l'unité religieuse et sociale, c'est le couple; la femme apparaît comme alliée et complémentaire de l'homme. Sa magie est si peu hostile que la peur même de l'inceste est surmontée et qu'on n'hésite pas à confondre la sœur avec l'épouse[1]. Elle a les mêmes droits que l'homme, la même puissance juridique; elle hérite, elle possède des biens. Cette chance singulière n'a rien d'un hasard : elle provient de ce que dans l'Egypte ancienne le sol appartenait au roi et aux castes supérieures des prêtres et des guerriers; pour les particuliers, la propriété foncière était seulement usufruitière; le fonds demeurant inaliénable, les biens transmis par héritage n'avaient que peu de valeur et on ne trouvait aucun inconvénient à les partager. Par l'absence du patrimoine privé, la femme gardait la dignité d'une personne. Elle se mariait librement, et veuve elle pouvait se remarier à son gré. Le mâle pratiquait la polygamie, mais, bien que tous ses enfants fussent légitimes, il n'avait qu'une épouse véritable, la seule qui fût associée au culte et lié à lui également : les autres n'étaient que des esclaves privées

1. En certains cas du moins le frère *doit* épouser sa sœur.

de tous droits. L'épouse en chef ne changeait pas d'état en se mariant : elle demeurait maîtresse de ses biens et libre de contracter. Quand le pharaon Bochoris établit la propriété privée, la femme occupait une position trop forte pour en être délogée; Bochoris ouvrit l'ère des contrats et le mariage même devint contractuel. Il y eut trois types de contrats : l'un concernait le mariage servile; la femme devenait la chose de l'homme mais elle spécifiait parfois qu'il n'aurait pas d'autre concubine qu'elle; cependant l'épouse légitime était considérée comme l'égale de l'homme et tous les biens leur étaient communs; souvent le mari s'engageait à lui payer une somme d'argent en cas de divorce. Cette coutume conduisit un peu plus tard à un type de contrat singulièrement favorable à la femme : le mari lui consentait une créance factice. Il y avait de graves pénalités contre l'adultère, mais le divorce était pour les deux conjoints à peu près libre. La pratique des contrats restreignit beaucoup la polygamie; les femmes accaparaient les fortunes et les transmettaient à leurs enfants ce qui amena l'avènement d'une classe ploutocratique. Ptolémée Philopater décréta que les femmes ne pourraient plus aliéner leurs biens sans autorisation maritale, ce qui faisait d'elles d'éternelles mineures. Mais même au temps où elles avaient un statut privilégié, unique dans le monde antique, elles n'ont pas été socialement les égales des hommes; associées au culte, au gouvernement, elles pouvaient jouer le rôle de régente, mais le pharaon était mâle; les prêtres et les guerriers étaient mâles; elles n'intervenaient dans la vie publique que d'une manière secondaire; et dans la vie privée on exigeait d'elles une fidélité sans réciprocité.

Les mœurs des Grecs demeurent très proches des mœurs orientales; cependant ils ne pratiquent pas la polygamie. On ne sait pas exactement pourquoi. En fait, l'entretien d'un harem a toujours été une lourde charge : c'est le fastueux Salomon, ce sont les sultans des *Mille et Une Nuits*, les rois, les chefs, les riches propriétaires qui peuvent s'offrir le luxe d'un vaste sérail; l'homme moyen se contentait de trois ou quatre femmes; le paysan n'en possédait guère plus de deux. D'autre part – sauf en Egypte où il n'y a pas de propriété foncière particulière – le souci de garder intact le patrimoine amenait à accorder au fils aîné des droits singuliers sur l'héritage paternel; par là s'établissait une hiérarchie entre les femmes, la mère de l'héritier principal étant revêtue d'une dignité très supérieure à celle des autres épouses. Si la femme possède elle-même des biens, si elle est dotée, elle est pour son mari une personne : il lui est attaché par un lien religieux et exclusif. A partir de là sans doute s'est établie la coutume de ne reconnaître qu'une seule épouse : en vérité, le citoyen grec demeurait agréablement polygame puisqu'il pouvait trouver chez les prostituées de la ville et chez les servantes du gynécée l'assouvissement de ses désirs. « Nous avons des hétaïres pour les plaisirs de l'esprit, dit Démosthène, des *pallages* pour le plaisir des sens, et des épouses pour nous donner des fils. » La pallage remplaçait la femme dans le lit du maître au cas où celle-ci était malade, indisposée, enceinte ou relevant de couches; de sorte que du gynécée au harem la différence n'est pas grande. A Athènes, la femme est enfermée dans ses appartements, tenue par les lois dans une contrainte sévère et surveillée par des magistrats spéciaux. Elle demeure pendant toute son existence dans une perpétuelle minorité; elle est sous la puissance de son tuteur : soit son père, soit le mari, soit l'héritier du mari, soit, à défaut, l'Etat, représenté par des fonctionnaires publics; ce sont là ses maîtres et ils disposent d'elle comme d'une marchandise, le pouvoir du tuteur s'étendant à la fois sur la personne et sur ses biens; le tuteur peut transmettre ses droits à son gré : le père donne sa fille en adoption ou en mariage; le mari peut en répudiant son épouse la livrer à un nouveau mari. La loi grecque assure cependant à la femme une dot qui sert à son entretien et qui doit lui être intégralement restituée si le mariage est dissous; elle autorise aussi en certains cas très rares la femme à demander le divorce; mais ce sont les seules garanties que la société lui octroie. Bien entendu tout l'héritage est légué aux enfants mâles, la dot représente non un bien acquis par filiation mais une sorte de service qui est imposé au tuteur. Cependant, grâce à l'usage de la dot la veuve ne passe plus comme une possession héréditaire entre les mains des héritiers de son mari : elle retourne sous la tutelle de ses parents.

Un des problèmes qui se posent dans les sociétés fondées sur l'agnation, c'est le sort de l'héritage en l'absence de tout descendant mâle. Les Grecs avaient institué la coutume de l'épiclérat : l'héritière devait épouser dans le genos paternel son parent le plus âgé; ainsi les biens que lui léguait son père étaient transmis à des enfants appartenant au même groupe, le domaine demeurait la propriété du genos; l'épiclère n'était pas héritière mais seulement une machine à procréer un héritier; cette coutume la mettait entièrement à la merci de l'homme puisqu'elle était livrée automatiquement au premier-né des mâles de sa famille qui se trouvait être le plus souvent un vieillard.

Puisque l'oppression de la femme a sa cause dans la volonté de perpétuer la famille et de maintenir intact le patrimoine, dans la mesure où elle échappe à la famille, elle échappe donc aussi à cette absolue dépendance; si la société niant la propriété privée refuse la famille, le sort de la femme s'en trouve considérablement amélioré. Sparte où prévalait un régime communautaire était la seule cité où la femme fût traitée presque à égalité avec l'homme. Les filles étaient élevées comme les garçons; l'épouse n'était pas confinée dans le foyer de son mari : celui-ci n'était autorisé qu'à lui faire de furtives visites nocturnes; et son épouse lui appartenait si peu qu'au nom de l'eugénisme un autre homme pouvait réclamer de s'unir à elle : la notion même d'adultère disparaît lorsque disparaît l'héritage; tous les enfants appartenant en commun à toute la cité, les femmes ne sont pas non plus jalousement asservies à un maître : ou inversement on peut dire que ne possédant ni bien propre, ni descendance singulière, le citoyen ne possède pas non plus de femme. Les femmes subissent les servitudes de la maternité comme les hommes celles de la guerre : mais sauf l'accomplissement de ce devoir civique, aucune contrainte ne restreint leur liberté.

A côté des femmes libres dont nous venons de parler et des esclaves vivant à l'intérieur du genos – dont le chef de famille a la propriété absolue – on rencontre en Grèce des prostituées. Les peuples primitifs connaissaient la prostitution hospitalière, concession de la femme à l'hôte de passage, qui avait sans doute des raisons mystiques, et la prostitution sacrée destinée à libérer au profit de la collectivité les mystérieuses puissances de la fécondation. Ces coutumes existaient dans l'antiquité classique. Hérodote rapporte qu'au Ve siècle avant Jésus-Christ chaque femme de Babylone devait une fois dans sa vie se livrer à un homme étranger dans le temple de Mylitta contre une pièce de monnaie qu'elle remettait au trésor du temple; elle rentrait ensuite chez elle pour vivre dans la chasteté. La prostitution religieuse s'est perpétuée jusqu'à aujourd'hui chez les « almées » d'Egypte et les bayadères des Indes qui constituent des castes respectées de musiciennes et de danseuses. Mais le plus souvent, en Egypte, en Inde, dans l'Asie occidentale, il y a eu glissement de la prostitution sacrée à la prostitution légale, la classe sacerdotale trouvant dans ce commerce un moyen de s'enrichir. Chez les Hébreux mêmes il y avait des prostituées vénales. En Grèce, c'est surtout au bord de la mer, dans les îles et les cités où venaient beaucoup d'étrangers qu'existaient des temples où se rencontrent les « jeunes filles hospitalières aux étrangers » comme les appelle Pindare : l'argent qu'elle reçoivent est destiné au culte, c'est-à-dire aux prêtres et indirectement à leur entretien. En réalité, sous une forme hypocrite, on exploite – à

Corinthe entre autres – les besoins sexuels des marins, des voyageurs; et c'est déjà de prostitution vénale qu'il s'agit. C'est Solon qui en fit une institution. Il acheta des esclaves asiatiques et les enferma dans les « dictérions » situés à Athènes près du temple de Vénus, non loin du port, la direction en était confiée à des « pornotropos » chargés d'administrer financièrement l'établissement; chaque fille touchait un salaire et l'ensemble des bénéfices revenait à l'Etat. Ensuite s'ouvrirent des « kapailéia » qui étaient des établissements privés : un priape rouge leur servait d'enseigne. Bientôt, outre les esclaves, des femmes grecques de basse condition s'y firent recevoir comme pensionnaires. Les dictérions étaient considérés comme si nécessaires qu'ils avaient été reconnus comme lieux d'asile inviolables. Cependant les courtisanes étaient notées d'infamie, elles n'avaient aucun droit social, leurs enfants étaient dispensés de les nourrir; elles devaient porter un costume spécial d'étoffes bariolées ornées de bouquets de fleurs et se teindre les cheveux en safran. Outre les femmes enfermées dans les dictérions, il existait aussi des courtisanes libres qu'on peut ranger en trois catégories : les Dictériades analogues aux femmes en carte d'aujourd'hui; les Aulétrides qui étaient danseuses et joueuses de flûte; et les Hétaïres, demi-mondaines qui venaient généralement de Corinthe, qui avaient liaisons officielles avec les hommes les plus notables de Grèce et qui jouaient le rôle social des « femmes du monde » modernes. Les premières se rencontraient parmi les affranchies ou les filles grecques des basses classes; exploitées par les proxénètes, elles menaient une existence misérable. Les secondes réussissaient souvent à s'enrichir grâce à leurs talents de musiciennes : la plus célèbre fut Lamia, maîtresse de Ptolémée d'Egypte, puis de son vainqueur le roi de Macédoine Démétrius Poliorcète. Quant aux dernières, on sait que plusieurs furent associées à la gloire de leurs amants. Disposant librement d'elles-mêmes et de leur fortune, intelligentes, cultivées,

artistes, elles sont traitées comme des personnes par les
hommes qui s'enchantent de leur commerce. Du fait
qu'elles échappent à la famille, qu'elles se situent en
marge de la société, elles échappent aussi à l'homme :
elles peuvent alors lui apparaître comme une semblable
et presque une égale. En Aspasie, en Phryné, en Laïs,
s'affirme la supériorité de la femme affranchie sur l'honnête mère de famille.

A part ces brillantes exceptions, la femme grecque est
réduite à un demi-esclavage; elle n'a pas même la liberté
de s'en indigner : c'est à peine si Aspasie, et plus
passionnément Sapho, font entendre quelques protesta-
tions. Chez Homère subsistent des réminiscences de
l'époque héroïque où les femmes avaient quelque puissance : cependant les guerriers les renvoient avec dureté à
leurs appartements. On trouve le même mépris chez
Hésiode : « Celui qui se confie à une femme se confie à
un voleur. » Dans la grande époque classique, la femme
est résolument confinée dans le gynécée. « La meilleure
femme est celle dont les hommes parlent le moins »,
disait Périclès. Platon qui se propose d'admettre un
conseil de matrones à l'administration de la république et
de donner aux filles une éducation libre est une exception; il excite les railleries d'Aristophane; à une femme
qui l'interroge sur les affaires publiques, un mari répond
dans *Lysistrata* : « Cela ne te regarde pas. Tais-toi, sinon
tu seras battue... Tisse ta voile. » Aristote exprime l'opinion commune quand il déclare que la femme est femme
en vertu d'une déficience, qu'elle doit vivre enfermée
dans son foyer et subordonnée à l'homme. « L'esclave est
entièrement privé de la liberté de délibérer; la femme la
possède, mais faible et inefficace », affirme-t-il. Selon
Xénophon, la femme et son époux sont profondément
étrangers l'un à l'autre : « Existe-t-il des gens avec qui tu
t'entretiens moins qu'avec ta femme? – Il y en a bien
peu... »; tout ce qu'on demande à la femme dans *l'Eco-
nomique* c'est d'être une maîtresse de maison attentive,

prudente, économe, laborieuse comme l'abeille, une intendante modèle. La condition modeste à laquelle la femme est réduite n'empêche pas les Grecs d'être profondément misogynes. Déjà au VIIᵉ siècle avant Jésus-Christ, Archiloque écrit de mordantes épigrammes contre les femmes; on lit chez Simonide d'Amorga : « Les femmes sont le plus grand mal que Dieu ait jamais créé : qu'elles semblent parfois utiles, elles se changent bientôt en tracas pour leurs maîtres. » Et chez Hipponax : « Il n'y a que deux jours dans la vie où votre femme vous réjouit : le jour de ses noces et le jour de son enterrement. » Ce sont les Ioniens qui dans les histoires de Milet manifestent le plus de hargne : on connaît entre autres le conte de la matrone d'Ephèse. Ce qu'on reproche surtout aux femmes à cette époque, c'est d'être paresseuses, acariâtres, dépensières, c'est-à-dire précisément l'absence des qualités que l'on exige d'elles. « Il y a bien des monstres sur terre et dans la mer, mais le plus grand de tous est encore la femme », écrit Ménandre. « La femme est une souffrance qui ne vous lâche pas. » Quand par l'institution de la dot la femme eut pris une certaine importance, on déplore alors son arrogance; c'est un des thèmes familiers à Aristophane et surtout à Ménandre. « J'ai épousé une sorcière avec une dot. Je l'ai prise pour ses champs et sa maison, et cela, ô Apollon, est le pire des maux!... » « Maudit soit celui qui inventa le mariage et puis le second, et le troisième, le quatrième et tous ceux qui les imitèrent. » « Si vous êtes pauvre et que vous épousez une femme riche, c'est vous réduire à être en même temps esclave et pauvre. » La femme grecque était tenue trop étroitement pour qu'on lui reprochât ses mœurs; et ce n'est pas la chair qu'on vilipende en elle. Ce sont surtout les charges et les servitudes du mariage qui pèsent aux hommes : cela nous laisse supposer que malgré la rigueur de sa condition, bien que presque aucun droit ne lui fût reconnu, elle devait tenir au foyer une place importante et jouir de quelque autonomie; vouée à l'obéissance, elle pouvait désobéir; elle pouvait accabler son époux de scènes, de larmes, de bavardages, d'injures, le mariage destiné à asservir la femme était aussi pour le mari une chaîne. Dans le personnage de Xanthippe se résument tous les griefs du citoyen grec contre l'épouse mégère et contre les infortunes de la vie conjugale.

*

C'est le conflit de la famille et de l'Etat qui définit l'histoire de la femme romaine. Les Etrusques constituaient une société à filiation utérine et il est probable qu'au temps de la royauté Rome connaissait encore l'exogamie liée au régime de droit maternel : les rois latins ne se transmettaient pas héréditairement le pouvoir. Ce qui est certain, c'est qu'après la mort de Tarquin le droit patriarcal s'affirme : la propriété agricole, le domaine privé, donc la famille, sont la cellule de la société. La femme va être étroitement asservie au patrimoine et partant au groupe familial : les lois la privent même de toutes les garanties qui étaient reconnues aux femmes grecques; elle passe son existence dans l'incapacité et la servitude. Bien entendu, elle est exclue des affaires publiques, tout « office viril » lui est rigoureusement interdit; et dans sa vie civile elle est une éternelle mineure. On ne lui refuse pas directement sa part de l'héritage paternel, mais par un moyen détourné on l'empêche d'en disposer : on la soumet à l'autorité d'un tuteur. « La tutelle a été établie dans l'intérêt des tuteurs eux-mêmes, dit Gaïus, afin que la femme dont ils sont héritiers présomptifs ne puisse leur ravir son héritage par testament, ni l'appauvrir par des aliénations ou des dettes. » Le premier tuteur de la femme, c'est son père; à défaut, les agnats paternels remplissent cette fonction. Quand la femme se marie, elle passe « dans la main » de son époux; il y a trois formes de mariage : la *conferratio* où les époux offrent à Jupiter capitolin un gâteau d'épeautre en présence du flamen dialis; la *coemptio*, vente fictive par laquelle le père plébien « mancipait » sa fille au mari; et l'*usus*, résultant d'une cohabitation d'une année; toutes trois sont avec « manu » c'est-à-dire que l'époux se substitue au père ou aux tuteurs agnats; sa femme est assimilée à une de ses filles, c'est lui qui a désormais tout pouvoir sur sa personne et sur ses biens. Mais dès l'époque de la loi des XII Tables, du fait que la Romaine appartenait à la fois à la gens paternelle et à la gens conjugale il naissait des conflits qui sont à l'origine de son émancipation légale. En effet le mariage avec « manu » dépouille les tuteurs agnats. Pour défendre l'intérêt des parents paternels, on voit apparaître le mariage *sine manu*; en ce cas, les biens de la femme restent sous la dépendance des tuteurs, le mari n'a de droits que sur sa personne; ce pouvoir même il le partage avec le pater familias qui garde sur sa fille une autorité absolue. Le tribunal domestique est chargé de régler les différends qui peuvent opposer père et mari : une telle institution permet à la femme un recours du père au mari, du mari au père; elle n'est pas la chose d'un individu. D'ailleurs, bien que la gens soit extrêmement forte comme le prouve l'existence même de ce tribunal indépendant des tribunaux publics, le père de famille qui en est le chef est avant tout un citoyen : son autorité est illimitée, il gouverne absolument épouse et enfants; mais ceux-ci ne sont pas sa propriété; plutôt, il administre leur existence en vue du bien public; la femme qui met au monde les enfants et dont le travail domestique embrasse souvent des tâches agricoles, est très utile au pays et profondément respectée. On remarque ici un fait très important que nous retrouvons tout au cours de l'histoire : le droit abstrait ne suffit pas à définir la situation concrète de la femme; celle-ci dépend en grande partie du rôle économique qu'elle joue; et souvent même liberté abstraite et pouvoirs concrets varient en sens inverse. Légalement plus asservie que la Grecque, la Romaine est bien plus profondément intégrée à la société; à la maison elle siège dans l'atrium qui est le centre de la demeure, au lieu d'être reléguée dans le secret du gynécée; c'est elle qui préside au travail des esclaves; elle dirige l'éducation des enfants et souvent son influence s'exercera sur eux jusque dans un âge avancé; elle partage les travaux et les soucis de son époux, elle est considérée comme copropriétaire de ses biens; la formule du mariage « Ubi tu Gaïus, ego Gaïa », n'est pas une formule creuse; on appelle la matrone « domina »; elle est maîtresse du foyer, associée au culte, non pas esclave mais compagne de l'homme; le lien qui l'unit à lui est si sacré qu'en cinq siècles on ne compte pas un seul divorce. Elle n'est pas confinée dans ses appartements : elle assiste aux repas, aux fêtes, elle va au théâtre; dans la rue les hommes lui cèdent le pas, consuls et licteurs se rangent sur son passage. Les légendes lui accordent dans l'histoire un rôle éminent : on connaît assez celles des Sabines, de Lucrèce, de Virginie; Coriolan cède aux supplications de sa mère et de son épouse; la loi de Lucinius qui consacre le triomphe de la démocratie romaine lui aurait été inspirée par sa femme; c'est Cornélie qui forgea l'âme des Gracques. « Partout les hommes gouvernent les femmes, disait Caton, et nous qui gouvernons tous les hommes, ce sont nos femmes qui nous gouvernent. »

Peu à peu la situation légale de la Romaine s'adapte à sa condition pratique. Au temps de l'oligarchie patricienne, chaque pater familias est au sein de la république un souverain indépendant; mais quand le pouvoir de l'Etat s'affirme, il lutte contre la concentration des fortunes, contre l'arrogance des puissantes familles. Le tribunal domestique s'efface devant la justice publique. Et la femme acquiert des droits de plus en plus importants. Quatre pouvoirs limitaient primitivement sa liberté : le père et le mari disposaient de sa personne, le tuteur et la manus de ses biens. L'Etat s'autorise de l'opposition du père et du mari pour restreindre leurs droits : c'est le tribunal d'État qui jugera les cas d'adultère, de divorce, etc. De même on détruit l'une par l'autre la manus et la tutelle. Dans l'intérêt du tuteur on avait déjà séparé la manus du mariage; ensuite la manus devient un expédient que les femmes utilisent pour se délivrer des tuteurs, soit en contractant des mariages fictifs, soit en obtenant de leur père ou de l'État des tuteurs complaisants. Sous la législation impériale, la tutelle sera entièrement abolie. En même temps la femme obtient un garant positif de son indépendance : son père est obligé de lui reconnaître une dot; celle-ci ne revient pas aux agnats après la dissolution du mariage et elle n'appartient jamais au mari; la femme peut d'un instant à l'autre en exiger la restitution par un brusque divorce, ce qui met l'homme à sa merci. « En acceptant la dot, il vendait son pouvoir », dit Plaute. Dès la fin de la République la mère s'est vu reconnaître à l'égale du père le droit au respect de ses enfants; on lui accorde la garde de sa progéniture en cas de tutelle ou de mauvaise conduite du mari. Sous Hadrien, un sénatus-consulte lui confère quand elle a trois enfants et que le défunt est sans postérité un droit à la succession *ab intestat* de chacun d'eux. Et sous Marc-Aurèle s'achève l'évolution de la famille romaine : à partir de 178 la mère a pour héritiers ses enfants qui l'emportent sur les agnats; la famille est fondée désormais sur la *conjunctio sanguinis* et la mère apparaît comme l'égale du père; la fille hérite comme ses frères.

Cependant on observe dans l'histoire du droit romain un mouvement qui contredit celui que nous venons de décrire : rendant la femme indépendante de la famille, le pouvoir central la reprend lui-même en tutelle; il la soumet à diverses incapacités légales.

En effet, elle prendrait une importance inquiétante si elle pouvait être à la fois riche et indépendante; on va donc s'efforcer de lui retirer d'une main ce qu'on lui a concédé de l'autre. La loi Oppia qui interdisait aux Romains le luxe fut votée au moment où Annibal

menaçait Rome : le danger passé, les femmes en réclamè-
rent l'abrogation; Caton dans un discours célèbre
demanda qu'elle fût maintenue : mais la manifestation
des matrones rassemblées sur la place publique l'emporta
contre lui. Différentes lois, d'autant plus sévères que les
mœurs se relâchaient davantage furent ensuite proposées,
mais sans grand succès : elles ne firent guère que susciter
des fraudes. Seul triompha le sénatus-consulte velléien
qui interdisait à la femme d' « intercéder » pour autrui[1],
la privant de presque toute capacité civile. C'est au
moment où la femme est pratiquement le plus émancipée
qu'on proclame l'infériorité de son sexe, ce qui est un
remarquable exemple de processus de justification mâle
dont j'ai parlé : comme on ne limite plus ses droits en
tant que fille, épouse, sœur, c'est en tant que sexe qu'on
lui refuse l'égalité avec l'homme; on prétexte pour la
brimer « l'imbécillité, la fragilité du sexe ».

Le fait est que les matrones ne firent pas un très bon
usage de leur liberté neuve; mais c'est qu'aussi il leur fut
interdit d'en tirer positivement parti. De ces deux courants contraires – un courant individualiste qui arrache la
femme à la famille, un courant étatiste qui la moleste en
tant qu'individu – il résulte que sa situation est sans
équilibre. Elle est héritière, elle a droit à l'égal du père au
respect des enfants, elle teste, elle échappe grâce à
l'institution de la dot à la contrainte conjugale, elle peut
divorcer et se remarier selon son caprice : mais ce n'est
que d'une manière négative qu'elle s'émancipe puisqu'on
ne lui propose aucun emploi concret de ses forces.
L'indépendance économique demeure abstraite puisqu'elle n'engendre aucune capacité politique; c'est ainsi
que faute de pouvoir *agir*, les Romaines *manifestent* :
elles se répandent en tumulte dans la ville, elles assiègent
les tribunaux, elles fomentent des conjurations, dictent
des prescriptions, attisent les guerres civiles; en cortège

---

1. C'est-à-dire de se lier à autrui par des contrats.

elles vont chercher la statue de la Mère des Dieux et l'escortent le long du Tibre, introduisant ainsi à Rome les divinités orientales; en 114 éclate le scandale des Vestales dont le collège est supprimé. La vie et les vertus publiques leur demeurant inaccessibles, quand la dissolution de la famille rend inutiles et périmées les vertus privées de naguère, il n'y a plus aucune morale qui se propose aux femmes. Elles ont le choix entre deux solutions : ou s'entêter à respecter les mêmes valeurs que leurs aïeules; ou n'en plus reconnaître aucune. On voit à la fin du Ier siècle, au début du second, nombre de femmes qui demeurent les compagnes et associées de leurs époux comme au temps de la République : Plotine partage la gloire et les responsabilités de Trajan; Sabine se rend si célèbre par ses bienfaits que de son vivant des statues la divinisent; sous Tibère, Sextia refuse de survivre à Æmilius Scaurrus et Pascea à Pomponius Labeus; Pauline s'ouvre les veines en même temps que Sénèque; Pline le Jeune a rendu fameux le « Pœte, non dolet » d'Arria; Martial admire en Claudia Rufina, en Virginia, en Sulpicia des épouses irréprochables et des mères dévouées. Mais il y a quantité de femmes qui se refusent à la maternité et qui multiplient les divorces; les lois continuent à interdire l'adultère : certaines matrones vont jusqu'à se faire inscrire parmi les prostituées afin de n'être pas gênées dans leurs débauches[1]. Jusque-là, la littérature latine avait toujours été respectueuse des femmes : alors les satiristes se déchaînent contre elles. Ils s'attaquent d'ailleurs non à la femme en général mais essentiellement à leurs contemporaines. Juvénal leur

1. Rome comme la Grèce tolère officiellement la prostitution. Il y avait deux classes de courtisanes : les unes vivaient enfermées dans les bordels. Les autres, les « bonæ meretrices », exerçaient librement leur profession; elles n'avaient pas le droit de revêtir le costume des matrones; elles avaient une certaine influence en matière de modes, de coutumes et d'art mais elles n'occupèrent jamais une position aussi élevée que les hétaïres d'Athènes.

reproche leur luxure, leur goinfrerie, il les blâme de prétendre aux occupations des hommes : elles s'intéressent à la politique, se plongent dans des dossiers de procès, discutent avec les grammairiens et les rhéteurs, se passionnent pour la chasse, les courses de char, l'escrime, la lutte. Le fait est que c'est sutout par leur goût du divertissement et par leurs vices qu'elles rivalisent avec les hommes; pouv viser des buts plus hauts, elles manquent d'une éducation suffisante; et d'ailleurs aucune fin ne leur est proposée; l'action leur demeure interdite. La Romaine de l'ancienne république a une place sur terre, mais elle y est enchaînée faute de droits abstraits, et d'indépendance économique; la Romaine de la décadence est le type de la fausse émancipée qui ne possède, dans un monde dont les hommes demeurent concrètement les seuls maîtres, qu'une liberté vide : elle est libre « pour rien ».

IV

L'évolution de la condition féminine ne s'est pas poursuivie continûment. Avec les grandes invasions, toute la civilisation est remise en question. Le droit romain lui-même subit l'influence d'une idéologie neuve : le christianisme; et dans les siècles qui suivent, les barbares font triompher leurs lois. La situation économique, sociale et politique est bouleversée : celle de la femme en subit le contrecoup.

L'idéologie chrétienne n'a pas peu contribué à l'oppression de la femme. Sans doute y a-t-il dans l'Evangile un souffle de charité qui s'étend aussi bien aux femmes qu'aux lépreux; ce sont les petites gens, les esclaves et les femmes qui s'attachent le plus passionnément à la loi nouvelle. Dans les tout premiers temps du christianisme, les femmes, quand elles se soumettaient au joug de l'Eglise, étaient relativement honorées; elles témoignaient comme martyres aux côtés des hommes; elles ne pouvaient cependant participer au culte qu'à titre secondaire; les « diaconesses » n'étaient autorisées qu'à accomplir des tâches laïques : soins donnés aux malades, secours dispensés aux indigents. Et si le mariage est considéré comme une institution exigeant la fidélité réciproque, il semble évident que l'épouse doit y être totalement subordonnée à l'époux : à travers saint Paul s'affirme la tradition juive, farouchement antiféministe. Saint Paul commande aux femmes l'effacement et la retenue; il fonde sur l'Ancien et le Nouveau Testament le principe de la subordination de la femme à l'homme. « L'homme n'a pas été tiré de la femme, mais la femme de l'homme; et l'homme n'a pas été créé en vue de la femme, mais la femme en vue de l'homme. » Et ailleurs : « Comme l'Eglise est soumise au Christ, ainsi soient soumises en toutes choses les femmes à leur mari. » Dans une religion où la chair est maudite, la femme apparaît comme la plus redoutable tentation du démon. Tertullien écrit : « Femme, tu es la porte du diable. Tu as persuadé celui que le diable n'osait attaquer en face. C'est à cause de toi que le fils de Dieu a dû mourir; tu devrais toujours t'en aller vêtue de deuil et de haillons. » Saint Ambroise : « Adam a été conduit au péché par Eve et non Eve par Adam. Celui que la femme a conduit au péché, il est juste qu'elle le reçoive comme souverain. » Et saint Jean Chrysostome : « En toutes les bêtes sauvages il ne s'en trouve pas de plus nuisante que la femme. » Quand au IVe siècle le droit canonique se constitue, le mariage apparaît comme une concession aux faiblesses humaines, il est incompatible avec la perfection chrétienne. « Mettons la main à la cognée et coupons par ses racines l'arbre stérile du mariage », écrit saint Jérôme. A partir de Grégoire VI, lorsque le célibat a été imposé aux prêtres, le caractère dangereux de la femme est plus sévèrement souligné : tous les Pères de l'Eglise proclament son abjection. Saint Thomas sera fidèle à cette tradition quand il déclare que la femme n'est qu'un être « occasionnel » et incomplet, une sorte d'homme manqué. « L'homme est la tête de la femme tout ainsi que le Christ est la tête de l'homme », écrit-il. « Il est constant que la femme est destinée à vivre sous l'emprise de l'homme et n'a de son chef aucune autorité. » Aussi le droit canon n'admet-il d'autre régime matrimonial que le régime dotal qui rend la femme incapable et impuissante. Non seulement les offices virils lui demeurent interdits, mais on lui défend de déposer en justice et on ne reconnaît pas la valeur de son témoignage. Les empereurs subissent de façon mitigée l'influence des Pères de l'Eglise; la législation de Justinien honore la femme en tant qu'épouse et mère, mais l'asservit à ces fonctions; ce n'est pas à son sexe, c'est à sa situation au sein de la famille qu'est due son incapacité. Le divorce est interdit et il est exigé que le mariage soit un événement public; la mère a sur ses enfants une autorité égale à celle du père, elle a les mêmes droits à leurs successions; si mon mari meurt, elle devient leur tutrice légale. Le sénatus-consulte velléien est modifié : dorénavant, elle pourra intercéder au profit des tiers, mais elle ne peut contracter pour son mari; sa dot devient inaliénable; c'est le patrimoine des enfants et il lui est interdit d'en disposer.

A ces lois se juxtaposent dans les territoires occupés par les barbares les traditions germaniques. Les mœurs des Germains étaient singulières. Ils ne connaissaient de chef que pendant les guerres; en temps de paix la famille était une société autonome; il semble qu'elle fût intermédiaire entre les clans fondés sur la filiation utérine et la gens patriarcale; le frère de la mère avait le même pouvoir que le père et tous deux gardaient sur leur nièce et fille une autorité égale à celle de son mari. Dans une société où toute capacité avait sa source dans la force brutale la femme était en fait entièrement impuissante; mais on lui reconnaissait des droits que la dualité des pouvoirs domestiques dont elle dépendait lui garantissait;

asservie, elle était cependant respectée; son mari l'achetait : mais le prix de cet achat constituait un douaire qui était sa propriété; son père en outre la dotait; elle recevait sa part de la succession paternelle et, en cas de meurtre de ses parents, une part de la composition payée par le meurtrier. La famille était monogame, l'adultère sévèrement puni et le mariage respecté. La femme demeurait toujours en tutelle, mais elle était étroitement associée à son époux. « Dans la paix, dans la guerre, elle partage son sort, avec lui elle vit, avec lui elle meurt », écrit Tacite. Elle assistait aux combats, apportant de la nourriture aux guerriers et les encourageant par sa présence. Veuve, une partie de la puissance de son époux défunt lui était transmise. Son incapacité ayant ses racines dans sa faiblesse physique n'était pas considérée comme exprimant une infériorité morale. Des femmes étaient prêtresses, prophétesses, ce qui conduit à supposer qu'elles avaient une instruction supérieure à celle des hommes. Dans les successions, parmi les objets qui revenaient de droit aux femmes on compta plus tard les bijoux et les livres.

C'est cette tradition qui se perpétue pendant le Moyen Age. La femme est dans l'absolue dépendance du père et du mari : au temps de Clovis, le *mundium* pèse sur elle pendant toute sa vie; mais les Francs ont renoncé à la chasteté germanique : sous les Mérovingiens et les Carolingiens règne la polygamie; la femme est mariée sans son consentement, répudiée selon les caprices du mari qui a sur elle droit de vie et de mort; on la traite comme une servante. Elle est protégée par les lois : mais c'est en tant qu'elle est la propriété de l'homme, et la mère de ses enfants. L'appeler « prostituée » sans en avoir fait la preuve, c'est une injure qui se paie quinze fois plus cher que toute insulte adressée à un homme; l'enlèvement d'une femme mariée équivaut au meurtre d'un homme libre; serrer la main ou le bras d'une femme mariée entraîne une amende de quinze à trente-cinq sous; l'avor-

tement est interdit sous peine d'une amende de cent sous;
le meurtre d'une femme enceinte coûte quatre fois celui
d'un homme libre; une femme qui a donné des preuves
de fécondité vaut trois fois un homme libre; mais elle
perd tout son prix quand elle ne peut plus être mère; si
elle épouse un esclave elle est mise hors la loi et ses
parents sont autorisés à la tuer. Elle n'a aucun droit en
tant que personne. Cependant quand l'Etat devient puissant s'ébauche l'évolution que nous avons vue s'accomplir à Rome : la tutelle des incapables, enfants et femmes,
cesse d'être un droit de famille pour devenir une charge
publique; à partir de Charlemagne le *mundium* qui pèse
sur la femme va appartenir au roi; il n'intervient d'abord
que dans les cas où la femme est privée de ses tuteurs
naturels; puis, il accapare peu à peu les pouvoirs fami-
liaux; mais ce changement n'amène pas l'émancipation
de la femme franque. Le mundium devient pour le tuteur
une charge; il a le devoir de protéger sa pupille : cette
protection entraîne pour celle-ci le même esclavage que
naguère.

Quand au sortir des convulsions du haut Moyen Age la
féodalité s'organise, la condition de la femme y apparaît
comme très incertaine. Ce qui caractérise le droit féodal
c'est qu'il y a confusion entre le droit de souveraineté et
celui de propriété, entre les droits publics et les droits
privés. C'est là ce qui explique que la femme se trouve
tour à tour abaissée et relevée par ce régime. Elle se voit
d'abord dénier tous droits privés parce qu'elle n'a aucune
capacité politique. En effet, jusqu'au XIe siècle, l'ordre est
fondé sur la seule force, la propriété sur le pouvoir des
armes. Un fief, disent les juristes, c'est « une terre que
l'on tient à charge de service militaire »; la femme ne
saurait détenir le domaine féodal parce qu'elle est incapable de le défendre. Sa situation change quand les fiefs
deviennent héréditaires et patrimoniaux; on a vu qu'il
traînait dans le droit germanique quelques survivances du
droit maternel : en l'absence d'héritiers mâles, la fille

pouvait hériter. De là vient que la féodalité admet aussi vers le XIᵉ siècle la succession féminine. Cependant le service militaire est toujours exigé des vassaux; et le sort de la femme n'est pas amélioré du fait qu'elle devient héritière; elle a besoin d'un tuteur masculin; c'est le mari qui joue ce rôle : c'est lui qui reçoit l'investiture, qui porte le fief, qui a l'usufruit des biens. Telle l'épiclère grecque, la femme est l'instrument à travers lequel le domaine se transmet, non sa détentrice; elle n'est pas pour autant émancipée; elle en est quelque sorte absorbée par le fief, elle fait partie des biens immeubles. Le domaine n'est plus la chose de la famille comme au temps de la gens romaine : il est la propriété du suzerain, et la femme appartient aussi au suzerain. C'est lui qui lui choisit un époux; quand elle a des enfants, c'est à lui plutôt qu'à son mari qu'elle les donne : ils seront les vassaux qui défendront ses biens. Elle est donc esclave du domaine, et du maître de ce domaine à travers la « protection » d'un mari qu'on lui a imposé : il est peu d'époques où son sort ait été plus dur. Une héritière, c'est une terre et un château : les prétendants se disputent cette proie et la jeune fille n'a parfois que douze ans ou moins encore quand son père ou son seigneur la donnent en cadeau à quelque baron. Multiplier les mariages, c'est pour un homme multiplier ses domaines; aussi les répudiations abondent; l'Eglise les autorise hypocritement; le mariage étant interdit entre parents jusqu'au septième degré, et la parenté se définissant par des rapports spirituels tels que ceux de parrain-marraine, aussi bien que par les liens du sang, on trouve toujours quelque prétexte à une annulation; on compte au XIᵉ siècle quantité de femmes qui ont été répudiées quatre ou cinq fois. Veuve, la femme doit accepter aussitôt un nouveau maître. Dans les chansons de geste on voit Charlemagne remarier en bloc toutes les veuves de ses barons morts en Espagne; dans Girard de Vienne la duchesse de Bourgogne vient d'elle-même réclamer au roi un nouvel époux.

« Mon mari vient de mourir, mais à quoi sert le deuil?...
Trouvez-moi un mari qui soit puissant car j'en ai bien
besoin pour défendre ma terre »; quantités d'épopées
nous montrent le roi ou le suzerain disposant tyranniquement des jeunes filles et des veuves. On y voit aussi que
l'époux traitait sans aucun égard la femme qu'on lui avait
donnée en cadeau; il la maltraitait, la souffletait, la
traînait par les cheveux, la battait; tout ce que réclame
Beaumanoir dans les coutumes de Beauvaisis c'est que le
mari « châtie raisonnablement » son épouse. Cette civilisation guerrière n'a pour la femme que du mépris. Le
chevalier ne s'intéresse pas aux femmes : son cheval lui
semble un trésor de bien plus grande valeur; dans les
chansons de geste ce sont toujours les jeunes filles qui
font des avances aux jeunes gens; mariées, on réclame
d'elles une fidélité sans réciprocité; l'homme ne les
associe pas à sa vie. « Maudit soit le chevalier qui va
demander conseil à une dame quand il doit tournoyer. »
Et dans Renaud de Montauban on lit cette apostrophe :
« Rentrez dans vos appartements peints et dorés, seyez-
vous dans l'ombre, buvez, mangez, brodez, teintez la soie
mais ne vous occupez pas de nos affaires. Notre affaire est
de lutter avec le glaive et l'acier. Silence! » La femme
partage parfois la vie rude des mâles. Jeune fille, elle est
rompue à tous les exercices du corps, elle monte à cheval,
chasse au faucon; elle ne reçoit presque aucune instruction et est élevée sans pudeur : c'est elle qui accueille les
hôtes du château, qui veille à leurs repas, à leurs bains,
qui les « tastonne pour les aider à s'endormir; femme, il
lui arrive de poursuivre les bêtes fauves, d'accomplir de
longs et difficiles pèlerinages; quand le mari est au loin
c'est elle qui défend la seigneurie. On admire ces châtelaines que l'on nomme « virago » parce qu'elles se
comportent exactement comme les hommes : elles sont
âpres au gain, perfides, cruelles, elles oppriment leurs
vassaux. L'histoire et la légende nous ont légué le souvenir de plusieurs d'entre elles : la châtelaine Aubie ayant

fait construire une tour plus haute qu'aucun donjon fit
aussitôt couper la tête de l'architecte afin que son secret
fût bien gardé; elle chassa son mari de ses domaines : il y
revint en cachette et la tua. Mabille, femme de Roger de
Montgomerri, se plaisait à réduire à la mendicité les
nobles de sa seigneurie : ils se vengèrent en la décapitant.
Julienne, fille bâtarde de Henri Ier d'Angleterre, défendit
contre lui le château de Breteuil et l'attira dans un
guet-apens, ce dont il la punit durement. Cependant de
tels faits demeurent exceptionnels. Ordinairement la châtelaine passe ses journées à filer, à faire oraison, à
attendre son époux et à s'ennuyer.

On a prétendu souvent que l'amour courtois qui naît
au XIIe dans le Midi méditerranéen aurait amené une
amélioration du sort de la femme. Sur ses origines,
diverses thèses s'affrontent : selon les uns, la « courtoisie » découle des rapports de la suzeraine avec ses jeunes
vassaux; d'autres la rattachent aux hérésies cathares et au
culte de la Vierge; d'autres font dériver l'amour profane
de l'amour de Dieu en général. On n'est pas bien sûr que
les cours d'amour aient jamais existé. Ce qui est certain
c'est qu'en face d'Eve pécheresse l'Eglise a été amenée à
exalter la Mère du Rédempteur : son culte est devenu si
important qu'on a pu dire qu'au XIIIe siècle, Dieu s'était
fait femme; une mystique de la femme se développe donc
sur le plan religieux. D'autre part les loisirs de la vie de
château permettent aux dames nobles de faire fleurir
autour d'elles le luxe de la conversation, de la politesse,
de la poésie, des femmes lettrées comme Béatrice de
Valentinois, Aliénor d'Aquitaine et sa fille Marie de
France, Blanche de Navarre, et bien d'autres, attirent et
pensionnent les poètes; il y a dans le Midi d'abord puis
dans le Nord un épanouissement culturel qui revêt les
femmes d'un prestige nouveau. L'amour courtois a été
décrit souvent comme platonique; Chrestien de Troyes,
sans doute pour complaire à sa protectrice, bannit l'adultère de ses romans : il ne peint d'autres amours coupables

que ceux de Lancelot et de Guenièvre; mais en fait l'époux féodal étant un tuteur et un tyran, la femme cherchait un amant en dehors du mariage; l'amour courtois était une compensation à la barbarie des mœurs officielles. « L'amour dans le sens moderne du mot ne se produit dans l'Antiquité qu'en dehors de la société officielle, remarque Engels. Le point même où l'Antiquité s'est arrêtée dans ses tendances à l'amour sexuel est celui d'où le Moyen Age repart : l'adultère. » Et c'est en effet cette forme que revêtira l'amour aussi longtemps que l'institution du mariage se perpétuera.

En fait, si la courtoisie adoucit le sort de la femme, elle ne le modifie pas profondément. Ce ne sont pas les idéologies : religion ou poésie, qui conduisent à une libération de la femme; c'est pour de tout autres causes qu'à la fin de l'âge féodal elle gagne un peu de terrain. Quand la suprématie du pouvoir royal s'impose aux feudataires, le suzerain perd une grande partie de ses droits : en particulier on lui supprime peu à peu celui de décider du mariage de ses vassales; en même temps on enlève au tuteur féodal la jouissance des biens de sa pupille; les bénéfices attachés à la tutelle tombent; et quand le service du fief est réduit à une prestation en argent, la tutelle même disparaît; la femme était incapable d'assurer le service militaire; mais elle peut aussi bien que l'homme s'acquitter d'une obligation monétaire; le fief n'est plus alors qu'un simple patrimoine et il n'y a plus de raison pour que les deux sexes ne soient pas traités sur un pied d'égalité. En fait, les femmes demeurent en Allemagne, en Suisse, en Italie, soumises à une perpétuelle tutelle; mais la France admet selon le mot de Beaumanoir que « une fille vaut un homme ». La tradition germanique donnait à la femme pour tuteur un champion : quand elle n'a plus besoin de champion, elle se passe de tuteur; en tant que sexe elle n'est plus frappée d'incapacité. Célibataire ou veuve elle a tous les droits de l'homme; la propriété lui confère la souveraineté : possédant un fief elle le gouverne ce qui signifie qu'elle rend la justice, qu'elle signe des traités, qu'elle édicte des lois. On la voit même jouer un rôle militaire, commander des troupes, prendre part aux combats; il existe avant Jeanne d'Arc des femmes soldats, et si la Pucelle étonne, elle ne scandalise pas.

Cependant tant de facteurs se conjuguent contre l'indépendance de la femme que jamais ils ne se trouvent tous abolis ensemble : la faiblesse physique ne joue plus; mais la subordination féminine demeure utile à la société au cas où la femme est mariée. Aussi la puissance maritale survit à la disparition du régime féodal. On voit s'affirmer le paradoxe qui se perpétue encore aujourd'hui : la femme la plus pleinenent intégrée à la société est celle qui possède le moins de privilèges. Dans la féodalité civile, le mariage garde la même figure qu'au temps de la féodalité militaire : l'époux demeure le tuteur de l'épouse. Lorsque la bourgeoisie se constitue, elle observe les mêmes lois. Dans le droit coutumier comme dans le droit féodal, il n'y a d'émancipation qu'en dehors du mariage; la fille et la veuve ont les mêmes capacités que l'homme; mais en se mariant la femme tombe sous la tutelle et la *mainbournie* du mari; il peut la battre; il surveille sa conduite, ses relations, sa correspondance, il dispose de sa fortune non en vertu d'un contrat mais par le fait même du mariage. « Si tost comme mariage est fait, dit Beaumanoir, li biens de l'un et de l'autre sont communs par la vertu du mariage et li hons en est mainburnissière. » C'est que l'intérêt du patrimoine exige chez nobles et bourgeois qu'un seul maître l'administre. Ce n'est pas parce qu'elle est jugée foncièrement incapable qu'on subordonne l'épouse à son époux : quand rien n'y contredit on reconnaît à la femme la plénitude de ses capacités. De la féodalité à nos jours la femme mariée est délibérément sacrifiée à la propriété privée. Il est important de noter que cette servitude est d'autant plus rigoureuse que les biens détenus par le mari sont plus considérables : c'est dans les classes possédantes que la dépendance de la femme a toujours été la plus concrète; encore aujourd'hui c'est chez les riches propriétaires fonciers que se survit la famille patriarcale; plus l'homme se sent socialement et économiquement puissant, plus il joue avec autorité les pater familias. Au contraire, un commun dénuement fait du lien conjugal un lien réciproque. Ce n'est ni la féodalité ni l'Eglise qui ont affranchi la femme. C'est bien plutôt à partir du servage que s'opère le passage de la famille patriarcale à une famille authentiquement conjugale. Le serf et son épouse ne possédaient rien, ils avaient seulement la jouissance commune de leur maison, des meubles, des ustensiles : l'homme n'avait aucune raison de chercher à se rendre maître de la femme qui ne détenait aucun bien; en revanche, les liens de travail et d'intérêt qui les unissaient élevaient l'épouse au rang d'une compagne. Quand le servage est aboli, la pauvreté demeure; c'est dans les petites communautés rurales et chez les artisans qu'on voit les époux vivre sur un pied d'égalité; la femme n'est ni une chose ni une servante : ce sont là luxe d'homme riche; le pauvre éprouve la réciprocité du lien qui l'attache à sa moitié; dans le travail libre, la femme conquiert une autonomie concrète parce qu'elle retrouve un rôle économique et social. Farces et fabliaux du Moyen Age reflètent une société d'artisans, de petits marchands, de paysans où le mari n'a sur sa femme d'autre privilège que de pouvoir la battre : mais elle oppose la ruse à la force et les époux se retrouvent à égalité. Tandis que la femme riche paie de sa soumission son oisiveté.

Au Moyen Age la femme conservait encore quelques privilèges : dans les villages elle prenait part aux assemblées d'habitants, elle participait aux réunions primaires en vue de l'élection des députés aux Etats généraux; et le mari ne pouvait disposer de sa propre autorité que des meubles : pour aliéner les biens immeubles le consentement de la femme était nécessaire. C'est au XVIᵉ que se codifient les lois qui se perpétuent pendant tout l'Ancien Régime; à cette époque les mœurs féodales ont totalement disparu et rien ne protège les femmes contre les prétentions des hommes qui veulent les enchaîner au foyer domestique. L'influence du droit romain si méprisant pour la femme se fait ici sentir; comme au temps des Romains, les violentes diatribes contre la sottise et la fragilité du sexe ne sont pas à l'origine du code mais apparaissent comme des justifications; c'est après coup que les hommes se trouvent des raisons d'agir comme il leur est commode de le faire. « Entre les mauvaises conditions que les femmes ont, lit-on dans le *Songe de Verger*, je trouve *en droit* qu'elles ont neuf mauvaises conditions. Premièrement une femme de sa propre nature procure son dommage... Secondement les femmes de leur propre nature ci sont très avares... Tiercement leurs volontés ci sont très soudaines... Quatrement femmes de leur propre volonté sont mauvaises... Quintement elles sont jongleuses... Derechef femmes sont réputées fausses et partant selon droit civil une femme ne peut pas être reçue en témoin au testament... Derechef une femme fait toujours le contraire de ce qu'on luy commande de faire... Derechef les femmes ci allèguent volontiers et racontent leur propre vitupère et honte. Derechef elles sont cautes et malicieuses. Monseigneur saint Augustin disait que « la femme est une beste qui n'est pas ferme ni estable »; elle est haineuse à la confusion de son mari, elle est nourrissante de mauvaiseté et est commencement de tous plaids et de toutes tensons, et si trouve voye et chemin de toute iniquité. » Des textes analogues foisonnent vers cette époque. L'intérêt de celui-ci c'est que chaque accusation est destinée à justifier une des dispositions que le code a prises contre les femmes et la situation inférieure dans laquelle elles sont maintenues. Bien entendu tout « office viril » leur est interdit; on rétablit le sénatus-consulte velléien qui les prive de toute capacité civile; le droit d'aînesse et le privilège de masculinité les place au second rang pour recueillir l'héritage paternel. Célibataire, la fille demeure sous la tutelle du père, s'il ne la marie pas, il l'enferme généralement au couvent. Fillemère, la recherche de la paternité est autorisée mais elle ne donne droit qu'à des frais de gésine et à des aliments pour l'enfant; mariée, elle passe sous l'autorité du mari : il fixe le domicile, dirige la vie du ménage, répudie sa femme en cas d'adultère, l'enferme dans un monastère ou plus tard obtient une lettre de cachet pour l'envoyer à la Bastille; aucun acte n'est valable sans son habilitation; tous les apports de la femme à la communauté sont assimilés à une dot au sens romain du mot; mais le mariage étant indissoluble, il faut la mort du mari pour que la disposition des biens revienne à l'épouse; d'où l'adage : « Uxor non est proprie socia sed speratur fore. » Du fait qu'elle n'administre pas son capital, même si elle conserve des droits sur lui elle n'en a pas la responsabilité; il n'offre aucun contenu à son action : elle n'a pas de prise concrète sur le monde. Ses enfants mêmes, on considère comme au temps des *Euménides* qu'ils appartiennent au père plutôt qu'à elle : elle les « donne » à son époux dont l'autorité est très supérieure à la sienne et qui est le véritable maître de sa postérité; c'est même un argument qu'utilisera Napoléon, déclarant que, de même qu'un poirier appartient au propriétaire des poires, de même la femme est propriété de l'homme à qui elle fournit des enfants. Tel demeure le statut de la femme française à travers tout l'Ancien Régime; peu à peu le velléien sera aboli par la jurisprudence mais il faut attendre le code Napoléon pour qu'il disparaisse définitivement. C'est le mari qui est responsable des dettes de l'épouse comme de sa conduite et elle n'a de comptes à rendre qu'à lui; elle n'a presque aucun rapport direct avec les pouvoirs publics ni relations autonomes avec des individus étrangers à sa famille. Beaucoup plus qu'une associée, elle apparaît dans le travail et la maternité comme une servante : les objets, les valeurs, les êtres qu'elle crée ne sont pas son bien propre mais celui de la famille, donc de l'homme qui en est le chef. Dans les autres pays sa situation n'est pas plus libérale, au contraire; certains ont conservé la tutelle; en tous, les capacités de la femme mariée sont nulles et les mœurs sévères. Tous les codes européens ont été rédigés à partir du droit canon, du droit romain et du droit germanique qui étaient tous défavorables à la femme, tous les pays connaissent la propriété privée et la famille et se soumettent aux exigences de ces institutions.

Dans tous ces pays, une des conséquences de l'asservissement de « l'honnête femme » à la famille, c'est l'existence de la prostitution. Maintenues hypocritement en marge de la société, les prostituées y remplissent un rôle des plus importants. Le christianisme les accable de son mépris mais les accepte comme un mal nécessaire. « Supprimez les prostituées, dit saint Augustin, vous troublerez la société par le libertinage. » Et plus tard saint Thomas – ou du moins le théologien qui a signé sous son nom le livre IV du *De regimine principium* – déclare : « Retranchez les femmes publiques du sein de la société, la débauche la troublera par des désordres de tout genre. Les prostituées sont dans une cité ce qu'est le cloaque dans un palais : supprimez le cloaque, le palais deviendra un lieu malpropre et infect. » Dans le haut Moyen Age, il régnait une si grande licence de mœurs qu'il n'y avait guère besoin de filles de joie; mais quand la famille bourgeoises s'organisa et que la monogamie devint rigoureuse, il fallut bien que l'homme allât chercher la joie hors du foyer.

En vain un capitulaire de Charlemagne l'interdit-il avec une absolue rigueur, en vain saint Louis ordonna-t-il en 1254 de chasser les prostituées et en 1269 de détruire les lieux de prostitution : à Damiette, nous dit Joinville, les tentes des prostituées étaient contiguës à la tente du Roi. Plus tard, l'effort de Charles IX en France, celui de Marie-Thérèse en Autriche au XVIIIe échouèrent également. L'organisation de la société rendait la prostitution nécessaire. « Les prostituées, dira pompeusement Schopenhauer, sont les sacrifices humains sur l'autel de la monogamie. » Et un historien de la morale européenne, Lecky, formule la même idée : « Type suprême du vice, elles sont le gardien le plus actif de la vertu. » On a rapproché justement leur situation et celle des Juifs auxquels elles étaient souvent assimilées[1] : l'usure, le trafic de l'argent sont interdits par l'Eglise exactement comme l'acte sexuel extra-conjugal; mais la société ne peut se passer de spéculateurs financiers ni d'amour libre, ces fonctions sont donc dévolues à des castes maudites : on les parque dans des ghettos ou dans des quartiers réservés. A Paris, les femmes *de petit gouvernement* travaillaient dans des *clapiers* où elles arrivaient le matin et qu'elles quittaient le soir après le couvre-feu sonné; elles habitaient dans certaines rues d'où elles n'avaient pas le droit de s'écarter, dans la plupart des autres villes les maisons de débauche étaient situées hors les murs. Comme les Juifs on les obligeait à porter sur leurs vêtements des signes distinctifs; En France le plus généralement employé était une aiguillette de couleur déterminée suspendue à l'une des épaules; souvent la soie, les fourrures, les parures des femmes honnêtes leur étaient interdites. Elle étaient *de droit* notées d'infamie, elles n'avaient aucun recours contre la police et la magistrature, il suffisait de la réclamation de quelque voisin pour qu'on les expulsât de leur logis. Pour la majorité d'entre elles, la vie était difficile et misérable. Certaines étaient enfermées dans des maisons publiques. Un voyageur français, Antoine de Lalaing, a laissé le tableau d'une maison espagnole de Valence à la fin du XVe siècle. L'endroit, dit-il, est « grand comme une petite ville et

---

1. « Celles qui venaient à Sisteron par le passage de Péipin devaient comme les Juifs un droit de péage de cinq sols au profit des dames de Sainte-Claire. » (Bahutaud.)

fermé à l'entour des murs et de une seule porte. Et devant la porte y est ordonné un gibet pour les malfaiteurs qui pourraient être dedans; à la porte, un homme a ce ordonné oste les bastons des veuillants entrer dedans et leur dit s'ils lui veulent bailler leur argent et s'ils en ont, qu'il leur en rendra au vuider bon compte sans perdre; et d'aventure, s'ils en ont et ne le baillent, si on leur vole la nuit, le portier n'en est répondant. En ce lieu sont trois ou quatre rues pleines de petites maisons où en chacune a filles bien gorgiasses vestues de velours et de satin. Et sont de deux à trois cents filles; elles ont leurs maisonnettes tendues et accoustrées de bons linges. Le taux ordonné est quatre deniers de leur monnaie, lesquels à nous valent un gros... Tavernes et cabarets y sont. On ne peut par la chaleur si bien revoir ce lieu de jour que on faict de nuit ou soir car elles sont lors assises à leurs huys, la belle lampe pendante emprès d'elles pour les mieux voir à l'aise. Il y a deux médecins ordonnés et gagiés à la ville pour chacune semaine visiter les filles à savoir si elles ont aucune maladie propre ou aultres secrettes, pour les faire vidier du lieu. S'il y en a aucune malade de la ville, les seigneurs d'icelle ont ordonné bien pour les mectre à leurs dépens et les foraines sont renvoyées où elles veulent aller[1]. » L'auteur s'étonne d'ailleurs d'une police si bien faite. Beaucoup de prostituées étaient libres; quelques-unes gagnaient largement leur vie. Comme au temps des hétaïres la haute galanterie ouvrait plus de possibilités à l'individualisme féminin que la vie de « l'honnête femme ».

Une condition singulière c'est en France celle de la célibataire; l'indépendance légale dont elle jouit s'oppose de façon choquante aux servitudes de l'épouse; elle est un personnage insolite; aussi les mœurs s'empressent de lui retirer tout ce que lui accordent les lois; elle a toutes les capacités civiles : mais ce sont là des droits abstraits et

---

1. *Dict. de la Conversation*, Riffenberg, Femmes et filles de folle vie.

vides; elle ne possède ni autonomie économique, ni
dignité sociale, généralement la vieille fille demeure
cachée dans l'ombre de la famille paternelle ou elle
retrouve ses semblables au fond des couvents : là elle ne
connaît guère d'autre forme de liberté que la désobéissance et le péché, ainsi les Romaines de la décadence ne
s'affranchissaient que par le vice. La négativité demeure le
lot des femmes tant que leur affranchissement reste négatif.

Dans de telles conditions on voit comme il est rare
qu'une femme ait eu des possibilités d'agir ou simplement
de se manifester : dans les classes travailleuses, l'oppression économique annule l'inégalité des sexes; mais elle
enlève toutes chances à l'individu; chez les nobles et les
bourgeois la femme est brimée en tant que sexe : elle n'a
qu'une existence parasitaire; elle est peu instruite; il faut
des circonstances exceptionnelles pour qu'elle puisse
concevoir et réaliser aucun projet concret. Les reines, les
régentes ont ce rare bonheur : leur souveraineté les exalte
au-dessus de leur sexe; la loi salique en France interdit
aux femmes la succession au trône; mais à côté de leur
époux, après sa mort, elles jouent parfois un grand rôle :
ainsi sainte Clotilde, sainte Radegonde, Blanche de Castille. La vie conventuelle rend la femme indépendante de
l'homme : certaines abbesses possèdent de grands pouvoirs; Héloïse s'est illustrée comme abbesse autant que
comme amoureuse. Dans le rapport mystique, donc
autonome, qui les attache à Dieu, des âmes féminines
puisent l'inspiration et la force d'une âme virile; et le
respect dont elles sont revêtues par la société leur permet
d'accomplir de difficiles entreprises. L'aventure de Jeanne
d'Arc tient du miracle : et ce ne fut d'ailleurs qu'une
brève équipée. Mais l'histoire de sainte Catherine de
Sienne est significative; c'est au sein d'une existence tout
à fait normale qu'elle se crée à Sienne une grande
réputation par son active charité et par les visions qui
manifestent son intense vie intérieure; elle acquiert ainsi
cette autorité nécessaire au succès et qui manque généra-

lement aux femmes; on fait appel à son influence pour exhorter les condamnés à mort, ramener les égarés, apaiser les querelles entre familles et cités. Elle est soutenue par la collectivité qui se reconnaît en elle, et c'est ainsi qu'elle peut remplir sa mission pacificatrice, prêchant de ville en ville la soumission au pape, entretenant de vastes correspondances avec évêques et souverains, et finalement choisie par Florence comme ambassadrice pour aller chercher le pape à Avignon. Les reines, par droit divin, les saintes, par leurs éclatantes vertus, s'assurent dans la société un appui qui leur permet de s'égaler aux hommes. Des autres au contraire on exige une silencieuse modestie. La réussite d'une Christine de Pisan est une chance surprenante : encore fallut-il qu'elle fût veuve et chargée d'enfants pour se décider à gagner sa vie de sa plume.

Dans l'ensemble l'opinion des hommes du Moyen Age est en effet peu favorable aux femmes. Certes les poètes courtois ont exalté l'amour; on voit paraître de nombreux *Arts d'amour*, entre autres le poème d'André le Chapelain et le célèbre *Roman de la Rose* où Guillaume de Lorris engage les jeunes gens à se vouer au service des dames. Mais à cette littérature influencée par celle des troubadours s'opposent des écrits d'inspiration bourgeoise qui attaquent les femmes avec malignité : fabliaux, farces, lais, leur reprochent leur paresse, leur coquetterie, leur luxure. Ses pires ennemis sont les clercs. C'est au mariage qu'ils s'en prennent. L'Eglise en a fait un sacrement et cependant l'a interdit à l'élite chrétienne : Il y a là une contradiction qui est à la source de la « Querelle des femmes ». Elle est dénoncée avec une vigueur singulière dans les *Lamentations de Matheolus* publiées quinze ans après la première partie du *Roman de la Rose*, traduites en français cent ans plus tard et qui furent célèbres en leur temps. Mathieu a perdu sa « clergie » en prenant une femme; il maudit son mariage, il maudit les femmes et le mariage en général. Pourquoi Dieu a-t-il créé la femme puisqu'il y a incompatibilité entre mariage et clergie? Il ne peut exister de paix dans le mariage : il faut que ce soit l'œuvre du diable; ou alors Dieu ne savait pas ce qu'il faisait. Mathieu espère que la femme ne ressuscitera pas au jour du jugement. Mais Dieu lui répond que le mariage est un purgatoire grâce auquel on gagne le ciel; et transporté aux cieux en rêve, Mathieu voit une légion de maris qui l'accueillent aux cris de « Vecy, vecy, le vrai martyr! » On trouve chez Jean de Meung, qui est aussi un clerc, une inspiration analogue; il enjoint aux jeunes gens de se soustraire au joug des femmes; d'abord il attaque l'amour :

> *L'amour ce est pays haineux*
> *L'amour ce est haine amoureuse*;

il attaque le mariage qui réduit l'homme en esclavage, qui le voue à être trompé; et il dirige contre la femme une violente diatribe. Les défenseurs de la femme s'efforcent en réponse de démontrer sa supériorité. Voici quelques-uns des arguments où puiseront jusqu'au XVIIᵉ siècle les apologistes du sexe faible :

« Mulier perfetur viro scilicet. *Materia* : quia Adam factus est de limo terræ, Eva de costa Ade. *Loco* : quia Adam factus est extra paradisum, Eva in paradiso. *In conceptione* : quia mulier concepit Deum, quid homo non potuit. *Apparicione* : quia Christus apparuit mulieri post mortem resurrectionem, scilicet Magdalene. *Exaltatione* : quia mulier exaltata est super chorus angelorum scilicet beata Maria...[1] »

---

1. « La femme est supérieure à l'homme à savoir : *Matériellement :* parce qu'Adam a été fait de limon, Eve, d'une côte d'Adam. *Par le lieu :* parce qu'Adam a été créé hors du paradis, Eve dans le paradis. *Par la conception :* parce que la femme a conçu Dieu, ce que l'homme ne put faire. *Par l'apparition :* parce que le Christ après sa mort apparut à une femme, à savoir Madeleine. *Par l'exaltation :* parce qu'une femme a été exaltée au-dessus du chœur des anges, à savoir la bienheureuse Marie... »

A quoi les adversaires répliquaient que si le Christ est apparu d'abord aux femmes c'est qu'il les savait bavardes et qu'il avait hâte de faire connaître sa résurrection.

La querelle se poursuit au cours du XVᵉ siècle. L'auteur des *Quinze joyes du mariage* décrit avec complaisance les infortunes des pauvres maris. Eustache Deschamps écrit sur le même thème un interminable poème. C'est à cette époque que s'ouvre la *Querelle du roman de la Rose*. Pour la première fois on voit une femme prendre la plume pour défendre son sexe; Christine de Pisan attaque vivement les clercs dans l'*Epître au Dieu d'amour*. Des clercs aussitôt se lèvent pour défendre Jean de Meung; mais Gerson, chancelier à l'Université de Paris, se range aux côtés de Christine; il rédige en français son traité pour atteindre un plus large public. Martin le Franc jette sur le champ de bataille l'indigeste *Chaperon des Dames* qu'on lit encore deux cents ans plus tard. Et Christine intervient de nouveau. Elle réclame surtout qu'il soit permis aux femmes de s'instruire : « Si la coustume était de mettre les petites filles à l'école et que communément on leur fît apprendre les sciences comme on fait aux fils, elles apprendraient aussi parfaitement et entendraient les subtilités de toutes les arz et sciences comme ils font. »

Cette dispute en vérité ne concerne qu'indirectement les femmes. Nul ne songe à réclamer pour elles un rôle social différent de celui qui leur est assigné. Il s'agit plutôt de confronter la vie de clerc et l'état de mariage; c'est dire qu'il s'agit d'un problème masculin soulevé par l'attitude ambiguë de l'Eglise à l'égard du mariage. C'est ce conflit que Luther tranchera en refusant le célibat des prêtres. La condition de la femme n'est pas influencée par cette guerre littéraire. La satire des farces et fabliaux tout en raillant la société telle qu'elle est ne prétend pas la changer : elle se moque des femmes mais ne complote rien contre elles. La poésie courtoise exalte la féminité : mais un tel culte n'implique pas, au contraire, l'assimilation des sexes. La « querelle » est un phénomène secondaire où se reflète l'attitude de la société mais qui ne la modifie pas.

*

On a dit que le statut légal de la femme était demeuré à peu près inchangé du début du XVe au XIXe; mais dans les classes privilégiées, sa condition concrète évolue. La Renaissance italienne est une époque d'individualisme qui se montre propice à l'éclosion de toutes les fortes personnalités, sans distinction de sexe. On y rencontre des femmes qui sont de puissantes souveraines, telles Jeanne d'Aragon, Jeanne de Naples, Isabelle d'Este; d'autres furent d'aventureuses condottières qui prirent les armes comme les hommes : ainsi la femme de Giralomo Riario lutta pour la liberté de Forli; Hippolita Fioramenti commanda les troupes du duc de Milan et pendant le siège de Pavie conduisit aux remparts une compagnie de grandes dames. Pour défendre leur ville contre Montluc, les Siennoises constituèrent trois troupes de trois mille femmes chacune, que des femmes commandaient. D'autres Italiennes se rendirent célèbres par leur culture ou leurs talents : telles Isara Nogara, Veronica Gambara, Gaspara Stampara, Vittoria Colonna qui fut l'amie de Michel-Ange, et surtout Lucrèce Tornabuoni, mère de Laurent et Julien de Médicis, qui écrivit, entre autres, des hymnes, une vie de saint Jean-Baptiste et de la Vierge. Parmi ces femmes distinguées on compte en majorité des courtisanes; joignant à la liberté des mœurs celles de l'esprit, s'assurant par l'exercice de leur métier une autonomie économique, beaucoup étaient traitées par les hommes avec une déférente admiration; elles protégeaient les arts, s'intéressaient à la littérature, à la philosophie et souvent elles-mêmes écrivaient ou peignaient : Isabelle de Luna, Catarina di San Celso, Impéria qui était poète et musicienne, renouent la tradition d'Aspasie et de Phryné. Cependant pour beaucoup la liberté ne prend encore que la figure de la licence : les orgies et les crimes des grandes dames et des courtisanes italiennes sont demeurés légendaires.

Cette licence est aussi la principale liberté qu'on rencontre dans les siècles suivants parmi les femmes que leur rang ou leur fortune affranchissent de la morale courante; celle-ci demeure dans l'ensemble aussi rigoureuse qu'au Moyen Age. Quant aux accomplissements positifs, ils ne sont encore possibles qu'à un très petit nombre. Les reines sont toujours des privilégiées : Catherine de Médicis, Elisabeth d'Angleterre, Isabelle la Catholique sont de grandes souveraines. Quelques grandes figures de saintes se font aussi vénérer. L'étonnante destinée de sainte Thérèse d'Avila s'explique à peu près de la même manière que celle de sainte Catherine : elle puise dans sa confiance en Dieu une solide confiance en soi-même; en portant au point le plus haut les vertus qui conviennent à son état, elle s'assure l'appui de ses confesseurs et du monde chrétien : elle peut émerger par-delà la condition ordinaire d'une religieuse; elle fonde des monastères, les administre, elle voyage, entreprend, persévère avec le courage aventureux d'un homme; la société ne lui oppose pas d'obstacle; écrire même n'est pas une audace : ses confesseurs le lui commandent. Elle manifeste avec éclat qu'une femme peut s'élever aussi haut qu'un homme quand par un hasard étonnant les chances d'un homme lui sont données.

Mais en fait ces chances demeurent très inégales; au XVIᵉ siècle, les femmes sont encore peu instruites. Anne de Bretagne appelle de nombreuses femmes à la cour où naguère on ne voyait que des hommes; elle s'efforce de former un cortège de filles d'honneur : mais elle se soucie de leur éducation plus que de leur culture. Parmi les femmes qui un peu plus tard se distinguent par leur esprit, leur influence intellectuelle, leurs écrits, la plupart sont de grandes dames : la duchesse de Retz, Mme de Lignerolle, la duchesse de Rohan et sa fille Anne; les plus

célèbres sont des princesses : la reine Margot et Marguerite de Navarre. Perette du Guillet semble avoir été une
bourgeoise; mais Louise Labbé fut sans doute une courtisane : en tout cas, elle était d'une grande liberté de
mœurs.

C'est essentiellement dans le domaine intellectuel
qu'au XVIIe les femmes continueront à se distinguer; la vie
mondaine se développe et la culture se répand; le rôle
joué par les femmes dans les salons est considérable; du
fait même qu'elles ne sont pas engagées dans la construction du monde, elles ont les loisirs de s'adonner à la
conversation, aux arts, aux lettres; leur instruction n'est
pas organisée mais à travers des entretiens, des lectures,
l'enseignement de précepteurs privés ou des conférences
publiques, elles parviennent à acquérir des connaissances
supérieures à celles de leurs époux : Mlle de Gourney,
Mme de Rambouillet, Mlle de Scudéry, Mme de La
Fayette, Mme de Sévigné jouissent en France d'une vaste
réputation; et hors de France une semblable renommée
s'attache aux noms de la princesse Elisabeth, de la reine
Christine, de Mlle de Schurman qui correspondait avec
tout le monde savant. Grâce à cette culture et au prestige
qu'elle leur confère, les femmes parviennent à s'immiscer
dans l'univers masculin; de la littérature, de la casuistique
amoureuse, beaucoup d'ambitieuses glissent aux intrigues
politiques. En 1623 le nonce du pape écrivait : « En
France tous les grands événements, toutes les intrigues
d'importance dépendent le plus souvent des femmes. »
La princesse de Condé fomente la « conspiration des
femmes »; Anne d'Autriche est entourée de femmes dont
elle suit volontiers les conseils; Richelieu prête une
oreille complaisante à la duchesse d'Aiguillon; on sait
quel rôle jouèrent pendant la Fronde Mme de Montba-
zon, la duchesse de Chevreuse, Mlle de Montpensier, la
duchesse de Longueville, Anne de Gonzague et tant
d'autres. Enfin, Mme de Maintenon donna un exemple
éclatant de l'influence que peut exercer dans les affaires

d'Etat une conseillère adroite. Animatrices, conseillères, intrigantes, c'est d'une manière oblique que les femmes s'assurent le rôle le plus efficace : la princesse des Ursins en Espagne gouverne avec plus d'autorité, mais sa carrière est brève. A côté de ces grandes dames, quelques personnalités s'affirment dans le monde qui échappe aux contraintes bourgeoises; on voit apparaître une espèce inconnue : l'actrice. C'est en 1545 qu'on a signalé pour la première fois la présence d'une femme sur une scène; en 1592 on n'en connaissait encore qu'une seule; au début du XVIIᵉ la plupart d'entre elles sont des femmes d'acteur; ensuite elles prennent de l'indépendance dans leur carrière comme dans leur vie privée. Quant à la courtisane, après avoir été Phryné, Impéria, elle trouve son incarnation la plus achevée en Ninon de Lenclos : du fait qu'elle exploite sa féminité, elle la dépasse; à vivre parmi les hommes elle prend des qualités viriles; l'indépendance de ses mœurs l'incline à l'indépendance d'esprit : Ninon de Lenclos a porté la liberté au point le plus extrême où il fût alors permis à une femme de la porter.

Au XVIIIᵉ la liberté et l'indépendance de la femme grandissent encore. Les mœurs demeurent en principe sévères : la jeune fille ne reçoit qu'une éducation sommaire; elle est mariée ou mise au couvent sans qu'on la consulte. La bourgeoisie, classe montante dont l'existence se consolide, impose à l'épouse une morale rigoureuse. Mais en revanche la décomposition de la noblesse permet aux femmes du monde les plus grandes licences et la haute bourgeoisie même est contaminée par ces exemples; ni les couvents ni le foyer conjugal ne réussissent à contenir la femme. Encore une fois, pour la majorité d'entre elles, cette liberté demeure négative et abstraite : elles se bornent à chercher le plaisir. Mais celles qui sont intelligentes et ambitieuses se créent des possibilités d'action. La vie de salon prend un essor neuf : on connaît assez le rôle joué par Mme Geoffrin, Mme du Deffand, Mlle de Lespinasse, Mme d'Epinay, Mme de Tencin;

protectrices, inspiratrices, les femmes constituent le public favori de l'écrivain; elles s'intéressent personnellement à la littérature, à la philosophie, aux sciences : telles Mme du Châtelet, elles ont leur cabinet de physique, leur laboratoire de chimie, elles expérimentent, elles dissèquent; elles interviennent plus activement que jamais dans la vie politique : tour à tour Mme de Prie, Mme de Mailly, Mme de Châteauneuf, Mme de Pompadour, Mme du Barry gouvernent Louis XV; il n'est guère de ministre qui n'ait son égérie; c'est au point que Montesquieu estime qu'en France tout se fait par les femmes; elles constituent, dit-il, « un nouvel Etat dans l'Etat »; et Collé écrit à la veille de 1789 : « Elles ont tellement pris le dessus chez les Français, elles les ont tellement subjugués qu'ils ne pensent et ne sentent que d'après elles. » A côté des femmes de la société, il y a aussi des actrices et des femmes galantes qui jouissent d'un vaste renommée : Sophie Arnould, Julie Talma, Adrienne Lecouvreur.

Ainsi à travers tout l'Ancien Régime, c'est le domaine culturel qui est le plus accessible aux femmes qui tentent de s'affirmer. Aucune cependant n'a atteint aux sommets d'un Dante ou d'un Shakespeare; ce fait s'explique par la médiocrité générale de leur condition. La culture n'a jamais été l'apanage que d'une élite féminine, et non de la masse; et c'est de la masse que sont souvent issus les génies masculins; les privilégiées mêmes rencontraient autour d'elles des obstacles qui leur barraient l'accès des hautes cimes. Rien n'arrêtait l'envolée d'une sainte Thérèse, d'une Catherine de Russie, mais mille circonstances se liguaient contre la femme écrivain. Dans son petit livre *A room of one's own* Virginia Woolf s'est amusée à inventer le destin d'une sœur supposée de Shakespeare; tandis qu'il apprenait au collège un peu de latin, de grammaire, de logique, elle fût demeurée au foyer dans une complète ignorance; pendant qu'il braconnait, courait les campagnes, couchait avec les femmes du voisi-

nage, elle eût raccommodé des torchons sous l'œil de ses
parents; si elle était partie comme lui hardiment chercher
fortune à Londres, elle ne fût pas devenue une actrice
gagnant librement sa vie : ou elle eût été reconduite à sa
famille qui l'eût mariée de force; ou séduite, abandonnée,
déshonorée elle se serait tuée de désespoir. On peut aussi
l'imaginer devenant une joyeuse prostituée, une Moll
Flanders telle que la campa Daniel de Foe : mais en
aucun cas elle n'eût dirigé une troupe et écrit des drames.
En Angleterre, remarque V. Woolf, les femmes écrivains
ont toujours suscité l'hostilité. Le docteur Johnson les
comparait à « un chien marchant sur ses jambes de
derrière : ce n'est pas bien fait mais c'est étonnant ». Les
artistes se soucient plus que quiconque de l'opinion
d'autrui; les femmes en dépendent étroitement : on
conçoit quelle force est nécessaire à une femme artiste
simplement pour oser passer outre; souvent elle s'épuise
dans cette lutte. A la fin du XVIIᵉ siècle, lady Winhilsea
qui est noble et sans enfants tente l'aventure d'écrire;
certains passages de son œuvre montrent qu'elle avait une
nature sensible et poétique; mais elle s'est consumée dans
la haine, la colère et la peur :

Hélas! une femme qui prend la plume
Est considérée comme une créature si présomptueuse
Qu'elle n'a aucun moyen de racheter son crime!

Presque toute son œuvre est consacrée à s'indigner
contre la condition des femmes. Le cas de la duchesse de
Newcastle est analogue; grande dame elle aussi, en écri-
vant elle suscite le scandale. « Les femmes vivent comme
des blattes ou des chouettes, elles meurent comme des
vers », écrit-elle avec fureur. Insultée, ridiculisée, elle dut
s'enfermer dans ses domaines; et malgré un tempérament
généreux, devenue à moitié folle, elle ne produisit plus
que d'extravagantes élucubrations. C'est seulement au

XVIIIᵉ qu'une bourgeoise, Mrs. Aphra Behn, devenue
veuve, vécut de sa plume comme un homme; d'autres
suivirent son exemple; mais même au XIXᵉ elles étaient
souvent obligées de se cacher; elles n'avaient pas même
« une chambre à elles », c'est-à-dire qu'elles ne jouissaient pas de cette indépendance matérielle qui est une
des conditions nécessaires de la liberté intérieure.

On a vu qu'à cause du développement de la vie
mondaine et de son étroite liaison avec la vie intellectuelle, la situation des Françaises a été un peu plus
favorable. Néanmoins l'opinion est pour une grande part
hostile aux « bas bleus ». Pendant la Renaissance, nobles
dames et femmes d'esprit suscitent un mouvement en
faveur de leur sexe; les doctrines platoniciennes impor-
tées d'Italie spiritualisent l'amour et la femme. Quantité
de lettrés s'emploient à la défendre. On voit paraître la
Nef des Dames vertueuses, le *Chevalier des dames,* etc.
Erasme dans le *Petit Sénat* donne la parole à Cornélie qui
expose avec âpreté les griefs de son sexe. « Les hommes
sont des tyrans... Ils nous traitent comme des jouets... ils
font de nous leurs blanchisseuses et leurs cuisinières. » Il
réclame qu'on permette aux femmes de s'instruire. Cor-
nelius Agrippa dans un ouvrage qui fut très célèbre,
*Déclamation de la Noblesse et de l'Excellence du Sexe
Féminin,* s'applique à montrer la supériorité féminine. Il
reprend les vieux arguments cabalistiques : Eve veut dire
Vie et Adam Terre. Créée après l'homme, la femme est
plus achevée que lui. Elle est née au paradis, lui au-
dehors. Quand elle tombe à l'eau, elle surnage; l'homme
coule. Elle est faite d'une côte d'Adam et non de terre.
Ses menstrues guérissent toutes les maladies. Eve ignorante ne fit qu'errer; c'est Adam qui pécha; c'est pourquoi
Dieu s'est fait homme : et d'ailleurs après sa résurrection
c'est à des femmes qu'il est apparu. Ensuite Agrippa
déclare que les femmes sont plus vertueuses que les
hommes. Il énumère les « claires dames » dont le sexe
peut s'enorgueillir, ce qui est aussi un lieu commun de

ces apologies. Enfin, il dresse un réquisitoire contre la tyrannie mâle : « Agissant contre tout droit, violant impunément l'égalité naturelle, la tyrannie de l'homme a privé la femme de la liberté qu'elle reçoit en naissant. » Pourtant elle engendre des enfants, elle est aussi intelligente et même plus fine que l'homme; il est scandaleux qu'on limite ses activités, « ce qui se fait non sans doute par l'ordre de Dieu, non par nécessité ni par raison, mais par la force de l'usage, par l'éducation, par le travail, et principalement par la violence et l'oppression ». Il ne demande certes pas l'égalité des sexes, mais veut qu'on traite la femme avec respect. L'ouvrage eut un immense succès. Et aussi, *le Fort inexpugnable*, autre apologie de la femme; et la *Parfaite Amye* d'Héroët empreint d'un mysticisme platonicien. Dans un curieux livre qui annonce la doctrine saint-simonienne Postel annonce la venue d'une nouvelle Eve, mère régénératrice du genre humain : il croit même l'avoir rencontrée; elle est morte, et elle s'est peut-être réincarnée en lui. Avec plus de modération, Marguerite de Valois dans son *Docte et subtil discours* proclame qu'il y a dans la femme quelque chose de divin. Mais l'écrivain qui servit le mieux la cause de son sexe, ce fut Marguerite de Navarre qui proposa contre la licence des mœurs un idéal de mysticisme sentimental et de chasteté sans pruderie, s'essayant à concilier mariage et amour pour l'honneur et le bonheur des femmes. Bien entendu les adversaires de la femme ne désarment pas. On retrouve entre autres dans la *Controverse des sexes masculins et féminins*, qui répond à Agrippa, les vieux arguments du Moyen Age. Rabelais s'amuse au Tiers Livre à une vive satire du mariage qui reprend la tradition de Mathieu et de Deschamps : cependant ce sont les femmes qui dans l'heureuse abbaye de Thélème feront la loi. L'antiféminisme prend une virulence nouvelle en 1617, avec l'*Alphabet de l'imperfection et malice des femmes* de Jacques Olivier; on voyait sur la couverture une gravure représentant une femme aux mains de harpie, couverte des plumes de la luxure, juchée sur des pattes de poule, parce qu'elle est comme la poule mauvaise ménagère : sous chaque lettre de l'alphabet s'inscrivait un de ses défauts. C'était une fois de plus un homme d'Eglise qui ravivait la vieille querelle; Mlle de Gournay rétorqua par l'*Egalité des hommes et des femmes*. Là-dessus toute une littérature libertine, *Parnasses et cabinets satyriques*, s'attaque aux mœurs des femmes cependant que pour les ravaler les dévots citaient saint Paul, les Pères de l'Eglise, l'Ecclésiaste. La femme fournissait aussi un inépuisable thème aux satires de Mathurin Régnier et de ses amis. Dans l'autre camp, des apologistes reprennent et commentent à qui mieux mieux les arguments d'Agrippa. Le père du Boscq dans *l'Honnête Femme* réclame qu'il soit permis aux femmes de s'instruire. *L'Astrée* et toute une littérature galante célèbrent leurs mérites en rondeaux, sonnets, élégies, etc.

Les succès mêmes obtenus par les femmes soulèvent contre elles de nouvelles attaques; les Précieuses ont indisposé l'opinion; on applaudit *les Précieuses ridicules* et un peu plus tard *les Femmes savantes*. Ce n'est pas cependant que Molière soit ennemi des femmes : il attaque vivement les mariages imposés, il demande pour la jeune fille la liberté sentimentale, pour l'épouse le respect et l'indépendance. Au contraire Bossuet dans ses sermons ne les ménage guère. La première femme, prêche-t-il, n'était « qu'une portion d'Adam et une espèce de diminutif. Il en était à proportion à peu près de même de l'esprit ». La satire de Boileau contre les femmes n'est guère qu'un exercice de rhétorique mais elle suscite une levée de boucliers : Pradon, Regnard, Perrault ripostent avec feu. La Bruyère, Saint-Evremond se montrent favorables aux femmes. Le féministe le plus décidé de l'époque c'est Poulain de la Barre qui publie en 1673 un ouvrage d'inspiration cartésienne, *De l'égalité des deux sexes*. Il estime que les hommes étant les plus forts ont partout favorisé leur sexe et que les femmes acceptent par coutume cette dépendance. Elles n'ont jamais eu leurs chances : ni liberté, ni instruction. On ne saurait donc les juger d'après ce qu'elles ont fait dans le passé. Rien n'indique qu'elles soient inférieures à l'homme. L'anatomie révèle des différences, mais dont aucune ne constitue pour le mâle un privilège. Et Poulain de la Barre conclut en réclamant pour les femmes une solide instruction. Fontenelle écrit pour elles le *Traité de la Pluralité des Mondes*. Et si Fénelon, suivant Mme de Maintenon et l'abbé Fleury, se montre dans son programme d'éducation très timide, l'universitaire janséniste Rollin veut au contraire que les femmes fassent de sérieuses études.

Le XVIIIe siècle aussi est divisé. En 1744 à Amsterdam l'auteur de la *Controverse sur l'âme de la femme* déclare que « la femme créée uniquement pour l'homme cessera d'être à la fin du monde parce qu'elle cessera d'être utile à l'objet pour lequel elle avait été créée, d'où il s'ensuit nécessairement que son âme n'est pas immortelle ». D'une manière un peu moins radicale, Rousseau qui se fait ici l'interprète de la bourgeoisie voue la femme à son mari et à la maternité. « Toute l'éducation des femmes doit être relative aux hommes... La femme est faite pour céder à l'homme et pour supporter ses injustices », affirme-t-il. Cependant l'idéal démocratique et individualiste du XVIIIe est favorable aux femmes; elles apparaissent à la plupart des philosophes comme des êtres humains égaux à ceux du sexe fort. Voltaire dénonce l'injustice de leur sort. Diderot considère que leur infériorité a été en grande partie *faite* par la société. « Femmes, je vous plains! » écrit-il. Il pense que : « Dans toutes les coutumes la cruauté des lois civiles s'est réunie contre les femmes à la cruauté de la nature. Elles ont été traitées comme des êtres imbéciles. » Montesquieu estime paradoxalement que les femmes devraient être subordonnées à l'homme dans la vie du foyer mais que tout les dispose à une action politique. « Il est contre la raison et contre

la nature que les femmes soient maîtresses de maison... il
ne l'est pas qu'elles gouvernent un empire. » Helvétius
montre que c'est l'absurdité de son éducation qui crée
l'infériorité de la femme; d'Alembert partage cette opinion. Chez une femme, Mme de Ciray, on voit poindre
timidement un féminisme économique. Mais il n'y a
guère que Mercier dans son *Tableau de Paris* qui s'indigne de la misère des ouvrières et qui aborde ainsi la question fondamentale du travail féminin. Condorcet veut que
les femmes accèdent à la vie politique. Il les considère
comme les égales de l'homme et les défend contre les
attaques classiques : « On a dit que les femmes...
n'avaient pas proprement le sentiment de la justice,
qu'elles obéissaient plutôt à leur sentiment qu'à leur
conscience... (Mais) ce n'est pas la nature, c'est l'éducation, c'est l'existence sociale qui cause cette différence. »
Et ailleurs : « Plus les femmes ont été asservies par les
lois, plus leur empire a été dangereux... Il diminuerait si
les femmes avaient moins d'intérêt à le conserver, s'il
cessait d'être pour elles le seul moyen de se défendre et
d'échapper à l'oppression. »

V

On pourrait s'attendre que la Révolution eût changé le
sort de la femme. Il n'en fut rien. Cette révolution
bourgeoise fut respectueuse des institutions et des valeurs
bourgeoises; et elle fut faite à peu près exclusivement par
les hommes. Il est important de souligner que pendant
tout l'Ancien Régime ce furent les femmes des classes
travailleuses qui connurent en tant que sexe le plus
d'indépendance. La femme avait le droit de tenir un
commerce et elle possédait toutes les capacités nécessaires à un exercice autonome de son métier. Elle prenait
part à la production à titre de lingère, blanchisseuse,
brunisseuse, revendeuse, etc.; elle travaillait soit à domi-

cile soit dans de petites entreprises; son indépendance matérielle lui permettait une grande liberté de mœurs : la femme du peuple peut sortir, fréquenter les tavernes, disposer de son corps à peu près comme un homme; elle est l'associée de son mari et son égale. C'est sur le plan économique et non sur le plan sexuel qu'elle subit l'oppression. Dans les campagnes la paysanne prend une part considérable au travail rural; elle est traitée en servante; souvent elle ne mange pas à la même table que le mari et les fils, elle trime plus durement qu'eux et les charges de la maternité ajoutent à ses fatigues. Mais comme dans les antiques sociétés agricoles, étant néces-saire à l'homme elle en est aussi respectée; leurs biens, leurs intérêts, leurs soucis, sont communs; elle exerce dans la maison une grande autorité. Ce sont ces femmes qui du sein de leur vie difficile auraient pu s'affirmer comme des personnes et réclamer des droits; mais une tradition de timidité et de soumission pesait sur elles : les cahiers des Etats Généraux ne présentent qu'un nombre presque insignifiant de revendications féminines; elles se bornent à ceci : « Que les hommes ne puissent exercer les métiers qui sont l'apanage des femmes. » Et certes on voit les femmes aux côtés de leurs hommes dans les manifestations, les émeutes; ce sont elles qui vont cher-cher à Versailles « le boulanger, la boulangère et le petit mitron ». Mais ce n'est pas le peuple qui a dirigé l'entreprise révolutionnaire et ce n'est pas lui qui en a recueilli les fruits. Quant aux bourgeoises, quelques-unes se rallièrent avec ardeur à la cause de la liberté : Mme Roland, Lucile Desmoulins, Théroigne de Méri-court; l'une d'elles influença profondément le cours des événements : Charlotte Corday lorsqu'elle assassina Marat. Il y eut quelques mouvements féministes. Olympe de Gouges proposa en 1789 une « Déclaration des droits de la Femme » symétrique à la « Déclaration des droits de l'Homme », où elle demande que tous les privilèges masculins soient abolis. En 1790 on retrouve les mêmes idées dans la *Motion de la pauvre Jacotte* et dans d'autres libelles analogues; mais malgré l'appui de Condorcet ces efforts avortent et Olympe périt sur l'échafaud. A côté du journal *l'Impatient* qu'elle avait fondé apparaissent d'autres feuilles, mais leur durée est éphémère. Les clubs féminins fusionnent pour la plupart avec les clubs masculins et sont absorbés par eux. Quand le 28 brumaire 1793 l'actrice Rose Lacombe, présidente de la Société des femmes républicaines et révolutionnaires, accompagnée d'une députation de femmes, force l'entrée du Conseil général, le procureur Chaumette fait retentir dans l'assemblée des paroles qui semblent inspirées de saint Paul et de saint Thomas : « Depuis quand est-il permis aux femmes d'abjurer leur sexe, de se faire homme?... (La nature) a dit à la femme : Sois femme. Les soins de l'enfance, les détails du ménage, les diverses inquiétudes de la maternité, voilà tes travaux. » On leur interdit l'entrée du Conseil et bientôt même celui des clubs où elles faisaient leur apprentissage politique. En 1790 on a supprimé le droit d'aînesse et le privilège de masculinité; filles et garçons sont devenus égaux touchant la succession; en 1792 un loi établit le divorce et par là détendit la rigueur des liens matrimoniaux; mais ce ne furent là que de minces conquêtes. Les femmes de la bourgeoisie étaient trop intégrées à la famille pour connaître entre elles une solidarité concrète; elles ne constituaient pas une caste séparée susceptible d'imposer des revendications : économiquement, leur existence était parasitaire. Ainsi tandis que les femmes qui, malgré leur sexe, auraient pu participer aux événements en étaient empêchées en tant que classe, celles de la classe agissante étaient condamnées à demeurer à l'écart en tant que femmes. C'est quand le pouvoir économique tombera aux mains des travailleurs qu'il deviendra possible à la travailleuse de conquérir des capacités que la femme parasite, noble ou bourgeoise, n'a jamais obtenues.

Pendant la liquidation de la Révolution la femme jouit

d'une liberté anarchique. Mais quand la société se réorganise, elle est à nouveau durement asservie. Du point de vue féministe, la France était en avance sur les autres pays; mais pour le malheur de la Française moderne, son statut a été décidé en temps de dictature militaire; le code Napoléon qui fixe son sort pour un siècle a beaucoup retardé son émancipation. Comme tous les militaires, Napoléon ne veut voir dans la femme qu'une mère; mais héritier d'une révolution bourgeoise il n'entend pas briser la structure de la société et donner à la mère la prééminence sur l'épouse : il interdit la recherche de la paternité; il définit avec dureté la condition de la fille-mère et celle de l'enfant naturel. Cependant la femme mariée elle-même ne trouve pas de recours dans sa dignité de mère; le paradoxe féodal se perpétue. Fille et femme sont privées de la qualité de citoyen ce qui leur interdit des fonctions telles que la profession d'avocat et l'exercice de la tutelle. Mais la femme célibataire jouit de la plénitude de ses capacités civiles tandis que le mariage conserve le *mundium*. La femme doit *obéissance* à son mari; il peut la faire condamner à la réclusion en cas d'adultère et obtenir le divorce contre elle; s'il tue la coupable prise en flagrant délit, il est excusable aux yeux de la loi; tandis que le mari n'est susceptible d'être frappé d'une amende que s'il amène une concubine au domicile conjugal et c'est en ce cas seulement que la femme peut obtenir le divorce contre lui. C'est l'homme qui fixe le domicile conjugal, il a sur les enfants beaucoup plus de droits que la mère; et – sauf au cas où la femme dirige une entreprise commerciale – son autorisation est nécessaire pour qu'elle puisse s'obliger. La puissance maritale s'exerce avec rigueur à la fois sur la personne de l'épouse et sur ses biens.

Pendant tout le XIXᵉ siècle, la jurisprudence ne fait que renforcer les rigueurs du code, privant entre autres la femme de tout droit d'aliénation. En 1826 la Restauration abolit le divorce; l'Assemblée constituante de 1848 refuse de le rétablir; il ne réapparaît qu'en 1884 : encore est-il très difficile à obtenir. C'est que la bourgeoisie n'a jamais été plus puissante, et cependant elle comprend quelles menaces implique la révolution industrielle; elle s'affirme avec une autorité inquiète. La liberté d'esprit héritée du XVIIIᵉ n'entame pas la morale familiale; celle-ci demeure telle que la définissent au début du XIXᵉ les penseurs réactionnaires que sont Joseph de Maistre et Bonald. Ceux-ci fondent sur la volonté divine la valeur de l'ordre et réclament une société rigoureusement hiérarchisée; la famille, cellule sociale indissoluble, sera le microcosme de la société. « L'homme est à la femme ce que la femme est à l'enfant; ou le pouvoir est au ministre ce que le ministre est au sujet », dit Bonald. Ainsi le mari gouverne, la femme administre, les enfants obéissent. Le divorce est bien entendu interdit; et la femme est confinée au foyer. « Les femmes appartiennent à la famille et non à la société politique, et la nature les a faites pour les soins domestiques et non pour les fonctions publiques », dit encore Bonald. Dans la famille, que Le Play définit vers le milieu du siècle, ces hiérarchies sont respectées.

D'une manière un peu différente, Auguste Comte réclame aussi la hiérarchie des sexes; il y a entre eux « des différences radicales à la fois physiques et morales qui dans toutes les espèces animales et *surtout dans la race humaine* les séparent profondément l'un de l'autre ». La féminité est une sorte d'« enfance continue » qui éloigne la femme du « type idéal de la race ». Cette infantilité biologique se traduit par une faiblesse intellectuelle; le rôle de cet être purement affectif, c'est celui d'épouse et de ménagère, elle ne saurait entrer en concurrence avec l'homme : « ni la direction ni l'éducation ne lui conviennent ». Comme chez Bonald la femme est confinée dans la famille et dans cette société en miniature le père gouverne car la femme est « incapable de tout gouvernement même domestique »; elle administre seulement et conseille. Son instruction doit être bornée. « Les femmes et les prolétaires ne peuvent ni ne doivent devenir des auteurs, pas plus qu'ils ne le veulent. » Et Comte prévoit que l'évolution de la société amènera la suppression totale du travail féminin à l'extérieur de la famille. Dans la seconde partie de son œuvre, Comte, influencé par son amour pour Clotilde de Vaux, exalte la femme jusqu'à en faire presque une divinité, l'émanation du grand être; c'est elle que dans le temple de l'Humanité la religion positiviste proposera à l'adoration du peuple; mais c'est seulement par sa moralité qu'elle mérite ce culte; tandis que l'homme agit, elle aime : elle est plus profondément altruiste que lui. Mais selon le système positiviste elle n'en reste pas moins enfermée dans la famille; le divorce lui est interdit et il serait même souhaitable que son veuvage fût éternel; elle n'a aucun droit économique ni politique; elle n'est qu'épouse et éducatrice.

D'une manière plus cynique, Balzac exprime le même idéal. « La destinée de la femme et sa seule gloire sont de faire battre le cœur des hommes, écrit-il dans la *Physiologie du Mariage*... La femme est une propriété que l'on acquiert par contrat; elle est mobilière car la possession vaut titre; enfin la femme n'est à proprement parler qu'une annexe de l'homme. » Il se fait ici le porte-parole de la bourgeoisie dont l'antiféminisme redouble de vigueur par réaction contre la licence du XVIIIᵉ et contre les idées progressistes qui la menacent. Ayant lumineusement exposé au début de la *Physiologie du Mariage* que cette institution d'où l'amour est exclu conduit nécessairement la femme à l'adultère, Balzac exhorte l'époux à la tenir dans une totale sujétion s'il veut éviter le ridicule du déshonneur. Il faut lui refuser l'instruction et la culture, lui interdire tout ce qui lui permettrait de développer son individualité, lui imposer des vêtements incommodes, l'encourager à suivre un régime anémiant. La bourgeoisie suit exactement ce programme; les femmes sont asservies à la cuisine, au ménage, on surveille jalousement leurs mœurs; on les enferme dans les rites d'un savoir-vivre qui entrave toute tentative d'indépendance. Par compensation, on les honore, on les entoure des plus exquises politesses. « La femme mariée est une esclave qu'il faut savoir mettre sur un trône », dit Balzac; il est convenu qu'en toutes circonstances insignifiantes l'homme doit s'effacer devant elles, leur céder la première place; au lieu de leur faire porter les fardeaux comme dans les sociétés primitives, on s'empresse de les décharger de toute tâche pénible et de tout souci : c'est les délivrer du même coup de toute responsabilité. On espère qu'ainsi dupées, séduites par la facilité de leur condition, elles accepteront le rôle de mère et de ménagère dans lequel on veut les confiner. Et le fait est que la plupart des femmes de la bourgeoisie capitulent. Comme leur éducation et leur situation parasitaire les mettent sous la dépendance de l'homme, elles n'osent pas même présenter de revendications : celles qui ont cette audace ne rencontrent guère d'écho. « Il est plus facile de charger les gens de chaînes que de les leur enlever si les chaînes donnent de la considération », a dit Bernard Shaw. La femme bourgeoise tient à ses chaînes parce qu'elle tient à ses privilèges de classe. On lui explique inlassablement, et elle sait que l'émancipation des femmes serait un affaiblissement de la société bourgeoise; libérée du mâle, elle serait condamnée au travail; elle peut regretter de n'avoir sur la propriété privée que des droits subordonnés à ceux de son mari, elle déplorerait encore davantage que cette propriété fût abolie; elle n'éprouve aucune solidarité avec les femmes des classes ouvrières : elle est beaucoup plus proche de son mari que des travailleuses du textile. Elle fait siens ses intérêts.

Cependant ces résistances têtues ne peuvent empêcher la marche de l'histoire; l'avènement du machinisme ruine la propriété foncière, provoque l'émancipation de la classe laborieuse et corrélativement celle de la femme. Tout socialisme, arrachant la femme à la famille, favorise

sa libération : Platon rêvant d'un régime communautaire
y promettait aux femmes une autonomie analogue à celle
dont elles jouissaient à Sparte. Avec les socialismes
utopiques de Saint-Simon, Fourier, Cabet, naît l'utopie
de la « femme libre ». L'idée saint-simonienne d'association universelle exige la suppression de tout esclavage :
celui de l'ouvrier et celui de la femme; c'est parce que les
femmes sont comme les hommes des êtres humains que
Saint-Simon et après lui Leroux, Pecqueux, Carnot réclament leur affranchissement. Malheureusement cette thèse
raisonnable n'est pas celle qui trouve le plus de crédit
dans l'école. Celle-ci exalte la femme au nom de sa
féminité, ce qui est le plus sûr moyen de la desservir.
Sous prétexte que l'unité sociale, c'est le couple, le père
Enfantin veut introduire une femme dans chaque couple
directeur qu'il appelle le couple-prêtre; il attend d'une
femme-messie l'avènement d'un monde meilleur et les
Compagnons de la Femme s'embarquent pour l'Orient à
la recherche de ce sauveur femelle. Il est influencé par
Fourier qui confond l'affranchissement de la femme et la
réhabilitation de la chair; Fourier réclame la liberté pour
tout individu d'obéir à l'attraction passionnelle; il veut
remplacer le mariage par l'amour; ce n'est pas dans sa
personne mais dans sa fonction amoureuse qu'il considère la femme. Cabet promet aussi que le communisme
icarien réalisera une complète égalité des sexes, encore
qu'il n'accorde aux femmes qu'une participation restreinte à la vie politique. En fait les femmes ne tiennent
qu'une place secondaire dans le mouvement saint-simonien : seule Claire Bazard qui fonde et fait vivre pendant
une brève période le journal appelé *la Femme nouvelle*
joue un rôle assez important. Beaucoup d'autres petites
revues paraissent à la suite mais leurs revendications sont
timides; elles demandent l'éducation de la femme plutôt
que son émancipation; c'est à élever l'instruction des
femmes que s'attache Carnot et à sa suite Legouvé. L'idée
de la femme associée, de la femme régénératrice se

maintient à travers tout le XIXe; on la retrouve chez
Victor Hugo. Mais la cause de la femme est plutôt
discréditée par ces doctrines qui au lieu de l'assimiler à
l'homme l'opposent à lui, lui reconnaissant l'intuition, le
sentiment et non la raison. Elle est discréditée aussi par la
maladresse de ses partisans. En 1848 les femmes fondent
des clubs, des journaux; Eugénie Niboyer édite la *Voix
des Femmes*, journal auquel collabora Cabet. Une délégation féminine se rendit à l'Hôtel de Ville pour revendiquer « les droits de la femme » mais elle n'obtint rien.
En 1849, Jeanne Decoin se présenta à la députation, elle
ouvrit une campagne électorale qui sombra dans le
ridicule. Le ridicule tua aussi le mouvement des « Vésu-
viennes » et des Blooméristes qui se promenaient en
costumes extravagants. Les femmes les plus intelligentes de l'époque restent à l'écart de ces mouvements :
Mme de Staël avait lutté pour sa propre cause plutôt que
pour celle de ses sœurs; George Sand réclame le droit
à l'amour libre mais elle refuse de collaborer à la *Voix des
Femmes*; ses revendications sont surtout sentimentales.
Flora Tristan croit à la rédemption du peuple par la
femme; mais elle s'intéresse à l'émancipation de la classe
ouvrière plutôt qu'à celle de son sexe. David Stern,
Mme de Girardin s'associent cependant au mouvement
féministe.

Dans l'ensemble le mouvement réformiste qui se développe au XIXe est favorable au féminisme du fait qu'il
cherche la justice dans l'égalité. Il y a une remarquable
exception : c'est Proudhon. Sans doute à cause de ses
racines paysannes, il réagit violemment contre le mysticisme saint-simonien; il demeure partisan de la petite
propriété et du même coup il confine la femme au foyer.
« Ménagère ou courtisane » c'est le dilemme dans lequel
il l'enferme. Jusque-là, les attaques contre le féminisme
avaient été menées par les conservateurs qui combat-
taient aussi âprement le socialisme : le *Charivari* entre
autres trouvait là une inépuisable source de plaisanteries;

c'est Proudhon qui rompt l'alliance entre féminisme et socialisme; il proteste contre le banquet des femmes socialistes présidé par Leroux, il fulmine contre Jeanne Decoin. Dans l'ouvrage intitulé *la Justice*, il pose que la femme doit demeurer dans la dépendance de l'homme; lui seul compte en tant qu'individu social; il n'y a pas dans le couple une association, ce qui supposerait l'égalité, mais union; la femme est inférieure à l'homme d'abord parce que sa force physique n'est que les 2/3 de celle du mâle, ensuite parce qu'elle est intellectuellement et moralement inférieure dans la même mesure : sa valeur est dans l'ensemble 2 × 2 × 2 contre 3 × 3 × 3, soit les 8/27 de celle du sexe fort. Deux femmes, Mme Adam et Mme d'Héricourt, lui ayant répondu, l'une avec fermeté, la seconde avec une exaltation moins heureuse, Proudhon rétorque par la *Pornocratie ou la femme dans les temps modernes*. Cependant comme tous les antiféministes, il adresse d'ardentes litanies à la « vraie femme », esclave et miroir du mâle; malgré cette dévotion il dut lui-même reconnaître que la vie qu'il lui imposa ne rendit pas sa propre épouse heureuse : les lettres de Mme Proudhon ne sont qu'une longue lamentation.

Ce ne sont pas ces débats théoriques qui influent sur le cours des événements : plutôt ils les reflètent avec hésitation. La femme reconquiert une importance économique qu'elle avait perdue depuis les époques préhistoriques parce qu'elle s'échappe du foyer et prend à l'usine une nouvelle part à la production. C'est la machine qui permet ce bouleversement car la différence de force physique entre travailleurs mâles et femelles se trouve en un grand nombre de cas annulée. Comme le brusque essor de l'industrie réclame une main-d'œuvre plus considérable que celle qui est fournie par les travailleurs mâles, la collaboration des femmes est nécessaire. C'est là la grande révolution qui transforme au XIXᵉ le sort de la femme et qui ouvre pour elle une ère neuve. Marx et Engels en mesurent toute la portée et ils promettent aux femmes une libération impliquée par celle du prolétariat. En effet, « la femme » et le travailleur ont tous deux ceci de commun qu'ils sont des opprimés », dit Bebel. Et tous deux échapperont ensemble à l'oppression grâce à l'importance que prendra à travers l'évolution technique leur travail producteur. Engels montre que le sort de la femme est étroitement lié à l'histoire de la propriété privée; une catastrophe a substitué le patriarcat au régime de droit maternel et a asservi la femme au patrimoine; mais la révolution industrielle est la contrepartie de cette déchéance et aboutira à l'émancipation féminine. Il écrit : « La femme ne peut être émancipée que lorsqu'elle prend part dans une grande mesure sociale à la production et n'est plus réclamée par le travail domestique que dans une mesure insignifiante. Et ceci n'est devenu possible que dans la grande industrie moderne qui non seulement admet sur une grande échelle le travail de la femme, mais encore l'exige formellement. »

Au début du XIXᵉ la femme était plus honteusement exploitée que les travailleurs de l'autre sexe. Le travail à domicile constituait ce que les Anglais appellent le « sweating system »; malgré un travail continu, l'ouvrière ne gagnait pas assez pour subvenir à ses besoins. Jules Simon dans *l'Ouvrière* et même le conservateur Leroy-Beaulieu dans *le Travail des Femmes au XIXᵉ* publié en 1873 dénoncent des abus odieux; ce dernier déclare que plus de deux cent mille ouvrières françaises ne gagnaient pas cinquante centimes par jour. On comprend qu'elles se soient hâtées d'émigrer vers les manufactures; d'ailleurs il ne resta bientôt hors des ateliers que les métiers d'aiguille, le blanchissage et la domesticité, tous métiers d'esclaves payés à des salaires de famine; même la dentelle, la bonneterie, etc., sont accaparées par l'usine; en revanche il y a des offres d'emploi massives dans les industries du coton, de la laine et de la soie; les femmes sont surtout utilisées dans les ateliers de filature et de tissage. Les patrons souvent les préfèrent aux hommes. « Elles font du meilleur travail et moins payé. » Cette formule cynique éclaire le drame du travail féminin. Car c'est par le travail que la femme a conquis sa dignité d'être humain; mais ce fut une conquête singulièrement dure et lente. Filature et tissage s'accomplissent dans des conditions hygiéniques lamentables. « A Lyon, écrit Blanqui, dans les ateliers de passementerie quelques femmes sont obligées de travailler presque suspendues à des courroies en se servant à la fois de leurs pieds et de leurs mains. » En 1831 les ouvrières en soie travaillent l'été dès trois heures jusqu'à onze heures du soir, soit dix-sept heures par jour, « dans des ateliers souvent malsains où ne pénètrent jamais, dit Norbert Truquin, les rayons du soleil. La moitié de ces jeunes filles deviennent poitrinaires avant la fin de leur apprentissage. Lorsqu'elles se plaignent on les accuse de faire des grimaces[1]. « Pour en venir à bout, ils usaient des moyens les plus révoltants, le besoin et la faim », dit l'auteur anonyme de *la Vérité sur les événements de Lyon*. Il arrive que les femmes cumulent le travail agricole et celui de l'usine. On les exploite cyniquement. Marx raconte dans une note du *Capital* : « M. E** fabricant me fit connaître qu'il n'employait que des femmes à ses métiers à tisser mécaniques, qu'il donnait la préférence aux femmes mariées et parmi elles à celles qui avaient à la maison de la famille à entretenir parce qu'elles montraient beaucoup plus d'attention et de docilité que les célibataires et devaient travailler jusqu'à l'épuisement de leurs forces pour procurer aux leurs les moyens de subsistance indispensables. – C'est ainsi, ajoute Marx, que les qualités propres de la femme sont faussées à son détriment et que tous les éléments moraux et délicats de sa nature deviennent des moyens de l'asservir et de la faire souffrir. » Résumant *le Capital* et commentant Bebel, G. Derville écrit : « Bête de luxe ou

---

1. N. TRUQUIN, *Mémoires et aventures d'un prolétaire.* Cité d'après E. DOLLÉANS, *Histoire du Mouvement ouvrier*, t. I.

bête de somme, voilà ce qu'est presque exclusivement aujourd'hui la femme. Entretenue par l'homme lorsqu'elle ne travaille pas, elle est encore entretenue par lui lorsqu'elle se tue à travailler. » La situation de l'ouvrière était si lamentable que Sismondi, Blanqui, demandent qu'on interdise aux femmes l'accès aux ateliers. La cause en est en partie que les femmes n'ont pas su d'abord se défendre et s'organiser en syndicat. Les « associations » féminines datent de 1848 et au début ce sont des associations de production. Le mouvement progressa avec une extrême lenteur comme on le voit par les chiffres suivants :

En 1905 on compte 69 405 femmes sur une totalité de 781 392 syndiqués;

En 1908 on compte 88 906 femmes sur une totalité de 957 120 syndiqués;

En 1912 on compte 92 336 femmes sur une totalité de 1 064 413 syndiqués;

En 1920, on compte 239 016 ouvrières et employées syndiquées sur 1 580 967 travailleurs et parmi les travailleuses agricoles seulement 36 193 syndiquées sur 1 083 957 soit en tout 292 000 femmes syndiquées sur un ensemble de 3 076 585 de travailleurs syndiqués. C'est une tradition de résignation et de soumission, un manque de solidarité et de conscience collective qui les laisse ainsi désarmées devant les nouvelles possibilités qui s'ouvrent à elles.

Il résulte de cette attitude que le travail féminin n'a été que lentement et tardivement réglementé. Il faut attendre jusqu'en 1874 pour que la loi intervienne; et encore malgré les campagnes menées sous l'Empire, il n'y a que deux dispositions touchant les femmes; l'une interdit aux mineures le travail de nuit et exige qu'on les laisse chômer le dimanche et les jours fériés; leur journée de travail est limitée à douze heures; quant aux femmes de plus de vingt et un ans, on se borne à leur défendre le travail souterrain dans les mines et les carrières. La première charte du travail féminin date du 2 novembre 1892; elle interdit le travail de nuit et limite la journée d'usine; mais elle laisse la porte ouverte à toutes les fraudes. En 1900 la journée est limitée à dix heures; en 1905 le repos hebdomadaire est rendu obligatoire; en 1907 la travailleuse obtient la libre disposition de ses gains; en 1909 on garantit des congés payés aux femmes en couches; en 1911 les dispositions de 1892 sont reprises impérativement; en 1913 on règle les modalités concernant le repos des femmes avant et après l'accouchement, on leur interdit les travaux dangereux et excessifs. Peu à peu une législation sociale se constitue et le travail féminin s'entoure de garantie d'hygiène : on exige des sièges pour les vendeuses, les longues stations aux étalages extérieurs sont interdites, etc. Le B. I. T. a abouti à des conventions internationales concernant les conditions sanitaires du travail féminin, les congés à octroyer en cas de grossesse, etc.

Une seconde conséquence de l'inertie résignée des travailleuses, ce furent les salaires dont elles durent se contenter. Pourquoi les salaires féminins ont-ils été fixés à un niveau si bas, c'est un phénomène dont on a proposé diverses explications et qui tient à un ensemble de facteurs. Il est insuffisant de dire que les besoins des femmes sont moindres que ceux des hommes : ce n'est là qu'une justification postérieure. Plutôt, les femmes, comme on a vu, n'ont pas su se défendre contre leurs exploiteurs; elles avaient à affronter la concurrence des prisons qui jetaient sur le marché des produits fabriqués sans frais de main-d'œuvre; elles se faisaient concurrence les unes aux autres. Il faut en outre remarquer que c'est au sein d'une société où subsiste la communauté conjugale que la femme cherche à s'émanciper par le travail : liée au foyer de son père, de son mari, elle se contente le plus souvent d'apporter dans le ménage un appoint; elle travaille hors de la famille, mais pour celle-ci; et puisqu'il ne s'agit pas pour l'ouvrière de subvenir à la totalité de

ses besoins, elle est amenée à accepter une rémunération
très inférieure à celle qu'exige un homme. Une quantité
importante de femmes se contentant de salaires de rabais,
tout l'ensemble du salaire féminin s'est bien entendu
aligné à ce niveau qui est le plus avantageux pour
l'employeur.

En France d'après l'enquête menée en 1889-1893, pour
une journée de travail égale à celle de l'homme, l'ouvrière
n'obtenait que la moitié de la paye masculine. D'après
l'enquête de 1908, les plus hauts gains horaires des
ouvrières à domicile ne dépassaient pas vingt centimes
l'heure et descendaient jusqu'à cinq centimes : il était
impossible à la femme ainsi exploitée de vivre sans
aumône ou sans un protecteur. En Amérique, en 1918, la
femme n'a que la moitié du salaire masculin. Vers cette
époque pour la même quantité de charbon extraite des
mines allemandes la femme gagnait environ 25% de
moins que l'homme. Entre 1911 et 1943 les salaires
féminins en France se sont relevés un peu plus rapide-
ment que ceux des hommes mais ils sont demeurés
nettement inférieurs.

Si les employeurs ont accueilli avec empressement les
femmes à cause des bas salaires qu'elles acceptaient, ce
même fait a provoqué des résistances du côté des travailleurs masculins. Entre la cause du prolétariat et celle des
femmes il n'y a pas eu une solidarité aussi immédiate que
Bebel et Engels ne le prétendaient. Le problème s'est
présenté un peu de la même manière qu'aux U.S.A. à
propos de la main-d'œuvre noire. Les minorités les plus
opprimées d'une société sont volontiers utilisées par les
oppresseurs comme une arme contre l'ensemble de la
classe à laquelle elles se rattachent; du même coup, elles
apparaissent d'abord comme ennemies et il faut une
conscience plus profonde de la situation pour que les
intérêts des noirs et des blancs, des ouvrières et des
ouvriers réussissent à se coaliser au lieu de s'opposer les
uns aux autres. On comprend que les travailleurs mâles

aient d'abord vu dans cette concurrence à bon marché une menace redoutable et qu'ils se soient montrés hostiles. C'est seulement quand les femmes ont été intégrées à la vie syndicale qu'elles ont pu défendre leurs propres intérêts et cesser de mettre en danger ceux de la classe ouvrière dans son ensemble.

En dépit de toutes ces difficultés, l'évolution du travail féminin s'est poursuivie. En 1900 on comptait encore en France 900 000 ouvrières à domicile qui fabriquaient des vêtements, des objets de cuir et de peau, des couronnes mortuaires, des sacs, des verroteries, des articles de Paris; mais ce nombre a diminué considérablement. En 1906, 42% des femmes en âge de travailler (entre dix-huit et soixante ans) étaient employées dans l'agriculture, l'industrie, le commerce, les banques, les assurances, les bureaux, les professions libérales. Ce mouvement a été précipité dans le monde entier par la crise de main-d'œuvre de 14-18 et par celle de la dernière guerre mondiale. La petite bourgeoisie, la bourgeoisie moyenne se sont décidées à le suivre et les femmes ont envahi aussi les professions libérales. D'après un des derniers recensements d'avant la dernière guerre on trouve que sur la totalité des femmes de dix-huit à soixante ans, environ 42% travaillent en France, 37% en Finlande, 34,2% en Allemagne, 27,7% aux Indes, 26,9% en Angleterre, 19,2% aux Pays-Bas, 17,7% aux U.S.A. Mais en France et aux Indes, c'est à cause de l'importance du travail rural que les chiffres sont si élevés. Si on excepte la paysannerie, on trouve en France en 1940 environ 500 000 chefs d'établissement, un million d'employées, deux millions d'ouvrières, un million et demi d'isolées ou de chômeuses. Parmi les ouvrières il y a 650 000 domestiques; 1 200 000 travaillent dans les industries de transformation dont 440 000 dans l'industrie textile, 315 000 dans le vêtement, 380 000 à domicile comme couturières. Pour le commerce, les professions libérales, les services publics,

France, Angleterre et U.S.A. viennent à peu près au même rang.

Un des problèmes essentiels qui se posent à propos de la femme, c'est, avons-nous vu, la conciliation de son rôle reproducteur et de son travail producteur. La raison profonde qui à l'origine de l'histoire voue la femme au travail domestique et lui interdit de prendre part à la construction du monde, c'est son asservissement à la fonction génératrice. Chez les femelles animales il y a un rythme du rut et des saisons qui assure l'économie de leurs forces; au contraire entre la puberté et la ménopause la nature ne limite pas les capacités de gestation de la femme. Certaines civilisations interdisent les unions précoces; on cite des tribus indiennes où il est exigé qu'un repos d'au moins deux années soit assuré aux femmes entre leurs accouchements; mais dans l'ensemble pendant de nombreux siècles la fécondité féminine n'a pas été réglementée. Il existe dès l'Antiquité [1] des pratiques anti-conceptionnelles, généralement à l'usage des femmes : potions, suppositoires, tampons vaginaux; mais elles restaient le secret des prostituées et des médecins; peut-être ce secret fut-il connu de ces Romaines de la décadence à qui les satiristes reprochent leur stérilité. Mais le Moyen Age les ignora; on n'en trouve aucune trace jusqu'au XVIIIe siècle. Pour quantité de femmes, la vie était, en ces temps, une suite ininterrompue de grossesses; même les femmes de mœurs faciles payaient par de nombreuses

---

1. « La plus ancienne mention connue des procédés anticonceptionnels serait un papyrus égyptien du deuxième millénaire avant notre ère, qui recommande l'application vaginale d'un mélange bizarre composé d'excréments de crocodile, de miel, de natron et d'une substance gommeuse. » (P. ARIÈS, *Histoire des Populations françaises.*) Les médecins persans du Moyen Age connaissaient trente et une recettes dont neuf seulement s'adressaient à l'homme. Soranos, à l'époque d'Hadrien, explique qu'au moment de l'éjaculation la femme qui ne veut pas d'enfant doit « retenir sa respiration, retirer un peu son corps en arrière afin que le sperme ne puisse pénétrer dans l'*os uteri*, se lever immédiatement, s'accroupir et provoquer des éternuements ».

maternités leur licence amoureuse. A certaines époques l'humanité a bien éprouvé le besoin de réduire le nombre de la population; mais en même temps les nations redoutaient de s'affaiblir; dans les époques de crise et de misère c'est par le retard de l'âge du mariage chez les célibataires que se réalisait un abaissement du taux des naissances. La règle demeurait de se marier jeune et d'avoir autant d'enfants que la femme pouvait en porter; la mortalité infantile seule réduisait le nombre des enfants vivants. Déjà au XVIIe l'abbé de Pure[1] proteste contre « l'hydropisie amoureuse » à laquelle les femmes sont condamnées; et Mme de Sévigné recommande à sa fille d'éviter de trop fréquentes grossesses. Mais c'est au XVIIIᵉ que la tendance malthusienne se développe en France. D'abord les classes aisées, puis l'ensemble de la population estiment raisonnable de limiter selon les ressources des parents le nombre des enfants, et les procédés anti-conceptionnels commencent à s'introduire dans les mœurs. En 1778 le démographe Moreau écrit : « Les femmes riches ne sont pas les seules qui regardent la propagation de l'espèce comme une duperie du vieux temps; déjà ces funestes secrets inconnus à tout animal autre que l'homme ont pénétré dans la campagne; on trompe la nature jusque dans les villages. » La pratique du « coïtus interruptus » se répand dans la bourgeoisie d'abord, puis dans les populations rurales et chez les ouvriers; le préservatif qui existait déjà en tant qu'antivénérien devient un anticonceptionnel qui se répand surtout après la découverte de la vulcanisation, vers 1840[2]. Dans les pays anglo-saxons le « birth-control » est officiellement autorisé et on a découvert de nombreuses méthodes permettant de dissocier ces deux fonctions naguère

---

1. Dans la *Précieuse*, 1656.
2. « Vers 1930 une firme américaine vendait vingt millions de préservatifs en une année. Quinze manufactures américaines en sortaient un million et demi par jour. » (P. Ariès.)

inséparables : fonction sexuelle, fonction reproductrice. Les travaux de la médecine viennoise en établissant avec précision le mécanisme de la conception et les conditions qui lui sont favorables ont suggéré aussi les manières de l'éluder. En France la propagande anticonceptionnelle et la vente de pessaires, tampons vaginaux, etc., est interdite; mais le « birth-control » n'en est pas moins répandu.

Quant à l'avortement, il n'est nulle part autorisé officiellement par les lois. Le droit romain n'accordait pas de protection spéciale à la vie embryonnaire; il ne considérait pas le *nasciturus* comme un être humain mais comme une partie du corps maternel. *Partus antequam edatur mulieris portio est vel viscerum*[1]. Au temps de la décadence l'avortement apparaît comme une pratique normale et le législateur quand il voulut encourager les naissances n'osa pas l'interdire. Si la femme avait refusé l'enfant contre la volonté de son mari, celui-ci pouvait la faire punir : mais c'était sa désobéissance qui constituait un délit. Dans l'ensemble de la civilisation orientale et gréco-romaine, l'avortement est admis par la loi.

C'est le christianisme qui a bouleversé sur ce point les idées morales en douant l'embryon d'une âme; alors l'avortement devint un crime contre le fœtus lui-même. « Toute femme qui fait en sorte qu'elle ne puisse engendrer autant d'enfants qu'elle pourrait se rend coupable d'autant d'homicides, de même que la femme qui cherche à se blesser après la conception », dit saint Augustin. A Byzance, l'avortement n'entraînait qu'une relégation temporaire; chez les barbares qui pratiquaient l'infanticide, il n'était blâmé que s'il avait été perpétré par violence, contre le gré de la mère : on le rachetait en payant le prix du sang. Mais les premiers conciles édictent contre cet « homicide » les peines les plus sévères, quel que soit

---

1. « L'enfant avant d'être né est une portion de la femme, une sorte de viscère. »

l'âge présumé du fœtus. Cependant une question se pose qui fut l'objet de discussions infinies : à quel moment l'âme pénètre-t-elle dans le corps? Saint Thomas et la plupart des auteurs fixèrent l'animation vers le quarantième jour pour les enfants de sexe masculin et le quatre-vingtième pour ceux du sexe féminin; alors se fit une distinction entre le fœtus animé et le fœtus inanimé. Au cours du Moyen Age, le livre pénitentiel déclare : « Si une femme enceinte fait périr son fruit avant quarante-cinq jours, elle subit une pénitence d'un an. Si c'est au bout de soixante jours, de trois ans. Enfin si l'enfant est déjà animé, elle doit être traitée en homicide. » Cependant le livre ajoute : « Il y a une grande différence entre la femme pauvre qui détruit son enfant pour la peine qu'elle a à le nourrir, et celle qui n'a d'autre but que de cacher le crime de fornication. » En 1556, Henri II publia un édit célèbre sur le recel de la grossesse; le simple recel étant puni de mort, on en déduisit qu'à plus forte raison la peine devait être appliquée aux manœuvres abortives; en fait, c'est l'infanticide que visait l'édit; mais on s'en autorisa pour édicter la peine de mort contre les auteurs et complices de l'avortement. La distinction entre fœtus animé et inanimé disparut vers le XVIIIᵉ. A la fin du siècle, Beccaria, dont l'influence fut considérable en France, plaida en faveur de la femme qui refuse l'enfant. Le code de 1791 excuse celle-ci mais punit ses complices de « vingt ans de fer ». L'idée que l'avortement est un homicide disparaît au XIXᵉ : on le considère plutôt comme un crime contre l'Etat. La loi de 1810 le défend absolument sous peine de réclusion et de travaux forcés pour l'avortée et ses complices; en fait, les médecins le pratiquent toujours quand il s'agit de sauver la vie de la mère. Du fait même que la loi est très sévère, les jurés vers la fin du siècle cessent de l'appliquer; il n'y avait qu'un nombre infime d'arrestations et on acquittait les 4/5 des accusées. En 1923, une nouvelle loi prévoit encore les travaux forcés pour les complices et auteurs de l'intervention, mais punit la femme seulement de prison ou d'une amende; en 1939, un nouveau décret vise spécialement les techniciens : aucun sursis ne leur sera plus accordé. En 1941, l'avortement a été décrété crime contre la sûreté de l'Etat. Dans les autres pays, c'est un délit sanctionné par une peine correctionnelle; en Angleterre cependant c'est un crime de « felony » puni par la prison ou les travaux forcés. Dans l'ensemble, codes et tribunaux ont beaucoup plus d'indulgence pour l'avortée elle-même que pour ses complices. Cependant l'Eglise n'a en rien relâché sa rigueur. Le code du droit canonique promulgué le 27 mars 1917 déclare : « Ceux qui procurent l'avortement sans en excepter la mère une fois l'effet obtenu encourent une excommunication *latæ sententiæ* réservée à l'ordinaire. » Aucune raison ne peut être alléguée, même le danger de mort couru par la mère. Le pape a encore déclaré tout récemment qu'entre la vie de la mère et celle de l'enfant, il faut sacrifier la première : en effet la mère étant baptisée peut gagner le ciel – curieusement, l'enfer n'intervient jamais dans ces calculs – tandis que le fœtus est voué aux limbes à perpétuité[1].

C'est seulement pendant une courte période que l'avortement a été officiellement autorisé, en Allemagne avant le nazisme, en U.R.S.S. avant 1936. Mais malgré religion

---

1. Nous reviendrons au volume II sur la discussion de cette attitude. Signalons seulement que les catholiques sont bien loin de prendre à la lettre la doctrine de saint Augustin. Le confesseur chuchote à la jeune fiancée, la veille de ses noces, qu'elle peut faire avec son mari n'importe quoi du moment que le coït s'achève « comme il faut »; les pratiques positives du birth-control – y compris le *coïtus interruptus* – sont interdites; mais on a le droit d'utiliser le calendrier établi par les sexologues viennois et de perpétrer l'acte dont le seul but reconnu est la génération les jours où la conception est impossible à la femme. Il y a des directeurs de conscience qui communiquent même ce calendrier à leurs ouailles. En fait, il y a quantité de « mères chrétiennes » qui n'ont que deux ou trois enfants et qui cependant n'ont pas interrompu après le dernier accouchement toutes relations conjugales.

et lois il tient dans tous les pays une place considérable. En France, on en compte chaque année de huit cent mille à un million, – soit autant que de naissances, – les deux tiers des avortées étant des femmes mariées, beaucoup ayant déjà un ou deux enfants. Malgré les préjugés, les résistances, les survivances d'une morale périmée, on a donc vu se réaliser le passage d'une fécondité libre à une fécondité dirigée par l'Etat ou les individus. Les progrès de l'obstétrique ont considérablement diminué les dangers de l'accouchement; les souffrances de l'enfantement sont en train de disparaître; ces jours-ci – mars 1949 – on a décrété en Angleterre que l'emploi de certaines méthodes d'anesthésie était obligatoire; elles sont déjà généralement appliquées aux U.S.A. et commencent à se répandre en France. Par l'insémination artificielle s'achève l'évolution qui permettra à l'humanité de maîtriser la fonction reproductrice. En particulier ces changements ont pour la femme une immense importance; elle peut réduire le nombre de ses grossesses, les intégrer rationnellement à sa vie au lieu d'en être l'esclave. A son tour la femme au cours du XIXᵉ s'affranchit de la nature; elle conquiert la maîtrise de son corps. Soustraite en très grande partie aux servitudes de la reproduction elle peut assumer le rôle économique qui se propose à elle et qui lui assurera la conquête de sa personne tout entière.

C'est par la convergence de ces deux facteurs : participation à la production, affranchissement de l'esclavage de la reproduction, que s'explique l'évolution de la condition de la femme. Comme Engels l'avait prévu, son statut social et politique devait nécessairement se transformer. Le mouvement féministe ébauché en France par Condorcet, en Angleterre par Mary Wollstonecraft dans son ouvrage *Vindication of the Rights of Women* et repris au début du siècle par les saint-simoniens n'avait pu aboutir tant qu'il manquait de bases concrètes. A présent les revendications de la femme vont prendre tout leur poids. Elles se feront entendre au sein même de la bourgeoisie. Par suite du rapide développement de la civilisation industrielle, la propriété foncière se trouve en recul par rapport à la propriété mobilière : le principe de l'unité du groupe familial perd de sa force. La mobilité du capital permet à son détenteur au lieu d'être possédé par sa fortune de la posséder sans réciprocité et de pouvoir en disposer. C'est à travers le patrimoine que la femme était substantiellement attachée à l'époux : le patrimoine aboli, ils ne sont plus que juxtaposés et les enfants mêmes ne constituent pas un lien d'une solidité comparable à celle de l'intérêt. Ainsi l'individu va s'affirmer contre le groupe; cette évolution est particulièrement frappante en Amérique où triomphe la forme moderne du capitalisme : le divorce va y fleurir et mari et femme n'apparaissent plus que comme des associés provisoires. En France, où la population rurale est importante, où le code Napoléon a mis en tutelle la femme mariée, l'évolution sera lente. En 1884 le divorce est rétabli et la femme peut l'obtenir au cas où le mari commet l'adultère; cependant sur le terrain pénal, la différence des sexes est maintenue : l'adultère n'est un délit que s'il est perpétré par la femme. Le droit de tutelle accordé avec restriction en 1907 n'est pleinement conquis qu'en 1917. En 1912 on a autorisé la recherche de la paternité naturelle. Il faut attendre 1938 et 1942 pour voir modifié le statut de la femme mariée : alors on abroge le devoir d'obéissance, quoique le père demeure le chef de famille; il fixe le domicile mais la femme peut s'opposer à son choix si elle apporte des raisons valables; ses capacités sont accrues; cependant dans la formule embarrassée : « La femme mariée a pleine capacité de droit. Cette capacité n'est limitée que par le contrat de mariage et la loi », la dernière partie de l'article conteste la première. L'égalité des époux n'est pas encore réalisée.

Quant aux droits politiques, ce n'est pas sans peine qu'en France, en Angleterre, aux U.S.A. ils ont été conquis. En 1867, Stuart Mill faisait devant le Parlement anglais le premier plaidoyer en faveur du vote des femmes qui ait jamais été officiellement prononcé. Il réclamait impérieusement dans ses écrits l'égalité de la femme et de l'homme au sein de la famille et de la société. « Je suis convaincu que les relations sociales des deux sexes qui subordonnent un sexe à l'autre au nom de la loi sont mauvaises en elles-mêmes et forment l'un des principaux obstacles qui s'opposèrent au progrès de l'humanité; je suis convaincu qu'elles doivent faire place à une égalité parfaite. » A sa suite les Anglaises s'organisent politiquement sous la conduite de Mrs. Fawcett; les Françaises se rangent derrière Maria Deraismes qui entre 1868 et 1871 étudie dans une série de conférences publiques le sort de la femme; elle soutient une vive controverse contre Alexandre Dumas fils qui conseillait au mari trahi par une femme infidèle : « Tue-la. » Ce fut Léon Richier qui fut le véritable fondateur du féminisme; il créa en 1869 les « Droits de la Femme » et organisa le Congrès international du Droit des femmes tenu en 1878. La question du droit de vote ne fut pas encore abordée; les femmes se bornèrent à réclamer des droits civils; pendant trente ans le mouvement resta très timide en France comme en Angleterre. Cependant une femme, Hubertine Auclert, ouvrit une campagne suffragiste; elle créa un groupement, le « Suffrage des femmes » et un journal *la Citoyenne*. De nombreuses sociétés se constituèrent sous son influence mais leur action ne fut guère efficace. Cette faiblesse du féminisme a sa source dans ses divisions intestines; à vrai dire, comme on l'a déjà signalé, les femmes ne sont pas solidaires en tant que sexe : elles sont d'abord liées à leur classe; les intérêts des bourgeoises et ceux des femmes prolétaires ne se recoupent pas. Le féminisme révolutionnaire reprend la tradition saint-simonienne et marxiste; il faut noter d'ailleurs qu'une Louise Michel se prononce contre le féminisme parce que ce mouvement ne fait que détourner des forces qui doivent être tout entières employées dans la lutte des classes; par l'abolition du capital, le sort de la femme se trouvera réglé.

En 1879 le congrès socialiste a proclamé l'égalité des sexes et dès lors l'alliance féminisme-socialisme ne sera plus dénoncée mais puisque c'est de l'émancipation des travailleurs en général que les femmes attendent la liberté, elles ne s'attachent que de manière secondaire à leur cause propre. Au contraire les bourgeoises réclament des droits nouveaux au sein de la société telle qu'elle est, et elles se défendent d'être des révolutionnaires; elles veulent introduire dans les mœurs des réformes vertueuses : suppression de l'alcoolisme, de la littérature pornographique, de la prostitution. En 1892 se réunit le congrès appelé Congrès féministe qui a donné son nom au mouvement; il n'en sort pas grand-chose. Cependant en 1897 passe une loi qui permet à la femme d'être témoin dans les actes des tribunaux, mais une doctoresse en droit qui prétend s'inscrire au barreau est déboutée de sa demande. En 1898, elles obtiennent l'électorat au Tribunal de Commerce, l'électorat et l'éligibilité au Conseil supérieur du Travail, l'admission au Conseil supérieur de l'Assistance publique et à l'école des Beaux-Arts. En 1900, un nouveau congrès rassemble les féministes; mais il n'aboutit pas non plus à de grands résultats. Cependant pour la première fois en 1901 la question du vote féminin est posée par Viviani devant la Chambre : il propose d'ailleurs de limiter le suffrage aux célibataires et aux divorcées. A ce moment, le mouvement féministe gagne en importance. En 1909 est fondée l'Union française pour le Suffrage des femmes dont l'animatrice est Mme Brunschwig; elle organise des conférences, des meetings, des congrès, des manifestations. En 1909, Buisson dépose un rapport sur une proposition de Dussausoy accordant aux femmes l'électorat aux assemblées locales. En 1910, Thomas fait une proposition en faveur du suffrage féminin; renouvelée en 1918, elle triomphe en 1919 devant la Chambre; mais elle échoue en 1922 devant le Sénat. La situation est assez complexe. Au féminisme révolutionnaire, au féminisme dit indépendant de Mme Brunschwig s'est adjoint un féminisme chrétien : Benoît XV en 1919 s'est prononcé en faveur du vote des femmes, Mgr Baudrillart et le Père Sertillanges font une ardente propagande en ce sens; les catholiques pensent en effet que les femmes représentent en France un élément conservateur et religieux; c'est bien ce que craignent les radicaux : la vraie raison de leur opposition, c'est qu'ils ont peur d'un déplacement de voix s'ils permettent aux femmes de voter. Au Sénat de nombreux catholiques, le groupe de l'Union républicaine, et d'autre part les partis d'extrême-gauche, sont pour le vote des femmes : mais la majorité de l'assemblée est contre. Jusqu'en 1932, elle use des procédés dilatoires et se refuse à discuter les propositions concernant le suffrage féminin; en 1932, néanmoins, la Chambre ayant voté par trois cent dix-neuf voix contre une l'amendement accordant aux femmes l'électorat et l'éligibilité, le Sénat ouvre un débat qui dure pendant plusieurs séances : l'amendement est rejeté. Le compte rendu paru à l'*Officiel* est des plus significatifs; on y trouve tous les arguments que les antiféministes ont développés pendant un demi-siècle dans des ouvrages dont l'énumération même serait fastidieuse. En premier lieu viennent les arguments galants, du genre : nous aimons trop la femme pour laisser les femmes voter; on exalte à la manière de Proudhon la « vraie femme » qui accepte le dilemme « courtisane ou ménagère » : la femme perdrait son charme en votant, elle est sur un piédestal, qu'elle n'en descende pas; elle a tout à perdre et rien à gagner en devenant électrice, elle gouverne les hommes sans avoir besoin de bulletin de vote, etc. Plus gravement on objecte l'intérêt de la famille : la place de la femme est à la maison; les discussions politiques amèneraient la discorde entre époux. Certains avouent un antiféminisme modéré. Les femmes sont différentes de l'homme. Elles ne font pas de service militaire. Les prostituées voteront-elles? Et d'autres affirment avec arrogance leur supériorité mâle : Voter est une charge et non un droit, les femmes n'en sont pas dignes. Elles sont moins intelligentes et moins instruites que l'homme. Si elles votaient, les hommes s'effémineraient. Leur éducation politique n'est pas faite. Elles voteraient selon le mot d'ordre du mari. Si elles veulent être libres, qu'elles s'affranchissent d'abord de leur couturière. On propose aussi cet argument d'une superbe naïveté : il y a plus de femmes que d'hommes en France. En dépit de la pauvreté de toutes ces objections, il a fallu attendre jusqu'en 1945 pour que la Française acquière ses capacités politiques.

La Nouvelle-Zélande avait accordé à la femme dès 1893 la plénitude de ses droits; l'Australie suit en 1908. Mais en Angleterre, en Amérique, la victoire a été difficile. L'Angleterre victorienne cantonnait impérieusement la femme au foyer; Jeanne Austen se cachait pour écrire; il fallait beaucoup de courage ou un destin exceptionnel pour devenir George Eliot, Emily Brontë; en 1888, un savant anglais écrivait : « Les femmes non seulement ne sont pas la race, elles ne sont pas même la moitié de la race mais une sous-espèce destinée uniquement à la reproduction. » Mrs. Fawcett fonde vers la fin du siècle le mouvement suffragiste mais c'est comme en France un mouvement timide. C'est vers 1903 que les revendications féminines prennent une tournure singulière. La famille Pankhurst crée à Londres la « Woman Social and Political Union » qui est ralliée au parti travailliste et qui entreprend une action résolument militante. C'est la première fois dans l'histoire qu'on voit les femmes tenter un effort en tant que femmes : c'est ce qui donne un intérêt particulier à l'aventure des « suffragettes » d'Angleterre et d'Amérique. Elles mènent pendant quinze ans une politique de pression qui rappelle par certains côtés l'attitude d'un Gandhi : se refusant la violence, elles en inventent plus ou moins ingénieusement des succédanés. Elles envahissent Albert Hall pendant les meetings du parti libéral en brandissant des bannières de calicot où sont inscrits les mots « Vote for women »; elles pénètrent de force dans le cabinet de lord Asquith, elles tiennent des meetings dans Hyde Park ou à Trafalgar Square, elles défilent dans les rues en portant des pancartes, elles font des conférences; au cours des manifestations, elles insultent les policiers ou les attaquent à coup de pierre de manière à susciter des procès; en prison, elles adoptent la tactique de la grève de la faim; elles récoltent des fonds, elles rassemblent autour d'elles des millions de femmes et d'hommes; elles émeuvent l'opinion si bien qu'en 1907 il y a deux cents membres du Parlement qui constituent un comité pour le suffrage des femmes; dorénavant, tous les ans certains d'entre eux proposent une loi en faveur du suffrage des femmes, loi qui est rejetée tous les ans avec les mêmes arguments. C'est en 1907 que le W.S.P.U. organise la première marche sur le Parlement à laquelle prennent part quantité de travailleuses en châles et quelques femmes de l'aristocratie; la police les refoule; mais l'année suivante, comme on a menacé d'interdire aux femmes mariées le travail dans certaines galeries de mines les ouvrières du Lancashire sont appelées par le W.S.P.U. à tenir à Londres un grand meeting. Il y a de nouvelles arrestations auxquelles les suffragettes emprisonnées répondent en 1909 par une longue grève de la faim. Relâchées, elles organisent de nouveaux cortèges : l'une d'elles montée sur un cheval qu'on a badigeonné de chaux figure la reine Elisabeth. Le 18 juillet 1910, jour où la loi sur le suffrage féminin doit être déposée à la Chambre, un défilé de neuf kilomètres de long se déploie à travers Londres; la loi rejetée, il y a de nouveaux meetings, de nouvelles arrestations. En 1912, elles adoptent une tactique plus violente : elles brûlent des maisons inhabitées, lacèrent des tableaux, piétinent des plates-bandes, elles lancent des pierres contre la police; en

même temps, elles envoient délégation sur délégation à
Lloyd George, à sir Edmond Grey; elles se cachent dans
Albert Hall et interviennent bruyamment pendant les
discours de Lloyd George. La guerre interrompit leurs
activités. Il est très difficile de savoir dans quelle mesure
cette action a hâté les événements. Le vote fut accordé
aux Anglaises d'abord en 1918 sous une forme restreinte,
ensuite en 1928 sans restriction : ce furent en grande
partie les services qu'elles rendirent pendant la guerre qui
leur valurent ce succès.

La femme américaine s'était d'abord trouvée plus
émancipée que l'Européenne. Au début du XIXᵉ, les
femmes ont dû prendre part au dur travail de pionnier
accompli par les hommes, elles ont lutté à leurs côtés;
elles étaient beaucoup moins nombreuses qu'eux et de ce
fait elles ont pris une valeur très haute. Mais peu à peu
leur condition s'est rapprochée de celle des femmes du
Vieux Monde; la galanterie à leur égard s'est maintenue;
elles ont gardé des privilèges culturels et une position
dominante à l'intérieur de la famille; les lois leur accor-
daient volontiers un rôle religieux et moral; mais les
commandes de la société n'en demeuraient pas moins
toutes aux mains des mâles. Certaines commencèrent vers
1830 à revendiquer leurs droits politiques. Elles entrepri-
rent aussi une campagne en faveur des Noirs. Le congrès
antiesclavagiste tenu en 1840 à Londres leur ayant été
fermé, la quakeresse Lucretia Mott fonda une association
féministe. Le 18 juillet 1840 dans une Convention réunie
à Seneca Falls elles composent un manifeste où règne
l'inspiration quaker et qui donne le ton à tout le féminisme américain. « L'homme et la femme ont été créés
égaux, pourvus par le Créateur d'inaliénables droits... Le
gouvernement n'est fait que pour sauvegarder ces droits...
L'homme fait de la femme mariée une morte civique... Il
usurpe les prérogatives de Jéhovah qui seul peut assigner
aux hommes leur sphère d'action. » Trois ans plus tard,
Mme Beecher-Stowe écrit *la Case de l'Oncle Tom* qui

soulèvera l'opinion en faveur des Noirs. Emerson et Lincoln appuient le mouvement féministe. Quand éclate la guerre de Sécession les femmes y participent ardemment; mais en vain réclament-elles que l'amendement qui donne aux Noirs le droit de voter soit ainsi rédigé : « Ni couleur ni *sexe*... ne font obstacle au droit électoral. » Cependant un des articles de l'amendement étant ambigu, Miss Anthony, grand leader féministe, en prend prétexte pour voter à Rochester avec quatorze de ses camarades; elle fut condamnée à cent dollars d'amende. En 1869, elle fonde l'Association nationale pour le suffrage des femmes et cette même année l'Etat du Wyoming accorde le droit de vote aux femmes. Mais c'est seulement en 1893 que le Colorado, puis en 1896 l'Idaho et l'Utah suivent cet exemple. Ensuite les progrès sont très lents. Mais sur le plan économique les femmes réussissent beaucoup mieux qu'en Europe. En 1900, il y a aux U.S.A. 5 millions de femmes qui travaillent, dont 1 300 000 dans l'industrie, 500 000 dans le commerce; on en compte un grand nombre dans le commerce, l'industrie, les affaires et toutes les professions libérales. Il y a des avocates, des docteurs et 3 373 femmes pasteurs. La fameuse Marie Baker Eddy fonde la Christian Scientist Church. Les femmes prennent l'habitude de se réunir en clubs : ils groupent en 1900 environ deux millions de membres.

Cependant neuf Etats seulement ont accordé le vote aux femmes. En 1913, le mouvement suffragiste s'organise sur le modèle du mouvement militant anglais. Deux femmes le dirigent : Miss Stevens, et une jeune quakeresse, Alice Paul. Elles obtiennent de Wilson l'autorisation de défiler en grand cortège avec bannières et insignes; elles organisent ensuite une campagne de conférences, des meetings, des défilés, des manifestations de toutes sortes. Des neuf Etats où le vote féminin est admis les femmes électrices se rendent en grande pompe au Capitole, réclamant le vote féminin pour l'ensemble de la nation. A Chicago on voit pour la première fois des femmes s'assembler en un parti afin de libérer leur sexe : cette assemblée devient le « Parti des Femmes ». En 1917, les suffragettes inventent une nouvelle tactique : elles s'installent en planton aux portes de la Maison Blanche, bannières en mains, et souvent enchaînées aux grilles afin qu'on ne puisse les expulser. Au bout de six mois, on les arrête et elles sont envoyées au pénitencier d'Oxcaqua; elles font la grève de la faim et finissent par être libérées. De nouveaux défilés entraînent des débuts d'émeute. Le gouvernement finit par consentir à nommer un Comité de suffrage à la Chambre. Le Comité exécutif du Parti des Femmes tient une conférence à Washington; à la sortie, l'amendement en faveur du vote féminin est présenté à la Chambre et voté le 10 janvier 1918. Reste à enlever le vote au Sénat. Wilson ne promettant pas d'exercer une pression suffisante, les suffragettes recommencent à manifester; elles tiennent un meeting aux portes de la Maison Blanche. Le président se décide à adresser un appel au Sénat mais l'amendement est rejeté par deux voix de majorité. C'est un congrès républicain qui votera l'amendement en juin 1919. Ensuite pendant dix ans se poursuit la lutte pour l'égalité complète des deux sexes. A la sixième conférence des Républiques américaines tenue à La Havane en 1928, les femmes obtiennent la création d'un Comité interaméricain des femmes. En 1933, les traités de Montevideo élèvent la condition de la femme par une convention internationale. Dix-neuf républiques américaines signent la convention accordant aux femmes l'égalité de tous les droits.

En Suède existe aussi un mouvement féministe très important. Au nom des vieilles traditions les Suédoises revendiquent le droit « à l'instruction, au travail, à la liberté ». Ce sont surtout les femmes de lettres qui mènent le combat, et c'est l'aspect moral du problème qui les intéresse d'abord; puis groupées en puissantes associations elles gagnent les libéraux mais se heurtent à l'hostilité des conservateurs. Les Norvégiennes en 1907, les Finlandaises en 1906 obtiennent le suffrage que les Suédoises attendront encore pendant des années.

Les pays latins, comme les pays d'Orient, oppriment la femme par la rigueur des mœurs encore plus que par celle des lois. En Italie le fascisme a systématiquement freiné l'évolution du féminisme. Recherchant l'alliance de l'Eglise, respectant la famille et prolongeant une tradition d'esclavage féminin, l'Italie fasciste a doublement asservi la femme : aux pouvoirs publics et à son mari. La situation a été très différente en Allemagne. En 1790, l'étudiant Hippel avait lancé le premier manifeste du féminisme allemand. Au début du XIXᵉ avait fleuri un féminisme sentimental analogue à celui de George Sand. En 1848, la première féministe allemande, Louise Otto, réclamait le droit pour les femmes d'aider à la transformation de leur pays : son féminisme était essentiellement nationaliste. Elle fondait en 1865 l'« Association générale des femmes allemandes ». Cependant les socialistes allemands réclament avec Bebel l'abolition de l'inégalité des sexes. Clara Zetkin entre en 1892 dans les conseils du parti. On voit apparaître des associations ouvrières féminines et des unions de femmes socialistes groupées en une Fédération. Les Allemandes échouent en 1914 à faire établir une armée nationale des femmes mais elles participent ardemment à l'effort de guerre. Après la défaite allemande, elles obtiennent le droit de vote et prennent part à la vie politique : Rosa Luxembourg lutte dans le groupe Spartacus aux côtés de Liebknecht et meurt assassinée en 1919. La majorité des Allemandes s'est prononcée pour le parti de l'ordre; plusieurs d'entre elles siègent au Reichstag. C'est donc à des femmes émancipées qu'Hitler a imposé à nouveau l'idéal de Napoléon : « Küche, Kirche, Kinder. » « La présence d'une femme déshonorerait le Reichstag », a-t-il déclaré. Comme le nazisme était anticatholique et antibourgeois, il a donné à la mère une place privilégiée; la protection accordée aux filles-mères et aux enfants naturels affranchit en grande partie la femme du mariage; comme à Sparte, elle dépendait de l'Etat beaucoup plus que d'aucun individu, ce qui lui donnait à la fois plus et moins d'autonomie qu'à une bourgeoise vivant en régime capitaliste.

C'est en U.R.S.S. que le mouvement féministe a pris le plus d'ampleur. Il s'était ébauché à la fin du XIXe, parmi les étudiantes de l'intelligenzia; elles sont moins attachées à leur cause personnelle qu'à l'élection révolutionnaire en général; elles « vont au peuple » et luttent contre l'Okrana selon les méthodes nihilistes : Véra Zassoulich exécute en 1878 le préfet de police Trépov. Pendant la guerre russo-japonaise les femmes dans beaucoup de métiers remplacent les hommes; elles prennent conscience d'elles-mêmes et l'Union russe pour les droits de la femme réclame l'égalité politique des sexes; au sein de la première Douma se crée un groupe parlementaire des droits de la femme, mais qui n'a pas d'efficacité. C'est de la révolution que viendra l'émancipation des travailleuses. Déjà en 1905 elles avaient largement participé aux grèves politiques de masse déclenchées dans le pays, elles étaient montées sur les barricades. En 1917, quelques jours avant la Révolution, à l'occasion de la Journée internationale des Femmes (le 8 mars) elles manifestent en masse dans les rues de Saint-Pétersbourg en exigeant du pain, la paix et le retour de leurs maris. Elles prennent part à l'insurrection d'octobre; entre 1918 et 1920 elles jouent un grand rôle économique et même militaire dans la lutte de l'U.R.S.S. contre les envahisseurs. Fidèle à la tradition marxiste, Lénine a lié l'émancipation des femmes à celle des travailleurs; il leur a donné l'égalité politique et l'égalité économique.

L'article 122 de la constitution de 1936 pose que : « En U.R.S.S. la femme jouit des mêmes droits que l'homme dans tous les domaines de la vie économique, officielle, culturelle, publique et politique. » Et ces principes ont été précisés par l'Internationale communiste. Elle réclame : « Egalité sociale de la femme et de l'homme devant la loi et dans la vie pratique. Transformation radicale du droit conjugal et du code de la famille. Reconnaissance de la maternité comme fonction sociale. Mise à la charge de la société des soins et de l'éducation des enfants et adolescents. Lutte civilisatrice organisée contre l'idéologie et les traditions qui font de la femme une esclave. » Dans le domaine économique les conquêtes de la femme ont été éclatantes. Elle a obtenu l'égalité des salaires avec les travailleurs mâles et elle a intensément participé à la production; par là, elle a pris une importance politique et sociale considérable. Dans la brochure éditée récemment par l'Association France-U.R.S.S., il est dit qu'aux élections générales de 1939 il y avait 457 000 femmes députées aux Soviets de région, d'arrondissement, de ville et de village, 1 480 aux Soviets supérieurs des républiques socialistes, 227 siégeaient au Soviet suprême de l'U.R.S.S. Près de 10 millions sont membres de syndicats. Elles constituaient 40 % du contingent des ouvriers et employés de l'U.R.S.S.; on a compté parmi les stakhanovistes un grand nombre d'ouvrières. On sait quelle part la femme russe a pris à la dernière guerre; elles ont fourni un énorme travail jusque dans les branches de production où prédominaient les professions masculines : métallurgie et mines, flottage du bois, chemins de fer, etc. Elles se sont distinguées comme aviatrices, parachutistes, elles ont formé des armées de partisans.

Cette participation de la femme à la vie publique a soulevé un problème difficile : c'est son rôle dans la vie familiale. Pendant toute une période, on a cherché à l'affranchir des contraintes domestiques : le 16 novembre 1924, l'assemblée plénière du Komintern a proclamé que : « La révolution est impuissante tant que subsistent la notion de famille et les relations familiales. » Le respect accordé à l'union libre, la facilité des divorces, la réglementation légale de l'avortement assuraient la liberté de la femme en face de l'homme; des lois sur les congés de grossesse, des crèches, jardins d'enfants, etc., allégeaient les charges de la maternité. Il est difficile, à travers les témoignages passionnés et contradictoires, de démêler quelle était sa situation concrète; ce qui est sûr c'est qu'aujourd'hui les exigences de la repopulation ont amené une politique familiale différente : la famille apparaît comme la cellule sociale élémentaire et la femme est à la fois travailleuse et ménagère[1]. La morale sexuelle est des plus strictes; depuis la loi de juin 1936 qu'a renforcée celle du 7 juin 1941 l'avortement est interdit, le divorce à peu près supprimé; l'adultère est condamné par les mœurs. Subordonnée étroitement à l'Etat comme tous les travailleurs, étroitement liée à son foyer, mais accédant à la vie politique et à la dignité que confère le travail producteur, la femme russe est dans une condition singulière qu'il serait profitable de pouvoir étudier de près dans sa singularité; les circonstances malheureusement me l'interdisent.

Dans la session qu'elle vient de tenir à l'O.N.U. la commission de la condition de la femme a réclamé que l'égalité des droits des deux sexes soit reconnue à travers toutes les nations et elle a approuvé plusieurs motions tendant à faire de ce statut légal une réalité concrète. Il semble donc que la partie soit gagnée. L'avenir ne peut que conduire à une assimilation de plus en plus profonde de la femme à la société naguère masculine.

---

1. Olga Michakova, secrétaire du Comité central de l'Organisation de la Jeunesse communiste, a déclaré en 1944 dans une interview : « Les femmes soviétiques doivent chercher à se rendre aussi attrayantes que la nature et le bon goût le permettent. Après la guerre elles devront s'habiller comme des femmes et avoir une démarche féminine... On dira aux filles de se comporter et de marcher comme des filles et pour cette raison elles adopteront des jupes probablement très étroites qui les obligeront à une démarche gracieuse. »

*

Si nous jetons un coup d'œil d'ensemble sur cette histoire, nous voyons s'en dégager plusieurs conclusions. Et d'abord celle-ci : toute l'histoire des femmes a été faite par les hommes. De même qu'en Amérique il n'y a pas de problème noir mais un problème blanc[1]; de même que « l'antisémitisme n'est pas un problème juif : c'est notre problème[2] »; ainsi le problème de la femme a toujours été un problème d'hommes. On a vu pour quelles raisons ils ont eu au départ avec la force physique le prestige moral; ils ont créé les valeurs, les mœurs, les religions; jamais les femmes ne leur ont disputé cet empire. Quelques isolées – Sapho, Christine de Pisan, Mary Wollonescraft, Olympe de Gouges – ont protesté contre la dureté de leur destin; et il s'est parfois produit des manifestations collectives : mais les matrones romaines se liguant contre la loi Oppia ou les suffragettes anglo-saxonnes n'ont réussi à exercer une pression que parce que les hommes étaient tout disposés à la subir. Ce sont eux qui ont toujours tenu le sort de la femme entre leurs mains; et ils n'en ont pas décidé en fonction de son intérêt; c'est à leurs propres projets, à leurs craintes, à leurs besoins qu'ils ont eu égard. Quand ils ont révéré la déesse-mère, c'est que la Nature leur faisait peur; dès que l'outil de bronze leur a permis de s'affirmer contre elle, ils ont institué le patriarcat; c'est le conflit de la famille et de l'Etat qui définit alors le statut de la femme; c'est l'attitude du chrétien en face de Dieu, du monde et de sa propre chair qui s'est reflétée dans la condition qu'il lui a assignée; ce qu'on a appelé au Moyen Age « querelle des femmes » ce fut une querelle entre clercs et laïques à propos du mariage et du célibat; c'est le régime social

1. Cf. MYRDALL, *American dilemma*.
2. Cf. J.-P. SARTRE, *Réflexions sur la Question juive*.

fondé sur la propriété privée qui a entraîné la tutelle de la
femme mariée, et c'est la révolution technique réalisée
par les hommes qui a affranchi les femmes d'aujourd'hui.
C'est une évolution de l'éthique masculine qui a amené la
réduction des nombreuses familles par le « birth-control »
et partiellement affranchi la femme des servitudes de la
maternité. Le féminisme lui-même n'a jamais été un
mouvement autonome : ce fut en partie un instrument
aux mains des politiciens, en partie un épiphénomène
reflétant un drame social plus profond. Jamais les femmes n'ont constitué une caste séparée : et en vérité elles
n'ont pas cherché à jouer en tant que sexe un rôle dans
l'histoire. Les doctrines qui réclament l'avènement de la
femme en tant qu'elle est chair, vie, immanence, qu'elle
est l'Autre, sont des idéologies masculines qui n'expriment aucunement les revendications féminines. La majorité des femmes se résigne à leur sort sans tenter aucune
action; celles qui ont essayé de changer ont prétendu non
s'enfermer dans leur singularité et la faire triompher mais
la surmonter. Quand elles sont intervenues dans le cours
du monde, c'est en accord avec les hommes, dans des
perspectives masculines.

Cette intervention, dans l'ensemble, a été secondaire et
épisodique. Les classes où les femmes jouissaient d'une
certaine autonomie économique et participaient à la
production étaient les classes opprimées et en tant que
travailleuses elles étaient encore plus esclaves que les
travailleurs mâles. Dans les classes dirigeantes la femme
était parasite et comme telle asservie aux lois masculines : dans les deux cas, l'action lui était à peu près
impossible. Le droit et les mœurs ne coïncidaient pas
toujours : et entre eux l'équilibre s'établissait de manière
que la femme ne fût jamais concrètement libre. Dans
l'ancienne république romaine, les conditions économiques donnent à la matrone des pouvoirs concrets : mais
elle n'a aucune indépendance légale; il en va souvent de
même dans les civilisations paysannes, et dans la petite

bourgeoisie commerçante; maîtresse-servante à l'intérieur de la maison, la femme est socialement une mineure. Inversement, dans les époques où la société se désagrège, la femme s'émancipe; mais en cessant d'être vassale de l'homme, elle perd son fief; elle n'a qu'une liberté négative qui ne trouve à se traduire que par la licence et la dissipation : ainsi pendant la décadence romaine, la Renaissance, le XVIIIe siècle, le Directoire. Ou bien elle trouve à s'employer, mais elle est asservie; ou elle est affranchie, mais elle n'a plus rien à faire d'elle-même. Il est remarquable entre autres que la femme mariée ait eu sa place dans la société mais n'y ait joui d'aucun droit; tandis que la célibataire, fille honnête ou prostituée, avait toutes les capacités de l'homme; mais jusqu'à ce siècle elle était plus ou moins exclue de la vie sociale. De cette opposition du droit et des mœurs a résulté entre autres ce curieux paradoxe : l'amour libre n'est pas défendu par la loi, tandis que l'adultère est un délit; souvent cependant la jeune fille qui « faute » est déshonorée tandis que l'inconduite de l'épouse est considérée avec indulgence : quantité de jeunes filles du XVIIe à nos jours se mariaient afin de pouvoir prendre librement des amants. Par cet ingénieux système la grande masse des femmes est étroitement tenue en lisières : il faut des circonstances exceptionnelles pour que entre ces deux séries de contraintes, ou abstraites ou concrètes, une personnalité féminine réussisse à s'affirmer. Les femmes qui ont accompli des œuvres comparables à celles des hommes sont celles que la force des institutions sociales avait exaltées au delà de toute différenciation sexuelle. Isabelle la Catholique, Elisabeth d'Angleterre, Catherine de Russie n'étaient ni mâle ni femelle : des souverains. Il est remarquable que socialement abolie leur féminité n'ait plus constitué une infériorité : la proportion des reines qui eurent de grands règnes est infiniment supérieure à celle des grands rois. La religion opère la même transformation : Catherine de Sienne, sainte Thérèse sont par-delà toute condition

physiologique des âmes saintes; leur vie séculière et leur
vie mystique, leurs actions et leurs écrits s'élèvent à des
hauteurs où peu d'hommes ont jamais atteint. On est en
droit de penser que si les autres femmes échouèrent à
marquer profondément le monde c'est qu'elles étaient
confinées dans leur condition. Elles n'ont guère pu intervenir que d'une manière négative ou oblique. Judith,
Charlotte Corday, Véra Zassoulich assassinent; les Fron-
deuses conspirent; pendant la Révolution, pendant la
Commune, des femmes luttent aux côtés des hommes
contre l'ordre établi; à une liberté sans droit, sans pouvoir, il est permis de se raidir dans le refus et la révolte
tandis qu'il lui est interdit de participer à une construction positive; tout au plus réussira-t-elle à s'immiscer par
un chemin détourné dans les entreprises masculines.
Aspasie, Mme de Maintenon, la princesse des Ursins
furent des conseillères écoutées : encore a-t-il fallu qu'on
consentît à les écouter. Les hommes exagèrent volontiers
l'étendue de ces influences quand ils veulent convaincre
la femme qu'elle a la plus belle part; mais en fait les voix
féminines se taisent là où commence l'action concrète;
elles ont pu susciter des guerres, non suggérer la tactique
d'une bataille; elles n'ont guère orienté la politique que
dans la mesure où la politique se réduisait à l'intrigue :
les vraies commandes du monde n'ont jamais été aux
mains des femmes; elles n'ont pas agi sur les techniques
ni sur l'économie, elles n'ont pas fait ni défait des Etats,
elles n'ont pas découvert des mondes. C'est par elles que
certains événements ont été déclenchés : mais elles ont
été prétextes beaucoup plus qu'agents. Le suicide de
Lucrèce n'a eu qu'une valeur de symbole. Le martyre
demeure permis à l'opprimé; pendant les persécutions
chrétiennes, au lendemain de défaites sociales ou natio-
nales, des femmes ont joué ce rôle de témoin; mais jamais
un martyr n'a changé la face du monde. Même les
manifestations et les initiatives féminines n'ont pris de

valeur que lorsqu'une décision masculine les a efficace-
ment prolongées. Les Américaines groupées autour de
Mme Beecher-Stowe soulèvent violemment l'opinion
contre l'esclavage; mais les vraies raisons de la guerre de
Sécession ne furent pas d'ordre sentimental. La « journée
des femmes » du 8 mars 1917 a peut-être précipité la
révolution russe : elle ne fut cependant qu'un signal. La
plupart des héroïnes féminines sont d'une espèce baroque : des aventurières, des originales remarquables moins
par l'importance de leurs actions que par la singularité de
leurs destinées; ainsi Jeanne d'Arc, Mme Roland, Flora
Tristan, si on les compare à Richelieu, à Danton, à
Lénine, on voit que leur grandeur est surtout subjective :
ce sont des figures exemplaires plutôt que des agents
historiques. Le grand homme jaillit de la masse et il est
porté par les circonstances : la masse des femmes est en
marge de l'histoire, et les circonstances sont pour chacune d'elles un obstacle et non un tremplin. Pour changer
la face du monde, il faut y être d'abord solidement ancré;
mais les femmes solidement enracinées dans la société
sont celles qui lui sont soumises; à moins d'être désignées
pour l'action par droit divin – et en ce cas elles se sont
montrées aussi capables que les hommes – l'ambitieuse,
l'héroïne sont des monstres étranges. C'est seulement
depuis que les femmes commencent à se sentir chez elles
sur cette terre qu'on a vu apparaître une Rosa Luxembourg, une Mme Curie. Elles démontrent avec éclat que
ce n'est pas l'infériorité des femmes qui a déterminé leur
insignifiance historique : c'est leur insignifiance historique qui les a vouées à l'infériorité[1].

1. Il est remarquable qu'à Paris, sur un millier de statues (si l'on
excepte les reines qui forment pour une raison purement architecturale la
corbeille du Luxembourg), il n'y en ait que dix élevées à des femmes.
Trois sont consacrées à Jeanne d'Arc. Les autres sont Mme de Ségur,
George Sand, Sarah Bernhardt, Mme Boucicaut et la baronne de Hirsch,
Maria Deraismes, Rosa Bonheur.

Le fait est flagrant dans le domaine où elles ont le mieux réussi à s'affirmer, c'est-à-dire le domaine culturel. Leur sort a été profondément lié à celui des lettres et des arts; déjà chez les Germains les fonctions de prophétesse, de prêtresse revenaient aux femmes; parce qu'elles sont en marge du monde, c'est vers elles que les hommes vont se tourner quand ils s'efforcent par la culture de franchir les bornes de leur univers et d'accéder à ce qui est autre. Le mysticisme courtois, la curiosité humaniste, le goût de la beauté qui s'épanouit dans la Renaissance italienne, la préciosité du XVIIe, l'idéal progressiste du XVIIIe amènent sous des formes diverses une exaltation de la féminité. La femme est alors le principal pôle de la poésie, la substance de l'œuvre d'art; les loisirs dont elle dispose lui permettent de se consacrer aux plaisirs de l'esprit : inspiratrice, juge, public de l'écrivain, elle devient son émule; c'est elle souvent qui fait prévaloir un mode de sensibilité, une éthique qui alimente les cœurs masculins et ainsi elle intervient dans son propre destin : l'instruction des femmes est une conquête en grande partie féminine. Et cependant, si ce rôle collectif joué par les femmes intellectuelles est important, leurs contributions individuelles sont, dans l'ensemble, d'un moindre prix. C'est parce qu'elle n'est pas engagée dans l'action que la femme a une place privilégiée dans les domaines de la pensée et de l'art; mais l'art et la pensée ont dans l'action leurs sources vives. Etre située en marge du monde, ce n'est pas une situation favorable pour qui prétend le recréer : ici encore pour émerger par-delà le donné, il faut d'abord y être profondément enraciné. Les accomplissements personnels sont presque impossibles dans les catégories humaines collectivement maintenues dans une situation inférieure. « Avec des jupes, où voulez-vous qu'on aille ? » demandait Marie Bashkirtseff. Et Stendhal : « Tous les génies qui naissent *femmes* sont perdus pour le bonheur du public. » A vrai dire, on ne naît pas génie : on le devient; et la condition féminine a rendu jusqu'à présent ce devenir impossible.

Les antiféministes tirent de l'examen de l'histoire deux arguments contradictoires : 1° les femmes n'ont jamais rien créé de grand; 2° la situation de la femme n'a jamais empêché l'épanouissement des grandes personnalités féminines. Il y a de la mauvaise foi dans ces deux affirmations; les réussites de quelques privilégiées ne compensent ni n'excusent l'abaissement systématique du niveau collectif; et que ces réussites soient rares et limitées prouve précisément que les circonstances leur sont défavorables. Comme l'ont soutenu Christine de Pisan, Poulain de la Barre, Condorcet, Stuart Mill, Stendhal, dans aucun domaine la femme n'a jamais eu ses chances. C'est pourquoi aujourd'hui un grand nombre d'entre elles réclament un nouveau statut; et encore une fois, leur revendication n'est pas d'être exaltée dans leur féminité : elles veulent qu'en elles-mêmes comme dans l'ensemble de l'humanité la transcendance l'emporte sur l'immanence; elles veulent qu'enfin leur soient accordés les droits abstraits et les possibilités concrètes sans la conjugaison desquelles la liberté n'est qu'une mystification[1].

Cette volonté est en train de s'accomplir. Mais la période que nous traversons est une période de transition; ce monde qui a toujours appartenu aux hommes est encore entre leurs mains; les institutions et les valeurs de la civilisation patriarcale en grande partie se survivent. Les droits abstraits sont bien loin d'être partout intégralement reconnus aux femmes : en Suisse, elles ne votent

---

1. Ici encore les antiféministes jouent sur une équivoque. Tantôt, tenant pour rien la liberté abstraite, ils s'exaltent sur le grand rôle concret que la femme asservie peut jouer en ce monde : que réclame-t-elle donc? Tantôt ils méconnaissent le fait que la licence négative n'ouvre aucune possibilité concrète et ils reprochent aux femmes abstraitement affranchies de n'avoir pas fait leurs preuves.

pas encore; en France la loi de 1942 maintient sous une forme atténuée les prérogatives de l'époux. Et les droits abstraits, nous venons de le dire, n'ont jamais suffi à assurer à la femme une prise concrète sur le monde : entre les deux sexes, il n'y a pas aujourd'hui encore de véritable égalité.

D'abord, les charges du mariage demeurent beaucoup plus lourdes pour la femme que pour l'homme. On a vu que les servitudes de la maternité ont été réduites par l'usage, – avoué ou clandestin – du « birth-control »; mais la pratique n'en est pas universellement répandue ni rigoureusement appliquée; l'avortement étant officiellement interdit, beaucoup de femmes ou compromettent leur santé par des manœuvres abortives non contrôlées, ou se trouvent accablées par le nombre de leurs maternités. Les soins des enfants comme l'entretien du foyer sont encore supportés presque exclusivement par la femme. En France, en particulier, la tradition antiféministe est si tenace qu'un homme croirait déchoir en participant à des tâches naguère réservées aux femmes. Il en résulte que la femme peut plus difficilement que l'homme concilier sa vie familiale et son rôle de travailleuse. Dans les cas où cet effort est exigé d'elle par la société, son existence est beaucoup plus pénible que celle de son époux.

Considérons par exemple le sort des paysannes. En France elles constituent la majorité des femmes qui participent au travail producteur; et elles sont généralement mariées. La célibataire en effet demeure, le plus souvent, servante dans la maison paternelle ou dans celle d'un frère ou d'une sœur; elle ne devient maîtresse d'un foyer qu'en acceptant la domination d'un mari; les mœurs et les traditions lui assignent d'une région à l'autre des rôles divers : la paysanne normande préside le repas tandis que la femme corse ne s'assied pas à la même table que les hommes; mais en tout cas, jouant dans l'économie domestique un rôle des plus importants, elle participe aux responsabilités de l'homme, elle est associée à ses intérêts, elle partage avec lui la propriété; elle est respectée et souvent c'est elle qui effectivement gouverne : sa situation rappelle celle qu'elle occupait dans les anciennes communautés agricoles. Elle a souvent autant ou plus de prestige moral que son mari; mais sa condition concrète est beaucoup plus dure. Les soins du jardinage, de la basse-cour, de la bergerie, de la porcherie lui incombent exclusivement; elle prend part aux gros travaux : soin des étables, épandage du fumier, semailles, labourage, sarclage, fenaison; elle bêche, arrache les mauvaises herbes, moissonne, vendange, et parfois aide à charger et décharger les chariots de paille, foin, bois et fagots, litières, etc. En outre, elle prépare les repas, tient le ménage : lessive, raccommodage, etc. Elle assure les dures charges de la maternité et du soin des enfants. Elle se lève à l'aube, nourrit la basse-cour et le petit bétail, sert le premier repas des hommes, donne des soins aux enfants et s'en va travailler aux champs ou dans les bois ou au jardin potager; elle puise l'eau à la fontaine, sert le second repas, lave la vaisselle, travaille de nouveau aux champs jusqu'au dîner; après le dernier repas elle occupe la veillée à raccommoder, nettoyer, égrener le maïs, etc. Comme elle n'a pas loisir de s'occuper de sa santé même pendant les grossesses, elle se déforme vite, elle est prématurément flétrie et usée, rongée de maladies. Les quelques compensations que l'homme trouve de temps à autre dans la vie sociale lui sont refusées : il va en ville le dimanche et les jours de foire, rencontre d'autres hommes, va au café, boit, joue aux cartes, il chasse, il pêche. Elle reste à la ferme et ne connaît aucun loisir. Seules les paysannes aisées, qui se font aider par des servantes, ou qui sont dispensées du travail des champs mènent une vie qui s'équilibre heureusement : elles sont socialement honorées et jouissent au foyer d'une grande autorité sans être écrasées de labeur. Mais la plupart du temps le travail rural réduit la femme à la condition de bête de somme.

La commerçante, la patronne qui dirige une petite entreprise ont été de tout temps des privilégiées; elles sont les seules à qui le code ait reconnu depuis le Moyen Age des capacités civiles; l'épicière, la crémière, l'hôtelière, la buraliste ont une position équivalente à celle de l'homme; célibataires ou veuves, elles sont à elles seules une raison sociale; mariées, elles possèdent la même autonomie que leur époux. Elles ont la chance que leur travail s'exerce au lieu même où se trouve leur foyer et qu'il ne soit généralement pas trop absorbant.

Il en va tout autrement pour l'ouvrière, l'employée, la secrétaire, la vendeuse, qui travaillent au-dehors. Il leur est beaucoup plus difficile de concilier leur métier avec le soin du ménage (courses, préparation des repas, nettoyage, entretien des vêtements demandent au moins trois heures et demie de travail quotidien et six heures le dimanche; c'est un chiffre considérable quand il s'additionne à celui des heures d'usine ou de bureau). Quant aux professions libérales, même si avocates, médecins, professeurs se font un peu aider dans leur ménage, le foyer et les enfants représentent aussi pour elles des charges et des soucis qui sont un lourd handicap. En Amérique, le travail du ménage est simplifié par d'ingénieuses techniques; mais la tenue et l'élégance qu'on exige de la travailleuse lui imposent une autre servitude; et elle demeure responsable de la maison et des enfants. D'autre part, la femme qui cherche son indépendance dans le travail a beaucoup moins de chances que ses concurrents masculins. Son salaire est dans beaucoup de métiers inférieur à celui des hommes; ses tâches sont moins spécialisées et partant moins bien payées que celles d'un ouvrier qualifié; et à égalité de tâche elle est moins rémunérée. Du fait qu'elle est dans l'univers des mâles une nouvelle venue, elle a moins de possibilités de réussite qu'eux. Hommes et femmes répugnent également à être sous les ordres d'une femme; ils témoignent toujours plus de confiance à un homme; être femme c'est sinon une tare du moins une singularité. Pour « arriver », il est utile à une femme de s'assurer un appui masculin. Ce sont les hommes qui occupent les places les plus avantageuses, qui détiennent les postes les plus importants. Il est essentiel de souligner qu'hommes et femmes constituent économiquement deux castes[1].

Le fait qui commande la condition actuelle de la femme, c'est la survivance têtue dans la civilisation neuve qui est en train de s'ébaucher des traditions les plus antiques. C'est là ce que méconnaissent les observateurs hâtifs qui estiment la femme inférieure aux chances qui lui sont aujourd'hui offertes, ou encore qui ne voient dans ces chances que des tentations dangereuses. La vérité est que sa situation est sans équilibre, et c'est pour cette raison qu'il lui est très difficile de s'y adapter. On ouvre aux femmes les usines, les bureaux, les facultés, mais on continue à considérer que le mariage est pour elle une carrière des plus honorables qui la dispense de toute autre participation à la vie collective. Comme dans les civilisations primitives, l'acte amoureux est chez elle un service qu'elle a le droit de se faire plus ou moins directement payer. Sauf en U.R.S.S.[2], il est partout permis à la femme moderne de regarder son corps comme un capital à

1. En Amérique, les grandes fortunes finissent souvent par tomber dans les mains des femmes : plus jeunes que leur mari, elles leur survivent et héritent de lui; mais elles sont alors âgées et prennent rarement l'initiative de nouveaux investissements; elles agissent en usufruitières plutôt qu'en propriétaires. Ce sont les hommes en fait qui *disposent* des capitaux. De toute façon, ces riches privilégiées ne constituent qu'une petite minorité. En Amérique bien plus qu'en Europe, il est à peu près impossible à une femme d'arriver comme avocate, docteur, etc., à une haute situation.

2. Du moins d'après la doctrine officielle.

exploiter. La prostitution est tolérée[1], la galanterie encouragée. Et la femme mariée est autorisée à se faire entretenir par son mari; elle est en outre revêtue d'une dignité sociale très supérieure à celle de la célibataire. Les mœurs sont bien loin d'octroyer à celle-ci des possibilités sexuelles équivalentes à celles du célibataire mâle; en particulier la maternité lui est à peu près défendue, la fille-mère demeurant un objet de scandale. Comment le mythe de Cendrillon[2] ne garderait-il pas toute sa valeur? Tout encourage encore la jeune fille à attendre du « prince charmant » fortune et bonheur plutôt qu'à en tenter seule la difficile et incertaine conquête. En particulier, elle peut espérer accéder grâce à lui à une caste supérieure à la sienne, miracle que ne récompensera pas le travail de toute sa vie. Mais un tel espoir est néfaste parce qu'il divise ses forces et ses intérêts[3]; c'est cette division qui est peut-être pour la femme le plus grave handicap. Les parents élèvent encore leur fille en vue du mariage plutôt qu'ils ne favorisent son développement personnel; elle y voit tant d'avantages qu'elle le souhaite elle-même; il en résulte qu'elle est souvent moins spécialisée, moins solidement formée que ses frères, elle s'en-

---

1. Dans les pays anglo-saxons la prostitution n'a jamais été réglementée. Jusqu'en 1900 la « Common law » anglaise et américaine ne la considérait comme un délit que lorsqu'elle était scandaleuse et créait du désordre. Depuis lors la répression s'est exercée avec plus ou moins de rigueur, avec plus ou moins de succès, en Angleterre et dans les différents Etats des U. S. A. dont les législations sont sur ce point très diverses. En France à la suite d'une longue campagne abolitionniste la loi du 13 avril 1946 a ordonné la fermeture des maisons de tolérance et le renforcement de la lutte contre le proxénétisme : « Considérant que l'existence de ces maisons est incompatible avec les principes essentiels de la dignité humaine et le rôle dévolu à la femme dans la société moderne... » Cependant la prostitution n'en continue pas moins à s'exercer. Ce n'est évidemment pas par des mesures négatives et hypocrites qu'on peut modifier la situation.

2. Cf. PHILIPP WILLIE, *Génération de Vipères*.

3. Nous reviendrons longuement sur ce point au vol. II.

gage moins totalement dans sa profession; par là elle se voue à y demeurer inférieure; et le cercle vicieux se noue : cette infériorité renforce son désir de trouver un mari. Tout bénéfice a toujours pour envers une charge; mais si les charges sont trop lourdes, le bénéfice n'apparaît plus que comme une servitude; pour la majorité des travailleurs, le travail est aujourd'hui une corvée ingrate : pour la femme, celle-ci n'est pas compensée par une conquête concrète de sa dignité sociale, de sa liberté de mœurs, de son autonomie économique; il est naturel que nombre d'ouvrières, d'employées, ne voient dans le droit au travail qu'une obligation dont le mariage les délivrerait. Cependant du fait qu'elle a pris conscience de soi et qu'elle peut s'affranchir aussi du mariage par le travail, la femme n'en accepte pas non plus docilement la sujétion. Ce qu'elle souhaiterait c'est que la conciliation de la vie familiale et d'un métier ne réclamât pas d'elle d'épuisantes acrobaties. Même alors, tant que subsistent les tentations de la facilité – de par l'inégalité économique qui avantage certains individus et le droit reconnu à la femme de se vendre à un de ces privilégiés – elle aura besoin d'un effort moral plus grand que le mâle pour choisir le chemin de l'indépendance. On n'a pas assez compris que la tentation aussi est un obstacle, et même un des plus dangereux. Ici elle se double d'une mystification puisque en fait il y aura une gagnante sur des milliers à la loterie du beau mariage. L'époque actuelle invite les femmes, les oblige même au travail; mais elle fait miroiter à leurs yeux des paradis d'oisiveté et de délices : elle en exalte les élues bien au-dessus de celles qui demeurent rivées à ce monde terrestre.

Le privilège économique détenu par les hommes, leur valeur sociale, le prestige du mariage, l'utilité d'un appui masculin, tout engage les femmes à vouloir ardemment plaire aux hommes. Elles sont encore dans l'ensemble en situation de vassalité. Il s'ensuit que la femme se connaît

et se choisit non en tant qu'elle existe pour soi mais telle
que l'homme la définit. Il nous faut donc la décrire
d'abord telle que les hommes la rêvent puisque son
être-pour-les-hommes est un des facteurs essentiels de sa
condition concrète.

Troisième partie

MYTHES

CHAPITRE PREMIER

L'histoire nous a montré que les hommes ont toujours détenu tous les pouvoirs concrets; depuis les premiers temps du patriarcat ils ont jugé utile de maintenir la femme dans un état de dépendance; leurs codes se sont établis contre elle; et c'est ainsi qu'elle a été concrètement constituée comme l'Autre. Cette condition servait les intérêts économiques des mâles; mais elle convenait aussi à leurs prétentions ontologiques et morales. Dès que le sujet cherche à s'affirmer, l'Autre qui le limite et le nie lui est cependant nécessaire : il ne s'atteint qu'à travers cette réalité qu'il n'est pas. C'est pourquoi la vie de l'homme n'est jamais plénitude et repos, elle est manque et mouvement, elle est lutte. En face de soi, l'homme rencontre la Nature; il a prise sur elle, il tente de se l'approprier. Mais elle ne saurait le combler. Ou bien elle ne se réalise que comme une opposition purement abstraite, elle est obstacle et demeure étrangère; ou bien elle subit passivement le désir de l'homme et se laisse assimiler par lui; il ne la possède qu'en la consommant, c'est-à-dire en la détruisant. Dans ces deux cas, il demeure seul; il est seul quand il touche une pierre, seul quand il digère un fruit. Il n'y a présence de l'autre que si l'autre est lui-même présent à soi : c'est-à-dire que la véritable altérité est celle d'une conscience séparée de la mienne et identique à elle. C'est l'existence des autres hommes qui arrache chaque homme à son immanence et qui lui permet d'accomplir la vérité de son être, de s'accomplir comme transcendance, comme échappement vers l'objet, comme projet. Mais cette liberté étrangère, qui confirme ma liberté, entre aussi en conflit avec elle : c'est la tragédie de la conscience malheureuse; chaque conscience prétend se poser seule comme sujet souverain. Chacune essaie de s'accomplir en réduisant l'autre en esclavage. Mais l'esclave dans le travail et la peur s'éprouve lui aussi comme essentiel et, par un retournement dialectique, c'est le maître qui apparaît comme l'inessentiel. Le drame peut être surmonté par la libre reconnaissance de chaque individu en l'autre, chacun posant à la fois soi et l'autre comme objet et comme sujet dans un mouvement réciproque. Mais l'amitié, la générosité, qui réalisent concrètement cette reconnaissance des libertés, ne sont pas des vertus faciles; elles sont assurément le plus haut accomplissement de l'homme, c'est par là qu'il se trouve dans sa vérité : mais cette vérité est celle d'une lutte sans cesse ébauchée, sans cesse abolie; elle exige que l'homme à chaque instant se surmonte. On peut dire aussi en un autre langage que l'homme atteint une attitude authentiquement morale quand il renonce à *être* pour assumer son existence; par cette conversion, il renonce aussi à toute possession, car la possession est un mode de recherche de l'être; mais la conversion par laquelle il atteint la véritable sagesse n'est jamais faite, il faut sans cesse la faire, elle réclame une constante tension. Si bien que, incapable de s'accomplir dans la solitude, l'homme dans ses rapports avec ses semblables est sans cesse en danger : sa vie est une entreprise difficile dont la réussite n'est jamais assurée.

Mais il n'aime pas la difficulté; il a peur du danger. Il aspire contradictoirement à la vie et au repos, à l'existence et à l'être; il sait bien que « l'inquiétude de l'esprit » est la rançon de son développement, que sa distance à l'objet est la rançon de sa présence à soi; mais il rêve de quiétude dans l'inquiétude et d'une plénitude opaque qu'habiterait cependant la conscience. Ce rêve incarné, c'est justement la femme; elle est l'intermédiaire souhaité entre la nature étrangère à l'homme et le semblable qui lui est trop identique[1]. Elle ne lui oppose ni le silence ennemi de la nature, ni la dure exigence d'une reconnaissance réciproque; par un privilège unique elle est une conscience et cependant il semble possible de la posséder dans sa chair. Grâce à elle, il y a un moyen d'échapper à l'implacable dialectique du maître et de l'esclave qui a sa source dans la réciprocité des libertés.

On a vu qu'il n'y a pas eu d'abord des femmes affranchies que les mâles auraient asservies et que jamais la division des sexes n'a fondé une division en castes. Assimiler la femme à l'esclave est une erreur; il y a eu parmi les esclaves des femmes, mais il a toujours existé des femmes libres, c'est-à-dire revêtues d'une dignité religieuse et sociale : elles acceptaient la souveraineté de l'homme et celui-ci ne se sentait pas menacé d'une révolte qui pût le transformer à son tour en objet. La femme apparaissait ainsi comme l'inessentiel qui ne retourne jamais à l'essentiel, comme l'Autre absolu, sans réciprocité. Tous les mythes de la création expriment cette conviction précieuse au mâle et entre autres, la légende de la Genèse, qui, à travers le christianisme, s'est perpétuée dans la civilisation occidentale. Eve n'a pas été façonnée en même temps que l'homme; elle n'a été fabriquée ni d'une substance différente, ni de la même glaise qui servit à modeler Adam : elle a été tirée du flanc du premier mâle. Sa naissance même n'a pas été auto-

1. « ... La femme n'est pas la répétition inutile de l'homme mais le lieu enchanté où s'accomplit la vivante alliance de l'homme et de la nature. Qu'elle disparaisse et les hommes sont seuls, étrangers sans passeport dans un monde glacial. Elle est la terre elle-même portée au sommet de la vie, la terre devenue sensible et joyeuse; et sans elle, pour l'homme la terre est muette et morte », écrit Michel Carrouges. (*Les pouvoirs de la femme*, *Cahiers du Sud*, n° 292.)

nome; Dieu n'a pas spontanément choisi de la créer à fin
d'elle-même et pour en être directement adoré en retour :
il l'a destinée à l'homme; c'est pour sauver Adam de sa
solitude qu'il la lui a donnée, elle a dans son époux son
origine et sa fin; elle est son complément sur le mode de
l'inessentiel. Ainsi apparaît-elle comme une proie privilégiée. Elle est la nature élevée à la translucidité de la
conscience, elle est une conscience naturellement soumise. Et c'est là le merveilleux espoir que souvent
l'homme a mis dans la femme : il espère s'accomplir
comme être en possédant charnellement un être, tout en
se faisant confirmer dans sa liberté par une liberté docile.
Aucun homme ne consentirait à être une femme, mais
tous souhaitent qu'il y ait des femmes. « Remercions
Dieu d'avoir créé la femme. » – « La Nature est bonne
puisqu'elle a donné aux hommes la femme. » Dans ces
phrases et d'autres analogues, l'homme affirme une fois
de plus avec une arrogante naïveté que sa présence en ce
monde est un fait inéluctable et un droit, celle de la
femme un simple accident : mais c'est un accident bien-
heureux. Apparaissant comme l'Autre, la femme apparaît
du même coup comme une plénitude d'être par opposition à cette existence dont l'homme éprouve en soi le
néant; l'Autre, étant posé comme objet aux yeux du sujet,
est posé comme en soi, donc comme être. Dans la femme
s'incarne positivement le manque que l'existant porte en
son cœur, et c'est en cherchant à se rejoindre à travers
elle que l'homme espère se réaliser.

Elle n'a cependant pas représenté pour lui la seule
incarnation de l'Autre, et elle n'a pas toujours gardé au
cours de l'histoire la même importance. Il est des
moments où elle est éclipsée par d'autres idoles. Quand la
Cité, l'Etat dévorent le citoyen, il n'a plus la possibilité de
s'occuper de son destin privé. Etant vouée à l'Etat, la
Spartiate a une condition supérieure à celle des autres
femmes grecques. Mais aussi n'est-elle transfigurée par
aucun rêve masculin. Le culte du chef, qu'il soit Napo-

léon, Mussolini, Hitler, exclut tout autre culte. Dans les
dictatures militaires, les régimes totalitaires, la femme
n'est plus un objet privilégié. On comprend que la femme
soit divinisée dans un pays riche et dont les citoyens ne
savent trop quel sens donner à leur vie : c'est ce qui se
produit en Amérique. En revanche, les idéologies socialistes qui réclament l'assimilation de tous les êtres
humains refusent pour l'avenir et dès le présent qu'aucune catégorie humaine soit objet ou idole : dans la
société authentiquement démocratique qu'annonce Marx,
il n'y a pas de place pour l'Autre. Cependant peu
d'hommes coïncident exactement avec le soldat, le militant qu'ils ont choisi d'être; dans la mesure où ils
demeurent des individus, la femme garde à leurs yeux une
valeur singulière. J'ai vu des lettres écrites par des soldats
allemands à des prostituées françaises où, en dépit du
nazisme, la tradition de la fleur bleue s'avérait naïvement
vivace. Des écrivains communistes tels qu'Aragon en
France, Vittorini en Italie, donnent dans leurs œuvres une
place de premier plan à la femme, amante et mère.
Peut-être le mythe de la femme s'éteindra-t-il un jour :
plus les femmes s'affirment comme des êtres humains,
plus la merveilleuse qualité de l'Autre meurt en elles.
Mais aujourd'hui il existe encore au cœur de tous les
hommes.

Tout mythe implique un Sujet qui projette ses espoirs et ses craintes vers un ciel transcendant. Les
femmes ne se posant pas comme Sujet n'ont pas créé le
mythe viril dans lequel se refléteraient leurs projets; elles
n'ont ni religion ni poésie qui leur appartiennent en
propre : c'est encore à travers les rêves des hommes
qu'elles rêvent. Ce sont les dieux fabriqués par les mâles
qu'elles adorent. Ceux-ci ont forgé pour leur propre
exaltation les grandes figures viriles : Hercule, Promé-
thée, Parsifal; dans le destin de ces héros, la femme n'a
qu'un rôle secondaire. Sans doute, il existe des images
stylisées de l'homme en tant qu'il est saisi dans ses

rapports avec la femme : le père, le séducteur, le mari, le jaloux, le bon fils, le mauvais fils; mais ce sont aussi les hommes qui les ont fixées, et elles n'atteignent pas à la dignité du mythe; elles ne sont guère que des clichés. Tandis que la femme est exclusivement définie dans son rapport avec l'homme. L'asymétrie des deux catégories mâle et femelle se manifeste dans la constitution unilatérale des mythes sexuels. On dit parfois « le sexe » pour désigner la femme; c'est elle qui est la chair, ses délices et ses dangers : que pour la femme ce soit l'homme qui est sexué et charnel est une vérité qui n'a jamais été proclamée parce qu'il n'y a personne pour la proclamer. La représentation du monde comme le monde lui-même est l'opération des hommes; ils le décrivent du point de vue qui est le leur et qu'ils confondent avec la vérité absolue.

Il est toujours difficile de décrire un mythe; il ne se laisse pas saisir ni cerner, il hante les consciences sans jamais être posé en face d'elles comme un objet figé. Celui-ci est si ondoyant, si contradictoire qu'on n'en décèle pas d'abord l'unité : Dalila et Judith, Aspasie et Lucrèce, Pandore et Athéné, la femme est à la fois Eve et la Vierge Marie. Elle est une idole, une servante, la source de la vie, une puissance des ténèbres; elle est le silence élémentaire de la vérité, elle est artifice, bavardage et mensonge; elle est la guérisseuse et la sorcière; elle est la proie de l'homme, elle est sa perte, elle est tout ce qu'il n'est pas et qu'il veut avoir, sa négation et sa raison d'être.

« Etre femme, dit Kierkegaard[1], est quelque chose de si étrange, de si mélangé, de si compliqué, qu'aucun prédicat n'arrive à l'exprimer et que les multiples prédicats qu'on voudrait employer se contrediraient de telle manière que seule une femme peut le supporter. » Cela vient de ce qu'elle est considérée non positivement, telle

---

1. *Etapes sur le Chemin de la Vie.*

qu'elle est pour soi : mais négativement, telle qu'elle apparaît à l'homme. Car s'il y a d'autres *Autre* que la femme il n'en reste pas moins qu'elle est toujours définie comme Autre. Et son ambiguïté, c'est celle même de l'idée d'Autre : c'est celle de la condition humaine en tant qu'elle se définit dans son rapport avec l'Autre. On l'a dit déjà, l'Autre c'est le Mal; mais nécessaire au Bien, il retourne au Bien; c'est par lui que j'accède au Tout, mais c'est lui qui m'en sépare; il est la porte de l'infini et la mesure de ma finitude. Et c'est pourquoi la femme n'incarne aucun concept figé; à travers elle s'accomplit sans trêve le passage de l'espoir à l'échec, de la haine à l'amour, du bien au mal, du mal au bien. Sous quelque aspect qu'on la considère, c'est cette ambivalence qui frappe d'abord.

L'homme recherche dans la femme l'Autre comme Nature et comme son semblable. Mais on sait quels sentiments ambivalents la Nature inspire à l'homme. Il l'exploite, mais elle l'écrase, il naît d'elle et il meurt en elle; elle est la source de son être et le royaume qu'il soumet à sa volonté; c'est une gangue matérielle dans laquelle l'âme est prisonnière, et c'est la réalité suprême; elle est la contingence et l'Idée, la finitude et la totalité; elle est ce qui s'oppose à l'Esprit et lui-même. Tour à tour alliée, ennemie, elle apparaît comme le chaos ténébreux d'où sourd la vie, comme cette vie même, et comme l'au-delà vers lequel elle tend : la femme résume la nature en tant que Mère, Epouse et Idée; ces figures tantôt se confondent et tantôt s'opposent et chacune d'elles a un double visage.

L'homme plonge ses racines dans la Nature; il a été engendré comme les animaux et les plantes; il sait bien qu'il n'existe qu'en tant qu'il vit. Mais depuis l'avènement du patriarcat, la Vie a revêtu à ses yeux un double aspect : elle est conscience, volonté, transcendance, elle est esprit; et elle est matière, passivité, immanence, elle est chair. Eschyle, Aristote, Hippocrate ont proclamé que sur terre comme dans l'Olympe c'est le principe mâle qui est véritablement créateur : c'est de lui que sont issus la forme, le nombre, le mouvement; par Déméter se multiplient les épis, mais l'origine de l'épi et sa vérité est en Zeus; la fécondité de la femme n'est regardée que comme une vertu passive. Elle est la terre et l'homme la semence, elle est l'Eau et il est le Feu. La création a été souvent imaginée comme un mariage du feu et de l'eau; c'est l'humidité chaude qui donne naissance aux êtres vivants; le Soleil est l'époux de la Mer; Soleil, feu sont des divinités mâles; et la Mer est un des symboles maternels qu'on retrouve le plus universellement. Inerte, l'eau subit l'action des rayons flamboyants, qui la fertilisent. De même la glèbe entaillée par le travail du laboureur reçoit, immobile, les grains dans ses sillons. Cependant son rôle est nécessaire : c'est elle qui nourrit le germe, qui l'abrite et lui fournit sa substance. C'est pourquoi, même la Grande Mère une fois détrônée, l'homme a continué à rendre un culte aux déesses de la fécondité[1]; il doit à Cybèle ses récoltes, ses troupeaux, sa prospérité. Il lui doit sa propre vie. Il exalte l'eau à l'égal du feu. « Gloire à la mer! Gloire à ses flots environnés de feu sacré! Gloire à l'onde! Gloire au feu! Gloire à l'étrange aventure », écrit Gœthe dans le *Second Faust*. Il vénère la Terre : « The matron Clay » comme la nomme Blake. Un prophète indien conseille à ses disciples de ne pas bêcher la terre car « c'est un péché de blesser ou de couper, de déchirer notre mère commune par des travaux agricoles... Irai-je prendre un couteau pour le plonger dans le sein de ma mère?... Irai-je mutiler ses chairs afin d'arriver jusqu'à ses os?... Comment oserais-je couper la chevelure de

---

1. « C'est la terre que je chanterai, mère universelle aux solides assises, aïeule vénérable qui nourrit sur son sol tout ce qui existe », dit un hymne homérique. Eschyle aussi glorifie la terre qui « enfante tous les êtres, les nourrit puis en reçoit à nouveau le germe fécond ».

ma mère? » En Inde centrale les Baija considèrent aussi que c'est un péché de « déchirer le sein de leur terre-mère avec la charrue ». Inversement, Eschyle dit d'Œdipe qu'il « a osé ensemencer le sillon sacré où il s'était formé ». Sophocle parle des « sillons paternels » et du « laboureur, maître d'un champ lointain qu'il ne visite qu'une fois au temps des semailles ». La bien-aimée d'une chanson égyptienne déclare : « Je suis la terre! » Dans les textes islamiques la femme est appelée « champ... vigne aux raisins ». Saint François d'Assise dans un de ses hymnes parle de « notre sœur, la terre, notre mère, qui nous conserve et nous soigne, qui produit les fruits les plus variés avec les fleurs multicolores et avec l'herbe ». Michelet prenant des bains de limon à Acqui s'exclame : « Chère mère commune! Nous sommes un. Je viens de vous, j'y retourne!... » Et même il est des époques où s'affirme un romantisme vitaliste qui souhaite le triomphe de la Vie sur l'Esprit : alors la fertilité magique de la terre, de la femme, apparaît comme plus merveilleuse que les opérations concertées du mâle; alors l'homme rêve de se confondre à nouveau avec les ténèbres maternelles pour y retrouver les vraies sources de son être. La mère est la racine enfoncée dans les profondeurs du cosmos et qui en pompe les sucs, elle est la fontaine d'où jaillit l'eau vive qui est aussi un lait nourricier, une source chaude, une boue faite de terre et d'eau, riche de forces régénératrices[1].

Mais plus générale est chez l'homme sa révolte contre sa condition charnelle; il se considère comme un dieu déchu : sa malédiction c'est d'être tombé d'un ciel lumineux et ordonné dans les ténèbres chaotiques du ventre maternel. Ce feu, ce souffle actif et pur dans lequel il souhaite se reconnaître, c'est la femme qui l'emprisonne

---

1. « A la lettre la femme est Isis, la nature féconde. Elle est le fleuve et le lit du fleuve, la racine et la rose, la terre et le cerisier, le cep et le raisin. » (M. Carrouges, *Article cité*.)

dans la boue de la terre. Il se voudrait nécessaire comme
une pure Idée, comme l'Un, le Tout, l'Esprit absolu; et il
se trouve enfermé dans un corps limité, dans un lieu et un
temps qu'il n'a pas choisis, où il n'était pas appelé,
inutile, encombrant, absurde. La contingence charnelle,
c'est celle de son être même qu'il subit dans son délaissement, dans son injustifiable gratuité. Elle le voue aussi
à la mort. Cette gélatine tremblante qui s'élabore dans la
matrice (la matrice secrète et close comme un tombeau)
évoque trop la molle viscosité des charognes pour qu'il ne
s'en détourne pas avec un frisson. Partout où la vie est en
train de se faire, germination, fermentation, elle soulève
le dégoût parce qu'elle ne se fait qu'en se défaisant;
l'embryon glaireux ouvre le cycle qui s'achève dans la
pourriture de la mort. Parce qu'il a horreur de la gratuité
et de la mort, l'homme a horreur d'avoir été engendré; il
voudrait renier ses attaches animales; du fait de sa
naissance, la Nature meurtrière a prise sur lui. Chez les
primitifs, l'accouchement est entouré des plus sévères
tabous; en particulier, le placenta doit être soigneusement
brûlé ou jeté à la mer, car quiconque s'en emparerait
tiendrait la destinée du nouveau-né entre ses mains; cette
gangue où s'est formé le fœtus est le signe de sa dépendance; en l'anéantissant, on permet à l'individu de s'arracher au magma vivant et de se réaliser comme être
autonome. La souillure de la naissance rejaillit sur la
mère. Le Lévitique et tous les codes antiques imposent à
l'accouchée des rites purificateurs; et dans beaucoup de
campagnes la cérémonie des relevailles maintient cette
tradition. On sait quelle gêne spontanée, gêne qui se
camoufle souvent en ricanement, éprouvent les enfants,
les jeunes filles, les hommes, devant le ventre d'une
femme enceinte, les seins gonflés d'une nourrice. Dans les
musées Dupuytren, les curieux contemplent les embryons
de cire et les fœtus en conserve avec le morbide intérêt
qu'ils porteraient au viol d'une sépulture. A travers tout
le respect dont l'entoure la société, la fonction de gesta-

tion inspire une répulsion spontanée. Et si le petit garçon dans sa première enfance demeure sensuellement attaché à la chair maternelle, quand il grandit, quand il se socialise et prend conscience de son existence indivi- duelle, cette chair lui fait peur; il veut l'ignorer et ne voir en sa mère qu'une personne morale; s'il tient à la penser pure et chaste, c'est moins par jalousie amoureuse que par le refus de lui reconnaître un corps. Un adolescent se décontenance, rougit si, se promenant avec ses camara- des, il rencontre sa mère, ses sœurs, quelques femmes de sa famille : c'est que leur présence le rappelle vers les régions de l'immanence d'où il veut s'envoler; elle décou- vre les racines d'où il veut s'arracher. L'irritation du garçonnet quand sa mère l'embrasse et le cajole a le même sens; il renie la famille, la mère, le sein maternel. Il voudrait, telle Athéné, avoir surgi dans le monde adulte, armé de pied en cap, invulnérable[1]. Avoir été conçu, enfanté, c'est la malédiction qui pèse sur son destin, l'impureté qui entache son être. Et c'est l'annonce de sa mort. Le culte de la germination a toujours été associé au culte des morts. La Terre-Mère engloutit dans son sein les ossements de ses enfants. Ce sont des femmes – Parques et Moires – qui tissent la destinée humaine; mais ce sont elles aussi qui en tranchent les fils. Dans la plupart des représentations populaires, la Mort est femme, et c'est aux femmes qu'il appartient de pleurer les morts parce que la mort est leur œuvre[2].

Ainsi la Femme-Mère a un visage de ténèbres : elle est le chaos d'où tout est issu et où tout doit un jour retourner; elle est le Néant. Dans la Nuit se confondent

1. Voir un peu plus loin notre étude sur Montherlant qui incarne de manière exemplaire cette attitude.
2. Déméter est le type de la *mater dolorosa*. Mais d'autres déesses – Ishtar, Artémis – sont cruelles. Kâli tient à la main un crâne rempli de sang. « Les têtes de tes fils fraîchement tués pendent de ton cou comme un collier... Ta forme est belle comme les nuages pluvieux, tes pieds sont souillés de sang », lui dit un poète hindou.

les multiples aspects du monde que révèle le jour : nuit
de l'esprit enfermé dans la généralité et l'opacité de la
matière, nuit du sommeil et du rien. Au cœur de la mer,
il fait nuit : la femme est la *Mare tenebrarum* redoutée
des anciens navigateurs; il fait nuit dans les entrailles de
la terre. Cette nuit, où l'homme est menacé de s'engloutir, et qui est l'envers de la fécondité, l'épouvante. Il
aspire au ciel, à la lumière, aux cimes ensoleillées, au
froid pur et cristallin de l'azur; et sous ses pieds, il y a un
gouffre moite, chaud, obscur tout prêt à le happer;
quantité de légendes nous montrent le héros qui se perd à
jamais en retombant dans les ténèbres maternelles :
caverne, abîme, enfer.

Mais de nouveau ici l'ambivalence joue : si la germination est toujours associée à la mort, celle-ci l'est aussi à
la fécondité. La mort détestée apparaît comme une
nouvelle naissance et la voilà alors bénie. Le héros mort
ressuscite, tel Osiris, à chaque printemps et il est régénéré
par un nouvel enfantement. Le suprême espoir de
l'homme, dit Jung [1], « c'est que les sombres eaux de la
mort deviennent les eaux de vie, que la mort et sa froide
étreinte soient le giron maternel, tout comme la mer, bien
qu'engloutissant le soleil, le ré-enfante dans ses profondeurs ». C'est un thème commun à de nombreuses
mythologies que l'ensevelissement du dieu-soleil au sein
de la mer et sa réapparition éclatante. Et l'homme à la
fois veut vivre mais aspire au repos, au sommeil, au
néant. Il ne se souhaite pas immortel et par là il peut
apprendre à aimer la mort. « La matière inorganique est
le sein maternel, écrit Nietzsche. Etre délivré de la vie,
c'est redevenir vrai, c'est se parachever. Celui qui comprendrait cela considérerait comme une fête de retourner
à la poussière insensible. » Chaucer met cette prière dans
la bouche d'un vieil homme qui ne peut mourir :

---

1. *Métamorphoses de la libido.*

> *De mon bâton, nuit et jour*
> *Je heurte la terre, porte de ma mère,*
> *Et je dis : O chère mère, laisse-moi entrer.*

L'homme veut affirmer son existence singulière et se reposer orgueilleusement sur sa « différence essentielle », mais il souhaite aussi briser les barrières du moi, se confondre avec l'eau, la terre, la nuit, avec le Néant, avec le Tout. La femme qui condamne l'homme à la finitude lui permet aussi de dépasser ses propres limites : et de là vient la magie équivoque dont elle est revêtue.

Dans toutes les civilisations et de nos jours encore, elle inspire à l'homme de l'horreur : c'est l'horreur de sa propre contingence charnelle qu'il projette en elle. La fillette encore impubère n'enferme pas de menace, elle n'est l'objet d'aucun tabou et ne possède aucun caractère sacré. Dans beaucoup de sociétés primitives son sexe même apparaît comme innocent : des jeux érotiques sont permis dès l'enfance entre garçons et filles. C'est du jour où elle est susceptible d'engendrer que la femme devient impure. On a souvent décrit les sévères tabous qui dans les sociétés primitives entourent la fillette au jour de sa première menstruation; même en Egypte, où la femme est traitée avec des égards singuliers, elle demeurait confinée pendant tout le temps de ses règles[1]. Souvent on l'expose sur le toit d'une maison, on la relègue dans une cabane située hors des limites du village, on ne doit ni la voir, ni la toucher : mieux, elle ne doit pas elle-même s'effleurer de sa main; chez les peuples où l'épouillage est une pratique quotidienne, on lui remet un bâtonnet avec lequel il lui est loisible de se gratter; elle ne doit pas

---

1. La différence entre les croyances mystiques et mythiques et les convictions vécues des individus est d'ailleurs sensible dans le fait suivant : Lévi-Strauss signale que « les jeunes hommes Nimmebago visitent leur maîtresse en profitant du secret où la condamne l'isolement prescrit pendant la durée de ses règles ».

toucher de ses doigts les aliments; parfois, il lui est radicalement interdit de manger; en d'autres cas, la mère et la sœur sont autorisées à la nourrir par l'intermédiaire d'un instrument; mais tous les objets qui sont entrés en contact avec elle pendant cette période doivent être brûlés. Passé cette première épreuve, les tabous menstruels sont un peu moins sévères, mais ils demeurent rigoureux. On lit en particulier dans le Lévitique : « La femme qui aura un flux de sang en sa chair, restera sept jours dans son impureté. Quiconque la touchera sera impur jusqu'au soir. Tout lit sur lequel elle couchera... tout objet sur lequel elle s'assiéra sera impur. Quiconque touchera son lit, lavera ses vêtements, se lavera dans l'eau et sera impur jusqu'au soir. » Ce texte est exactement symétrique de celui qui traite de l'impureté produite en l'homme par la gonorrhée. Et le sacrifice purificateur est identique dans les deux cas. Une fois purifiée du flux, il faut compter sept jours, et apporter deux tourterelles ou deux jeunes pigeons au sacrificateur qui les offrira à l'Eternel. Il est à remarquer que dans les sociétés matriarcales, les vertus attachées à la menstruation sont ambivalentes. D'une part, elle paralyse les activités sociales, détruit la force vitale, fait faner les fleurs, tomber les fruits; mais elle a aussi des effets bienfaisants : les menstrues sont utilisées dans les philtres d'amour, dans les remèdes, en particulier pour guérir les coupures et les ecchymoses. Encore aujourd'hui, certains Indiens, quand ils partent combattre les monstres fantomatiques qui hantent leurs rivières, placent à l'avant du bateau un tampon de fibres imprégné de sang menstruel : les émanations en sont néfastes à leurs ennemis surnaturels. Les jeunes filles de certaines cités grecques portaient en hommage au temple d'Astarté le linge taché de leur premier sang. Mais, depuis l'avènement du patriarcat, on n'a plus attribué que des pouvoirs néfastes à la louche liqueur qui s'écoule du sexe féminin. Pline dit dans son *Histoire naturelle* : « La femme menstruée gâte les moissons, dévaste les jardins, tue les germes, fait tomber les fruits, tue les abeilles; si elle touche le vin, il devient du vinaigre; le lait s'aigrit... »

Un vieux poète anglais exprime le même sentiment quand il écrit :

> *Oh! menstruating woman, thou'st a fiend*
> *From whom all nature should be screened!*

> « Oh! femme, tes menstrues sont un fléau
> Dont il faudrait protéger toute la nature. »

Ces croyances se sont perpétuées jusqu'à nos jours avec beaucoup de force. En 1878, un membre de l'Association médicale britannique a fait une communication au *British Medical Journal* où il déclarait que : « C'est un fait indubitable que la viande se corrompt quand elle est touchée par des femmes ayant leurs règles »; il dit connaître personnellement deux cas où des jambons ont été gâtés en de telles circonstances. Au début de ce siècle, dans les raffineries du Nord, un règlement défendait aux femmes d'entrer dans la fabrique quand elles étaient atteintes par ce que les Anglo-Saxons appellent le « curse », la « malédiction » : car alors le sucre noircissait. Et à Saigon, on n'emploie pas de femmes dans les fabriques d'opium : par l'effet de leurs règles, l'opium tourne et devient amer. Ces croyances survivent dans beaucoup de campagnes françaises. Toute cuisinière sait qu'il lui est impossible de réussir une mayonnaise si elle est indisposée ou simplement en présence d'une femme indisposée. En Anjou, récemment, un vieux jardinier, ayant emmagasiné dans un cellier la récolte de cidre de l'année, écrivait au maître de la maison : « Il faut demander aux jeunes dames du logis et aux invitées de ne pas traverser le cellier à certains jours du mois : elles empêcheraient le cidre de fermenter. » Mise au courant de cette lettre, la cuisinière haussa les épaules : « Ça n'a jamais empêché le cidre de fermenter, dit-elle, c'est pour le lard seulement que c'est mauvais : on ne peut pas saler le lard devant une femme indisposée; il pourrirait[1]. »

Il serait très insuffisant d'assimiler ces répugnances à celles que suscite en tout cas le sang : certes, le sang est en soi un élément sacré, pénétré plus qu'aucun autre du *mana* mystérieux qui est à la fois vie et mort. Mais les pouvoirs maléfiques du sang menstruel sont plus singuliers. Il incarne l'essence de la féminité. Et c'est pourquoi son écoulement met en danger la femme elle-même dont le *mana* est ainsi matérialisé. Pendant l'initiation des Chago on exhorte les filles à dissimuler soigneusement leur sang menstruel. « Ne le montre pas à ta mère, elle mourrait. Ne le montre pas à tes compagnes car il peut y avoir une mauvaise qui s'emparera du linge avec lequel tu t'es essuyée et ton mariage sera stérile. Ne le montre pas à une méchante femme qui prendra le linge pour le mettre en haut de sa hutte... si bien que tu ne pourras pas avoir d'enfant. Ne jette pas le linge sur le sentier ou dans la brousse. Une méchante personne peut faire de vilaines choses avec. Enterre-le dans le sol. Dissimule le sang aux regards de ton père, de tes frères et de tes sœurs. Si tu le laisses voir, c'est un péché[2]. » Chez les Aléoutes, si le père voit sa fille pendant que celle-ci a ses premières règles, elle risque de devenir aveugle ou muette. On pense

---

1. Un médecin du Cher m'a signalé que dans la région où il habite l'accès des champignonnières est dans les mêmes circonstances interdit aux femmes. On discute encore aujourd'hui la question de savoir s'il y a quelque fondement à ces préjugés. Le seul fait que rapporte en leur faveur le docteur Binet est une observation de Schink (citée par Vignes). Schink aurait vu des fleurs se faner entre les mains d'une servante indisposée; les gâteaux à la levure fabriqués par cette femme n'auraient monté que de trois centimètres au lieu des cinq centimètres qu'ils atteignaient normalement. De toute façon ces faits sont bien pauvres et bien vaguement établis si on considère l'importance et l'universalité des croyances dont l'origine est évidemment mystique.

2. Cité d'après C. LÉVI-STRAUSS : *Les Structures élémentaires de la Parenté.*

que pendant cette période la femme est possédée par un esprit et chargée d'une puissance dangereuse. Certains primitifs croient que le flux est provoqué par la morsure d'un serpent, la femme ayant avec le serpent et le lézard de louches affinités : il participerait au venin de la bête rampante. Le Lévitique rapproche le flux menstruel de la gonorrhée; le sexe féminin saignant n'est pas seulement une blessure, mais une plaie suspecte. Et Vigny associe la notion de souillure et celle de maladie quand il écrit : « La femme, enfant malade et douze fois impure. » Fruit de troubles alchimies intérieures, l'hémorragie périodique dont souffre la femme est étrangement accordée avec le cycle de la lune : la lune aussi a de dangereux caprices[1]. La femme fait partie du redoutable engrenage qui commande le cours des planètes et du soleil, elle est la proie des forces cosmiques qui règlent le destin des étoiles, des marées, et dont les hommes subissent les radiations inquiétantes. Mais surtout il est frappant que l'action du sang menstruel soit liée à des idées de crème qui tourne, de mayonnaise qui ne prend pas, de fermentation, de décomposition; on prétend aussi qu'il est susceptible de provoquer le bris d'objets fragiles; de faire sauter les cordes des violons et des harpes; mais il a surtout de l'influence sur des substances organiques, à mi-chemin entre la matière et la vie; et cela, moins parce qu'il est sang, que parce qu'il émane des organes génitaux; sans même en connaître la fonction exacte, on sait qu'il est lié à la germination de la vie : ignorant l'existence de

---

1. La lune est source de fertilité; elle apparaît comme « le maître des femmes »; on croit souvent que sous la forme d'un homme ou d'un serpent elle s'accouple avec les femmes. Le serpent est une épiphanie de la lune; il mue et se régénère, il est immortel, c'est une force qui distribue fécondité et science. C'est lui qui garde les sources sacrées, l'arbre de vie, la Fontaine de Jouvence, etc. Mais c'est lui aussi qui a ravi à l'homme l'immortalité. On raconte qu'il s'accouple avec les femmes. Les traditions persanes et aussi celles des milieux rabbiniques prétendent que la menstruation est due aux rapports de la première femme avec le serpent.

l'ovaire, les anciens voyaient même dans les menstrues le complémentaire du sperme. En vérité, ce n'est pas ce sang qui fait de la femme une impure, mais plutôt il manifeste son impureté; il apparaît au moment où la femme peut être fécondée; quand il disparaît, elle redevient généralement stérile; il jaillit de ce ventre où s'élabore le fœtus. A travers lui s'exprime l'horreur que l'homme éprouve pour la fécondité féminine.

Parmi les tabous qui concernent la femme en état d'impureté, il n'en est aucun d'aussi rigoureux que l'interdiction de tout commerce sexuel avec elle. Le Lévitique condamne à sept jours d'impureté l'homme qui transgresse cette règle. Les Lois de Manou sont plus sévères : « La sagesse, l'énergie, la force, la vitalité d'un homme qui approche une femme souillée d'excrétions menstruelles périssent définitivement. » Les pénitents ordonnaient cinquante jours de pénitence aux hommes qui avaient eu des relations sexuelles pendant la menstruation. Puisque le principe féminin est considéré comme atteignant alors le maximum de sa force, on redoute que, dans un contact intime, il ne triomphe du principe mâle. D'une manière plus imprécise, l'homme répugne à retrouver dans la femme qu'il possède l'essence redoutée de la mère; il s'attache à dissocier ces deux aspects de la féminité : c'est pourquoi la prohibition de l'inceste sous la forme de l'exogamie, ou sous des figures plus modernes, est une loi universelle; c'est pourquoi l'homme s'éloigne sexuellement de la femme dans les moments où elle est plus particulièrement vouée à son rôle reproducteur : pendant ses règles, quand elle est enceinte, quand elle allaite. Le complexe d'Œdipe – dont il faudrait d'ailleurs reviser la description – ne contredit pas cette attitude, mais au contraire l'implique. L'homme se défend contre la femme en tant qu'elle est source confuse du monde et trouble devenir organique.

Cependant, c'est aussi sous cette figure qu'elle permet à la société qui s'est séparée du cosmos et des dieux de demeurer en communication avec eux. Elle assure encore aujourd'hui chez les Bédouins, chez les Iroquois, la fécondité des champs; dans la Grèce antique, elle entend les voix souterraines; elle capte le langage du vent et des arbres : elle est Pythie, Sibylle, prophétesse; les morts et les dieux parlent par sa bouche. Elle a conservé aujourd'hui ces pouvoirs de divination : elle est médium, chiromancienne, tireuse de cartes, voyante, inspirée; elle entend des voix, elle a des apparitions. Quand les hommes éprouvent le besoin de se replonger au sein de la vie végétale et animale – tel Antée qui touchait la terre pour reprendre des forces – ils font appel à la femme. A travers les civilisations rationalistes de la Grèce et de Rome subsistent les cultes chtoniens. Ils se déploient d'ordinaire en marge de la vie religieuse officielle; ils finissent même, comme à Eleusis, par prendre la forme de mystères : leur sens est inverse de celui des cultes solaires où l'homme affirme sa volonté de séparation et de spiritualité; mais ils en sont le complément; l'homme cherche à s'arracher à sa solitude par l'extase : c'est là le but des mystères, des orgies, des bacchanales. Dans le monde reconquis par les mâles, c'est un Dieu mâle, Dionysos, qui a usurpé les vertus magiques et sauvages d'Ishtar, d'Astarté; mais ce sont encore des femmes qui se déchaînent autour de son image : Ménades, Thyades, Bacchantes appellent les hommes à l'ivresse religieuse, à la folie sacrée. Le rôle de la prostitution sacrée est analogue : il s'agit à la fois de déchaîner et de canaliser les puissances de la fécondité. Aujourd'hui encore les fêtes populaires se caractérisent par des explosions d'érotisme; la femme n'y apparaît pas simplement comme un objet de jouissance, mais un moyen d'atteindre à cet *hybris* où l'individu se dépasse. « Ce qu'un être possède au fond de lui-même de perdu, de tragique, la « merveille aveuglante » ne peut plus être rencontré que sur un lit », écrit G. Bataille.

Dans le déchaînement érotique, l'homme en étreignant l'amante cherche à se perdre dans l'infini mystère de la chair. Mais nous avons vu qu'au contraire, sa sexualité normale dissocie la Mère de l'Epouse. Il a de la répugnance pour les mystérieuses alchimies de la vie, tandis que sa propre vie s'alimente et s'enchante des fruits savoureux de la terre; il souhaite se les approprier; il convoite Vénus sortie toute neuve des eaux. C'est comme épouse que la femme se découvre d'abord dans le patriarcat puisque le créateur suprême est mâle. Avant d'être la mère du genre humain, Eve est la compagne d'Adam; elle a été donnée à l'homme pour qu'il la possède et la féconde comme il possède et féconde le sol; et à travers elle, il fait de toute la nature son royaume. Ce n'est pas seulement un plaisir subjectif et éphémère que l'homme cherche dans l'acte sexuel. Il veut conquérir, prendre, posséder; avoir une femme, c'est la vaincre; il pénètre en elle comme le soc dans les sillons; il la fait sienne comme il fait sienne la terre qu'il travaille; il laboure, il plante, il sème : ces images sont vieilles comme l'écriture; de l'Antiquité à nos jours on pourrait en citer mille exemples : « La femme est comme le champ et l'homme comme la semence », disent les Lois de Manou. Dans un dessin d'André Masson on voit un homme, une pelle à la main, qui bêche le jardin d'un sexe féminin[1]. La femme est la proie de son époux, son bien.

L'hésitation du mâle entre la peur et le désir, entre la crainte d'être possédé par des forces incontrôlables, et la volonté de les capter se reflète d'une manière saisissante dans les mythes de la Virginité. Tantôt redoutée par le mâle, tantôt souhaitée ou même exigée, elle apparaît comme la forme la plus achevée du mystère féminin; elle en est donc l'aspect le plus inquiétant et le plus fascinant à la fois. Selon que l'homme se sent écrasé par les puissances qui le cernent, ou qu'il se croit orgueilleuse-

---

1. Rabelais appelle le sexe mâle « le laboureur de la nature ». On a vu l'origine religieuse et historique de l'assimilation phallus-soc, femme-sillon.

ment capable de les annexer, il refuse ou réclame que son épouse lui soit livrée vierge. Dans les sociétés les plus primitives, où le pouvoir de la femme est exalté, c'est la crainte qui l'emporte; il convient que la femme ait été déflorée avant la nuit des noces. Marco Polo affirmait des Tibétains « qu'aucun d'eux ne voudrait prendre pour femme une fille qui serait vierge ». On a parfois expliqué ce refus d'une manière rationnelle : l'homme ne veut pas d'une épouse qui n'a pas déjà suscité des désirs masculins. Le géographe arabe El Bekri, parlant des Slaves, rapporte que « si un homme se marie et trouve que sa femme est vierge, il lui dit : « Si tu valais quelque chose, des « hommes t'auraient aimée et il y en aurait un qui « t'aurait pris ta virginité. » Puis il la chasse et la répudie. » On prétend même que certains primitifs n'acceptent de se marier qu'avec une femme qui a été déjà mère, faisant ainsi la preuve de sa fécondité. Mais les véritables motifs des coutumes si répandues de la défloration sont mystiques. Certains peuples s'imaginent qu'il y a dans le vagin un serpent qui mordrait l'époux au moment de la rupture de l'hymen; on accorde de terrifiantes vertus au sang virginal, apparenté au sang menstruel et susceptible lui aussi de ruiner la vigueur du mâle. A travers ces images s'exprime l'idée que le principe féminin a d'autant plus de force, contient d'autant plus de menaces, qu'il est intact [1]. Il y a des cas où la question de la défloration ne se pose pas; par exemple chez les indigènes décrits par Malinowski, du fait que les jeux sexuels sont autorisés dès l'enfance il résulte que les filles ne sont jamais vierges. Parfois, la mère, la sœur aînée ou quelque matrone déflorent systématiquement la fillette et tout au long de son enfance élargissent l'orifice vaginal. Il arrive aussi que la défloration soit exécutée au moment de la puberté par des femmes à l'aide d'un bâton, d'un os,

1. De là vient le pouvoir qu'on attribue dans les combats à la vierge : les Walkyries, la Pucelle d'Orléans par exemple.

d'une pierre et qu'elle ne soit regardée que comme une opération chirurgicale. Chez d'autres tribus, la fillette est soumise, quand elle devient pubère, à une sauvage initiation : des hommes l'entraînent hors du village et la déflorent à l'aide d'instruments ou en la violant. Un des rites les plus fréquents est celui qui consiste à livrer les vierges à des étrangers de passage, soit qu'on pense qu'ils ne sont pas allergiques à ce *mana* dangereux pour les seuls mâles de la tribu, soit qu'on ne se soucie pas des maux qu'on déchaîne sur eux. Plus souvent encore c'est le prêtre, ou l'homme médecin, ou le cacique, le chef de la tribu, qui dépucèle la fiancée dans la nuit qui précède ses noces; sur la côte de Malabar les brahmanes sont chargés de cette opération qu'ils exécutent, paraît-il, sans joie et pour laquelle ils réclament un salaire considérable. On sait que tous les objets sacrés sont dangereux pour le profane, mais que les individus eux-mêmes consacrés peuvent les manier sans risque; on comprend donc que prêtres et chefs soient capables de dompter les forces maléfiques contre lesquelles l'époux doit se protéger. A Rome il ne restait de ces coutumes qu'une cérémonie symbolique : on asseyait la fiancée sur le phallus d'un Priape de pierre, ce qui avait le double but d'augmenter sa fécondité et d'absorber les fluides trop puissants et par là même néfastes dont elle était chargée. Le mari se défend d'autre manière encore : il déflore lui-même la vierge, mais au cours de cérémonies qui le rendent, dans ce moment critique, invulnérable; par exemple il opère en présence de tout le village à l'aide d'un bâton ou d'un os. A Samoa, il use de son doigt entouré préalablement d'un linge blanc dont il distribue aux assistants les lambeaux tachés de sang. Il se trouve aussi qu'il soit autorisé à déflorer normalement sa femme, mais qu'il ne doive pas éjaculer en elle avant que trois jours soient écoulés, de manière que le germe générateur ne soit pas souillé par le sang de l'hymen.

Par un retournement classique dans le domaine des

choses sacrées, le sang virginal devient dans les sociétés
moins primitives un symbole propice. Il y a encore en
France des villages où, le matin des noces, on exhibe
devant parents et amis le drap ensanglanté. C'est que
dans le régime patriarcal l'homme est devenu le maître de
la femme; et les mêmes vertus qui effraient chez les bêtes
ou les éléments indomptés deviennent des qualités précieuses pour le propriétaire qui a su les domestiquer. De
la fougue du cheval sauvage, de la violence de la foudre et
des cataractes, l'homme a fait les instruments de sa
prospérité. Ainsi veut-il s'annexer la femme dans toute sa
richesse intacte. Des motifs rationnels jouent certaine-
ment un rôle dans la consigne de vertu imposée à la jeune
fille : comme la chasteté de l'épouse, l'innocence de la
fiancée est nécessaire pour que le père ne coure aucun
risque de léguer ses biens à un enfant étranger. Mais c'est
d'une manière plus immédiate que la virginité de la
femme est exigée quand l'homme considère l'épouse
comme sa propriété personnelle. D'abord l'idée de possession est toujours impossible à réaliser positivement; en
vérité, on n'a jamais rien ni personne; on tente donc de
l'accomplir d'une façon négative; la plus sûre manière
d'affirmer qu'un bien est mien, c'est d'empêcher autrui
d'en user. Et puis rien ne semble à l'homme plus
désirable que ce qui n'a jamais appartenu à aucun être
humain : alors la conquête apparaît comme un événement unique et absolu. Les terres vierges ont toujours
fasciné les explorateurs; des alpinistes se tuent chaque
année pour avoir voulu violer une montagne intouchée
ou même seulement pour avoir tenté d'ouvrir sur son
flanc une nouvelle voie; et des curieux risquent leur vie
pour descendre sous terre au fond des grottes jamais
sondées. Un objet que les hommes ont déjà asservi est
devenu un instrument; coupé de ses attaches naturelles, il
perd ses plus profondes vertus : il y a plus de promesses
dans l'eau indomptée des torrents que dans celle des
fontaines publiques. Un corps vierge a la fraîcheur des

sources secrètes, le velouté matinal d'une corolle close,
l'orient de la perle que le soleil n'a encore jamais
caressée. Grotte, temple, sanctuaire, jardin secret, comme
l'enfant l'homme est fasciné par les lieux ombreux et clos
qu'aucune conscience n'a jamais animés, qui attendent
qu'on leur prête une âme : ce qu'il est seul à saisir et à
pénétrer, il lui semble qu'en vérité il le crée. En outre, un
des buts que poursuit tout désir, c'est la consommation
de l'objet désiré qui implique sa destruction. En brisant
l'hymen, l'homme possède le corps féminin plus intimement que par une pénétration qui le laisse intact; dans
cette opération irréversible, il en fait sans équivoque un
objet passif, il affirme sa prise sur lui. Ce sens s'exprime
très exactement dans la légende du chevalier qui se fraie
un chemin difficile parmi les buissons épineux pour
cueillir une rose jamais respirée; non seulement il la
découvre, mais il en brise la tige et c'est alors qu'il l'a
conquise. L'image est si claire qu'en langage populaire
« prendre sa fleur » à une femme signifie détruire sa
virginité, et que cette expression a donné naissance au
mot « défloration ».

Mais la virginité n'a cet attrait érotique que si elle
s'allie à la jeunesse; sinon le mystère en redevient inquiétant. Beaucoup d'hommes d'aujourd'hui éprouvent une
répulsion sexuelle devant des vierges trop prolongées; ce
n'est pas seulement pour des raisons psychologiques
qu'on regarde les « vieilles filles » comme des matrones
aigries et méchantes. La malédiction est dans leur chair
même, cette chair qui n'est objet pour aucun sujet,
qu'aucun désir n'a faite désirable, qui s'est épanouie et
flétrie sans trouver une place dans le monde des hommes;
détournée de sa destination, elle devient un objet baroque
et qui inquiète comme inquiète la pensée incommunica-
ble d'un fou. D'une femme de quarante ans, encore belle,
mais présumée vierge, j'ai entendu un homme dire avec
grossièreté : « C'est plein de toiles d'araignée là-
dedans... » Et en effet, les caves et les greniers où

personne n'entre plus, qui ne servent à rien, s'emplissent d'un mystère malpropre; les fantômes les hantent volontiers; abandonnées de l'humanité, les maisons deviennent la demeure des esprits. A moins que la virginité féminine n'ait été consacrée à un dieu, on croit volontiers qu'elle implique quelque mariage avec le démon. Les vierges que l'homme n'a pas maîtrisées, les vieilles femmes qui ont échappé à son pouvoir sont, plus facilement que les autres, regardées comme des sorcières; car le sort de la femme étant d'être vouée à un autre, si elle ne subit pas le joug de l'homme, elle est prête à accepter celui du diable.

Exorcisée par les rites de la défloration ou purifiée au contraire par sa virginité, l'épouse peut alors apparaître comme une proie désirable. En l'étreignant, ce sont toutes les richesses de la vie que l'amant souhaite posséder. Elle est toute la faune, toute la flore terrestre : gazelle, biche, lis et roses, pêche duvetée, framboise parfumée; elle est pierreries, nacre, agate, perle, soie, l'azur du ciel, la fraîcheur des sources, l'air, la flamme, la terre et l'eau. Tous les poètes d'Orient et d'Occident ont métamorphosé le corps de la femme en fleurs, en fruits, en oiseaux. Ici encore, à travers l'Antiquité, le Moyen Age et l'époque moderne, c'est toute une épaisse anthologie qu'il faudrait citer. On connaît assez le Cantique des Cantiques où le bien-aimé dit à la bien-aimée :

Tes yeux sont des colombes...
Tes cheveux sont comme un troupeau de chèvres...
Tes dents sont un troupeau de brebis tondues...
Ta joue est une moitié de grenade...
Tes deux seins sont deux faons...
Il y a sous ta langue du miel et du lait...

Dans *Arcane 17*, André Breton reprend ce cantique éternel : « Mélusine à l'instant du second cri : elle a jailli de ses hanches sans globe, son ventre est toute la moisson

d'août, son torse s'élance en feu d'artifice de sa taille
cambrée, moulée sur deux ailes d'hirondelles, ses seins
sont des hermines prises dans leur propre cri, aveuglantes
à force de s'éclaircir du charbon ardent de leur bouche
brûlante. Et ses bras sont l'âme des ruisseaux qui chan-
tent et parfument... »

L'homme retrouve sur la femme les étoiles brillantes et
la lune rêveuse, la lumière du soleil, l'ombre des grottes;
et, en retour, les fleurs sauvages des buissons, la rose
orgueilleuse des jardins sont des femmes. Nymphes,
dryades, sirènes, ondines, fées hantent les campagnes, les
bois, les lacs, les mers, les landes. Rien de plus ancré au
cœur des hommes que cet animisme. Pour le marin, la
mer est une femme dangereuse, perfide, difficile à
conquérir, mais qu'il chérit à travers son effort pour la
dompter. Orgueilleuse, rebelle, virginale et méchante, la
montagne est femme pour l'alpiniste qui veut, au péril de
sa vie, la violer. On prétend souvent que ces comparaisons manifestent une sublimation sexuelle; elles expriment plutôt entre la femme et les éléments une affinité
aussi originelle que la sexualité même. L'homme attend
de la possession de la femme autre chose que l'assouvissement d'un instinct; elle est l'objet privilégié à travers
lequel il asservit la Nature. Il peut arriver que d'autres
objets jouent ce rôle. Parfois c'est sur le corps des jeunes
garçons que l'homme recherche le sable des plages, le
velouté des nuits, l'odeur des chèvrefeuilles. Mais la
pénétration sexuelle n'est pas le seul mode par lequel
peut se réaliser une appropriation charnelle de la terre.
Dans son roman *To an unknown God*, Steinbeck montre
un homme qui a choisi comme médiatrice entre lui et la
nature une roche moussue; dans *la Chatte*, Colette décrit
un jeune mari qui a fixé son amour sur sa chatte favorite,
parce que, à travers cette bête sauvage et douce, il a sur
l'univers sensuel une prise que le corps humain de sa
compagne ne réussit pas à lui donner. Dans la mer, dans
la montagne, l'Autre peut s'incarner aussi parfaitement

que chez la femme; elles opposent à l'homme la même résistance passive et imprévue qui lui permet de s'accomplir; elles sont un refus à vaincre, une proie à posséder. Si la mer et la montagne sont femmes, c'est que la femme est aussi pour l'amant la mer et la montagne[1].

Mais il n'est pas donné indifféremment à n'importe quelle femme de servir ainsi de médiatrice entre l'homme et le monde; l'homme ne se contente pas de trouver dans sa partenaire des organes sexuels complémentaires des siens. Il faut qu'elle incarne le merveilleux épanouissement de la vie, et qu'en même temps elle en dissimule les troubles mystères. On lui demandera donc avant toutes choses la jeunesse et la santé, car serrant dans ses bras une chose vivante, l'homme ne peut s'en enchanter que s'il oublie que toute vie est habitée par la mort. Il souhaite davantage encore : que la bien-aimée soit belle. L'idéal de la beauté féminine est variable; mais certaines exigences demeurent constantes; entre autres, puisque la femme est destinée à être possédée, il faut que son corps

---

1. La phrase de Samivel citée par Bachelard *(La Terre et les rêveries de la Volonté)* est significative : « Ces montagnes couchées en cercle autour de moi, j'avais cessé peu à peu de les considérer comme des ennemis à combattre, des femelles à fouler au pied ou des trophées à conquérir afin de me fournir à moi-même et de fournir aux autres un témoignage de ma propre valeur. » L'ambivalence montagne-femme s'établit à travers l'idée comme d' « ennemi à combattre », de « trophée », de « témoignage » de puissance.

On voit cette réciprocité se manifester par exemple dans ces deux poèmes de Senghor :

Femme nue, femme obscure!

Fruit mûr à la chair ferme, sombres extases du vin noir, bouche qui fait lyrique ma bouche.

Savane aux horizons purs, savane qui frémis aux caresses ferventes du Vent d'est.

Et :

Oho! Congo couchée dans ton lit de forêts, reine sur l'Afrique dompté

Que les phallus des monts portent haut ton pavillon

Car tu es femme par ma tête, par ma langue, car tu es femme par mon ventre.

offre les qualités inertes et passives d'un objet. La beauté virile, c'est l'adaptation du corps à des fonctions actives, c'est la force, l'agilité, la souplesse, c'est la manifestation d'une transcendance animant une chair qui ne doit jamais retomber sur elle-même. L'idéal féminin n'est symétrique que dans les sociétés telles que Sparte, l'Italie fasciste, l'Allemagne nazie, qui destinaient la femme à l'Etat et non à l'individu, qui la considéraient exclusivement comme mère et ne faisaient aucune place à l'érotisme. Mais quand la femme est livrée au mâle comme son bien, ce que celui-ci réclame, c'est que chez elle la chair soit présente dans sa pure facticité. Son corps n'est pas saisi comme le rayonnement d'une subjectivité, mais comme une chose empâtée dans son immanence; il ne faut pas que ce corps renvoie au reste du monde, il ne doit pas être promesse d'autre chose que de lui-même : il lui faut arrêter le désir. La forme la plus naïve de cette exigence, c'est l'idéal hottentot de la Vénus stéatopyge, les fesses étant la partie du corps la moins innervée, celle où la chair apparaît comme un donné sans destination. Le goût des Orientaux pour les femmes grasses est de la même espèce; ils aiment le luxe absurde de cette prolifération adipeuse que n'anime aucun projet, qui n'a d'autre sens que d'être là[1]. Même dans les civilisations d'une sensibilité plus subtile où interviennent des notions de forme et d'harmonie, les seins et les fesses demeurent des objets privilégiés à cause de la gratuité, de la contingence de leur épanouissement. Les coutumes, les modes se sont souvent appliquées à couper le corps féminin de sa

1. « Les Hottentotes chez qui la stéatopygie n'est ni aussi développée ni aussi constante que chez les femmes bushman considèrent cette conformation comme esthétique et malaxent les fesses de leurs filles dès l'enfance pour les développer. De même l'engraissement artificiel des femmes, véritable gavage dont les deux procédés essentiels sont l'immobilité et l'ingestion abondante d'aliments appropriés, en particulier du lait, se rencontre dans diverses régions de l'Afrique. Il est encore pratiqué par les citadins aisés arabes et israélites d'Algérie, de Tunisie, et du Maroc. » (Luquet, *Journal de Psychologie*, 1934. Les Vénus des cavernes.)

transcendance : la Chinoise aux pieds bandés peut à peine marcher, les griffes vernies de la star d'Hollywood la privent de ses mains, les hauts talons, les corsets, les paniers, les vertugadins, les crinolines étaient destinés moins à accentuer la cambrure du corps féminin qu'à en augmenter l'impotence. Alourdi de graisse, ou au contraire si diaphane que tout effort lui est interdit, paralysé par des vêtements incommodes et par les rites de la bienséance, c'est alors qu'il apparaît à l'homme comme sa chose. Le maquillage, les bijoux servent aussi à cette pétrification du corps et du visage. La fonction de la parure est très complexe; elle a chez certains primitifs un caractère sacré; mais son rôle le plus habituel est d'achever la métamorphose de la femme en idole. Idole équivoque : l'homme la veut charnelle, sa beauté participera à celle des fleurs et des fruits; mais elle doit aussi être lisse, dure, éternelle comme un caillou. Le rôle de la parure est à la fois de la faire participer plus intimement à la nature et de l'en arracher, c'est de prêter à la vie palpitante la nécessité figée de l'artifice. La femme se fait plante, panthère, diamant, nacre, en mêlant à son corps des fleurs, des fourrures, des pierreries, des coquillages, des plumes; elle se parfume afin d'exhaler un arôme comme la rose et le lis : mais plumes, soie, perles et parfums servent aussi à dérober la crudité animale de sa chair, de son odeur. Elle peint sa bouche, ses joues pour leur donner la solidité immobile d'un masque; son regard, elle l'emprisonne dans l'épaisseur du khôl et du mascara, il n'est plus que l'ornement chatoyant de ses yeux; nattés, bouclés, sculptés, ses cheveux perdent leur inquiétant mystère végétal. Dans la femme parée, la Nature est présente, mais captive, modelée par une volonté humaine selon le désir de l'homme. Une femme est d'autant plus désirable que la nature y est davantage épanouie et plus rigoureusement asservie : c'est la femme « sophistiquée » qui a toujours été l'objet érotique idéal. Et le goût pour une beauté plus naturelle n'est souvent qu'une forme

spécieuse de sophistication. Remy de Gourmont souhaite
que la femme porte ses cheveux flottants, libres comme
les ruisseaux et les herbes des prairies : mais c'est sur la
chevelure d'une Veronica Lake qu'on peut caresser les
ondulations de l'eau et des épis, non sur une tignasse
hirsute vraiment abandonnée à la nature. Plus une femme
est jeune et saine, plus son corps neuf et lustré semble
voué à une fraîcheur éternelle, moins l'artifice lui est
utile; mais il faut toujours dissimuler à l'homme la
faiblesse charnelle de cette proie qu'il étreint et la dégradation qui la menace. C'est aussi parce qu'il en redoute le
destin contingent, parce qu'il la rêve immuable, nécessaire, que l'homme recherche sur le visage de la femme,
sur son torse et ses jambes, l'exactitude d'une idée. Chez
les peuples primitifs, l'idée est seulement celle de la
perfection du type populaire : une race aux lèvres épaisses, au nez plat forge une Vénus aux lèvres épaisses, au
nez plat; plus tard on applique aux femmes les canons
d'une esthétique plus complexe. Mais en tout cas, plus les
traits et les proportions d'une femme paraissent concer-
tés, plus elle réjouit le cœur de l'homme parce qu'elle
semble échapper aux avatars des choses naturelles. On
aboutit donc à cet étrange paradoxe que, souhaitant saisir
dans la femme la nature, mais transfigurée, l'homme
voue la femme à l'artifice. Elle n'est pas physis seulement
mais tout autant antiphysis; et cela non seulement dans la
civilisation des permanentes électriques, de l'épilation à
la cire, des guêpières de latex, mais aussi au pays des
négresses à plateaux, en Chine et partout sur la terre.
Swift a dénoncé dans la fameuse ode à Celia cette
mystification; il décrit avec dégoût l'attirail de la coquette
et rappelle avec dégoût les servitudes animales de son
corps; il a doublement tort de s'indigner; car l'homme
veut à la fois que la femme soit bête et plante et qu'elle se
cache derrière une armature fabriquée; il l'aime sortant
des flots et d'une maison de couture, nue et vêtue, nue
sous ses vêtements, telle que précisément il la rencontre

dans l'univers humain. Le citadin cherche dans la femme l'animalité; mais pour le jeune paysan qui fait son service militaire le bordel incarne toute la magie de la ville. La femme est champ et pâturage mais elle est aussi Babylone.

Cependant c'est là le premier mensonge, la première trahison de la femme : c'est celle de la vie même qui, fût-elle revêtue des formes les plus attrayantes, est toujours habitée par les ferments de la vieillesse et de la mort. L'usage même que l'homme fait d'elle détruit ses vertus les plus précieuses : alourdie par les maternités, elle perd son attrait érotique; même stérile, il suffit du passage des ans pour altérer ses charmes. Infirme, laide, vieille, la femme fait horreur. On dit qu'elle est flétrie, fanée, comme on le dirait d'une plante. Certes, chez l'homme aussi la décrépitude effraie; mais l'homme normal n'expérimente pas les autres hommes comme chair; il n'a avec ces corps autonomes et étrangers qu'une solidarité abstraite. C'est sur le corps de la femme, ce corps qui lui est destiné, que l'homme éprouve sensiblement la déchéance de la chair. C'est avec les yeux hostiles du mâle que « la belle heaulmière » de Villon contemple la dégradation de son corps. La vieille femme, la laide ne sont pas seulement des objets sans attraits; elles suscitent une haine mêlée de peur. En elles se retrouve la figure inquiétante de la Mère tandis que les charmes de l'Epouse sont évanouis.

Mais l'Epouse même est une proie dangereuse. En Vénus sortie des eaux, fraîche écume, blonde moisson, Déméter se survit; s'appropriant la femme par la jouissance qu'il tire d'elle, l'homme éveille aussi en elle les louches puissances de la fécondité; c'est le même organe qu'il pénètre et qui accouche de l'enfant. C'est pourquoi dans toutes les sociétés l'homme est protégé par tant de tabous contre les menaces du sexe féminin. La réciproque n'est pas vraie, la femme n'a rien à craindre du mâle; le sexe de celui-ci est considéré comme laïque, profane. Le

phallus peut être élevé à la dignité d'un dieu : dans le
culte qu'on lui rend il n'entre aucun élément de terreur et
au cours de la vie quotidienne la femme n'a pas à être
mystiquement défendue contre lui; il lui est seulement
propice. Il est remarquable d'ailleurs qu'en beaucoup de
sociétés de droit maternel, il existe une sexualité très
libre; mais c'est seulement pendant l'enfance de la
femme, dans sa première jeunesse, lorsque le coït n'est
pas lié à l'idée de génération. Malinowski raconte avec
quelque étonnement que les jeunes gens qui couchent
ensemble librement dans la « maison des célibataires »
affichent volontiers leurs amours; c'est que la fille non
mariée est considérée comme incapable d'enfanter et
l'acte sexuel n'est qu'un tranquille plaisir profane. Une
fois mariée au contraire, son époux ne doit plus lui
donner aucun signe public d'affection, il ne doit pas la
toucher, et toute allusion à leurs rapports intimes est
sacrilège : c'est qu'elle participe alors à l'essence redoutable de la mère et que le coït est devenu un acte sacré.
Dès lors, il s'entoure d'interdits et de précautions. Le coït
est défendu quand on cultive la terre, quand on ensemen-
ce, quand on plante : en ce cas, c'est parce qu'on ne veut
pas que se gaspillent dans des relations interindividuelles
les forces fécondantes qui sont nécessaires à la prospérité
des moissons et donc au bien de la communauté; c'est par
respect pour les pouvoirs attachés à la fécondité qu'on
enjoint de les économiser. Mais, dans la plupart des
occasions, la continence protège la virilité de l'époux; elle
est commandée lorsque l'homme part pour la pêche,
pour la chasse, et surtout quand il se prépare à la guerre;
dans l'union avec la femme, le principe mâle s'affaiblit, et
il faut donc qu'il l'évite chaque fois qu'il a besoin de
l'intégrité de ses forces. On s'est demandé si l'horreur que
l'homme éprouve à l'égard de la femme vient de celle que
lui inspire la sexualité en général, ou inversement. On
constate que, dans le Lévitique en particulier, la pollution
nocturne est regardée comme une souillure, encore que la

femme n'y soit pas mêlée. Et dans nos sociétés modernes, la masturbation est considérée comme un danger et un péché : beaucoup des enfants et des jeunes gens qui s'y adonnent ne le font qu'à travers d'horribles angoisses. C'est l'intervention de la société et singulièrement des parents qui fait du plaisir solitaire un vice; mais plus d'un jeune garçon a été spontanément effrayé par ses premières éjaculations : sang ou sperme, tout écoulement de sa propre substance lui semble inquiétant; c'est sa vie, son *mana* qui lui échappe. Cependant, même si subjectivement un homme peut traverser des expériences érotiques où la femme n'est pas présente, elle est objectivement impliquée dans sa sexualité : comme le disait Platon dans le mythe des androgynes, l'organisme du mâle suppose celui de la femme. C'est la femme qu'il découvre en découvrant son propre sexe, même si elle ne lui est donnée ni en chair et en os, ni en image; et inversement c'est en tant qu'elle incarne la sexualité que la femme est redoutable. On ne peut jamais séparer l'aspect immanent et l'aspect transcendant de l'expérience vivante : ce que je crains ou désire, c'est toujours un avatar de ma propre existence, mais rien ne m'arrive qu'à travers ce qui n'est pas moi. Le non-moi est impliqué dans les pollutions nocturnes, dans l'érection, sinon sous la figure précise de la femme, du moins en tant que Nature et Vie : l'individu se sent possédé par une magie étrangère. Aussi bien l'ambivalence des sentiments qu'il porte à la femme se retrouve dans son attitude envers son propre sexe : il en est fier, il en rit, il en a honte. Le petit garçon compare avec défi son pénis à celui de ses camarades; sa première érection l'enorgueillit et l'effraie à la fois. L'homme fait regarder son sexe comme un symbole de transcendance et de puissance; il en tire vanité comme d'un muscle strié et en même temps comme d'une grâce magique : c'est une liberté riche de toute la contingence du donné, un donné librement voulu; c'est sous cet aspect contradictoire qu'il s'en enchante; mais il en soupçonne le leurre; cet organe

par lequel il prétend s'affirmer ne lui obéit pas; lourd de
désirs inassouvis, s'érigeant inopinément, parfois se sou-
lageant en rêve, il manifeste une vitalité suspecte et
capricieuse. L'homme prétend faire triompher l'Esprit
sur la Vie, l'activité sur la passivité; sa conscience tient la
nature à distance, sa volonté la modèle, mais, sous la
figure du sexe, il retrouve en lui la vie, la nature et la
passivité. « Les parties sexuelles sont le véritable foyer de
la volonté, dont le pôle contraire est le cerveau », écrit
Schopenhauer. Ce qu'il appelle volonté, c'est l'attachement à la vie, qui est souffrance et mort, tandis que le
cerveau, c'est la pensée qui se détache de la vie en se la
représentant : la honte sexuelle, c'est selon lui la honte
que nous éprouvons devant notre stupide entêtement
charnel. Même si l'on récuse le pessimisme propre à ses
théories, il a raison de voir dans l'opposition sexe-cerveau
l'expression de la dualité de l'homme. En tant que sujet,
il pose le monde et, restant hors de l'univers qu'il pose, il
s'en fait le souverain; s'il se saisit comme chair, comme
sexe, il n'est plus conscience autonome, liberté transparente : il est engagé dans le monde, un objet limité et
périssable. Et sans doute l'acte générateur dépasse les
frontières du corps : mais dans le même instant il les
constitue. Le pénis, père des générations, est symétrique
de la matrice maternelle; sorti d'un germe engraissé dans
le ventre de la femme, l'homme est lui-même porteur de
germes et, par cette semence qui donne la vie, c'est aussi
sa propre vie qui se renie. « La naissance des enfants,
c'est la mort des parents », dit Hegel. L'éjaculation est
promesse de mort, elle affirme l'espèce contre l'individu;
l'existence du sexe et son activité nient la singularité
orgueilleuse du sujet. C'est cette contestation de l'esprit
par la vie qui fait du sexe un objet de scandale. L'homme
exalte le phallus dans la mesure où il le saisit comme
transcendance et activité, comme mode d'appropriation
de l'autre; mais il en a honte quand il n'y voit qu'une
chair passive à travers laquelle il est le jouet des forces

obscures de la Vie. Cette honte se camoufle volontiers en ironie. Le sexe d'autrui suscite facilement le rire; du fait qu'elle imite un mouvement concerté et qu'elle est cependant subie, l'érection paraît souvent ridicule; et la simple présence des organes génitaux, dès qu'elle est évoquée, suscite la gaieté. Malinowski raconte qu'il suffisait aux sauvages parmi lesquels il vivait de prononcer le nom de ces « parties honteuses » pour faire naître des rires inextinguibles; beaucoup de plaisanteries dites gauloises ou grasses ne vont guère plus loin que ces rudimentaires jeux de mots. Chez certains primitifs, les femmes ont le droit pendant les jours consacrés au sarclage des jardins de violer brutalement tout étranger qui s'aventure dans le village; l'attaquant toutes ensemble, souvent elles le laissent à demi mort : les hommes de la tribu rient de cet exploit; par ce viol, la victime a été constituée comme chair passive et dépendante; c'est lui qui a été possédé par les femmes, et à travers elles, par leurs maris; tandis que dans le coït normal, l'homme veut s'affirmer comme possesseur.

Mais c'est alors qu'il va expérimenter avec la plus grande évidence l'ambiguïté de sa condition charnelle. Il n'assume orgueilleusement sa sexualité qu'en tant qu'elle est un mode d'appropriation de l'Autre : et ce rêve de possession n'aboutit qu'à un échec. Dans une authentique possession, l'autre s'abolit comme tel, il est consommé et détruit : seul le sultan des *Mille et Une Nuits* a le pouvoir de trancher la tête de ses maîtresses dès que l'aube les retire de son lit; la femme survit aux étreintes de l'homme et par là même elle lui échappe; dès qu'il a ouvert les bras, sa proie lui redevient étrangère; la voilà neuve, intacte, toute prête à être possédée par un nouvel amant d'une manière aussi éphémère. Un des rêves du mâle, c'est de « marquer » la femme de manière qu'elle demeure à jamais sienne; mais le plus arrogant sait bien qu'il ne lui laissera jamais que des souvenirs et que les plus brûlantes images sont froides au prix d'une sensa-

tion. Toute une littérature a dénoncé cet échec. On
l'objective sur la femme qu'on appelle inconstante et
traîtresse, parce que son corps la voue à l'homme en
général et non à un homme singulier. Sa trahison est plus
perfide encore : c'est elle qui fait de l'amant une proie.
Seul un corps peut toucher un autre corps; le mâle ne
maîtrise la chair convoitée qu'en devenant lui-même
chair; Eve est donnée à Adam pour qu'il accomplisse en
elle sa transcendance et elle l'entraîne dans la nuit de
l'immanence; cette gangue ténébreuse que la mère à
façonnée pour son fils et dont il veut s'évader, la maîtresse en referme autour de lui la glaise opaque dans les
vertiges du plaisir. Il voulait posséder : le voilà lui-même
un possédé. Odeur, moiteur, fatigue, ennui, toute une
littérature a décrit cette morne passion d'une conscience
qui se fait chair. Le désir, qui souvent enveloppe le
dégoût, retourne au dégoût quand il est assouvi. « Post
coïtum homo animal triste. » « La chair est triste. » Et
cependant l'homme n'a pas même trouvé dans les bras de
l'amante un apaisement définitif. Bientôt en lui le désir
renaît; et souvent ce n'est pas seulement désir de la
femme en général, mais de cette femme-ci. Elle revêt
alors un pouvoir singulièrement inquiétant. Car, dans son
propre corps, l'homme ne rencontre le besoin sexuel que
comme un besoin général analogue à la faim ou à la soif
et dont l'objet n'est pas particulier : le lien qui l'attache à
ce corps féminin singulier a donc été forgé par l'Autre.
C'est un lien mystérieux comme le ventre impur et fertile
où il a ses racines, une sorte de force passive : il est
magique. Le vocabulaire éculé des romans feuilletons où
la femme est décrite comme une ensorceleuse, une
enchanteresse qui fascine l'homme et l'envoûte, reflète le
plus antique, le plus universel des mythes. La femme est
vouée à la magie. La magie, disait Alain, c'est l'esprit
traînant dans les choses; une action est magique quand,
au lieu d'être produite par un agent, elle émane d'une
passivité; précisément les hommes ont toujours regardé la

femme comme l'immanence du donné; si elle produit
récoltes et enfants ce n'est pas par un acte de sa volonté;
elle n'est pas sujet, transcendance, puissance créatrice,
mais un objet chargé de fluides. Dans les sociétés où
l'homme adore ces mystères, la femme est, à cause de ces
vertus, associée au culte et vénérée comme prêtresse;
mais quand il lutte pour faire triompher la société sur la
nature, la raison sur la vie, la volonté sur le donné inerte,
alors la femme est regardée comme sorcière. On sait la
différence qui distingue le prêtre du magicien : le premier
domine et dirige les forces qu'il a maîtrisées en accord
avec les dieux et les lois, pour le bien de la communauté,
au nom de tous ses membres; le magicien opère à l'écart
de la société, contre les dieux et les lois, selon ses propres
passions. Or, la femme n'est pas pleinement intégrée au
monde des hommes; en tant qu'autre, elle s'oppose à eux;
il est naturel qu'elle se serve des forces qu'elle détient,
non pour étendre à travers la communauté des hommes
et dans l'avenir l'emprise de la transcendance, mais, étant
séparée, opposée, pour entraîner les mâles dans la solitude de la séparation, dans les ténèbres de l'immanence.
Elle est la sirène dont les chants précipitaient les matelots
contre les écueils; elle est Circé qui changeait ses amants
en bêtes, l'ondine qui attire le pêcheur au fond des étangs.
L'homme captif de ses charmes n'a plus de volonté, plus
de projet, plus d'avenir; il n'est plus citoyen, mais une
chair esclave de ses désirs, il est rayé de la communauté,
enfermé dans l'instant, ballotté passivement de la torture
au plaisir; la magicienne perverse dresse la passion contre
le devoir, le moment présent contre l'unité du temps, elle
retient le voyageur loin de ses foyers, elle verse l'oubli. En
cherchant à s'approprier l'Autre, il faut que l'homme
demeure lui-même; mais dans l'échec de la possession
impossible, il essaie de devenir cet autre à qui il ne
parvient pas à s'unir; alors il s'aliène, il se perd, il boit le
philtre qui le rend étranger à lui-même, il plonge au fond
des eaux fuyantes et mortelles. La Mère voue son fils à la

mort en lui donnant la vie; l'amante entraîne l'amant à renoncer à la vie et à s'abandonner au suprême sommeil. Ce lien qui unit l'Amour à la Mort a été pathétiquement mis en lumière dans la légende de Tristan, mais il a une vérité plus originelle. Né de la chair, l'homme dans l'amour s'accomplit comme chair et la chair est promise à la tombe. Par là l'alliance de la Femme et de la Mort se confirme; la grande moissonneuse est la figure inversée de la fécondité qui fait croître les épis. Mais elle apparaît aussi comme l'affreuse épousée dont le squelette se révèle sous une tendre chair mensongère[1].

Ainsi ce que d'abord l'homme chérit et déteste dans la femme, tant amante que mère, c'est l'image figée de sa destinée animale, c'est la vie nécessaire à son existence, mais qui la condamne à la finitude et à la mort. Du jour où il naît, l'homme commence à mourir : c'est la vérité qu'incarne la Mère. En procréant, il affirme l'espèce contre lui-même : c'est ce qu'il apprend dans les bras de l'épouse; dans le trouble et le plaisir, avant même d'avoir engendré, il oublie son moi singulier. Encore qu'il tente de les distinguer, il retrouve en l'une et l'autre une seule évidence : celle de sa condition charnelle. A la fois il souhaite l'accomplir : il vénère sa mère, il désire sa maîtresse; à la fois il se rebelle contre elles dans le dégoût, dans la crainte.

Un texte significatif où nous allons trouver une synthèse de presque tous ces mythes c'est celui où Jean-Richard Bloch dans *la Nuit kurde* décrit les étreintes du jeune Saad avec une femme beaucoup plus âgée que lui, mais encore belle, au cours du sac d'une ville :

« La nuit abolissait les contours des choses et des sensations. Il ne serra plus une femme contre lui. Il touchait enfin au but d'un voyage interminable, poursuivi

---

1. Par exemple dans le ballet de Prévert *le Rendez-Vous* et dans celui de Cocteau *le Jeune Homme et la Mort*, la Mort est représentée sous les traits de la jeune fille aimée.

depuis les origines du monde. Il s'anéantit peu à peu dans une immensité qui se berçait autour de lui sans fin ni figure. Toutes les femmes se confondirent en un pays géant, replié sur lui-même, morne comme le désir, brûlant comme l'été... Lui cependant reconnaissait avec une admiration craintive la puissance enclose dans la femme, les longues cuisses tendues de satin, les genoux semblables à deux collines d'ivoire. Quand il remontait l'axe poli du dos, des reins jusqu'aux épaules, il lui semblait parcourir la voûte même qui soutient le monde. Mais le ventre le rappelait sans relâche, océan élastique et tendre où toute vie naît et retourne, asile entre les asiles avec ses marées, ses horizons, ses surfaces illimitées.

« Alors une rage le saisit de percer cette enveloppe délicieuse et de rejoindre enfin la source même de ses beautés. Une commotion simultanée les enroula l'un à l'autre. La femme n'exista plus que pour se fendre comme le sol, lui ouvrir ses viscères, se gorger des humeurs de l'aimé. Le ravissement se fit meurtre. Ils s'unirent comme on poignarde.

« ... Lui, l'homme isolé, le divisé, le séparé, le retranché, il allait jaillir de sa propre substance, s'évader de sa prison de chair et rouler enfin, matière et âme, dans la matière universelle. A lui était réservé le bonheur suprême, jamais éprouvé jusqu'à ce jour, d'outrepasser les bornes de la créature, de fondre dans la même exaltation le sujet et l'objet, la question et la réponse, d'annexer à l'être tout ce qui n'est pas l'être, et d'atteindre par une convulsion dernière l'empire de l'inatteignable.

« ... Chaque va-et-vient de l'archet éveillait dans l'instrument précieux qu'il tenait à sa merci des vibrations de plus en plus aiguës. Soudain un dernier spasme détacha Saad du zénith et le rejeta vers la terre et la fange. »

Le désir de la femme n'étant pas assouvi, elle emprisonne entre ses jambes son amant qui sent malgré soi renaître son désir : elle lui apparaît alors comme une puissance ennemie qui lui arrache sa virilité et tout en la possédant de nouveau, il la mord à la gorge si profondément qu'il la tue. Ainsi se boucle le cycle qui va de la mère à l'amante, à la mort, à travers des méandres compliqués.

Beaucoup d'attitudes sont ici possibles à l'homme, selon qu'il met l'accent sur tel ou tel aspect du drame charnel. Si un homme n'a pas l'idée que la vie est unique, s'il n'a pas le souci de sa destinée singulière, s'il ne redoute pas la mort, il acceptera joyeusement son animalité. Chez les musulmans, la femme est réduite à un état d'abjection à cause de la structure féodale de la société qui ne permet pas le recours à l'Etat contre la famille, à cause de la religion qui, exprimant l'idéal guerrier de cette civilisation, a voué directement l'homme à la Mort et a dépouillé la femme de sa magie : que craindrait sur terre celui qui est prêt à se plonger d'une seconde à l'autre dans les voluptueuses orgies du paradis mahométan? L'homme peut donc tranquillement jouir de la femme sans avoir à se défendre contre soi-même, ni contre elle. Les contes des *Mille et Une Nuits* la regardent comme une source d'onctueuses délices au même titre que les fruits, les confitures, les gâteaux opulents, les huiles parfumées. On retrouve aujourd'hui cette bienveillance sensuelle chez beaucoup de peuples méditerranéens : comblé par l'instant, ne prétendant pas à l'immortalité, l'homme du Midi qui, à travers l'éclat du ciel et de la mer, saisit la Nature sous son aspect faste, aimera les femmes avec gourmandise; par tradition il les méprise assez pour ne pas les saisir comme des personnes : il ne fait pas grande différence entre l'agrément de leur corps et celui du sable et de l'eau; ni en elles, ni en lui-même, il n'éprouve l'horreur de la chair. C'est avec un tranquille éblouissement que dans *Conservations en Sicile* Vittorini dit avoir découvert à l'âge de sept ans le corps nu de la femme. La pensée rationaliste de la Grèce et de Rome confirme cette attitude spontanée. La philosophie optimiste des Grecs a dépassé le manichéisme pythagoricien;

l'inférieur est subordonné au supérieur et comme tel lui est utile : ces idéologies harmonieuses ne manifestent à l'égard de la chair aucune hostilité. Tourné vers le ciel des Idées, ou vers la Cité ou l'Etat, l'individu se pensant comme Νοῦς ou comme citoyen croit avoir surmonté sa condition animale : qu'il s'abandonne à la volupté ou qu'il pratique l'ascétisme, la femme solidement intégrée à la société mâle n'a qu'une importance secondaire. Certes, le rationalisme n'a jamais entièrement triomphé et l'expérience érotique garde dans ces civilisations son caractère ambivalent : rites, mythologies, littérature en font foi. Mais les attraits et les dangers de la féminité ne s'y manifestent que sous une forme atténuée. C'est le christianisme qui revêt à nouveau la femme d'un prestige effrayant : la peur de l'autre sexe est une des formes que prend pour l'homme le déchirement de la conscience malheureuse. Le chrétien est séparé de soi-même; la division du corps et de l'âme, de la vie et de l'esprit se consomme : le péché originel fait du corps l'ennemi de l'âme; toutes les attaches charnelles apparaissent comme mauvaises[1]. C'est en tant que racheté par le Christ et tourné vers le royaume céleste que l'homme peut être sauvé; mais originellement, il n'est que pourriture; sa naissance le voue, non seulement à la mort, mais à la damnation; c'est par une grâce divine que le ciel pourra lui être ouvert, mais, dans tous les avatars de son existence naturelle, il y a une malédiction. Le mal est une réalité absolue; et la chair est péché. Et, bien entendu, puisque jamais la femme ne cesse d'être l'Autre, on ne considère pas que réciproquement mâle et femelle sont

---

1. Jusqu'à la fin du XII⁰ siècle les théologiens – à l'exception de saint Anselme – considèrent selon la doctrine de saint Augustin que le péché originel est impliqué par la loi même de la génération : « La concupiscence est un vice... la chair humaine qui naît par elle est une chair de péché », écrit saint Augustin. Et saint Thomas : « L'union des sexes étant depuis le péché accompagnée de concupiscence transmet le péché originel à l'enfant. »

chair : la chair qui est pour le chrétien l'*Autre* ennemi ne
se distingue pas de la femme. C'est en elle que s'incarnent
les tentations de la terre, du sexe, du démon. Tous les
Pères de l'Eglise insistent sur le fait qu'elle a conduit
Adam au péché. Il faut citer, de nouveau, le mot de
Tertullien : « Femme! Tu es la porte du diable. Tu as
persuadé celui que le diable n'osait attaquer en face. C'est
à cause de toi que le fils de Dieu a dû mourir. Tu devrais
toujours t'en aller vêtue de deuil et de haillons. » Toute
la littérature chrétienne s'efforce d'exaspérer le dégoût
que l'homme peut éprouver pour la femme. Tertullien la
définit *Templum aedificatum super cloacam*. Saint
Augustin souligne avec horreur la promiscuité des organes sexuels et excrétoires : *Inter fæces et urinam nasci-
mur*. La répugnance du christianisme pour le corps
féminin est telle qu'il consent à vouer son Dieu à une
mort ignominieuse mais qu'il lui épargne la souillure de
la naissance : le concile d'Ephèse dans l'Eglise orientale,
celui de Latran en Occident affirment l'enfantement
virginal du Christ. Les premiers Pères de l'Eglise –
Origène, Tertullien, Jérôme – pensaient que Marie avait
accouché dans le sang et l'ordure comme les autres
femmes; mais c'est l'opinion de saint Ambroise et de
saint Augustin qui prévaut. Le sein de la vierge est
demeuré fermé. Depuis le Moyen Age, le fait d'avoir un
corps a été considéré chez la femme comme une ignomi-
nie. La science même a été longtemps paralysée par ce
dégoût. Linné, dans son traité de la Nature, laisse de côté
comme « abominable » l'étude des organes génitaux de
la femme. Le médecin français des Laurens se demande
avec scandale comment « cet animal divin plein de
raison et de jugement qu'on appelle l'homme peut être
attiré par ces parties obscènes de la femme, souillées
d'humeurs et placées honteusement à la partie la plus
basse du tronc ». Aujourd'hui beaucoup d'autres influences interfèrent avec celle de la pensée chrétienne; et
celle-ci même a plus d'un aspect; mais, dans le monde

puritain entre autres, la haine de la chair se perpétue; elle s'exprime par exemple dans *Light in August* de Faulkner; les premières initiations sexuelles du héros provoquent en lui de terribles traumatismes. Il est fréquent dans toute la littérature de montrer un jeune homme bouleversé jusqu'au vomissement après le premier coït; et si, en vérité, une telle réaction est très rare, ce n'est pas un hasard si elle est si souvent décrite. En particulier dans les pays anglo-saxons pénétrés de puritanisme, la femme suscite chez la plupart des adolescents et chez beaucoup d'hommes une terreur plus au moins avouée. Elle existe assez fortement en France. Michel Leiris écrit dans *l'Age d'homme* : « J'ai couramment tendance à regarder l'organe féminin comme une chose sale ou comme une blessure, pas moins attirante pour cela, mais dangereuse en elle-même, comme tout ce qui est sanglant, muqueux, contaminé. » L'idée de maladie vénérienne traduit ces épouvantes; ce n'est pas parce qu'elle donne des maladies que la femme effraie; ce sont les maladies qui paraissent abominables parce qu'elles viennent de la femme : on m'a cité des jeunes gens qui s'imaginaient que des rapports sexuels trop fréquents suffisent à donner la blennorragie. On croit aussi volontiers que, par le coït, l'homme perd sa vigueur musculaire, sa lucidité cérébrale, son phosphore se consume, sa sensibilité s'épaissit. Il est vrai que l'onanisme fait courir les mêmes dangers; et même, pour des raisons morales, la société le considère comme plus nocif que la fonction sexuelle normale. Le légitime mariage et la volonté de procréation défendent contre les maléfices de l'érotisme. Mais j'ai dit déjà qu'en tout acte sexuel l'*Autre* est impliqué; et son visage le plus habituel est celui de la femme. C'est en face d'elle que l'homme éprouve avec le plus d'évidence la passivité de sa propre chair. La femme est vampire, gouge, mangeuse, buveuse; son sexe se nourrit gloutonnement du sexe mâle. Certains psychanalystes ont voulu donner des bases scientifiques à ces imaginations : tout le plaisir que la femme tire du coït viendrait de ce qu'elle châtre symboliquement le mâle et s'approprie son sexe. Mais il semble que ces théories elles-mêmes demandent à être psychanalysées et que les médecins qui les inventèrent y aient projeté des terreurs ancestrales[1].

La source de ces terreurs, c'est que dans l'Autre, par-delà toute annexion, l'altérité demeure. Dans les sociétés patriarcales, la femme a conservé beaucoup des vertus inquiétantes qu'elle détenait dans les sociétés primitives. C'est pourquoi on ne l'abandonne jamais à la Nature, on l'entoure de tabous, on la purifie par des rites, on la place sous le contrôle des prêtres; on enseigne à l'homme à ne jamais l'aborder dans sa nudité originelle, mais à travers les cérémonies, les sacrements, qui l'arrachent à la terre, à la chair, et la métamorphosent en une créature humaine : alors la magie qu'elle détient est canalisée comme la foudre depuis l'invention du paratonnerre et des centrales électriques. Il devient même possible de l'utiliser dans l'intérêt de la collectivité : on voit ici une autre phase de ce mouvement oscillatoire qui définit le rapport de l'homme à sa femelle. Il l'aime en tant qu'elle est sienne, il la redoute en tant qu'elle demeure autre; mais c'est en tant qu'autre redoutable qu'il cherche à la faire plus profondément sienne : c'est là ce qui va l'amener à l'élever à la dignité d'une personne et à la reconnaître pour son semblable.

La magie féminine a été profondément domestiquée dans la famille patriarcale. La femme permet à la société d'intégrer en elle les forces cosmiques. Dans son ouvrage, *Mitra-Varuna*, Dumézil signale qu'aux Indes comme à Rome, il y a deux manières pour le pouvoir viril de s'affirmer : en Varouna et Romulus, dans les Gandharvas et les Luperques, il est agression, rapt, désordre, hybris;

---

1. Nous avons montré que le mythe de la mante religieuse n'a aucun fondement biologique.

alors la femme apparaît comme un être qu'il faut ravir, violenter; les Sabines ravies se montrent stériles, on les fouette avec des lanières en peau de bouc, compensant par la violence un excès de violence. Mais Mitra, Numa, les Brahmanes et les Flamines assurent au contraire l'ordre et l'équilibre raisonnable de la cité : alors la femme est liée au mari par un mariage aux rites compliqués et, collaborant avec lui, elle lui assure la domination de toutes les forces femelles de la nature; à Rome, si la flamina meurt, le flamen dialis se démet de ses fonctions. C'est ainsi qu'en Egypte, Isis, ayant perdu sa puissance suprême de déesse mère, demeure cependant généreuse, souriante, bienveillante et sage, la magnifique épouse d'Osiris. Mais quand la femme apparaît ainsi l'associée de l'homme, son complément, sa moitié, elle est nécessairement douée d'une conscience, d'une âme; il ne saurait si intimement dépendre d'un être qui ne participerait pas à l'essence humaine. On a vu déjà que les Lois de Manou promettaient à l'épouse légitime le même paradis qu'à son époux. Plus le mâle s'individualise et revendique son individualité, plus aussi il reconnaîtra en sa compagne un individu et une liberté. L'Oriental insouciant de son propre destin se contente d'une femelle qui est pour lui un objet de jouissance; mais le rêve de l'Occidental, quand il s'est élevé à la conscience de la singularité de son être, c'est d'être reconnu par une liberté étrangère et docile. Le Grec ne trouve pas dans la prisonnière du gynécée le semblable qu'il réclame : aussi porte-t-il son amour à des compagnons mâles dont la chair est habitée comme la sienne par une conscience et une liberté, ou bien il le dédie aux hétaïres dont l'indépendance, la culture et l'esprit font presque des égales. Mais quand les circonstances le permettent, c'est l'épouse qui peut le mieux satisfaire aux exigences de l'homme. Le citoyen romain voit dans la matrone une personne : en Cornélie, en Arria, il possède son double. C'est paradoxalement le christianisme qui va proclamer, sur un certain plan, l'égalité de l'homme et de la femme. Il déteste en elle la chair; si elle se renie comme chair, elle est, au même titre que le mâle, créature de Dieu, rachetée par le Rédempteur : la voilà rangée, au côté des mâles, parmi les âmes promises aux joies célestes. Hommes et femmes sont les serviteurs de Dieu, presque aussi asexués que les anges et qui, ensemble, avec l'aide de la grâce, repoussent les tentations de la terre. Si elle accepte de renier son animalité, la femme, du fait même qu'elle incarnait le péché, sera aussi la plus radieuse incarnation du triomphe des élus qui ont vaincu le péché[1]. Bien entendu, le Sauveur divin qui opère le Rédemption des hommes est mâle; mais il faut que l'humanité coopère à son propre salut et c'est sous sa figure la plus humiliée, la plus perverse qu'elle sera appelée à manifester sa bonne volonté soumise. Le Christ est Dieu; mais c'est une femme, la Vierge Mère, qui règne sur toutes les créatures humaines. Cependant seules les sectes qui se développent en marge de la société ressuscitent en la femme les antiques privilèges des grandes déesses. L'Eglise exprime et sert une civilisation patriarcale où il convient que la femme demeure annexée à l'homme. C'est en se faisant sa servante docile qu'elle sera aussi une sainte bénie. Ainsi au cœur du Moyen Age se dresse l'image la plus achevée de la femme propice aux hommes : le visage de la Mère du Christ s'entoure de gloire. Elle est la figure inversée d'Eve la pécheresse; elle écrase le serpent sous son pied; elle est la médiatrice du salut, comme Eve l'a été de la damnation.

C'est comme Mère que la femme était redoutable; c'est dans la maternité qu'il faut la transfigurer et l'asservir. La virginité de Marie a surtout une valeur négative : celle par qui la chair a été rachetée n'est pas charnelle; elle n'a été ni touchée, ni possédée. A la Grande Mère asiatique

---

1. De là vient la place privilégiée qu'elle occupe par exemple dans l'œuvre de Claudel. Voir p. 353-366.

on ne reconnaissait pas non plus d'époux : elle avait engendré le monde et régnait sur lui solitairement; elle pouvait être lubrique par caprice, mais en elle la grandeur de la Mère n'était pas diminuée par les servitudes imposées à l'épouse. Ainsi Marie n'a pas connu la souillure qu'implique la sexualité. Apparentée à Minerve la guerrière, elle est tour d'ivoire, citadelle, imprenable donjon. Les prêtresses antiques, comme la plupart des saintes chrétiennes, étaient vierges elles aussi : la femme vouée au bien doit y être vouée dans la splendeur de ses forces intactes; il faut qu'elle conserve dans son intégrité indomptée le principe de sa féminité. Si on refuse à Marie son caractère d'épouse, c'est pour exalter plus purement en elle la Femme-Mère. Mais c'est seulement en acceptant le rôle subordonné qui lui est assigné qu'elle sera glorifiée. « Je suis la servante du Seigneur. » Pour la première fois dans l'histoire de l'humanité, la mère s'agenouille devant son fils; elle reconnaît librement son infériorité. C'est là la suprême victoire masculine qui se consomme dans le culte de Marie : il est la réhabilitation de la femme par l'achèvement de sa défaite. Ishtar, Astarté, Cybèle étaient cruelles, capricieuses, luxurieuses; elles étaient puissantes; source de mort autant que de vie, en enfantant les hommes elles faisaient d'eux leurs esclaves. La vie et la mort dans le christianisme ne dépendant plus que de Dieu, l'homme issu du sein maternel s'en est évadé à jamais, la terre ne guette que ses os; le destin de son âme se joue dans les régions où les pouvoirs de la mère sont abolis; le sacrement du baptême rend dérisoire les cérémonies où l'on brûlait ou noyait le placenta. Il n'y a plus place sur terre pour la magie : Dieu est le seul roi. La nature est originellement mauvaise : mais en face de la grâce elle est impuissante. La maternité en tant que phénomène naturel ne donne aucun pouvoir. Il ne reste donc à la femme, si elle veut surmonter en elle-même la tare originelle, qu'à s'incliner devant Dieu dont la volonté l'asservit à l'homme. Et par cette soumission elle peut prendre dans la mythologie masculine un rôle neuf. Combattue, foulée aux pieds, quand elle se voulait dominatrice et tant qu'elle n'avait pas explicitement abdiqué, elle pourra être honorée comme vassale. Elle ne perd aucun de ses attributs primitifs; mais ceux-ci changent de signe; de néfastes ils deviennent fastes; la magie noire se tourne en magie blanche. Servante, la femme a droit aux plus splendides apothéoses.

Et puisque c'est en tant que Mère qu'elle a été asservie, c'est d'abord comme mère qu'elle sera chérie et respectée. Des deux antiques visages de la maternité, l'homme d'aujourd'hui ne veut plus connaître que la face souriante. Limité dans le temps et l'espace, ne possédant qu'un corps et une vie finie, l'homme n'est qu'un individu au sein d'une Nature et d'une Histoire étrangères. Limitée comme lui, semblable à lui puisqu'elle est aussi habitée par l'esprit, la femme appartient à la Nature, elle est traversée par le courant infini de la Vie; elle apparaît donc comme la médiatrice entre l'individu et le cosmos. Quand la figure de la mère est devenue rassurante et sainte, on comprend que l'homme se tourne vers elle avec amour. Perdu dans la nature, il cherche à s'en sauver; mais séparé d'elle, il aspire à la rejoindre. Solidement assise dans la famille, dans la société, en accord avec les lois et les mœurs, la mère est l'incarnation même du Bien : la nature à laquelle elle participe devient bonne; elle n'est plus ennemie de l'esprit; et si elle demeure mystérieuse, c'est un mystère souriant, comme celui des madones de Léonard de Vinci. L'homme ne veut pas être femme, mais il rêve d'envelopper en lui tout ce qui est, et donc aussi cette femme qu'il n'est pas : dans le culte qu'il rend à sa mère, il tente de s'approprier ses richesses étrangères. Se reconnaître fils de sa mère, c'est reconnaître sa mère en lui, c'est intégrer la féminité en tant qu'elle est liaison à la terre, à la vie, au passé. Dans les *Conversations en Sicile* de Vittorini, c'est là ce que le héros va chercher auprès de sa mère : le sol natal, ses odeurs et ses fruits, son enfance, le souvenir de ses ancêtres, les traditions, les racines desquelles son existence individuelle l'a détaché. C'est cet enracinement même qui exalte dans l'homme l'orgueil du dépassement; il lui plaît de s'admirer s'arrachant des bras maternels pour partir vers l'aventure, l'avenir, la guerre; ce départ serait moins émouvant s'il n'y avait personne pour tenter de le retenir : il apparaîtrait comme un accident, non comme une victoire durement achetée. Et il lui plaît aussi de savoir que ces bras demeurent prêts à l'accueillir. Après la tension de l'action, le héros aime goûter à nouveau auprès de sa mère le repos de l'immanence : elle est le refuge, le sommeil; par la caresse de ses mains, il se replonge dans le sein de la nature, il se laisse porter par le grand courant de la vie aussi tranquillement que dans la matrice, que dans le tombeau. Et si la tradition veut qu'il meure en appelant sa mère, c'est que, sous le regard maternel, la mort même est domestiquée, symétrique de la naissance, indissolublement liée à toute vie charnelle. La mère reste associée à la mort comme dans le mythe antique des Parques; il lui appartient d'ensevelir les morts, de les pleurer. Mais son rôle est précisément d'intégrer la mort à la vie, à la société, au bien. Aussi le culte des « mères héroïques » est-il systématiquement encouragé : si la société obtient des mères qu'elles cèdent leurs fils à la mort, elle pense avoir le droit de les assassiner. A cause de l'emprise que la mère a sur ses fils, il est avantageux à la société de se l'annexer : c'est pourquoi la mère est entourée de tant de marques de respect, on la doue de toutes les vertus, on crée à son propos une religion à laquelle il est interdit de se dérober sous peine de sacrilège et de blasphème; on fait d'elle la gardienne de la morale; servante de l'homme, servante des pouvoirs, elle conduira doucement ses enfants dans les chemins tracés. Plus une collectivité est résolument optimiste, plus docilement elle acceptera cette tendre autorité, plus la mère y sera transfigurée. La « Mom » américaine est devenue cette idole que décrit Philipp Wyllie dans *Generation of Vipers*, parce que l'idéologie officielle de l'Amérique est le plus entêté des optimismes. Glorifier la mère, c'est accepter la naissance, la vie et la mort sous leur forme animale et sociale à la fois, c'est proclamer l'harmonie de la nature et de la société. C'est parce qu'il rêve à l'accomplissement de cette synthèse qu'Auguste Comte fait de la femme la divinité de la future Humanité. Mais c'est pourquoi aussi tous les révoltés s'acharnent sur la figure de la mère; en la bafouant, ils refusent le donné qu'on prétend leur imposer à travers la gardienne des mœurs et des lois[1].

---

1. Il faudrait citer ici tout le poème de Michel Leiris intitulé *la Mère*. En voici quelques extraits caractéristiques :

La mère en noir, mauve, violet, – voleuse des nuits, – c'est la sorcière dont l'industrie cachée vous met au monde, celle qui vous berce, vous choie, vous met en bière, quand elle n'abandonne pas – ultime joujou – à vos mains qui le posent gentiment au cercueil, son corps recroquevillé. (...)

La mère – statue aveugle, fatalité dressée au centre du sanctuaire inviolé – c'est la nature qui vous caresse, le vent qui vous encense, le monde qui tout ensemble vous pénètre, vous monte au ciel (enlevé sur les multiples spires) et vous pourrit. (...)

La mère – qu'elle soit jeune ou vieille, belle ou laide, miséricordieuse ou têtue – c'est la caricature, le monstre femme jaloux, le Prototype déchu, – si tant est que l'Idée (pythie flétrie juchée sur le trépied de son austère majuscule) n'est que la parodie des vives, légères, chatoyantes pensées...

La mère – sa hanche ronde ou sèche, son sein tremblant ou dur – c'est le déclin promis, dès l'origine, à toute femme, l'émiettement progressif de la roche étincelante sous le flot des menstrues, l'ensevelissement lent – sous le sable du désert âgé – de la caravane luxuriante et chargée de beauté.

La mère – ange de la mort qui épie, de l'univers qui enlace, de l'amour que la vague du temps rejette – c'est la coquille au graphique insensé (signe d'un sûr venin) à lancer dans les vasques profondes, génératrice de cercles pour les eaux oubliées.

La mère – flaque sombre, éternellement en deuil de tout et de nous-mêmes – c'est la pestilence vaporeuse qui s'irise et qui crève, enflant bulle par bulle sa grande ombre bestiale (honte de chair et de lait), voile roide qu'une foudre encore à naître devrait déchirer...

. . . .

Viendra-t-il jamais à l'esprit d'une de ces innocentes salopes de se traîner pieds nus dans les siècles pour pardon de ce crime : nous avoir enfantés?

Le respect dont la Mère est nimbée, les interdits dont elle est entourée refoulent le dégoût hostile qui spontanément se mêle à la tendresse charnelle qu'elle inspire. Cependant sous des formes larvées l'horreur de la maternité survit. En particulier il est intéressant de remarquer qu'en France, depuis le Moyen Age, on a forgé un mythe secondaire qui permet à ces répugnances de s'exprimer librement : c'est celui de la Belle-Mère. Des fabliaux aux vaudevilles, c'est la maternité en général que l'homme bafoue à travers la mère de son épouse que ne défend aucun tabou. Il hait que la femme qu'il aime ait été engendrée : la belle-mère est l'évidente image de la décrépitude à laquelle elle a voué sa fille en lui donnant le jour; son obésité, ses rides, annoncent l'obésité, les rides promises à la jeune mariée dont l'avenir est ainsi tristement préfiguré; aux côtés de sa mère elle n'apparaît plus comme un individu, mais comme le moment d'une espèce; elle n'est plus la proie désirée, la compagne chérie parce que son existence singulière se dissout dans la vie universelle. Sa particularité est dérisoirement contestée par la généralité, l'autonomie de l'esprit par son enracinement dans le passé et dans la chair : c'est cette dérision que l'homme objective en un personnage grotesque; mais s'il y a tant de rancune dans son rire, c'est qu'il sait bien que le sort de sa femme est celui de tout être humain : c'est le sien. Dans tous les pays, légendes et contes ont aussi incarné dans l'épouse du second lit l'aspect cruel de la maternité. C'est une marâtre qui cherche à faire périr Blanche-Neige. Dans la méchante belle-mère – Mme Fichini fouettant Sophie à travers les livres de Mme de Ségur – l'antique Kâli au collier de têtes coupées se survit.

Cependant derrière la Mère sanctifiée se presse la cohorte des magiciennes blanches qui mettent au service de l'homme les sucs des herbes et les radiations astrales : grand-mères, vieilles femmes aux yeux pleins de bonté, servantes au grand cœur, sœurs de charité, infirmières

aux mains merveilleuses, amante telle que Verlaine la
rêve :

> *Douce, pensive et brune et jamais étonnée,*
> *Et qui parfois vous baise au front comme un enfant;*

on leur prête le clair mystère des ceps noueux, de l'eau
fraîche; elles pansent et guérissent; leur sagesse est la
sagesse silencieuse de la vie, elles comprennent sans mots.
Près d'elles l'homme oublie tout orgueil; il connaît la
douceur de s'abandonner et de redevenir un enfant, car il
n'y a de lui à elles aucune lutte de prestige : il ne saurait
envier à la nature ses vertus inhumaines; et dans leur
dévouement les sages initiées qui le soignent se reconnais-
sent comme ses servantes; il se soumet à leur puissance
bienfaisante parce qu'il sait que dans cette soumission il
reste leur maître. Les sœurs, les amies d'enfance, les pures
jeunes filles, toutes les futures mères font partie de cette
troupe bénie. Et l'épouse même, quand sa magie érotique
s'est dissipée, apparaît à beaucoup d'hommes moins
comme une amante que comme la mère de leurs enfants.
Du jour où la mère est sanctifiée et asservie on peut sans
effroi la retrouver chez la compagne elle aussi sanctifiée
et soumise. Racheter la mère, c'est racheter la chair, donc
l'union charnelle et l'épouse.

Privée de ses armes magiques par les rites nuptiaux,
économiquement et socialement subordonnée à son mari,
la « bonne épouse » est pour l'homme le plus précieux
trésor. Elle lui appartient si profondément qu'elle participe à la même essence que lui : « Ubi tu Gaïus, ego
Gaïa »; elle a son nom, ses dieux, il est responsable
d'elle : il l'appelle sa moitié. Il s'enorgueillit de sa femme
comme de sa maison, ses terres, ses troupeaux, ses
richesses, et parfois même davantage; c'est à travers elle
qu'il manifeste aux yeux du monde sa puissance : elle est
sa mesure, et sa part sur terre. Chez les Orientaux la
femme se doit d'être grasse : on voit qu'elle est largement

nourrie et elle fait honneur à son maître[1]. Un musulman est d'autant plus considéré qu'il possède un plus grand nombre de femmes et qu'elles sont d'apparence plus florissante. Dans la société bourgeoise, un des rôles dévolus à la femme, c'est de *représenter* : sa beauté, son charme, son intelligence, son élégance sont les signes extérieurs de la fortune du mari au même titre que la carrosserie de son automobile. Riche, il la couvre de fourrures et de bijoux. Plus pauvre, il vantera ses qualités morales et ses talents de ménagère; le plus déshérité, s'il s'est attaché une femme qui le sert, croit posséder quelque chose sur terre : le héros de *la Mégère apprivoisée* convoque tous ses voisins pour leur montrer avec quelle autorité il a su dompter sa femme. Tout homme ressuscite plus ou moins le roi Candaule : il exhibe sa femme parce qu'il croit étaler ainsi ses propres mérites.

Mais la femme ne flatte pas seulement la vanité sociale de l'homme; elle lui permet aussi un orgueil plus intime; il s'enchante de la domination qu'il exerce sur elle; aux images naturalistes du soc entaillant le sillon se superposent quand la femme est une personne des symboles plus spirituels; ce n'est pas seulement érotiquement, c'est moralement, intellectuellement que le mari « forme » son épouse; il l'éduque, la marque, lui impose son empreinte. Une des rêveries auxquelles l'homme se complaît, c'est celle de l'imprégnation des choses par sa volonté, du modelage de leur forme, de la pénétration de leur substance : la femme est par excellence la « pâte molle » qui se laisse passivement malaxer et façonner, tout en cédant elle résiste, ce qui permet à l'action masculine de se perpétuer. Une matière trop plastique s'abolit par sa docilité; ce qu'il y a de précieux chez la femme c'est que quelque chose en elle échappe indéfiniment à toute étreinte; ainsi l'homme est maître d'une réalité qui est d'autant plus digne d'être maîtrisée qu'elle

1. Voir note p. 264.

le déborde. Elle éveille en lui un être ignoré qu'il reconnaît avec fierté comme soi-même; dans les sages orgies conjugales il découvre la splendeur de son animalité : il est le Mâle; corrélativement la femme est femelle, mais ce mot prend à l'occasion les plus flatteuses résonances : la femelle qui couve, allaite, lèche ses petits, les défend, les sauve au péril de sa vie est un exemple pour l'humanité; avec émotion l'homme réclame de sa compagne cette patience, ce dévouement; c'est encore la Nature, mais pénétrée de toutes les vertus utiles à la société, à la famille, au chef de famille que celui-ci entend enfermer au foyer. Un des désirs communs à l'enfant et à l'homme c'est de dévoiler le secret caché à l'intérieur des choses; de ce point de vue la matière est décevante : une poupée éventrée, voilà son ventre dehors, elle n'a plus d'intériorité; l'intimité vivante est plus impénétrable; le ventre féminin est le symbole de l'immanence, de la profondeur; il livre en partie ces secrets, entre autres quand le plaisir s'inscrit sur le visage féminin; mais aussi il les retient; l'homme capte à domicile les obscures palpitations de la vie sans que la possession en détruise le mystère. Dans le monde humain la femme transpose les fonctions de la femme animale : elle entretient la vie, elle règne sur les régions de l'immanence; la chaleur et l'intimité de la matrice, elle les transporte dans le foyer; c'est elle qui garde et anime la demeure où s'est déposé le passé, où se préfigure l'avenir; elle engendre la génération future et elle nourrit les enfants déjà nés; grâce à elle l'existence que l'homme dépense à travers le monde dans le travail et l'action se rassemble en se replongeant dans son immanence : quand le soir il rentre dans sa maison, le voilà ancré sur la terre; par la femme la continuité des jours est assurée; quels que soient les hasards qu'il affronte dans le monde extérieur, elle garantit la répétition des repas, du sommeil; elle répare tout ce que l'activité détruit ou use : elle prépare les aliments du travailleur fatigué, elle le soigne s'il est malade, elle raccommode, lave. Et dans l'univers conjugal qu'elle constitue et perpétue, elle introduit tout le vaste monde : elle allume les feux, fleurit la maison, apprivoise les effluves du soleil, de l'eau, de la terre. Un écrivain bourgeois cité par Bebel résume ainsi avec sérieux cet idéal : « L'homme veut quelqu'un dont non seulement le cœur batte pour lui, mais dont la main lui éponge le front, qui fasse rayonner la paix, l'ordre, la tranquilité, une silencieuse autorité sur lui-même et sur les choses qu'il retrouve chaque jour en rentrant à la maison; il veut quelqu'un qui répande sur toutes choses cet inexprimable parfum de femme qui est la chaleur vivifiante de la vie du foyer. »

On voit combien depuis l'apparition du christianisme la figure de la femme s'est spiritualisée; la beauté, la chaleur, l'intimité que l'homme souhaite saisir à travers elle ne sont plus des qualités sensibles; au lieu de résumer la savoureuse apparence des choses, elle devient leur âme; plus profond que le mystère charnel, il y a en son cœur une secrète et pure présence dans laquelle se reflète la vérité du monde. Elle est l'âme de la maison, de la famille, du foyer. Elle est aussi celle des collectivités plus vastes : ville, province ou nation. Jung fait remarquer que les cités ont toujours été assimilées à la Mère du fait qu'elles contiennent les citoyens dans leur sein : c'est pourquoi Cybèle apparaissait couronnée de tours; pour la même raison on parle de la « mère patrie »; mais ce n'est pas seulement le sol nourricier, c'est une réalité plus subtile qui trouve dans la femme son symbole. Dans l'Ancien Testament et dans l'Apocalypse, Jérusalem, Babylone ne sont pas seulement des mères : elles sont aussi des épouses. Il y a des villes vierges et des villes prostituées comme Babel et Tyr. On a aussi appelé la France la « fille aînée » de l'Eglise; la France et l'Italie sont des sœurs latines. La fonction de la femme n'est pas spécifiée mais seulement sa féminité dans les statues qui figurent la France, Rome, Germania et dans celles qui, place de la Concorde, évoquent Strasbourg et Lyon. Cette assimilation n'est pas seulement allégorique : elle est affectivement réalisée par quantité d'hommes[1]. Il est fréquent que le voyageur demande à la femme la clef des contrées qu'il visite : quand il tient une Italienne, une Espagnole dans ses bras, il lui semble posséder l'essence savoureuse de l'Italie, de l'Espagne. « Quand j'arrive dans une nouvelle ville, je commence toujours par aller au bordel », disait un journaliste. Si un chocolat à la cannelle peut découvrir à Gide toute l'Espagne, à plus forte raison les baisers d'une bouche exotique livreront à l'amant un pays avec sa flore, sa faune, ses traditions, sa culture. La femme n'en résume pas les institutions politiques ni les richesses économiques; mais elle en incarne à la fois la pulpe charnelle et le mana mystique. De *Graziella* de Lamartine aux romans de Loti et aux nouvelles de Morand, c'est à travers les femmes qu'on voit l'étranger tenter de s'approprier l'âme d'une région. Mignon, Sylvie, Mireille, Colomba, Carmen dévoilent la plus intime vérité de l'Italie, du Valais, de la Provence, de la Corse, de l'Andalousie. Que Goethe se soit fait aimer de l'Alsacienne Frédérique est apparu aux Allemands comme un symbole de l'annexion de l'Allemagne; réciproquement, quand Colette Baudoche refuse d'épouser un Allemand, c'est aux yeux de Barrès l'Alsace qui se refuse à l'Allemagne. Il symbolise Aigues-Mortes et toute une civilisation raffinée et frileuse dans la petite personne de Bérénice; elle représente aussi la sensibilité de l'écrivain lui-même. Car dans celle qui est l'âme de la nature, des villes, de l'univers, l'homme reconnaît aussi son

---

1. Elle est allégorique dans le honteux poème que Claudel vient récemment de commettre et où il appelle l'Indochine « C'te femme jaune »; elle est affective au contraire dans les vers du poète noir :

L'âme du noir pays où dorment les anciens
vit et parle
ce soir
en la force inquiète le long de tes reins creux.

double mystérieux; l'âme de l'homme, c'est Psyché, une femme.

Psyché a des traits féminins dans Ulalume d'Edgar Poe : « Ici, une fois, à travers une allée titanique de cyprès j'errais avec mon âme – une allée de cyprès avec Psyché mon âme... Ainsi je pacifiai Psyché et la baisai... et je dis : qu'y a-t-il écrit, douce sœur, sur la porte ? »

Et Mallarmé dialoguant au théâtre avec « une âme ou bien notre idée » (à savoir la divinité présente à l'esprit de l'homme) l'appelle « une si exquise dame anormale *(sic)* » [1].

> *Harmonieuse moi différente d'un songe*
> *Femme flexible et ferme aux silence suivis*
> *D'actes purs !...*
> *Mystérieuse moi...*

ainsi Valéry l'interpelle. Aux nymphes et aux fées le monde chrétien a substitué des présences moins charnelles : mais les foyers, les paysages, les cités et les individus eux-mêmes restent hantés par une impalpable féminité.

Cette vérité ensevelie dans la nuit des choses resplendit aussi au ciel; parfaite immanence, l'Ame est en même temps le transcendant, l'Idée. Non seulement les villes et les nations, mais des entités, des institutions abstraites revêtent des traits féminins : l'Eglise, la Synagogue, la République, l'Humanité sont femmes, et aussi la Paix, la Guerre, la Liberté, la Révolution, la Victoire. L'idéal que l'homme pose en face de soi comme l'Autre essentiel, il le féminise parce que la femme est la figure sensible de l'altérité; c'est pourquoi presque toutes les allégories, dans le langage comme dans l'iconographie, sont des femmes [2]. Ame et Idée, la femme est aussi entre l'une et

---

1. *Crayonné au théâtre.*
2. La philologie est sur cette question plutôt mystérieuse; tous les linguistes s'accordent à reconnaître que la distribution des mots concrets en genre est purement accidentelle. Cependant en français la plupart des entités sont du féminin : beauté, loyauté, etc. Et en allemand la plupart des mots importés, étrangers, *autres,* sont féminins : die Bar, etc.

l'autre la médiatrice : elle est la Grâce qui conduit le chrétien vers Dieu, elle est Béatrice guidant Dante dans l'au-delà, Laure appelant Pétrarque vers les hautes cimes de la poésie. Dans toutes les doctrines qui assimilent la Nature à l'Esprit, elle apparaît comme Harmonie, Raison, Vérité. Les sectes gnostiques avaient fait de la Sagesse une femme : Sophie; ils lui attribuaient la rédemption du monde et même sa création. Alors la femme n'est plus chair, mais corps glorieux; on ne prétend plus la posséder, on la vénère dans sa splendeur intouchée; les pâles mortes d'Edgar Poe sont fluides comme l'eau, comme le vent, comme le souvenir; pour l'amour courtois, pour les précieux, et dans toute la tradition galante la femme n'est plus une créature animale mais un être éthéré, un souffle, une lumière. C'est ainsi que l'opacité de la Nuit féminine se convertit en transparence, la noirceur en pureté, comme dans ces textes de Novalis :

« Extase nocturne, sommeil céleste, tu descendis vers moi; le paysage s'éleva doucement, au-dessus du paysage plana mon esprit délivré, régénéré. Le texte devint un nuage au travers duquel j'aperçus les traits transfigurés de la Bien-Aimée. »

« Te sommes-nous donc agréables, à toi aussi, sombre nuit?... Un baume précieux coule de tes mains, un rayon tombe de ta gerbe. Tu retiens les ailes pesantes de l'âme. Une émotion, obscure et indicible, nous saisit : je vois un visage sérieux, joyeusement effrayé vers moi se pencher avec douceur et recueillement et je reconnais sous les boucles enlacées la chère jeunesse de la Mère... Plus célestes que ces étoiles scintillantes nous paraissent les yeux infinis que le Nuit a ouverts en nous. »

L'attraction descendante exercée par la femme s'est inversée; elle n'appelle plus l'homme vers le cœur de la terre mais vers le ciel.

L'Eternel Féminin
Nous attire vers le haut

proclame Gœthe à la fin du *Second Faust*.

Puisque la Vierge Marie est l'image la plus achevée, la plus généralement vénérée de la femme régénérée et consacrée au Bien, il est intéressant de voir à travers la littérature et l'iconographie comment elle apparaît. Voici un extrait des litanies que lui adressait au Moyen Age la chrétienté fervente :

« ... Haute Vierge, tu es la féconde Rosée, la Fontaine de Joie, le Canal des miséricordes, le Puits des eaux vives qui apaisent nos ardeurs.

« Tu es la Mamelle dont Dieu allaite les orphelins...

« Tu es la Moelle, la Mie, le Noyau de tous les biens.

« Tu es la Femme sans ruse dont l'amour jamais ne change...

« Tu es la Piscine probatique, le Remède des vies lépreuses, la subtile Physicienne dont la pareille ne se trouve ni à Salerne, ni à Montpellier...

« Tu es la Dame aux mains guérisseuses dont les doigts si beaux si blancs, si longs restaurent les nez et les bouches, font de nouveaux yeux et de nouvelles oreilles. Tu éteins les ardents, ranimes les paralytiques, redresses les lâches, ressuscites les morts. »

On retrouve dans ces invocations la plupart des attributs féminins que nous avons signalés. La Vierge est fécondité, rosée, source de vie; beaucoup d'images la figurent au puits, à la source, à la fontaine; l'expression « Fontaine de vie » est une des plus répandues; elle n'est pas créatrice, mais elle fertilise, elle fait jaillir à la lumière ce qui était caché dans la terre. Elle est la profonde réalité enfermée sous les apparences des choses : le Noyau, la Moelle. Par elle s'apaisent les désirs : elle est ce qui est donné à l'homme pour l'assouvir. Partout où la vie est menacée, elle la sauve et la restaure : elle guérit et fortifie. Et parce que la vie émane de Dieu, étant intermédiaire entre l'homme et la vie, elle est aussi truchement entre l'humanité et Dieu. « Porte du diable », disait Tertullien. Mais, transfigurée, elle est porte du ciel; des peintures nous la représentent ouvrant une porte ou une fenêtre sur le paradis; ou encore, dressant une échelle entre la terre et le firmament. Plus clairement, la voilà avocate, plaidant auprès de son Fils pour le salut des hommes : beaucoup de tableaux du Jugement dernier montrent la Vierge découvrant ses seins et suppliant le Christ au nom de sa glorieuse maternité. Elle protège dans les plis de son manteau les enfants des hommes; son amour miséricordieux les suit sur les océans, les champs de bataille, à travers les dangers. Elle fléchit, au nom de la charité, la Justice divine : on voit des « Vierges à la balance » qui font en souriant pencher du côté du Bien le plateau où l'on pèse les âmes.

Ce rôle miséricordieux et tendre est l'un des plus importants de tous ceux qui ont été dévolus à la femme. Même intégrée à la société, la femme en déborde subtilement les frontières parce qu'elle a la générosité insidieuse de la Vie. C'est cette distance entre les constructions voulues par les mâles et la contingence de la nature qui semble en certains cas inquiétante; mais elle devient bénéfique quand la femme, trop docile pour menacer l'œuvre des hommes, se borne à l'enrichir et à en assouplir les lignes trop accusées. Les dieux mâles représentent le Destin; du côté des déesses on trouve une bienveillance arbitraire, une faveur capricieuse. Le Dieu chrétien a les rigueurs de la Justice; la Vierge a la douceur de la charité. Sur terre, les hommes sont défenseurs des lois, de la raison, de la nécessité; la femme connaît la contingence originelle de l'homme même et de cette nécessité à laquelle il croit; de là vient la mystérieuse ironie qui fleurit sur ses lèvres et sa flexible générosité. Elle a enfanté dans la douleur, elle a soigné les blessures des mâles, elle allaite le nouveau-né et ensevelit les morts; elle connaît de l'homme tout ce qui brime son orgueil et humilie sa volonté. Tout en s'inclinant devant lui, soumettant la chair à l'esprit, elle se tient aux frontières charnelles de l'esprit; et elle conteste le sérieux des dures architectures masculines, elle en adoucit les angles; elle y introduit un luxe gratuit, une grâce imprévue. Son pouvoir sur les hommes vient de ce qu'elle les rappelle tendrement à une conscience modeste de leur authentique condition; c'est le secret de sa sagesse désabusée, douloureuse, ironique et aimante. Même la frivolité, le caprice, l'ignorance sont en elle des vertus charmantes parce qu'elles s'épanouissent en deçà et au-delà du monde où l'homme choisit de vivre mais où il n'aime pas se sentir enfermé. En face des significations arrêtées, des instruments façonnés à des fins utiles, elle dresse le mystère des choses intactes; elle fait passer dans les rues des villes, dans les champs cultivés le souffle de la poésie. La poésie prétend capter ce qui existe par delà la prose quotidienne : la femme est une réalité éminemment poétique puisque en elle l'homme projette tout ce qu'il ne décide pas d'être. Elle incarne le Rêve; le rêve est pour l'homme la présence la plus intime et la plus étrangère, ce qu'il ne veut pas, ne fait pas, vers quoi il aspire et qui ne saurait être atteint; l'Autre mystérieuse qui est la profonde immanence et la lointaine transcendance lui prêtera ses traits. C'est ainsi qu'Aurélia visite Nerval en rêve et qu'elle lui donne sous la figure du rêve le monde tout entier. « Elle se mit à grandir sous un clair rayon de lumière de telle sorte que peu à peu le jardin prenait sa forme, et les parterres et les arbres devenaient les rosaces et les festons de ses vêtements; tandis que sa figure et ses bras imprimaient leurs contours aux nuages pourprés du ciel. Je la perdais de vue à mesure qu'elle se transfigurait car elle semblait s'évanouir dans sa propre grandeur. « – Oh! ne me fuis pas! m'écriai-je; car la nature meurt avec toi. »

Etant la substance même des activités poétiques de l'homme, on comprend que la femme apparaisse comme son inspiratrice : les Muses sont femmes. La Muse est médiatrice entre le Créateur et les sources naturelles où il doit puiser. C'est à travers la femme dont l'esprit est profondément engagé dans la nature que l'homme va sonder les abîmes du silence et de la nuit féconde. La Muse ne crée rien par elle-même; c'est une Sibylle assagie qui s'est faite docilement servante d'un maître. Même dans des domaines concrets et pratiques ses conseils seront utiles. L'homme veut atteindre sans le secours de ses semblables les buts qu'il s'invente et souvent l'avis d'un autre homme lui serait importun; mais il imagine que la femme lui parle au nom d'autres valeurs, au nom d'une sagesse qu'il ne prétend pas détenir, plus instinctive que la sienne, plus immédiatement accordée au réel; ce sont des « intuitions » qu'Egérie livre au consultant; il l'interroge sans amour-propre comme il interrogerait les astres. Cette « institution » s'introduit jusque dans les affaires ou dans la politique : Aspasie et Mme de Maintenon font encore aujourd'hui des carrières florissantes[1].

Il y a une autre fonction que l'homme confie volontiers à la femme : étant but des activités des hommes et source de leurs décisions, elle apparaît du même coup comme mesure des valeurs. Elle se découvre comme un juge privilégié. Ce n'est pas seulement pour le posséder que l'homme rêve d'un Autre, mais aussi pour être confirmé par lui; se faire confirmer par des hommes, qui sont ses semblables, réclame de lui une tension constante : c'est pourquoi il souhaite qu'un regard venu du dehors confère à sa vie, à ses entreprises, à lui-même une valeur absolue. Le regard de Dieu est caché, étranger, inquiétant : même aux époques de foi, seuls quelques mystiques en étaient brûlés. Ce rôle divin, c'est à la femme qu'on l'a souvent dévolu. Proche de l'homme, dominée par lui, elle ne pose pas de valeurs qui lui soient étrangères : et cependant,

---

1. Il va sans dire qu'elles manifestent en vérité des qualités intellectuelles parfaitement identiques à celles des hommes.

comme elle est autre, elle demeure extérieure au monde
des hommes et donc capable de le saisir avec objectivité.
C'est elle qui en chaque cas singulier dénoncera la
présence ou l'absence du courage, de la force, de la
beauté, tout en confirmant du dehors leur prix universel.
Les hommes sont trop occupés de leurs rapports de
coopération et de lutte pour être les uns pour les autres
un public : ils ne se contemplent pas. La femme est à
l'écart de leurs activités, elle ne prend pas part aux joutes
et aux combats : toute sa situation la destine à jouer ce
rôle de regard. C'est pour sa dame que le chevalier
combat dans le tournoi; c'est le suffrage des femmes que
les poètes cherchent à obtenir. Quand Rastignac veut
conquérir Paris, il pense d'abord à *avoir* des femmes,
moins pour les posséder dans leur corps que pour jouir de
cette réputation que seules elles sont capables de créer à
un homme. Balzac a projeté dans ses jeunes héros
l'histoire de sa propre jeunesse : c'est auprès de maîtresses plus âgées qu'il commença à se former; et ce n'est pas
seulement dans *le Lys dans la Vallée* que la femme joue
ce rôle d'éducatrice; c'est celui qui lui est assigné dans
l'Education sentimentale, dans les romans de Stendhal et
dans quantité d'autres romans d'apprentissage. On a vu
déjà que la femme est à la fois physis et antiphysis :
autant que la Nature elle incarne la Société; en elle se
résume la civilisation d'une époque, sa culture, comme
on voit dans les poèmes courtois, dans le *Décaméron*,
dans *l'Astrée*; elle lance des modes, règne sur les salons,
dirige et reflète l'opinion. La renommée, la gloire sont
femmes. « La foule est femme », disait Mallarmé. Auprès
des femmes, le jeune homme s'initie au « monde », et à
cette réalité complexe qu'on appelle « la vie ». Elle est
un des buts privilégiés auxquels se destine le héros,
l'aventurier, l'individualiste. On voit dans l'Antiquité
Persée délivrer Andromède, Orphée chercher Eurydice
aux enfers et Troie combattre pour garder la belle
Hélène. Les romans de chevalerie ne connaissent guère

d'autre prouesse que la délivrance des princesses captives. Que ferait le Prince Charmant s'il ne réveillait la Belle au bois dormant, s'il ne comblait Peau d'Ane de ses dons? Le mythe du roi épousant une bergère flatte l'homme autant que la femme. L'homme riche a besoin de donner, sinon sa richesse inutile reste abstraite : il lui faut en face de lui quelqu'un à qui donner. Le mythe de Cendrillon, que Philipp Wyllie a décrit avec complaisance dans *Generation of Vipers*, fleurit surtout dans les pays prospères; il a plus de force en Amérique qu'ailleurs parce que les hommes y sont plus embarrassés de leurs richesses : cet argent qu'ils emploient toute leur vie à gagner, comment le dépenseraient-ils s'ils ne le consacraient pas à une femme? Orson Welles, entre autres, a incarné dans *Citizen Kane* l'impérialisme de cette fausse générosité : c'est pour l'affirmation de sa propre puissance que Kane choisit d'écraser de ses dons une obscure chanteuse et de l'imposer au public comme une grande cantatrice, on pourrait citer aussi en France bien des Citizen Kane au petit pied. Dans cet autre film, *The Razor's Edge*, quand le héros revient des Indes muni de la sagesse absolue, le seul usage qu'il trouve à en faire, c'est de relever une prostituée. Il est clair qu'en se rêvant ainsi donateur, libérateur, rédempteur, l'homme souhaite encore l'asservissement de la femme; car, pour réveiller la Belle au bois dormant, il faut qu'elle dorme; il faut des ogres et des dragons pour qu'il y ait des princesses captives. Cependant, plus l'homme a le goût des entreprises difficiles, plus il se plaira à accorder à la femme de l'indépendance. Vaincre est encore plus fascinant que délivrer ou donner. L'idéal de l'homme occidental moyen, c'est une femme qui subisse librement sa domination, qui n'accepte pas ses idées sans discussion, mais qui cède à ses raisons, qui lui résiste avec intelligence pour finir par se laisser convaincre. Plus son orgueil s'enhardit, plus il aime que l'aventure soit dangereuse : il est plus beau de dompter Penthésilée que d'épouser une Cendrillon consentante.

« Le guerrier aime le danger et le jeu, dit Nietzsche, c'est pourquoi il aime la femme qui est le jeu le plus dangereux. » L'homme qui aime le danger et le jeu voit sans déplaisir la femme se changer en amazone s'il garde l'espoir de la réduire[1] : ce qu'il exige en son cœur, c'est que cette lutte demeure pour lui un jeu alors que la femme y engage son destin; c'est là la véritable victoire de l'homme, libérateur ou conquérant : c'est que la femme librement le reconnaisse comme son destin.

Ainsi l'expression « avoir une femme » recèle un double sens : les fonctions d'objet et de juge ne sont pas dissociées. Du moment où la femme est regardée comme une personne, on ne peut la conquérir qu'avec son consentement; il faut la gagner. C'est le sourire de la Belle au bois dormant qui comble le Prince Charmant : ce sont les larmes de bonheur et de gratitude des princesses captives qui donnent sa vérité à la prouesse du chevalier. Inversement, son regard n'a pas la sévérité abstraite d'un regard masculin, il se laisse charmer. Ainsi l'héroïsme et la poésie sont des modes de séduction : mais en se laissant séduire la femme exalte l'héroïsme et la poésie. Aux yeux de l'individualiste, elle détient un privilège encore plus essentiel : elle lui apparaît non comme la mesure de valeurs universellement reconnues, mais comme la révélation de ses mérites singuliers et de son être même. Un homme est jugé par ses semblables d'après ce qu'il fait, dans son objectivité et selon des mesures générales. Mais certaines de ses qualités et entre autres ses qualités vitales, ne peuvent intéresser que la femme; il n'est viril, charmant, séducteur, tendre, cruel qu'en fonction d'elle : si c'est à ces plus secrètes vertus

1. Les romans policiers américains – ou écrits à la mode américaine – en sont un exemple frappant. Les héros de Peter Cheyney entre autres sont toujours aux prises avec une femme extrêmement dangereuse, indomptable pour tout autre qu'eux : après un duel qui se déroule tout au long du roman, elle est finalement vaincue par Campion ou Callagham et tombe dans ses bras.

qu'il accorde du prix, il a d'elle un besoin absolu; par elle
il connaîtra le miracle de s'apparaître comme un autre,
un autre qui est aussi son moi le plus profond. Il y a un
texte de Malraux qui exprime admirablement ce que
l'individualiste attend de la femme aimée. Kyo s'interroge : « On entend la voix des autres avec ses oreilles, la
sienne avec la gorge. Oui. Sa vie aussi on l'entend avec la
gorge et celle des autres?... Pour les autres, je suis ce que
j'ai fait... Pour May seule il n'était pas ce qu'il avait fait;
pour lui seul, elle était tout autre que sa biographie.
L'étreinte par laquelle l'amour maintient les êtres collés
l'un à l'autre contre la solitude, ce n'était pas à l'homme
qu'elle apportait son aide; c'était au fou, au monstre
incomparable, préférable à tout que tout être est pour
soi-même et qu'il choie dans son cœur. Depuis que sa
mère était morte, May était le seul être pour qui il ne fût
pas Kyo Gisors, mais la plus étroite complicité... Les
hommes ne sont pas mes semblables, ils sont ceux qui me
regardent et me jugent; mes semblables ce sont ceux qui
m'aiment et ne me regardent pas, qui m'aiment contre
tout, qui m'aiment contre la déchéance, contre la bassesse, contre la trahison, moi et non ce que j'ai fait ou
ferai, qui m'aimeront tant que je m'aimerai moi-même,
jusqu'au suicide compris[1]. » Ce qui rend l'attitude de
Kyo humaine et émouvante c'est qu'elle implique la
réciprocité et qu'il demande à May de l'aimer dans son
authenticité, non de lui renvoyer de lui un reflet complaisant. Chez beaucoup d'hommes cette exigence se dégrade :
au lieu d'une révélation exacte, ils cherchent au fond
de deux yeux vivants leur image nimbée d'admiration et
de gratitude, divinisée. Si la femme a été si souvent
comparée à l'eau, c'est entre autres parce qu'elle est le
miroir où le Narcisse mâle se contemple : il se penche sur
elle avec bonne ou mauvaise foi. Mais ce qu'en tout cas il
lui demande, c'est d'être hors de lui tout ce qu'il ne peut

---

1. *La Condition humaine.*

pas saisir en lui, parce que l'intériorité de l'existant n'est que néant et que, pour s'atteindre, il lui faut se projeter en un objet. La femme est pour lui la suprême récompense puisqu'elle est, sous une forme étrangère qu'il peut posséder dans sa chair, sa propre apothéose. C'est ce « monstre incomparable », soi-même, qu'il étreint quand il serre dans ses bras l'être qui résume pour lui le Monde et à qui il a imposé ses valeurs et ses lois. Alors, s'unissant à cet autre qu'il a fait sien il espère s'atteindre lui-même. Trésor, proie, jeu et risque, muse, guide, juge, médiatrice, miroir, la femme est l'Autre dans lequel le sujet se dépasse sans être limité, qui s'oppose à lui sans le nier; elle est l'Autre qui se laisse annexer sans cesser d'être l'Autre. Et par là elle est si nécessaire à la joie de l'homme et à son triomphe qu'on peut dire que si elle n'existait pas, les hommes l'auraient inventée.

Ils l'ont inventée[1]. Mais elle existe aussi sans leur invention. C'est pourquoi elle est, en même temps que l'incarnation de leur rêve, son échec. Il n'est pas une des figures de la femme qui n'engendre aussitôt sa figure inversée : elle est la Vie et la Mort, la Nature et l'Artifice, la Lumière et la Nuit. Sous quelque aspect que nous la considérions, nous trouvons toujours la même oscillation du fait que l'inessentiel retourne nécessairement à l'essentiel. Dans la figure de la Vierge Mère et de Béatrice subsistent Eve et Circé.

« Par la femme, écrit Kierkegaard, l'idéalité entre dans la vie et sans elle que serait l'homme? Maint homme est devenu un génie grâce à une jeune fille... mais aucun d'eux ne devint génie grâce à la jeune fille dont il obtint la main... »

« C'est dans un rapport négatif que la femme rend l'homme productif dans l'idéalité... Des rapports négatifs avec la femme peuvent nous rendre infinis... des rapports

---

1. « L'homme a créé la femme, avec quoi donc? Avec une côte de son dieu, de son idéal. » (NIETZSCHE, *Le Crépuscule des Idoles*.)

positifs avec la femme rendent l'homme fini dans les proportions les plus vastes[1]. » C'est dire que la femme est nécessaire dans la mesure où elle demeure une Idée dans laquelle l'homme projette sa propre transcendance; mais qu'elle est néfaste en tant que réalité objective, existant pour soi et limitée à soi. C'est en refusant d'épouser sa fiancée que Kierkegaard estime avoir établi avec la femme le seul rapport valable. Et il a raison en ce sens que le mythe de la femme posée comme Autre infini entraîne aussitôt son contraire.

Parce qu'elle est faux Infini, Idéal sans vérité, elle se découvre comme finitude et médiocrité et du même coup comme mensonge. C'est ainsi qu'elle apparaît chez Laforgue; dans toute son œuvre il exprime sa rancœur contre une mystification dont il rend l'homme aussi coupable que la femme. Ophélie, Salomé ne sont en fait que « de petites femmes ». Hamlet pense : « C'est ainsi qu'Ophélie m'eût aimé, comme son « bien » et parce que j'étais socialement et moralement supérieur aux biens de ses petites amies. Et les menues phrases qui lui échappaient aux heures où on allume les lampes sur le bien-être et le confort! » La femme fait rêver l'homme : cependant elle pense au confort, au pot-au-feu; on lui parle de son âme alors qu'elle n'est qu'un corps. Et croyant poursuivre l'Idéal l'amant est le jouet de la nature qui utilise toutes ces mystiques aux fins de la reproduction. Elle représente en vérité le quotidien de la vie; elle est niaiserie, prudence, mesquinerie, ennui. C'est ce qu'exprime entre autres le poème intitulé : « Notre petite compagne » :

> ... J'ai l'art de toutes les écoles
> J'ai des âmes pour tous les goûts
> Cueillez la fleur de mes visages
> Buvez ma bouche et non ma voix
> Et n'en cherchez pas davantage :

1. _In vino veritas._

Nul n'y vit clair pas même moi.
Nos amours ne sont pas égales
Pour que je vous tende la main
Vous n'êtes que de naïfs mâles
Je suis l'Eternel féminin!
Mon But se perd dans les Etoiles!
C'est moi qui suis la Grande Isis!
Nul ne m'a retroussé mon voile
Ne songez qu'à mes oasis...

L'homme a réussi à asservir la femme : mais dans cette mesure il l'a dépouillée de ce qui en rendait la possession désirable. Intégrée à la famille et à la société, la magie de la femme, plutôt qu'elle ne se transfigure, se dissipe; réduite à la condition de servante, elle n'est plus cette proie indomptée où s'incarnaient tous les trésors de la nature. Depuis la naissance de l'amour courtois, c'est un lieu commun que le mariage tue l'amour. Trop méprisée ou trop respectée, trop quotidienne, l'épouse n'est plus un objet érotique. Les rites du mariage sont primitivement destinés à défendre l'homme contre la femme; elle devient sa propriété : mais tout ce que nous possédons en retour nous possède; le mariage est pour l'homme aussi une servitude; c'est alors qu'il est pris au piège tendu par la nature : pour avoir désiré une fraîche jeune fille, le mâle doit pendant toute sa vie nourrir une épaisse matrone, une vieillarde desséchée; le délicat joyau destiné à embellir son existence devient un odieux fardeau : Xantippe est un des types féminins dont les hommes ont toujours parlé avec le plus d'horreur[1]. Mais lors même que la femme est jeune il y a dans le mariage une mystification puisque prétendant socialiser l'érotisme, il n'a réussi qu'à le tuer. C'est que l'érotisme implique une revendication de l'instant contre le temps, de l'individu

---

1. On a vu que c'était en Grèce et au Moyen Age le thème de maintes lamentations.

contre la collectivité; il affirme la séparation contre la communication; il est rebelle à toute réglementation; il contient un principe hostile à la société. Jamais les mœurs ne sont pliées à la rigueur des institutions et des lois : c'est contre elles que l'amour s'est de tout temps affirmé. Sous sa figure sensuelle, il s'adresse en Grèce et à Rome à des jeunes gens ou à des courtisanes; charnel et platonique à la fois, l'amour courtois est toujours destiné à l'épouse d'un autre. Tristan est l'épopée de l'adultère. L'époque qui crée à neuf, autour de 1900, le mythe de la femme, est celle où l'adultère devient le thème de toute la littérature. Certains écrivains, tel Bernstein, dans une suprême défense des institutions bourgeoises, s'efforcent de réintégrer dans le mariage l'érotisme et l'amour; mais il y a plus de vérité dans *Amoureuse,* de Porto-Riche, qui montre l'incompatibilité de ces deux ordres de valeurs. L'adultère ne peut disparaître qu'avec le mariage même. Car le but du mariage est en quelque sorte d'immuniser l'homme contre *sa* femme : mais les autres femmes conservent à ses yeux leur vertigineux attrait; c'est vers elles qu'il se tournera. Les femmes se font complices. Car elles se rebellent contre un ordre qui prétend les priver de toutes leurs armes. Pour arracher la femme à la Nature, pour l'asservir à l'homme par des cérémonies et des contrats, on l'a élevée à la dignité d'une personne humaine, on l'a douée de liberté. Mais la liberté est précisément ce qui échappe à toute servitude; et si on l'accorde à un être originellement habité par des puissances maléfiques, elle devient dangereuse. Elle le devient d'autant plus que l'homme s'est arrêté à des demi-mesures; il n'a accepté la femme dans le monde masculin qu'en faisant d'elle une servante, en la frustrant de sa transcendance; la liberté dont on l'a dotée ne saurait avoir d'autre usage que négatif; elle s'emploie à se refuser. La femme n'est devenue libre qu'en devenant captive; elle renonce à ce privilège humain pour retrouver sa puissance d'objet naturel. Le jour, elle joue perfidement son rôle de

servante docile, mais la nuit elle se change en chatte, en
biche; elle se glisse à nouveau dans sa peau de sirène ou,
chevauchant un balai, elle s'enfuit vers des rondes sataniques. Parfois c'est sur son mari même qu'elle exerce sa
magie nocturne; mais il est plus prudent de dissimuler à
son maître ses métamorphoses; ce sont des étrangers
qu'elle choisit comme proies; ils n'ont pas de droit sur
elle, et elle est demeurée pour eux plante, source, étoile,
ensorceleuse. La voilà donc vouée à l'infidélité : c'est le
seul visage concret que puisse revêtir sa liberté. Elle est
infidèle par-delà même ses désirs, ses pensées, sa conscience; du fait qu'on la regarde comme un objet, elle est
offerte à toute subjectivité qui choisit de s'emparer d'elle;
enfermée dans le harem, cachée sous des voiles, on n'est
encore pas sûr qu'elle n'inspire à personne du désir :
inspirer du désir à un étranger, c'est déjà manquer à son
époux et à la société. Mais, en outre, elle se fait souvent
complice de cette fatalité; c'est seulement par le mensonge et l'adultère qu'elle peut prouver qu'elle n'est la
chose de personne et qu'elle dément les prétentions du
mâle. C'est pourquoi la jalousie de l'homme est si
prompte à s'éveiller; on voit dans les légendes que la
femme peut être soupçonnée sans raison, condamnée sur
le moindre soupçon, telles Geneviève de Brabant et
Desdémone; avant même tout soupçon, Grisélidis est
soumise aux plus dures épreuves; ce conte serait absurde
si la femme n'était pas d'avance suspecte; il n'y a pas à
démontrer ses fautes : c'est à elle de prouver son innocence. C'est pourquoi aussi la jalousie peut être insatiable; on a dit déjà que la possession ne peut jamais être
positivement réalisée; même si on interdit à tout autre d'y
puiser, on ne possède pas la source à laquelle on
s'abreuve : le jaloux le sait bien. Par essence, la femme
est inconstante, comme l'eau est fluide; et aucune force
humaine ne peut contredire une vérité naturelle. A
travers toutes les littératures, dans *les Mille et Une Nuits*
comme dans le *Décaméron,* on voit les ruses de la femme

triompher de la prudence de l'homme. Et cependant ce n'est pas seulement par volonté individualiste que celui-ci est geôlier : c'est la société qui, en tant que père, frère, époux, le rend responsable de la conduite de sa femme. La chasteté lui est imposée pour des raisons économiques et religieuses, chaque citoyen devant être authentifié comme fils de son propre père. Mais il est aussi très important d'obliger la femme à coïncider exactement avec le rôle que lui a dévolu la société. Il y a une double exigence de l'homme qui voue la femme à la duplicité : il veut que la femme soit sienne et qu'elle demeure étrangère; il la rêve servante et sorcière à la fois. Mais c'est seulement le premier de ces désirs qu'il assume publiquement; l'autre est une revendication sournoise qu'il dissimule au secret de son cœur et de sa chair; elle conteste la morale et la société; elle est mauvaise comme l'Autre, comme la Nature rebelle, comme la « mauvaise femme ». L'homme ne se voue pas intégralement au Bien qu'il construit et prétend imposer; il garde de honteuses intelligences avec le Mal. Mais partout où celui-ci ose montrer imprudemment son visage à découvert, il part en guerre contre lui. Dans les ténèbres de la nuit, l'homme invite la femme au péché. Mais, en plein jour, il répudie le péché et la pécheresse. Et les femmes, pécheresses elles-mêmes dans le mystère du lit, n'en rendent qu'avec plus de passion un culte public à la vertu. De même que chez les primitifs le sexe mâle est laïque, tandis que celui de la femme est chargé de vertus religieuses et magiques, la faute de l'homme dans les sociétés plus modernes n'est qu'une incartade sans gravité; on la considère souvent avec indulgence; même s'il désobéit aux lois de la communauté, l'homme continue de lui appartenir; il n'est qu'un enfant terrible qui ne menace pas profondément l'ordre collectif. Au contraire si la femme s'évade de la société, elle retourne à la Nature et au démon, elle déchaîne au sein de la collectivité des forces incontrôlables et mauvaises. Au blâme qu'inspire une conduite dévergondée se mêle toujours de la peur. Si le mari ne réussit pas à contraindre sa femme à la vertu, il participe à sa faute; son malheur est aux yeux de la société un déshonneur; il est des civilisations si sévères qu'il lui faudra tuer la criminelle pour se désolidariser de son crime. Dans d'autres, on punira l'époux complaisant par des charivaris, ou en le promenant nu sur un âne. Et la communauté se chargera de châtier à sa place la coupable : car ce n'est pas lui seulement qu'elle a offensé, mais la collectivité tout entière. Ces coutumes ont existé avec une particulière âpreté dans l'Espagne superstitieuse et mystique, sensuelle et terrorisée par la chair. Calderon, Lorca, Valle Inclan en ont fait le thème de maints drames. Dans *la Maison de Bernarda* de Lorca, les commères du village veulent punir la jeune fille séduite en la brûlant avec un charbon ardent « au lieu de son péché ». Dans les *Divines Paroles* de Valle Inclan, la femme adultère apparaît comme une sorcière qui danse avec le démon; sa faute découverte, tout le village se rassemble pour lui arracher ses vêtements, puis la noyer. Beaucoup de traditions rapportent qu'on dénudait ainsi la pécheresse; puis on la lapidait comme il est rapporté dans l'Evangile, on l'enterrait vivante, on la noyait, on la brûlait. Le sens de ces supplices, c'est qu'on la rendait ainsi à la Nature après l'avoir dépouillée de sa dignité sociale; par son péché elle avait déchaîné des effluves naturels mauvais : l'expiation s'accomplissait dans une sorte d'orgie sacrée où les femmes, dénudant, frappant, massacrant la coupable, déchaînaient à leur tour des fluides mystérieux, mais propices, puisqu'elles agissaient en accord avec la société.

Cette sévérité sauvage se perd à mesure que diminuent les superstitions et que la peur se dissipe. Mais dans les campagnes on regarde avec méfiance les bohémiennes sans Dieu, sans feu ni lieu. La femme qui exerce librement son charme : aventurière, vamp, femme fatale, demeure un type inquiétant. Dans la mauvaise femme

des films de Hollywood survit la figure de Circé. Des
femmes ont été brûlées comme sorcières simplement
parce qu'elles étaient belles. Et dans le prude effarouche-
ment des vertus de province, en face des femmes de
mauvaise vie se perpétue une vieille épouvante.

Ce sont ces dangers mêmes qui, pour un homme
aventureux, font de la femme un jeu captivant. Renonçant à ses droits de mari, refusant de s'appuyer sur les lois
sociales, il essaiera de la vaincre en combat singulier. Il
tente de s'annexer la femme jusque dans ses résistances; il
la poursuit dans cette liberté par où elle lui échappe. En
vain. On ne fait pas sa part à la liberté : la femme libre le
sera souvent contre l'homme. Même la Belle au bois
dormant peut se réveiller avec déplaisir, elle peut ne pas
reconnaître en celui qui l'éveille un Prince Charmant,
elle peut ne pas sourire. C'est précisément le cas de
Citizen Kane dont la protégée apparaît comme une
opprimée et dont la générosité se dévoile comme une
volonté de puissance et tyrannie; la femme du héros
entend le récit de ses exploits avec indifférence, la Muse
dont rêve le poète bâille en écoutant ses vers. L'amazone
peut refuser avec ennui le combat; et elle peut aussi en
sortir victorieuse. Les Romaines de la décadence, beaucoup d'Américaines d'aujourd'hui, imposent aux hommes leurs caprices ou leur loi. Où est Cendrillon?
L'homme souhaitait donner et voilà que la femme prend.
Il ne s'agit plus de jouer mais de se défendre. Du moment
où la femme est libre elle n'a d'autre destin que celui
qu'elle se crée librement. Le rapport des deux sexes est
alors un rapport de lutte. Devenue pour l'homme une
semblable, elle apparaît comme aussi redoutable qu'au
temps où elle était en face de lui la Nature étrangère. La
femelle nourricière, dévouée, patiente, s'inverse en une
bête avide et dévorante. La mauvaise femme plonge aussi
ses racines dans la Terre, dans la Vie; mais la terre est
une fosse, la vie, un impitoyable combat : au mythe de
l'abeille diligente, de la mère poule, on substitue celui de

l'insecte dévorant, mante religieuse, araignée; la femme n'est plus celle qui allaite les petits mais celle qui mange le mâle; l'ovule n'est plus un grenier d'abondance, mais un piège de matière inerte dans lequel le spermatozoïde, châtré, se noie; la matrice, cet antre chaud, paisible et sûr, devient poulpe humeuse, plante carnivore, un abîme de ténèbres convulsives; un serpent l'habite qui engloutit insatiablement les forces du mâle. Une même dialectique fait de l'objet érotique une noire magicienne, de la servante une traîtresse, de Cendrillon une ogresse et change toute femme en ennemie : c'est la rançon que l'homme paie pour s'être posé avec mauvaise foi comme le seul essentiel.

Cependant ce visage ennemi n'est pas non plus la figure définitive de la femme. Plutôt, le manichéisme s'introduit au sein de l'espèce féminine. Pythagore assimilait le principe bon à l'homme, le principe mauvais à la femme. Les hommes ont tenté de surmonter le mal en annexant la femme; ils y ont partiellement réussi; mais de même que c'est le christianisme qui, en apportant les idées de rédemption et de salut, a donné son sens plein au mot de damnation, de même c'est en face de la femme sanctifiée que la mauvaise femme prend tout son relief. Au cours de cette « querelle des femmes » qui dure du Moyen Age à nos jours, certains hommes ne veulent connaître que la femme bénie dont ils rêvent, d'autres que la femme maudite qui dément leurs rêves. Mais en vérité, si l'homme peut trouver dans la femme *tout,* c'est qu'elle a à la fois ces deux faces. Elle figure d'une manière charnelle et vivante toutes les valeurs et antivaleurs par lesquelles la vie prend un sens. Voici, bien tranchés, le Bien et le Mal qui s'opposent sous les traits de la Mère dévouée et de l'Amante perfide; dans la vieille ballade anglaise *Randall my son,* un jeune chevalier vient mourir aux bras de sa mère, empoisonné par sa maîtresse. *La Glu* de Richepin reprend avec plus de pathétique et de mauvais goût le même thème. L'angélique Michaëla

s'oppose à la noire Carmen. La mère, la fiancée fidèle,
l'épouse patiente s'offrent à panser les blessures faites au
cœur des hommes par les vamps et les mandragores.
Entre ces pôles clairement fixés une multitude de figures
ambiguës vont se définir, pitoyables, haïssables, pécheresses, victimes, coquettes, faibles, angéliques, démoniaques.
Par là, une multitude de conduites et de sentiments
sollicitent l'homme et l'enrichissent.

Cette complexité même de la femme l'enchante : voilà
un merveilleux domestique dont il peut s'éblouir à peu de
frais. Est-elle ange ou démon? L'incertitude en fait un
Sphinx. C'est sous cette égide qu'était placée une des
maisons closes les plus renommées de Paris. A la grande
époque de la Féminité, au temps des corsets, de Paul
Bourget, d'Henri Bataille, du french-cancan, le thème du
Sphinx sévit intarissablement dans les comédies, les
poésies et les chansons : « Qui es-tu, d'où viens-tu,
Sphinx étrange? » Et on n'a pas encore fini de rêver et de
discuter sur le mystère féminin. C'est pour sauvegarder ce
mystère que les hommes ont supplié longtemps les femmes de ne pas abandonner les robes longues, les jupons,
les voilettes, les gants montants, les hautes bottines : tout
ce qui accentue en l'Autre la différence le rend plus
désirable, puisque c'est l'Autre en tant que tel que
l'homme veut s'approprier. On voit dans ses lettres
Alain-Fournier reprocher aux Anglaises leur shake-hand
garçonnier : c'est la réserve pudique des Françaises qui le
trouble. Il faut que la femme reste secrète, inconnue, pour
qu'on puisse l'adorer comme une princesse lointaine; il
ne semble pas que Fournier ait été spécialement déférent
pour les femmes qui traversèrent sa vie, mais tout le
merveilleux de l'enfance, de la jeunesse, toute la nostalgie
des paradis perdus, c'est dans une femme qu'il l'a incarné, une femme dont la première vertu était de paraître
inaccessible. Il a tracé d'Yvonne de Galais une image
blanche et dorée. Mais les hommes chérissent même les
défauts féminins s'ils créent du mystère. « Une femme

doit avoir des caprices », disait avec autorité un homme à une femme raisonnable. Le caprice est imprévisible; il prête à la femme la grâce de l'eau ondoyante; le mensonge la pare de miroitements fascinants; la coquetterie, la perversité même lui donnent un parfum capiteux. Décevante, fuyante, incomprise, duplice, c'est ainsi qu'elle se prête le mieux aux désirs contradictoires des hommes; elle est Maya aux innombrables métamorphoses. C'est un lieu commun que de se représenter le Sphinx sous les traits d'une jeune fille : la virginité est un des secrets que les hommes, et d'autant plus qu'ils sont plus libertins, trouvent le plus troublant; la pureté de la jeune fille permet l'espoir de toutes les licences et on ne sait quelles perversités se dissimulent dans son innocence; encore proche de l'animal et de la plante, déjà docile aux rites sociaux, elle n'est ni enfant ni adulte; sa féminité timide n'inspire pas la peur, mais une inquiétude tempérée. On comprend qu'elle soit une des figures privilégiées du mystère féminin. Cependant comme « la vraie jeune fille » se perd, son culte est devenu quelque peu périmé. En revanche, le visage de prostituée que, dans une pièce au succès triomphal, Gantillon prêtait à Maya, a gardé beaucoup de son prestige. C'est là un des types féminins les plus plastiques, celui qui permet le mieux le grand jeu des vices et des vertus. Pour le puritain timoré, elle incarne le mal, la honte, la maladie, la damnation; elle inspire l'épouvante et le dégoût; elle n'appartient à aucun homme, mais se prête à tous et vit de ce commerce; elle retrouve par là l'indépendance redoutable des luxurieuses déesses-mères primitives et elle incarne la Féminité que la société masculine n'a pas sanctifiée, qui demeure chargée de pouvoirs maléfiques; dans l'acte sexuel, le mâle ne peut pas s'imaginer qu'il la possède, il est seul livré aux démons de la chair; c'est une humiliation, une souillure que ressentent singulièrement les Anglo-Saxons aux yeux de qui la chair est plus ou moins maudite. En revanche un homme que n'effarouche pas la chair en

aimera chez la prostituée l'affirmation généreuse et crue;
il verra en elle l'exaltation de la féminité qu'aucune
morale n'a affadie; il retrouvera sur son corps ces vertus
magiques qui naguère apparentaient la femme aux astres
et à la mer : un Miller, s'il couche avec une prostituée,
croit sonder les abîmes mêmes de la vie, de la mort, du
cosmos; il rejoint Dieu au fond des ténèbres moites d'un
vagin accueillant. Parce qu'elle est, en marge d'un monde
hypocritement moral, une sorte de paria, on peut aussi
considérer la « fille perdue » comme la contestation de
toutes les vertus officielles; son indignité l'apparente aux
saintes authentiques; car ce qui a été abaissé sera exalté;
le Christ a regardé avec faveur Marie-Madeleine; le péché
ouvre plus facilement les portes du ciel que ne fait une
hypocrite vertu. Ainsi c'est aux pieds de Sonia que
Raskolnikov sacrifie l'arrogant orgueil masculin qui l'a
conduit au crime; il a exaspéré par le meurtre cette
volonté de séparation qui est en tout homme : résignée,
abandonnée de tous, c'est une humble prostituée qui peut
le mieux recevoir l'aveu de son abdication[1]. Le mot
« fille perdue » éveille des échos troublants; beaucoup
d'hommes rêvent de se perdre; ce n'est pas si facile, on ne
réussit pas aisément à atteindre le Mal sous une figure
positive; et même le démoniaque est effrayé par des
crimes excessifs; la femme permet de célébrer sans grands
risques des messes noires où Satan est évoqué sans être

---

1. Marcel Schwob expose poétiquement ce mythe dans le *Livre de
Monelle.* « Je te parlerai des petites prostituées et tu sauras le commencement... Vois-tu, elles poussent un cri de compassion vers vous et vous
caressent la main avec leur main décharnée. Elles ne vous comprennent
que si vous êtes très malheureux; elles pleurent avec vous et vous
consolent... Aucune d'elles, vois-tu, ne peut rester avec vous. Elles
seraient trop tristes et elles ont honte de rester quand vous ne pleurez
plus, elles n'osent pas vous regarder. Elles vous apprennent la leçon
qu'elles ont à vous apprendre et elles s'en vont. Elles viennent à travers le
froid et la pluie vous baiser au front et essuyer vos yeux et les affreuses
ténèbres les reprennent... Il ne faut pas penser à ce qu'elles ont pu faire
dans les ténèbres. »

précisément invité; elle est en marge du monde masculin : les actes qui la concernent ne tirent pas vraiment à
conséquence; cependant elle est un être humain et on
peut donc accomplir à travers elle de sombres révoltes
contre les lois humaines. De Musset à Georges Bataille, la
débauche aux traits hideux et fascinants, c'est la fréquen-
tation des « filles ». C'est sur des femmes que Sade et
Sacher Masoch assouvissent les désirs qui les hantent;
leurs disciples, et la plupart des hommes qui ont des
« vices » à satisfaire, s'adressent le plus ordinairement
aux prostituées. Elles sont de toutes les femmes celles qui
sont le plus soumises au mâle, et qui cependant lui
échappent davantage; c'est ce qui les dispose à revêtir
tant de multiples significations. Cependant il n'est aucune
figure féminine : vierge, mère, épouse, sœur, servante,
amante, farouche vertu, souriante odalisque qui ne soit
susceptible de résumer ainsi les ondoyantes aspirations
des hommes.

C'est affaire à la psychologie – en particulier à la
psychanalyse – de découvrir pourquoi un individu s'attache plus singulièrement à tel ou tel aspect du Mythe aux
faces innombrables; et pourquoi c'est en telle forme
singulière qu'il l'incarne. Mais dans tous les complexes,
les obsessions, les psychoses, ce mythe est impliqué. En
particulier beaucoup de névroses ont leur source dans un
vertige de l'interdit : celui-ci ne peut apparaître que si des
tabous ont été préalablement constitués; une pression
sociale extérieure est insuffisante pour en expliquer la
présence; en fait, les interdits sociaux ne sont pas seulement des conventions; ils ont – entre autres significations
– un sens ontologique que chaque individu expérimente
singulièrement. A titre d'exemple, il est intéressant d'examiner le « complexe d'Œdipe »; on le considère trop
souvent comme produit par une lutte entre des tendances
instinctives et des consignes sociales; mais c'est d'abord
un conflit intérieur au sujet lui-même. L'attachement de
l'enfant au sein maternel est d'abord rattachement à la

Vie sous sa forme immédiate, dans sa généralité et son immanence; le refus du sevrage, c'est le refus du délaissement auquel est condamné l'individu dès qu'il se sépare du Tout; c'est à partir de là, et au fur et à mesure qu'il s'individualise et se sépare davantage, qu'on peut qualifier de « sexuel » le goût qu'il garde pour la chair maternelle désormais détachée de la sienne; sa sensualité est alors médiatisée, elle est devenue transcendance vers un objet étranger. Mais plus vite et plus décidément l'enfant s'assume comme sujet, plus le lien charnel qui conteste son autonomie va lui devenir importun. Alors il se dérobe aux caresses, l'autorité exercée par sa mère, les droits qu'elle a sur lui, parfois sa présence même, lui inspirent une sorte de honte. Surtout il lui paraît gênant, obscène de la découvrir comme chair, il évite de penser à son corps; dans l'horreur qu'il éprouve à l'égard de son père ou d'un second mari, ou d'un amant, il y a moins de jalousie que de scandale : lui rappeler que sa mère est un être de chair, c'est lui rappeler sa propre naissance, événement que de toutes ses forces il répudie; ou du moins souhaite-t-il lui donner la majesté d'un grand phénomène cosmique; il faut que sa mère résume la Nature qui investit tous les individus sans appartenir à aucun; il hait qu'elle devienne proie, non parce que – comme on le prétend souvent – il veut lui-même la posséder, mais parce qu'il veut qu'elle existe par-delà toute possession : elle ne doit pas avoir les dimensions mesquines de l'épouse ou de la maîtresse. Cependant, quand au moment de l'adolescence sa sexualité se virilise, il arrive que le corps de sa mère le trouble; mais c'est qu'il saisit en elle la féminité en général; et souvent le désir éveillé par la vue d'une cuisse, d'un sein, s'éteint dès que le jeune garçon réalise que cette chair est la chair maternelle. Il y a des cas de perversion nombreux, puisque, l'adolescence étant l'âge du désarroi, est celui de la perversion, où le dégoût suscite le sacrilège, où, de l'interdit, naît la tentation. Mais il ne faut pas croire que d'abord le fils désire naïvement coucher avec sa mère et que des défenses extérieures s'interposent et l'oppriment; au contraire, c'est à cause de cette défense qui s'est constituée au cœur de l'individu même que le désir naît. C'est cet interdit qui est la réaction la plus normale, la plus générale. Mais là encore, il ne vient pas d'une consigne sociale masquant des désirs instinctifs. Plutôt, le respect est la sublimation d'un dégoût originel; le jeune homme se refuse à regarder sa mère comme charnelle; il la transfigure, il l'assimile à une des pures images de femme sanctifiée que la société lui propose. Par là il contribue à fortifier la figure idéale de la Mère qui viendra au secours de la génération suivante. Mais celle-ci n'a tant de force que parce qu'elle est appelée par une dialectique individuelle. Et puisque chaque femme est habitée par l'essence générale de la Femme, donc de la Mère, il est certain que l'attitude à l'égard de la Mère se répercutera dans les rapports avec épouse et maîtresses; mais moins simplement que souvent on ne l'imagine. L'adolescent qui a concrètement, sensuellement désiré sa mère peut avoir désiré en elle la femme en général : et l'ardeur de son tempérament s'apaisera auprès de n'importe quelle femme; il n'est pas voué à des nostalgies incestueuses[1]. Inversement, un jeune homme qui a eu pour sa mère une révérence tendre, mais platonique, peut souhaiter qu'en tout cas la femme participe à la pureté maternelle.

On sait assez l'importance de la sexualité, donc ordinairement de la femme, dans les conduites et pathologiques et normales. Il arrive que d'autres objets soient féminisés; puisque aussi bien la femme est en grande partie une invention de l'homme, il peut l'inventer à travers un corps mâle : dans la pédérastie, la division des sexes est maintenue. Mais ordinairement, c'est bien sur des êtres féminins que la Femme est cherchée. C'est par

---

1. L'exemple de Stendhal est frappant.

elle, à travers ce qu'il y a en elle de meilleur et de pire
que l'homme fait l'apprentissage du bonheur, de la
souffrance, du vice, de la vertu, de la convoitise, du
renoncement, du dévouement, de la tyrannie, qu'il fait
l'apprentissage de lui-même; elle est le jeu et l'aventure,
mais aussi l'épreuve; elle est le triomphe de la victoire et
celui, plus âpre, de l'échec surmonté; elle est le vertige de
la perte, la fascination de la damnation, de la mort. Il y a
tout un monde de significations qui n'existent que par la
femme; elle est la substance des actions et des sentiments
des hommes, l'incarnation de toutes les valeurs qui
sollicitent leur liberté. On comprend que, fût-il condamné aux démentis les plus cruels, l'homme ne souhaite
pas renoncer à un rêve dans lequel tous ses rêves sont
enveloppés.

Voilà donc pourquoi la femme a un double et décevant
visage : elle est tout ce que l'homme appelle et tout ce
qu'il n'atteint pas. Elle est la sage médiatrice entre la
Nature propice et l'homme; et elle est la tentation de la
Nature indomptée contre toute sagesse. Du bien au mal
elle incarne charnellement toutes les valeurs morales et
leur contraire; elle est la substance de l'action et ce qui lui
fait obstacle, la prise de l'homme sur le monde et son
échec; comme telle, elle est à la source de toute réflexion
de l'homme sur son existence et de toute expression qu'il
en peut donner; cependant, elle s'emploie à le détourner
de lui-même, à le faire sombrer dans le silence et dans la
mort. Servante et compagne, il attend qu'elle soit aussi
son public et son juge, qu'elle le confirme dans son être;
mais elle le conteste par son indifférence, voire ses
moqueries et ses rires. Il projette en elle ce qu'il désire et
ce qu'il craint, ce qu'il aime et ce qu'il hait. Et s'il est
difficile de rien en dire, c'est parce que l'homme se
cherche tout entier en elle et qu'elle est Tout. Seulement
elle est Tout sur le monde de l'inessentiel : elle est tout
l'*Autre*. Et, en tant qu'autre, elle est aussi autre qu'elle-

même, autre que ce qui est attendu d'elle. Etant tout, elle n'est jamais *ceci* justement qu'elle devrait être; elle est perpétuelle déception, la déception même de l'existence qui ne réussit jamais à s'atteindre ni à se réconcilier avec la totalité des existants.

CHAPITRE II

Pour confirmer cette analyse du mythe féminin tel qu'il se propose collectivement, nous allons envisager la figure singulière et syncrétique qu'il a revêtu chez certains écrivains. L'attitude à l'égard de la femme de Montherlant, D. H. Lawrence, Claudel, Breton, Stendhal nous ont entre autres paru typiques.

I

MONTHERLANT OU LE PAIN DU DÉGOÛT

Montherlant s'inscrit dans la longue tradition des mâles qui ont repris à leur compte le manichéisme orgueilleux de Pythagore. Il estime après Nietzsche que seules les époques de faiblesse ont exalté l'Eternel Féminin et que le héros doit s'insurger contre la Magna Mater. Spécialiste de l'héroïsme, il entreprend de la détrôner. La femme, c'est la nuit, le désordre, l'immanence. « Ces ténèbres convulsives ne sont rien de plus que le féminin à l'état pur[1] », écrit-il, à propos de Mme Tolstoï. C'est selon lui la sottise et la bassesse des hommes d'au-

1. *Sur les Femmes.*

jourd'hui qui ont prêté une figure positive aux déficiences
féminines : on parle de l'instinct des femmes, de leur
intuition, de leur divination alors qu'il faudrait dénoncer
leur absence de logique, leur ignorance têtue, leur incapacité à saisir le réel; elles ne sont en fait ni observatrices
ni psychologues; elles ne savent ni voir les choses ni
comprendre les êtres; leur mystère est un leurre, leurs
insondables trésors ont la profondeur du néant; elles
n'ont rien à donner à l'homme et ne peuvent que lui
nuire. Pour Montherlant c'est d'abord la mère qui est la
grande ennemie; dans une pièce de jeunesse, *l'Exil,* il
mettait en scène une mère qui empêchait son fils de
s'engager; dans *les Olympiques* l'adolescent qui voudrait
se donner au sport est « barré » par l'égoïsme peureux de
sa mère; dans *les Célibataires,* dans *les Jeunes Filles* la
mère est décrite en traits odieux. Son crime, c'est de
vouloir garder son fils à jamais enfermé dans les ténèbres
de son ventre; elle le mutile afin de pouvoir l'accaparer et
remplir ainsi le vide stérile de son être; elle est la plus
déplorable des éducatrices; elle coupe les ailes de l'enfant,
elle le retient loin des cimes auxquelles il aspire, elle
l'abêtit et l'avilit. Ces griefs ne sont pas sans fondement.
Mais à travers les reproches explicites que Montherlant
adresse à la femme-mère, il est clair que ce qu'il déteste,
en elle, c'est sa propre naissance. Il se croit dieu, il se veut
dieu : parce qu'il est mâle, parce qu'il est un « homme
supérieur », parce qu'il est Montherlant. Un dieu n'a pas
été engendré; son corps, s'il en a un, est une volonté
coulée en muscles durs et obéissants, non une chair
sourdement habitée par la vie et la mort; cette chair
périssable, contingente, vulnérable et qu'il renie, c'est la
mère qu'il en rend responsable. « Le seul endroit du
corps où Achille était vulnérable, c'était celui où il avait
été tenu par sa mère[1]. » Montherlant n'a jamais voulu
assumer la condition humaine; ce qu'il appelle son

1. *Sur les Femmes.*

orgueil, c'est, dès le départ, une fuite apeurée devant les risques que comporte une liberté engagée dans le monde à travers une chair; il prétend affirmer la liberté, mais refuser l'engagement; sans attache, sans racine, il se rêve une subjectivité souverainement repliée sur soi-même; le souvenir de son origine charnelle dérange ce songe et il a recours à un procédé qui lui est habituel : au lieu de la surmonter, il la répudie.

Aux yeux de Montherlant, l'amante est aussi néfaste que la mère; elle empêche l'homme de ressusciter en lui le dieu; le lot de la femme, déclare-t-il, c'est la vie dans ce qu'elle a d'immédiat, elle se nourrit de sensations, elle se vautre dans l'immanence, elle a la manie du bonheur : elle veut y enfermer l'homme; elle n'éprouve pas l'élan de sa transcendance, elle n'a pas le sens de la grandeur; elle aime son amant dans sa faiblesse et non dans sa force, dans ses peines et non dans sa joie; elle le souhaite désarmé, malheureux au point de vouloir contre toute évidence le convaincre de sa misère. Il la dépasse et par là il lui échappe : elle entend le réduire à sa propre mesure pour s'emparer de lui. Car elle a besoin de lui, elle ne se suffit pas, c'est un être parasitaire. Par les yeux de Dominique, Montherlant fait apparaître les promeneuses du Ranelagh « pendues aux bras de leurs amants comme des êtres sans vertèbres, pareilles à de grandes limaces déguisées[1] »; à l'exception des sportives, les femmes sont selon lui des êtres incomplets, voués à l'esclavage; molles et sans muscles elles n'ont pas de prise sur le monde; aussi travaillent-elles âprement à s'annexer un amant ou mieux un époux. Le mythe de la mante religieuse n'est pas, que je sache, utilisé par Montherlant, mais il en retrouve le contenu : aimer, pour la femme, c'est dévorer; elle prétend se donner, et elle prend. Il cite le cri de Mme Tolstoï : « Je vis par lui, pour lui; j'exige la même chose pour moi », et il dénonce les dangers d'une telle furie d'amour;

1. *Le Songe.*

il trouve une terrible vérité au mot de l'Ecclésiaste : « Un homme qui vous veut du mal vaut mieux qu'une femme qui vous veut du bien. » Il invoque l'expérience de Lyautey : « Un de mes hommes qui se marie est un homme diminué de moitié. » C'est surtout pour « l'homme supérieur » qu'il juge le mariage néfaste; c'est un embourgeoisement ridicule; imagine-t-on qu'on ait pu dire : Mme Eschyle ou « J'irai dîner chez les Dante »? Le prestige d'un grand homme en est affaibli; et surtout le mariage brise la solitude magnifique du héros; celui-ci « a besoin de ne pas être distrait de soi-même [1] ». J'ai dit déjà que Montherlant a choisi une liberté *sans objet,* c'est-à-dire qu'il préfère une illusion d'autonomie à l'authentique liberté qui s'engage dans le monde; c'est cette disponibilité qu'il entend défendre contre la femme; celle-ci est lourde, elle pèse. « C'était un dur symbole qu'un homme ne pût marcher droit parce que la femme qu'il aimait était à son bras [2]. » « Je brûlais, elle m'éteint. Je marchais sur les eaux, elle se met à mon bras, j'enfonce [3]. » Comment a-t-elle tant de pouvoir puisqu'elle est seulement manque, pauvreté, négativité et que sa magie est illusoire? Montherlant ne l'explique pas. Il dit seulement avec superbe que « Le lion craint à bon droit le moustique [4] ». Mais la réponse saute aux yeux : il est facile de se croire souverain quand on est seul, de se croire fort quand on refuse soigneusement de se charger d'aucun fardeau. Montherlant a choisi la facilité; il prétend avoir le culte des valeurs difficiles : mais il cherche à les atteindre facilement. « Les couronnes que nous nous donnons à nous-mêmes sont les seules qui valent d'être portées », dit le roi de *Pasiphaé.* Principe commode. Montherlant surcharge son front, il se drape de pourpre; mais il suffirait

1. *Sur les Femmes.*
2. *Les Jeunes Filles.*
3. *Ibid.*
4. *Ibid.*

d'un regard étranger pour révéler que ses diadèmes sont en papier peint et que, tel le roi d'Andersen, il est tout nu. Marcher en songe sur les eaux, c'est bien moins fatigant que d'avancer pour de bon sur les chemins de la terre. Et c'est pourquoi le lion Montherlant évite avec terreur le moustique féminin : il redoute l'épreuve du réel [1].

Si Montherlant avait véritablement dégonflé le mythe de l'éternel féminin, il faudrait l'en féliciter : c'est en niant la Femme qu'on peut aider les femmes à s'assumer comme êtres humains. Mais on a vu qu'il ne pulvérise pas l'idole : il la convertit en monstre. Il croit lui aussi en cette obscure et irréductible essence : la féminité; il estime après Aristote et saint Thomas qu'elle se définit négativement; la femme est femme par manque de virilité; c'est là le destin que tout individu femelle doit subir sans pouvoir le modifier. Celle qui prétend y échapper se situe au plus bas degré de l'échelle humaine : elle ne réussit pas à devenir homme, elle renonce à être une femme; elle n'est qu'une caricature dérisoire, un faux-semblant; qu'elle soit un corps et une conscience ne lui confère aucune réalité : platonicien à ses heures, Montherlant semble considérer que seules les Idées de féminité et de virilité possèdent l'être; l'individu qui ne participe ni à l'une ni à l'autre n'a qu'une apparence d'existence. Il condamne sans appel ces « stryges » qui ont l'audace de se poser comme des sujets autonomes, de penser, d'agir. Et il entend prouver en traçant le portrait d'Andrée Hacquebaut que toute femme qui s'efforce de faire de soi une personne se change en un fantoche grimaçant. Bien entendu Andrée est laide, disgraciée, mal

---

1. Ce processus est celui qu'Adler considère comme l'origine classique des psychoses. L'individu divisé entre une « volonté de puissance » et un « complexe d'infériorité » établit entre la société et lui le plus de distance possible afin de n'avoir pas à affronter l'épreuve du réel. Il sait qu'elle minerait des prétentions qu'il ne peut maintenir que dans l'ombre de la mauvaise foi.

habillée et même sale, les ongles et les avant-bras dou-
teux : le peu de culture qu'on lui attribue a suffi à tuer
toute sa féminité; Costals nous assure qu'elle est intelligente, mais à chaque page qu'il lui consacre, Montherlant
nous convainc de sa stupidité; Costals prétend éprouver
de la sympathie pour elle; Montherlant nous la rend
odieuse. Par cette adroite équivoque, on prouve la sottise
de l'intelligence féminine, on établit qu'une disgrâce
originelle pervertit chez la femme toutes les qualités
viriles auxquelles elle tend.

Montherlant veut bien faire une exception pour les
sportives; par l'exercice autonome de leur corps, celles-ci
peuvent conquérir un esprit, une âme; encore serait-il
facile de les faire descendre de ces hauteurs; de la
gagnante du mille mètres, à qui il consacre un hymne
enthousiaste, Montherlant s'éloigne avec délicatesse; il ne
doute pas de la séduire aisément et il veut lui épargner
cette déchéance. Dominique ne s'est pas maintenue sur
les sommets où l'appelait Alban; elle est tombée amoureuse de lui : « Celle qui avait été tout esprit et tout âme
suait, poussait ses parfums, et, perdant l'air, elle tousso-
tait à petits coups[1]. » Indigné, Alban la chasse. On peut
estimer une femme qui par la discipline du sport a tué en
elle la chair; mais c'est un odieux scandale qu'une
existence autonome coulée dans une chair de femme; la
chair féminine est haïssable dès qu'une conscience
l'habite. Ce qui convient à la femme, c'est d'être purement chair. Montherlant approuve l'attitude orientale :
en tant qu'objet de jouissance, le sexe faible a sur terre
une place, humble sans doute, mais valable; il trouve une
justification dans le plaisir qu'en tire le mâle et dans ce
plaisir seul. La femme idéale est parfaitement stupide et
parfaitement soumise; elle est toujours prête à accueillir
l'homme, et ne lui demande jamais rien. Telle est Douce,
qu'Alban apprécie à ses heures, « Douce, admirablement

1. *Le Songe.*

sotte et toujours plus convoitée à mesure que plus sotte...
inutile en dehors de l'amour et qu'il évite alors avec une
douceur ferme[1] ». Telle est la petite Arabe Radidja,
tranquille bête d'amour qui accepte docilement plaisir et
argent. Telle peut-on imaginer cette « bête féminine »
rencontrée dans un train espagnol : « Elle avait l'air si
abruti que je me suis mis à la désirer[2]. » L'auteur
explique : « Ce qui est agaçant chez les femmes, c'est
leur prétention à la raison; qu'elles exagèrent leur animalité, elles ébauchent le surhumain[3]. »

    Cependant Montherlant n'est en rien un sultan orien-
tal; il lui manque d'abord la sensualité. Il est loin de se
délecter sans arrière-pensée des « bêtes féminines »; elles
sont « malades, malsaines, jamais tout à fait nettes[4] »;
Costals nous confie que les cheveux des jeunes garçons
sentent plus fort et meilleur que ceux des femmes; il
éprouve parfois du dégoût devant Solange, devant « cette
odeur doucereuse, presque écœurante et ce corps sans
muscle, sans nerf, comme une loche blanche[5] ». Il rêve
d'étreintes plus dignes de lui, entre égaux, où la douceur
naîtrait de la force vaincue... L'Oriental goûte voluptueu-
sement la femme et par là s'établit entre amants une
réciprocité charnelle : c'est ce que manifestent les ardentes invocations du Cantique des Cantiques, les contes des
Mille et Une Nuits, et tant de poésies arabes à la gloire de
la bien-aimée; certes, il y a de mauvaises femmes; mais il
en est aussi de savoureuses, et l'homme sensuel s'abandonne à leurs bras avec confiance, sans s'en trouver
humilié. Tandis que le héros de Montherlant est toujours
sur la défensive : « Prendre sans être pris, seule formule
acceptable entre l'homme supérieur et la femme[6]. » Il

1. *Le Songe.*
2. *La Petite Infante de Castille.*
3. *Ibid.*
4. *Les Jeunes Filles.*
5. *Ibid.*
6. *Ibid.*

parle volontiers du moment du désir, qui lui semble un
moment agressif, viril; il esquive celui de la jouissance;
peut-être risquerait-il de découvrir que, lui aussi, il sue, il
halète, il « pousse ses parfums »; mais non : qui oserait
respirer son odeur, sentir sa moiteur? Sa chair désarmée
n'existe pour personne, parce qu'il n'y a personne en face
de lui : il est la seule conscience, une pure présence
transparente et souveraine; et si pour sa conscience même
le plaisir existe, il n'en tient pas compte : ce serait donner
barre sur lui. Il parle complaisamment du plaisir qu'il
donne, jamais de celui qu'il reçoit : recevoir, c'est une
dépendance. « Ce que je demande à une femme, c'est de
lui faire plaisir [1] »; la chaleur vivante de la volupté serait
une complicité : il n'en admet aucune; il préfère la
solitude hautaine de la domination. Ce sont des satisfac-
tions, non pas sensuelles, mais cérébrales qu'il cherche
auprès des femmes.

Et d'abord celles d'un orgueil qui souhaite s'exprimer,
mais sans courir de risques. Devant la femme « on a le
même sentiment que devant le cheval, devant le taureau
qu'on va aborder : la même incertitude et le même goût
de *mesurer son pouvoir* [2] ». Le mesurer à d'autres hommes, ce serait bien hardi; ils interviendraient dans
l'épreuve; ils imposeraient des barèmes imprévus, ils
rendraient un verdict étranger; en face d'un taureau, d'un
cheval, on demeure son propre juge, ce qui est infiniment
plus sûr. Une femme aussi, si on la choisit bien, on reste
seul en face d'elle : « Je n'aime pas dans l'égalité parce
que, dans la femme, c'est l'enfant que je cherche. » Cette
lapalissade n'explique rien : pourquoi cherche-t-il l'enfant, non l'égale? Montherlant serait plus sincère s'il
déclarait que lui, Montherlant, n'a pas d'égal; et plus
exactement qu'il n'en veut pas avoir : son semblable lui
fait peur. Au temps des *Olympiques* il admire dans le

1. *Les Jeunes Filles.*
2. *La Petite Infante de Castille.*

sport la rigueur des compétitions qui créent des hiérarchies avec lesquelles on ne peut pas tricher; mais il n'a
pas lui-même entendu cette leçon; dans la suite de son
œuvre et de sa vie, ses héros comme lui-même se
soustraient à toute confrontation : ils ont affaire à des
bêtes, des paysages, des enfants, des femmes-enfants, et
jamais à des égaux. Naguère épris de la dure lucidité du
sport, Montherlant n'accepte comme maîtresses que des
femmes dont son orgueil peureux n'ait à craindre aucun
jugement; il les choisit « passives et végétales », infanti-
les, stupides, vénales. Il évitera systématiquement de leur
attribuer une conscience : s'il en découvre quelque trace,
il se cabre, il s'en va; il ne s'agit pas d'établir avec la
femme aucun rapport intersubjectif : elle ne doit être au
royaume de l'homme qu'un simple objet animé; jamais
on ne l'envisagera comme sujet; jamais il ne sera tenu
compte de son point de vue à elle. Le héros de Montherlant a une morale qui se croit arrogante et qui n'est que
commode : il ne se soucie que de ses rapports avec
soi-même. Il s'attache à la femme – ou plutôt il s'attache
la femme – non pour jouir d'elle, mais pour jouir de soi :
étant absolument inférieure, l'existence de la femme
dévoile la substantielle, l'essentielle et indestructible
supériorité du mâle; sans risque.

Ainsi la sottise de Douce permet à Alban « de reconstituer en quelque mesure les sensations du *demi-dieu
antique* épousant une Oie fabuleuse[1] ». Dès qu'il touche
Solange, voilà Costals changé en un superbe lion : « A
peine étaient-ils assis l'un près de l'autre, il mit la main
sur la cuisse de la jeune fille (par-dessus sa robe), puis la
tint posée au centre de son corps *comme un lion* tient sa
patte étalée sur le quartier de viande qu'il s'est conquis[2]... » Ce geste que, dans l'obscurité des cinémas, tant
d'hommes accomplissent chaque jour avec modestie,

1. *Le Songe.*
2. *Les Jeunes Filles.*

Costals leur annonce que c'est « le geste primitif du *Seigneur*[1] ». S'ils avaient comme lui le sens de la grandeur, les amants, les maris qui embrassent leur maîtresse avant de la posséder connaîtraient à bon marché ces puissantes métamorphoses. « Il humait vaguement le visage de cette femme, *pareil à un lion* qui déchiquetant la viande qu'il tient entre ses pattes de temps en temps s'arrête pour la lécher[2]. » Cet orgueil carnassier n'est pas le seul plaisir que le mâle tire de sa femelle; elle lui est prétexte à faire librement et, toujours sans risque, à blanc, l'expérience de son propre cœur. Costals, une nuit, s'amusera même à souffrir jusqu'à ce que, rassasié du goût de sa douleur, il attaque allégrement une cuisse de poulet. On ne peut se permettre que rarement un tel caprice. Mais il est d'autres joies ou puissantes ou subtiles. Par exemple, la condescendance; Costals condescend à répondre à certaines lettres de femmes, et parfois même il y apporte ses soins; à une petite paysanne inspirée, il écrit à la fin d'une dissertation pédante : « Je doute que vous puissiez me comprendre, mais cela vaut mieux que si je me *fusse abaissé* à vous[3]. » Il lui plaît quelquefois de modeler une femme à son image : « Je veux que vous soyez pour moi comme une chèche... je ne vous ai pas *élevée* à moi pour que vous soyez autre chose que moi[4]. » Il s'amuse à fabriquer à Solange quelques beaux souvenirs. Mais c'est surtout quand il couche avec une femme qu'il éprouve avec ivresse sa prodigalité : donneur de joie, donneur de paix, de chaleur, de force, de plaisir, ces richesses qu'il dispense le comblent. Lui ne doit rien à ses maîtresses; souvent, pour en être bien sûr, il les paie; mais même quand le coït est au pair, la femme est sans réciprocité son obligée : elle ne donne rien, il

1. *Les Jeunes Filles.*
2. *Ibid.*
3. *Ibid.*
4. *Ibid.*

prend. Aussi trouve-t-il absolument normal, le jour où il déflore Solange, de l'envoyer au cabinet de toilette; même si une femme est tendrement chérie, il ferait beau voir que l'homme se gênât pour elle; il est mâle de droit divin, elle est de droit divin vouée au bock et au bidet. L'orgueil de Costals imite ici si fidèlement la muflerie qu'on ne sait plus bien ce qui le distingue d'un commis voyageur malappris.

Le premier devoir d'une femme, c'est de se soumettre aux exigences de sa générosité; quand il suppose que Solange n'apprécie pas ses caresses, Costals entre dans une rage blanche. S'il chérit Radidja, c'est que son visage s'allume de joie dès qu'il entre en elle. Alors il jouit de se sentir à la fois bête de proie et prince magnifique. On se demande cependant avec perplexité d'où peut venir l'ivresse de prendre et de combler si la femme prise et comblée n'est qu'une pauvre chose, chair fade où palpite un ersatz de conscience. Comment Costals peut-il perdre tant de temps avec ces créatures vaines?

Ces contradictions donnent la mesure d'un orgueil qui n'est que vanité.

Une délectation plus subtile du fort, du généreux, du maître, c'est la pitié pour la race malheureuse. Costals, de temps en temps, s'émeut de sentir en son cœur tant de gravité fraternelle, tant de sympathie pour les humbles, tant de « pitié pour les femmes ». Quoi de plus touchant que la douceur imprévue des êtres durs? Il ressuscite en lui cette noble image d'Epinal quand il se penche sur ces animaux malades que sont les femmes. Même les sportives, il aime les voir vaincues, blessées, harassées, meurtries; quant aux autres, il les veut le plus désarmées possible. Leur misère mensuelle le dégoûte et cependant Costals nous confie que « toujours il avait préféré chez les femmes ces jours où il les savait atteintes[1] »... Il lui arrive de céder à cette pitié; il va jusqu'à prendre des

1. *Les Jeunes Filles.*

engagements, sinon jusqu'à les tenir : il s'engage à aider
Andrée, à épouser Solange. Quand la pitié se retire de son
âme, ces promesses meurent : n'a-t-il pas le droit de se
contredire? C'est lui qui fait les règles du jeu qu'il joue
avec lui-même pour seul partenaire.

Inférieure, pitoyable, ce n'est pas assez. Montherlant
veut la femme méprisable. Il prétend parfois que le
conflit du désir et du mépris est un drame pathétique :
« Ah! désirer ce qu'on dédaigne, quelle tragédie!...
Devoir attirer et repousser presque dans le même geste,
allumer et rejeter vite comme on fait avec une allumette,
la tragédie de nos rapports avec les femmes[1]! » En vérité,
il n'y a de tragédie que du point de vue de l'allumette,
point de vue négligeable. Quant à l'allumeur, soucieux de
ne pas se brûler les doigts, il est trop clair que cette
gymnastique le ravit. Si son bon plaisir n'était pas de
« désirer ce qu'on dédaigne », il ne refuserait pas systématiquement de désirer ce qu'il estime : Alban ne
repousserait pas Dominique; il choisirait d'« aimer dans
l'égalité »; et il pourrait éviter de tant dédaigner ce qu'il
désire : après tout, on ne voit pas à priori en quoi une
petite danseuse espagnole jeune, jolie, ardente, simple, est
si méprisable; est-ce parce qu'elle est pauvre, de basse
extraction, sans culture? il est à craindre qu'aux yeux de
Montherlant ce ne soient en effet des tares. Mais surtout
il la méprise en tant que femme, par décret; il dit
justement que ce n'est pas le mystère féminin qui suscite
les rêves mâles, mais ces rêves qui créent du mystère;
mais lui aussi projette dans l'objet ce que sa subjectivité
réclame : ce n'est pas parce qu'elles sont méprisables
qu'il dédaigne les femmes, c'est parce qu'il veut les
dédaigner qu'elles lui paraissent abjectes. Il se sent perché
sur des cimes d'autant plus hautaines qu'entre elles et lui
la distance est plus grande; c'est ce qui explique qu'il
choisisse pour ses héros des amoureuses aussi minables :

1. *La Petite Infante de Castille.*

au grand écrivain Costals il oppose une vieille vierge de province tourmentée par le sexe et l'ennui, et une petite bourgeoise d'extrême-droite, niaise et intéressée; c'est jauger avec des mesures bien humbles un individu supérieur : le résultat de cette prudence maladroite c'est qu'il nous paraît tout petit. Mais peu importe, Costals se croit grand. Les plus humbles faiblesses de la femme suffisent à nourrir sa superbe. Un texte des *Jeunes Filles* est singulièrement significatif. Avant de coucher avec Costals, Solange fait sa toilette de nuit. « Elle doit aller au W.-C., et Costals se souvint de cette jument qu'il avait eue, si fière, si délicate qu'elle n'urinait ni ne brenait jamais quand il était sur son dos. » Ici se découvre la haine de la chair (on pense à Swift : Célia chie), la volonté d'assimiler la femme à une bête domestique, le refus de lui reconnaître aucune autonomie, fût-elle d'ordre urinaire; mais surtout, tandis que Costals s'indigne, il oublie qu'il possède lui aussi une vessie et un côlon; de même quand il s'écœure d'une femme baignée de sueur et d'odeur, il abolit toutes ses sécrétions personnelles : il est un pur esprit servi par des muscles et un sexe d'acier. « Le dédain est plus noble que le désir », déclare Montherlant dans *Aux Fontaines du Désir*; et Alvaro : « Mon pain est le dégoût[1]. » Quel alibi que le mépris quand il se complaît en soi-même! Du fait qu'on contemple et qu'on juge, on se sent radicalement autre que l'autre que l'on condamne, on se lave sans frais des tares dont on l'accuse. Avec quelle ivresse Montherlant exhale pendant toute sa vie son mépris pour les hommes! il lui suffit de dénoncer leur sottise pour se croire intelligent, leur lâcheté pour se croire courageux. Au début de l'occupation, il se livre à une orgie de mépris à l'égard de ses compatriotes vaincus : lui n'est ni français, ni vaincu; il plane. Au détour d'une phrase il convient que, somme toute, lui, Montherlant, qui accuse, n'a rien fait de plus que les autres pour

---

1. *Le Maître de Santiago*.

prévenir la défaite; il n'a même pas consenti à être officier; mais aussitôt il recommence à accuser avec une furie qui l'emporte bien loin de lui-même[1]. S'il affecte de se désoler de ses dégoûts c'est pour les sentir plus sincères et s'en réjouir davantage. En vérité, il y trouve tant de commodités qu'il cherche systématiquement à entraîner la femme dans l'abjection. Il s'amuse à tenter avec de l'argent ou des bijoux des filles pauvres : qu'elles acceptent ses cadeaux malveillants, il jubile. Il joue un jeu sadique avec Andrée pour le plaisir, non de la faire souffrir, mais de la voir s'avilir. Il invite Solange à l'infanticide; elle accueille cette perspective, et les sens de Costals s'enflamment : il possède dans un ravissement de mépris cette meurtrière en puissance.

La clé de cette attitude, c'est l'apologue des chenilles qui nous la fournit : quelle qu'en ait été l'intention cachée, il est par soi-même assez significatif[2]. Compissant des chenilles, Montherlant s'amuse à en épargner certaines, à en exterminer d'autres; il accorde une pitié rieuse à celles qui s'acharnent à vivre et les laisse généreusement courir leur chance; ce jeu l'enchante. Sans les chenilles, le jet urinaire n'eût été qu'une excrétion; il devient instrument de vie et de mort; en face de l'insecte rampant, l'homme qui soulage sa vessie connaît la solitude despotique de Dieu; sans être menacé de réciprocité. Ainsi devant les bêtes féminines, le mâle, du haut de son piédestal, tantôt cruel, tantôt tendre, juste et capricieux tour à tour, donne, reprend, comble, s'apitoie, s'irrite; il n'obéit qu'à son bon plaisir; il est souverain, libre, unique. Mais il faut que ces bêtes ne soient que des bêtes; on les choisira à dessein, on flattera leurs faiblesses, on les traitera en bêtes avec tant d'acharnement qu'elles finiront bien par accepter leur condition. Ainsi les Blancs de Louisiane et de Georgie s'enchantent des menus larcins et

1. *Le Solstice de Juin*, p. 301.
2. *Ibid.*, p. 286.

des mensonges des Noirs : ils se sentent confirmés dans la supériorité que leur confère la couleur de leur peau; et si l'un de ces nègres s'entête à être honnête, on l'en maltraitera davantage. Ainsi se pratiquait systématiquement dans les camps de concentration l'avilissement de l'homme : la race des Seigneurs trouvait dans cette abjection la preuve qu'elle était d'essence surhumaine.

Cette rencontre n'a rien d'un hasard. On sait assez que Montherlant admire l'idéologie nazie. Il s'enchante de voir la croix gammée qui est la Roue solaire triompher en une des fêtes du Soleil. « La victoire de la Roue solaire n'est pas seulement victoire du Soleil, victoire de la païennie. Elle est victoire du principe solaire qui est que tout tourne... Je vois triompher en ce jour le principe dont je suis imbu, que j'ai chanté, qu'avec une conscience entière je sens gouverner ma vie [1]. » On sait aussi avec quel sens pertinent de la grandeur il a, pendant l'occupation, proposé en exemple aux Français ces Allemands qui « respirent le grand style de la force [2] ». Le même goût panique de la facilité qui le faisait fuir devant ses égaux le met à genoux devant les vainqueurs : il croit par cet agenouillement s'identifier à eux; le voilà vainqueur, c'est ce qu'il a toujours souhaité, que ce soit contre un taureau, des chenilles ou des femmes, contre la vie même et la liberté. Il est juste de dire que, déjà avant la victoire, il encensait les « enchanteurs totalitaires [3] ». Comme eux, il avait toujours été nihiliste, il avait toujours détesté les hommes. « Les gens ne valent même pas d'être conduits (et il n'est pas besoin que l'humanité vous ait fait quelque chose pour la détester à ce point [4] »; comme eux, il croyait que certains êtres : race, nation ou lui-même, Montherlant, détiennent un privilège absolu qui leur

---

1. *Le Solstice de Juin,* p. 308.
2. *Ibid.,* p. 199.
3. *L'Equinoxe de Septembre*, p. 57.
4. *Aux Fontaines du Désir.*

confère sur autrui tous les droits. Toute sa morale justifie et appelle la guerre et les persécutions. Pour juger de son attitude à l'égard des femmes, il convient d'examiner cette éthique de plus près. Car enfin, il faudrait savoir *au nom de quoi* elles sont condamnées.

La mythologie nazie avait une infrastructure historique : le nihilisme exprimait le désespoir allemand; le culte du héros servait des buts positifs pour lesquels des millions de soldats sont morts. L'attitude de Montherlant n'a aucune contrepartie positive et elle n'exprime que son propre choix existentiel. En vérité, ce héros a choisi la peur. Il y a en toute conscience une prétention à la souveraineté : mais elle ne saurait se confirmer qu'en se risquant; aucune supériorité n'est jamais donnée puisque, réduit à sa subjectivité, l'homme n'est rien; c'est entre les actes et les ouvrages des hommes que des hiérarchies peuvent s'établir; le mérite est sans cesse à conquérir : Montherlant lui-même le sait. « On n'a de droit que sur ce qu'on est prêt à risquer. » Mais il n'a jamais voulu *se* risquer au milieu de ses semblables. Et c'est parce qu'il n'ose pas l'affronter qu'il abolit l'humanité. « Enrageant obstacle que celui des êtres », dit le roi de *la Reine morte*. C'est qu'ils démentent la « féerie » complaisante que le vaniteux crée autour de soi. Il faut les nier. Il est remarquable qu'*aucune* des œuvres de Montherlant ne nous peigne un conflit d'homme à homme; c'est la coexistence qui est le grand drame vivant : il l'élude. Son héros se dresse toujours seul en face d'animaux, d'enfants, de femmes, de paysages; il est en proie à ses propres désirs (comme la reine de *Pasiphaé*) ou à ses propres exigences (comme *Le Maître de Santiago*), mais il n'y a jamais *personne* à ses côtés. Même Alban dans *le Songe* n'a pas de camarade : Prinet vivant, il le dédaigne, il ne s'exalte que sur son cadavre. L'œuvre comme la vie de Montherlant n'admet qu'*une* conscience.

Du même coup, tout sentiment disparaît de cet univers; il ne peut y avoir de rapport intersubjectif, s'il n'y a qu'un sujet. L'amour est dérisoire; mais ce n'est pas au nom de l'amitié qu'il est méprisable car « l'amitié manque de viscères[1] ». Et toute solidarité humaine est refusée avec hauteur. Le héros n'a pas été engendré, il n'est pas limité par l'espace et le temps : « Je ne vois aucune raison raisonnable de m'intéresser aux choses extérieures qui me sont contemporaines plus qu'à celles de n'importe quelle année du passé[2]. » Rien de ce qui arrive à autrui ne compte pour lui : « A vrai dire les événements ne m'ont jamais importé. Je ne les aimais que dans les rayons qu'ils faisaient en moi en me traversant... Qu'ils soient donc ce qu'ils veulent être[3]... » L'action est impossible : « Avoir eu de l'ardeur, de l'énergie, de l'audace et n'avoir pu les mettre à la disposition de qui que ce soit par manque de foi en quoi que ce soit d'humain[4]! » C'est dire que toute *transcendance* est interdite. Montherlant le reconnaît. L'amour et l'amitié sont des fariboles, le mépris empêche l'action; il ne croit pas à l'art pour l'art, et il ne croit pas en Dieu. Il ne reste que l'immanence du plaisir : « Ma seule ambition a été d'user mieux que les autres de mes sens », écrit-il en 1925[5]. Et encore : « En somme, qu'est-ce que je veux? La possession des êtres qui me plaisent dans la paix et dans la poésie[6]. » Et en 1941 : « Mais moi qui accuse, qu'ai-je fait de ces vingt années? Elles ont été un songe rempli de mon plaisir. J'ai vécu en long et en large, me soûlant de ce que j'aime : quel bouche à bouche avec la vie[7]! » Soit. Mais n'est-ce pas précisément parce qu'elle se vautre dans l'immanence que la femme était piétinée? Quelles fins plus hautes, quels grands desseins Montherlant oppose-t-il à l'amour

1. *Aux Fontaines du Désir.*
2. *La Possession de soi-même*, p. 13.
3. *Le Solstice de Juin*, p. 316.
4. *Aux Fontaines du Désir.*
5. *Ibid.*
6. *Ibid.*
7. *Le Solstice de Juin*, p. 301.

possessif de la mère, de l'amante? Lui aussi cherche « la possession »; et quant au « bouche à bouche avec la vie », bien des femmes pourraient lui rendre des points. Il est vrai qu'il goûte singulièrement les jouissances insolites : celles qu'on peut tirer des bêtes, des garçons, des fillettes impubères; il s'indigne qu'une maîtresse passionnée ne songe pas à mettre dans son lit sa fille de douze ans : c'est une mesquinerie bien peu solaire. Ne sait-il pas que la sensualité des femmes n'est pas moins tourmentée que celle des mâles? Si c'est d'après ce critère qu'on hiérarchise les deux sexes, elles l'emporteraient peut-être. A vrai dire, les incohérences de Montherlant sont ici monstrueuses. Au nom de « l'alternance » il déclare que, du fait même que rien ne vaut, tout vaut également; il accepte tout, il veut tout étreindre et il lui plaît que sa largeur d'esprit effraie les mères de famille; cependant c'est lui qui réclamait pendant l'occupation une « inquisition[1] » qui censurerait films et journaux; les cuisses des girls américaines l'écœurent, le sexe luisant d'un taureau l'exalte : chacun son goût; chacun recrée à sa manière « la féerie »; au nom de quelles valeurs ce grand orgiaque crache-t-il avec dégoût sur les orgies des autres? Parce qu'elles ne sont pas siennes? Mais toute la morale consiste donc à être Montherlant?

Il répondrait évidemment que jouir n'est pas tout : il y faut la manière. Il faut que le plaisir soit l'envers d'un renoncement, que le voluptueux se sente aussi l'étoffe d'un héros et d'un saint. Mais beaucoup de femmes sont expertes à concilier leurs plaisirs avec la haute image qu'elles se forment d'elles-mêmes. Pourquoi devons-nous croire que les songes narcissistes de Montherlant ont plus de prix que les leurs?

---

1. « Nous réclamons un organisme qui ait pouvoir discrétionnaire pour arrêter tout ce qu'il juge devoir nuire à la qualité humaine française. Une sorte d'inquisition au nom de la qualité humaine française. » (*Le Solstice de Juin*, p. 270.)

Car, en vérité, c'est de songes qu'il s'agit. Parce qu'il leur refuse tout contenu objectif, les mots avec lesquels Montherlant jongle : grandeur, sainteté, héroïsme ne sont que hochets. Montherlant a eu peur de risquer parmi les hommes sa supériorité; pour s'enivrer de ce vin exaltant, il s'est retiré dans les nuées : l'Unique est assurément souverain. Il s'enferme dans un cabinet de mirages : à l'infini, les glaces lui renvoient son image et il croit qu'il suffit à peupler la terre; mais il n'est qu'un reclus prisonnier de soi-même. Il se croit libre; mais il aliène sa liberté au profit de son ego; il modèle la statue de Montherlant selon des normes empruntées à l'imagerie d'Epinal. Alban repoussant Dominique parce qu'il s'est trouvé dans la glace un visage de benêt illustre cet esclavage : on n'est benêt que par les yeux d'autrui. L'orgueilleux Alban soumet son cœur à cette conscience collective qu'il méprise. La liberté de Montherlant est une attitude, non une réalité. L'action lui étant, faute de but, impossible, il se console avec des gestes : c'est un mime. Les femmes lui sont des partenaires commodes; elles lui donnent la réplique, il accapare le premier rôle, il se ceint de lauriers et se drape de pourpre : mais tout se passe sur sa scène privée; jeté sur la place publique, dans la vraie lumière, sous un vrai ciel, le comédien n'y voit plus clair, ne tient plus debout, il titube, il tombe. Dans un accès de lucidité Costals s'écrie : « Au fond, quelle rigolade ces « victoires » sur les femmes[1]! » Oui. Les valeurs, les exploits que Montherlant nous propose sont une triste rigolade. Les hauts faits qui le grisent ne sont eux aussi que des gestes, jamais des entreprises : il s'émeut du suicide de Peregrinus, de l'audace de Pasiphaé, de l'élégance de ce Japonais qui abrita sous son parapluie son adversaire avant de le pourfendre en duel. Mais il déclare que « la personne de l'adversaire et les idées qu'il est censé représenter n'ont donc pas tant

---

1. *Les Jeunes Filles.*

d'importance[1] ». Cette déclaration rend en 1941 un son
singulier. Toute guerre est belle, dit-il encore, quelle
qu'en soit la fin; la force est toujours admirable, quoi
qu'elle serve. « Le combat sans la foi, c'est la formule à
laquelle nous aboutissons forcément si nous voulons
maintenir la seule idée de l'homme qui soit acceptable :
celle où il est à la fois le héros et le sage[2]. » Mais il est
curieux que la noble indifférence de Montherlant à
l'égard de toutes les causes ait incliné, non vers la
résistance, mais vers la Révolution nationale, que sa
souveraine liberté ait choisi la soumission, et que le secret
de la sagesse héroïque, il l'ait cherché, non dans le
maquis, mais chez les vainqueurs. Ceci non plus n'est pas
un accident. C'est à ces mystifications qu'aboutit le
pseudo-sublime de *La Reine morte* et du *Maître de
Santiago*. Dans ces drames d'autant plus significatifs
qu'ils ont plus de prétention, on voit deux mâles impé-
rieux qui sacrifient à leur orgueil vide des femmes
coupables d'être simplement des êtres humains; elles
souhaitent l'amour et le bonheur terrestre : pour les
punir on prend à l'une sa vie, à l'autre son âme. Encore
une fois, si nous demandons : au nom de quoi? l'auteur
répond avec hauteur : au nom de rien. Il n'a pas voulu
que le roi eût pour tuer Inès des motifs trop impérieux; ce
meurtre ne serait qu'un banal crime politique. « Pourquoi est-ce que je la tue? Il y a sans doute une raison,
mais je ne la distingue pas », dit-il. La raison c'est qu'il
faut que le principe solaire triomphe de la banalité
terrestre; mais ce principe n'éclaire, on l'a vu déjà,
aucune fin : il exige la destruction, rien de plus. Quant à
Alvaro, Montherlant nous dit dans une préface qu'il
s'intéresse en certains hommes de ce temps à « leur foi
tranchante, leur mépris de la réalité extérieure, leur goût
de la ruine, leur fureur du rien ». C'est à cette fureur que

1. *Le Solstice de Juin*, p. 211.
2. *Ibid.*, p. 211.

le maître de Santiago sacrifie sa fille. On la parera du
beau mot chatoyant de mystique. N'est-il pas plat de
préférer le bonheur à la mystique? En vérité les sacrifices
et les renoncements n'ont de sens que dans la perspective
d'un but, un but humain; et les buts qui dépassent
l'amour singulier, le bonheur personnel, ne peuvent
apparaître que dans un monde qui reconnaît le prix et de
l'amour et du bonheur; la « morale des midinettes » est
plus authentique que les féeries du vide parce qu'elle a ses
racines dans la vie et dans la réalité : et c'est de là que
peuvent jaillir des aspirations plus vastes. On imagine
aisément Inès de Castro à Buchenwald, et le roi s'empres-
sant à l'ambassade d'Allemagne par raison d'Etat. Bien
des midinettes ont pendant l'occupation mérité un respect que nous n'accordons pas à Montherlant. Les mots
creux dont il se gorge sont dangereux par leur vide
même : la mystique surhumaine autorise toutes les dévas-
tations temporelles. Le fait est que, dans les drames dont
nous parlons, elle s'affirme par deux meurtres, l'un
physique et l'autre moral; Alvaro n'a pas beaucoup de
chemin à faire pour devenir, farouche, solitaire, méconnu, un grand inquisiteur; ni le roi, incompris, renié,
un Himmler. On tue les femmes, on tue les Juifs, on tue
les hommes efféminés et les chrétiens enjuivés, on tue
tout ce qu'on a intérêt ou plaisir à tuer au nom de ces
hautes idées. Ce n'est que par des négations que peuvent
s'affirmer des mystiques négatives. Le vrai dépassement,
c'est une marche positive vers l'avenir, l'avenir des
hommes. Le faux héros, pour se persuader qu'il est arrivé
loin, qu'il plane haut, regarde toujours en arrière, à ses
pieds; il méprise, il accuse, il opprime, il persécute, il
torture, il massacre. C'est par le mal qu'il fait à son
prochain qu'il s'estime supérieur à lui. Tels sont les
sommets que Montherlant nous désigne d'un doigt
superbe, quand il interrompt son « bouche à bouche avec
la vie ».

« Comme l'âne des norias arabes, je tourne, je tourne,

aveugle et repassant sans fin sur mes traces. Seulement, je ne fais pas venir d'eau fraîche. » Il y a peu de chose à ajouter à cet aveu que signait Montherlant en 1927. L'eau fraîche n'a jamais jailli. Peut-être Montherlant eût-il dû allumer le bûcher de Peregrinus : c'était la solution la plus logique. Il a préféré se réfugier dans son propre culte. Au lieu de se donner à ce monde qu'il ne savait fertiliser, il s'est contenté de s'y mirer; et il a ordonné sa vie dans l'intérêt de ce mirage visible à ses seuls yeux. « Les princes sont à l'aise en toutes circonstances, même dans la défaite », écrit-il[1]; et parce qu'il se complaît dans la défaite, il se croit roi. Il a appris de Nietzsche que « la femme est le divertissement du héros » et il croit qu'il suffit de se divertir des femmes pour être sacré héros. Le reste à l'avenant. Comme le dit Costals : « Au fond, quelle rigolade ! »

II

D. H. LAWRENCE OU L'ORGUEIL PHALLIQUE

Lawrence se situe aux antipodes d'un Montherlant. Il ne s'agit pas pour lui de définir les rapports singuliers de la femme et de l'homme, mais de les replacer tous deux dans la vérité de la Vie. Cette vérité n'est ni représentation ni volonté : elle enveloppe l'animalité, où l'être humain a ses racines. Lawrence refuse avec passion l'antithèse sexe-cerveau; il y a chez lui un optimisme cosmique qui s'oppose radicalement au pessimisme de Schopenhaurer; le vouloir-vivre qui s'exprime dans le phallus est joie : et c'est en lui que pensée et action doivent avoir leur source sous peine d'être concept vide, mécanisme stérile. Le pur cycle sexuel est insuffisant parce qu'il retombe dans l'immanence : il est synonyme

1. *Le Solstice de Juin*, p. 312.

de mort; mais mieux vaut encore cette réalité mutilée : sexe et mort, qu'une existence coupée de l'humus charnel. L'homme n'a pas seulement besoin, tel Antée, de reprendre par moments contact avec la terre; sa vie d'homme doit être tout entière expression de sa virilité qui pose et exige immédiatement la femme; celle-ci n'est donc ni divertissement, ni proie, elle n'est pas un objet en face d'un sujet, mais un pôle nécessaire à l'existence du pôle de signe opposé. Les hommes qui ont méconnu cette vérité, un Napoléon par exemple, ont manqué leur destin d'homme : ce sont des ratés. Ce n'est pas en affirmant sa singularité, c'est en accomplissant sa généralité le plus intensément possible que l'individu peut se sauver : qu'il soit mâle ou femelle, il ne doit jamais chercher dans les rapports érotiques le triomphe de son orgueil ni l'exaltation de son moi; se servir de son sexe comme de l'instrument de sa volonté, c'est là la faute irréparable; il faut briser les barrières de l'ego, dépasser les limites mêmes de la conscience, renoncer à toute souveraineté personnelle. Rien de plus beau que cette statuette représentant une femme en train d'accoucher : « Une figure terriblement vide, pointue, rendue *abstraite jusqu'à l'insignifiance* sous le poids de la sensation ressentie[1]. » Cette extase n'est ni un sacrifice ni un abandon; il ne s'agit pour aucun des deux sexes de se laisser engloutir par l'autre; ni l'homme ni la femme ne doivent apparaître comme le fragment brisé d'un couple; le sexe n'est pas une blessure; chacun est un être complet, parfaitement polarisé; quand l'un est assuré dans sa virilité, l'autre dans sa féminité, « chacun réussit la perfection du circuit polarisé des sexes[2] »; l'acte sexuel est sans annexion, sans reddition d'aucun des partenaires, l'accomplissement merveilleux de l'un par l'autre. Quand Ursule et Bikrin enfin se sont trouvés « ils se donnaient *réciproquement*

1. *Femmes amoureuses.*
2. *Ibid.*

cet équilibre stellaire qui seul peut s'appeler liberté... Elle était pour lui ce qu'il était pour elle, la magnificence immémoriale de l'*autre réalité*, mystique et palpable [1] ». Accédant l'un à l'autre dans l'arrachement généreux de la passion, deux amants accèdent ensemble à l'Autre, au Tout. Ainsi Paul et Clara dans le moment de leur amour [2] : elle est pour lui « une vie forte, étrange, farouche qui se mêlait à la sienne. C'était tellement plus grand qu'eux qu'ils étaient réduits au silence. Ils s'étaient rencontrés et dans leur rencontre se confondaient l'élan des innombrables brins d'herbe, les tourbillons des étoiles. » Lady Chatterley et Mellors atteignent aux mêmes joies cosmiques : se mêlant l'un à l'autre, ils se mêlent aux arbres, à la lumière, à la pluie. Lawrence a largement développé cette doctrine dans la *Défense de Lady Chatterley* : « Le mariage n'est qu'une illusion s'il n'est pas durablement et radicalement phallique, s'il n'est pas relié au soleil et à la terre, à la lune, aux étoiles et aux planètes, au rythme des jours et au rythme des mois, au rythme des saisons, des années, des lustres et des siècles. Le mariage n'est rien s'il n'est pas basé sur une correspondance du sang. Car le sang est la substance de l'âme. » « Le sang de l'homme et de la femme sont deux fleuves éternellement différents qui ne peuvent se mélanger. » C'est pourquoi ces deux fleuves entourent de leurs méandres la totalité de la vie. « Le phallus est un volume de sang qui remplit la vallée de sang de la femme. Le puissant fleuve de sang masculin entoure dans ses ultimes profondeurs le grand fleuve du sang féminin... pourtant aucun des deux ne rompt ses barrages. C'est la communion la plus parfaite... et c'est un des plus grands mystères. » Cette communion est un miraculeux enrichissement; mais elle exige que les prétentions de la « personnalité » soient abolies. Quand des personnalités

---

1. *Femmes amoureuses.*
2. *Amants et Fils.*

cherchent à s'atteindre sans se renier, comme il arrive ordinairement dans la civilisation moderne, leur tentative est vouée à l'échec. Il y a alors une sexualité « personnelle, blanche, froide, nerveuse, poétique » qui est dissolvante pour le courant vital de chacun. Les amants se traitent en instruments, ce qui engendre entre eux la haine : ainsi lady Chatterley et Michaëlis; ils demeurent enfermés dans leur subjectivité; ils peuvent connaître une fièvre analogue à celle que donne l'alcool ou l'opium, mais elle est sans objet : ils ne découvrent pas la réalité de l'autre; ils n'accèdent à rien. Lawrence eût condamné Costals sans recours. Il a peint en Gérard[1] un de ces mâles orgueilleux et égoïstes; et Gérard est pour une très grande part responsable de cet enfer où il se précipite avec Gudrun. Cérébral, volontaire, il se complaît dans l'affirmation vide de son moi et se raidit contre la vie : pour le plaisir de maîtriser une jument fougueuse, il la maintient accotée à une barrière derrière laquelle un train roule avec fracas, il ensanglante ses flancs rebelles et s'enivre de son pouvoir. Cette volonté de domination avilit la femme contre laquelle elle s'exerce; faible, la voilà transformée en esclave. Gérard se penche sur Minette : « Son regard élémentaire d'esclave violée, dont la raison d'être est d'être perpétuellement violée, faisait vibrer les nerfs de Gérard... La seule volonté était la sienne, elle était la substance passive de sa volonté. » C'est là une souveraineté misérable; si la femme n'est qu'une substance passive, ce que le mâle domine n'est rien. Il croit prendre, s'enrichir : c'est un leurre. Gérard serre Gudrun dans ses bras : « Elle était la substance riche et adorable de son être à lui... Elle s'était évanouie en lui et il atteignait la perfection. » Mais dès qu'il la quitte, il se retrouve seul et vide; et le lendemain elle ne vient pas au rendez-vous. Si la femme est forte, la prétention mâle suscite en elle une prétention symétri-

---

1. *Femmes amoureuses.*

que; fascinée et rebelle, elle devient masochiste et sadique tour à tour. Gudrun est bouleversée de trouble quand elle voit Gérard serrer entre ses cuisses les flancs de la jument affolée; mais elle est troublée aussi quand la nourrice de Gérard lui raconte qu'autrefois « elle pinçait ses petites fesses ». L'arrogance masculine exaspère les résistances féminines. Tandis qu'Ursule est vaincue et sauvée par la pureté sexuelle de Bikrin, comme lady Chatterley par celle du garde-chasse, Gérard entraîne Gudrun dans une lutte sans issue. Une nuit, malheureux, brisé par un deuil, il s'abandonne dans ses bras. « Elle était le grand bain de vie, il l'adorait. Elle était la mère et la substance de toutes choses. L'émanation miraculeuse et douce de son sein de femme envahissait son cerveau desséché et malade comme une lymphe guérisseuse, comme le flot calmant de la vie même, parfait comme s'il baignait de nouveau dans le sein maternel. » Cette nuit-là, il pressent ce qu'une communion avec la femme pourrait être; mais c'est trop tard; son bonheur est vicié, car Gudrun n'est pas vraiment présente; elle laisse Gérard dormir sur son épaule, mais elle demeure éveillée, impatiente, séparée. C'est le châtiment de l'individu en proie à soi-même : il ne peut, seul, briser sa solitude; en dressant les barrières du moi il a dressé celles de l'*Autre* : il ne le rejoindra jamais. A la fin Gérard meurt, tué par Gudrun et par lui-même.

Ainsi aucun des deux sexes n'apparaît d'abord comme privilégié. Aucun n'est sujet. Pas plus qu'une proie la femme n'est un simple prétexte. Malraux [1] remarque que, pour Lawrence, il ne suffit pas, comme il suffit à l'Hindou, que la femme soit l'occasion d'un contact avec l'infini, à la manière, par exemple, d'un paysage : ce serait d'une autre façon en faire un objet. Elle est réelle autant que l'homme; c'est une communion réelle qu'il faut atteindre. C'est pourquoi les héros approuvés par

1. Préface à *l'Amant de Lady Chatterley.*

Lawrence réclament de leur maîtresse beaucoup plus que
le don de son corps : Paul n'accepte pas que Myriam se
livre à lui par un tendre sacrifice; Bikrin ne veut pas
qu'Ursule se borne à chercher dans ses bras le plaisir;
froide ou brûlante, la femme qui demeure enfermée en
soi laisse l'homme à sa solitude : il doit la repousser. Il
faut que tous deux se donnent corps et âme. Si ce don
s'est accompli ils doivent se rester à jamais fidèles.
Lawrence est partisan du mariage monogame. Il n'y a
recherche de la variété que si l'on s'intéresse à la singularité des êtres : mais le mariage phallique est fondé sur la
généralité. Quand le circuit virilité-féminité s'est établi,
aucun désir de changement n'est concevable : c'est un
circuit parfait, fermé en soi, définitif.

Don réciproque, réciproque fidélité : est-ce vraiment le
règne de la reconnaissance mutuelle? Bien loin de là.
Lawrence croit passionnément à la suprématie mâle. Le
mot même de « mariage phallique », l'équivalence qu'il
établit entre sexuel et phallique, le prouvent assez. Des
deux courants de sang qui mystérieusement se marient le
courant phallique est privilégié. « Le phallus sert de trait
d'union entre les deux fleuves : il conjugue les deux
rythmes différents en un courant unique. » Ainsi
l'homme est non seulement un des termes du couple,
mais aussi leur rapport; il est leur dépassement : « Le
pont qui mène à l'avenir, c'est le phallus. » Au culte de
la Déesse Mère, Lawrence entend substituer un culte
phallique; quand il veut mettre en lumière la nature
sexuelle du cosmos, c'est non le ventre de la femme, mais
la virilité de l'homme qu'il évoque. Il ne peint presque
jamais un homme troublé par la femme : mais cent fois il
montre la femme secrètement bouleversée par l'appel vif,
subtil, insinuant du mâle; ses héroïnes sont belles et
saines, mais non capiteuses; tandis que ses héros sont des
faunes inquiétants. Ce sont les animaux mâles qui incarnent le trouble et puissant mystère de la Vie; les femmes
en subissent le sortilège : celle-ci est émue par un renard,

celle-là est éprise d'un étalon, Gudrun défie fiévreuse-
ment un troupeau de jeunes bœufs; elle est bouleversée
par la vigueur rebelle d'un lapin. Sur ce privilège cosmique se greffe un privilège social. Sans doute parce que le
courant phallique est impétueux, agressif, parce qu'il
enjambe l'avenir, – Lawrence ne s'en explique qu'impar-
faitement, – c'est à l'homme qu'il appartient de « porter
en avant les bannières de la vie [1] »; il est tendu vers des
buts, il incarne la transcendance; la femme est absorbée
par ses sentiments, elle est toute intériorité; elle est vouée
à l'immanence. Non seulement l'homme joue dans la vie
sexuelle le rôle actif, mais c'est par lui que cette vie est
dépassée; il est enraciné dans le monde sexuel, mais il
s'en évade; elle y demeure enfermée. La pensée et l'action
ont leurs racines dans le phallus; faute de phallus la
femme n'a droit ni à l'une ni à l'autre : elle peut jouer le
rôle de l'homme, et même brillamment, mais c'est un jeu
sans vérité. « La femme est polarisée vers le bas, vers le
centre de la terre. Sa polarité profonde est le flux dirigé
vers le bas, l'attraction lunaire. L'homme est au contraire
polarisé vers le haut, vers le soleil et l'activité diurne [2]. »
Pour la femme « la plus profonde conscience gît dans son
ventre et dans ses reins... Si elle se tourne vers le haut, il
vient un moment où tout s'écroule [3]. » Dans le domaine
de l'action, c'est l'homme qui doit être l'initiateur, le
positif; la femme est le positif sur le plan de l'émotion.
Ainsi Lawrence retrouve-t-il la conception bourgeoise
traditionnelle de Bonald, d'Auguste Comte, de Clément
Vautel. La femme doit subordonner son existence à celle
de l'homme. « Elle doit croire en vous, au but profond
vers lequel vous tendez [4]. » Alors l'homme lui vouera
une tendresse et une gratitude infinies. « Ah! douceur de
revenir chez soi auprès de la femme quand elle croit en

1. *Fantaisie de l'Inconscient.*
2. *Ibid.*
3. *Ibid.*
4. *Ibid.*

vous et qu'elle accepte que votre dessein la dépasse... On éprouve une gratitude insondable pour la femme qui vous aime...[1] » Lawrence ajoute que pour mériter ce dévouement, il faut que l'homme soit authentiquement habité par un grand dessein; si son projet n'est qu'une imposture, le couple sombre dans une mystification dérisoire; mieux vaut encore s'enfermer dans le cycle féminin : amour et mort, comme Anna Karénine et Vronsky, Carmen et don José, que se mentir comme Pierre et Natacha. Mais sous cette réserve, ce que prône Lawrence c'est à la manière de Proudhon, de Rousseau, le mariage monogame où la femme tire du mari la justification de son existence. Contre la femme qui souhaite renverser les rôles, Lawrence a des accents aussi haineux que Montherlant. Qu'elle renonce à jouer les Magna Mater, à prétendre détenir la vérité de la vie; accapareuse, dévorante, elle mutile le mâle, elle le fait retomber dans l'immanence et le détourne de ses buts. Lawrence est bien loin de maudire la maternité : au contraire; il se réjouit d'être chair, il accepte sa naissance, il chérit sa mère; les mères apparaissent dans son œuvre comme de magnifiques exemples de la vraie féminité; elles sont pur renoncement, absolue générosité, toute leur chaleur vivante est vouée à leur enfant : elles acceptent qu'il devienne un homme, elles en sont fières. Mais il faut redouter l'amante égoïste qui veut ramener l'homme à son enfance; elle brise l'élan du mâle. « La lune, planète des femmes, nous attire en arrière[2]. » Elle parle sans cesse d'amour : mais aimer pour elle c'est prendre, c'est combler ce vide qu'elle sent en elle; cet amour est proche de la haine; ainsi Hermione qui souffre d'une affreuse déficience parce qu'elle n'a jamais su se donner voudrait s'annexer Bikrin; elle échoue; elle essaie de le tuer et l'extase voluptueuse qu'elle éprouve en le frappant est

1. *Fantaisie de l'Inconscient.*
2. *Ibid.*

identique au spasme égoïste du plaisir[1]. Lawrence déteste
les femmes modernes, créatures de celluloïd et de caout-
chouc qui revendiquent une conscience. Quand la femme
a pris sexuellement conscience d'elle-même, la voilà
« qui marche dans la vie, agissant d'une façon toute
cérébrale et obéissant aux ordres d'une volonté mécanique[2] ». Il lui défend d'avoir une sensualité autonome;
elle est faite pour se donner, non pour prendre. Par la
bouche de Mellors, Lawrence crie son horreur pour les
lesbiennes. Mais il blâme aussi la femme qui a devant le
mâle une attitude détachée ou agressive; Paul se sent
blessé et irrité quand Myriam caresse ses flancs en lui
disant : « Tu es beau. » Gudrun comme Myriam est en
faute quand elle s'enchante de la beauté de son amant :
cette contemplation les sépare, autant que l'ironie des
intellectuelles glacées qui jugent le pénis dérisoire ou la
gymnastique mâle ridicule; la recherche acharnée du
plaisir n'est pas moins blâmable : il y a une jouissance
aiguë, solitaire qui sépare, elle aussi, et la femme ne doit
pas se tendre vers elle. Lawrence a tracé de nombreux
portraits de ces femmes indépendantes, dominatrices, qui
manquent leur vocation féminine. Ursule et Gudrun sont
de cette espèce. Au départ, Ursule est une accapareuse.
« L'homme devrait se livrer à elle jusqu'à la lie[3]... » Elle
apprendra à vaincre sa volonté. Mais Gudrun s'entête;
cérébrale, artiste, elle envie farouchement aux hommes
leur indépendance et leurs possibilités d'action; elle tient
à garder intacte son individualité; elle veut vivre pour
soi-même; ironique, possessive, elle restera à jamais
enfermée dans sa subjectivité. La figure la plus significative parce qu'elle est la moins sophistiquée, c'est celle de
Myriam[4]. Gérard est en partie responsable de l'échec de
Gudrun; en face de Paul, Myriam porte seule le poids de

1. *Femmes amoureuses.*
2. *Fantaisie de l'Inconscient.*
3. *Femmes amoureuses.*
4. *Amants et Fils.*

son malheur. Elle aussi elle voudrait être un homme, et elle hait les hommes; elle ne s'accepte pas dans sa généralité; elle veut « se distinguer »; aussi le grand courant de la vie ne la traverse pas, elle peut ressembler à une sorcière ou à une prêtresse, jamais à une bacchante; elle n'est émue par les choses que lorsqu'elle les a recréées dans son âme, leur donnant une valeur religieuse : cette ferveur même la sépare de la vie; elle est poétique, mystique, désadaptée. « Son effort exagéré se refermait sur lui-même... elle n'était pas maladroite et cependant elle ne faisait jamais le mouvement qui convenait. » Elle cherche des joies tout intérieures et la réalité lui fait peur; la sexualité lui fait peur; quand elle couche avec Paul, son cœur se tient à part dans une sorte d'horreur; elle est toujours conscience, jamais vie : elle n'est pas une compagne; elle ne consent pas à se fondre avec son amant; elle veut l'absorber en elle. Il s'irrite de cette volonté; il se met dans une colère violente quand il la voit caresser des fleurs : on dirait qu'elle veut leur arracher le cœur; il l'insulte : « Vous êtes une mendiante d'amour; vous n'avez pas besoin d'aimer mais d'être aimée. Vous voulez *vous remplir d'amour* parce qu'il vous manque quelque chose, je ne sais quoi. » La sexualité n'est pas faite pour combler un vide; elle doit être l'expression d'un être achevé. Ce que les femmes appellent amour, c'est leur avidité devant la force virile dont elles souhaitent s'emparer. La mère de Paul pense lucidement à propos de Myriam : « Elle le veut tout, elle veut l'extraire de lui-même et le dévorer. » La jeune fille se réjouit quand son ami est malade, parce qu'elle pourra le soigner : elle prétend le servir, mais c'est une façon de lui imposer sa volonté. Parce qu'elle demeure séparée de lui, elle excite en Paul « une ardeur pareille à la fièvre, comme fait l'opium », mais elle est incapable de lui apporter joie et paix; du sein de son amour, au secret d'elle-même « elle détestait Paul parce qu'il l'aimait et la dominait ». Aussi Paul s'écarte d'elle. Il cherche son

équilibre auprès de Clara; belle, vivante, animale, celle-ci
se donne sans réserve; et les amants atteignent des
moments d'extase qui les dépassent tous deux; mais Clara
ne comprend pas cette révélation. Elle croit qu'elle doit
cette joie à Paul lui-même, à sa singularité, et elle
souhaite se l'approprier : elle échoue à le garder parce
qu'elle aussi le veut tout à elle. Dès que l'amour s'individualise, il se change en égoïsme avide et le miracle de
l'érotisme s'évanouit.

Il faut que la femme renonce à l'amour personnel : ni
Mellors ni don Cipriano ne consentent à dire à leur
maîtresse des mots d'amour. Téresa, qui est la femme
exemplaire, s'indigne quand Kate lui demande si elle
aime don Ramon[1]. « Il est ma vie », répond-elle; le don
qu'elle lui a consenti est bien autre chose que l'amour. La
femme doit comme l'homme abdiquer tout orgueil et
toute volonté; si elle incarne pour l'homme la vie, il
l'incarne aussi pour elle; lady Chatterley ne trouve paix et
joie que parce qu'elle reconnaît cette vérité : « elle
renoncerait à sa dure et brillante puissance féminine qui
la fatiguait et la durcissait, elle plongerait dans le nouveau bain de vie, dans la profondeur de ses entrailles qui
chantaient la chanson sans voix de l'adoration »; alors
elle est appelée à l'ivresse des bacchantes; obéissant en
aveugle à son amant, ne se cherchant pas entre ses bras,
elle forme avec lui un couple harmonieux, accordé à la
pluie, aux arbres, aux fleurs du printemps. De même
Ursule renonce entre les mains de Bikrin à son individualité et ils atteignent à un « équilibre stellaire ». Mais c'est
surtout *le Serpent à plumes* qui reflète dans son intégrité
l'idéal de Lawrence. Car don Cipriano est un de ces
hommes qui « portent en avant les bannières de la vie »;
il a une mission à laquelle il est tout entier donné si bien
qu'en lui la virilité se dépasse et s'exalte jusqu'à la
divinité : s'il se fait sacrer dieu, ce n'est pas mystification;

1. *Le Serpent à plumes.*

c'est que tout homme pleinement homme est un dieu; il mérite donc l'absolu dévouement d'une femme. Imbue des préjugés occidentaux, Kate d'abord refuse cette dépendance, elle tient à sa personnalité et à son existence limitée; mais peu à peu elle se laisse pénétrer par le grand courant de la vie, elle donne à Cipriano son corps et son âme. Ce n'est pas une reddition d'esclave : avant de décider de demeurer avec lui, elle exige qu'il reconnaisse le besoin qu'il a d'elle; il le reconnaît puisqu'en effet la femme est nécessaire à l'homme; alors elle consent à n'être jamais rien d'autre que sa compagne; elle adopte ses buts, ses valeurs, son univers. Cette soumission s'exprime dans l'érotisme même; Lawrence ne veut pas que la femme soit crispée dans la recherche du plaisir, séparée du mâle par le spasme qui la secoue; il lui refuse délibérément l'orgasme; don Cipriano s'écarte de Kate quand il sent en elle l'approche de cette jouissance nerveuse; elle renonce même à cette autonomie sexuelle. « Son ardente volonté de femme et son désir s'apaisaient en elle et s'évanouissaient, la laissant toute douceur et soumission comme les sources d'eau chaude qui sortent de terre sans bruit et sont pourtant si actives et si puissantes dans leur pouvoir secret. »

On comprend pourquoi les romans de Lawrence sont avant tout des « éducations de femmes ». Il est infiniment plus difficile pour la femme que pour l'homme de se soumettre à l'ordre cosmique, parce que lui s'y soumet de façon autonome, tandis qu'elle a besoin de la médiation du mâle. C'est quand l'Autre prend la figure d'une conscience et d'une volonté étrangères qu'il y a vraiment reddition; au contraire, une soumission autonome ressemble étrangement à une décision souveraine. Les héros de Lawrence ou bien sont condamnés au départ ou bien dès le départ ils détiennent le secret de la sagesse[1]; leur

---

1. A l'exception de Paul d'*Amants et Fils* qui est de tous le plus vivant. Mais c'est le seul roman qui nous montre un apprentissage masculin.

soumission au cosmos a été consommée depuis si longtemps et ils en tirent tant de certitude intérieure qu'ils
semblent aussi arrogants qu'un individualiste orgueilleux;
il y a un dieu qui parle par leur bouche : Lawrence
lui-même. Tandis que la femme doit s'incliner devant
leur divinité. Que l'homme soit un phallus et non un
cerveau, l'individu qui participe à la virilité garde ses
privilèges; la femme n'est pas le mal, elle est même
bonne : mais subordonnée. C'est encore l'idéal de la
« vraie femme » que Lawrence nous propose, c'est-à-dire
de la femme qui accepte sans réticence de se définir
comme l'Autre.

III

CLAUDEL ET LA SERVANTE DU SEIGNEUR

L'originalité du catholicisme de Claudel, c'est un optimisme si entêté que le mal même retourne au bien.
« Le mal même
» Comporte son bien qu'il ne faut pas laisser perdre[1]. » Adoptant le point de vue qui ne peut manquer
d'être celui du Créateur – puisqu'on suppose celui-ci
tout-puissant, omniscient et bienveillant – Claudel adhère
à la création tout entière; sans l'enfer et le péché, il n'y
aurait ni liberté ni salut; quand il a fait surgir ce monde
du néant, Dieu a prémédité la faute et la rédemption.
Aux yeux des Juifs et des chrétiens, la désobéissance
d'Eve avait mis ses filles en bien mauvaise posture : on
sait combien les Pères de l'Eglise ont malmené la femme.
La voilà au contraire justifiée si l'on admet qu'elle a servi
les desseins divins. « La femme! ce service que jadis par
le moyen de sa désobéissance elle a rendu à Dieu dans le
paradis terrestre; cette entente profonde qui s'est établie

1. *Partage de Midi.*

entre elle et Lui; cette chair que par la faute elle a mise à la disposition de la Rédemption [1] ! » Et sans doute est-elle la source du péché, et c'est par elle que l'homme a perdu le paradis. Mais les péchés des hommes ont été rachetés et ce monde est à nouveau béni :

« Nous ne sommes point sortis de ce paradis de délices où Dieu d'abord nous a placés [2]. »

« Toute terre est la Terre Promise [3]. »

Rien de ce qui est sorti des mains de Dieu, rien de ce qui est donné ne saurait être mauvais en soi : « C'est avec son œuvre tout entière que nous prions Dieu! Rien de ce qu'il a fait n'est vain, rien qui soit étranger à autre chose [4]. » Et même il n'est aucune chose qui ne soit nécessaire. « Toutes les choses qu'il a créées ensemble communiquent, toutes à la fois sont nécessaires l'une à l'autre [5]. » Ainsi la femme a sa place dans l'harmonie de l'univers; mais ce n'est pas une place quelconque; il y a une « passion étrange et, aux yeux de Lucifer, scandaleuse, qui relie l'Eternel à cette fleur momentanée du Néant [6] ».

Assurément la femme peut être destructrice : Claudel a incarné dans Lechy [7] la mauvaise femme qui conduit l'homme à sa perte; dans le *Partage de Midi* Ysé dévaste la vie de ceux qu'elle prend au piège de son amour. Mais s'il n'y avait ce risque de perte, il n'existerait pas non plus de salut. La femme « est l'élément de risque que délibérément Il a introduit au milieu de sa prodigieuse construction [8] ». Il est bon que l'homme connaisse les tentations de la chair. « C'est cet ennemi en nous qui

1. *Les Aventures de Sophie.*
2. *La Cantate à trois voix.*
3. *Conversations dans le Loir-et-Cher.*
4. *Le Soulier de Satin.*
5. *L'Annonce faite à Marie.*
6. *Les Aventures de Sophie.*
7. *L'Echange.*
8. *Les Aventures de Sophie.*

donne à notre vie son élément dramatique, ce sel poignant. Si notre âme n'était pas aussi brutalement attaquée, elle dormirait, et la voilà qui bondit... C'est la lutte qui est l'apprentissage de la victoire[1]. » Ce n'est pas seulement par le chemin de l'esprit, mais par celui de la chair que l'homme est appelé à prendre conscience de son âme. « Et quelle chair pour parler à l'homme plus puissante celle de la femme[2]? » Tout ce qui l'arrache au sommeil, à la sécurité lui est utile; l'amour sous quelque forme qu'il se présente a cette vertu d'apparaître dans « notre petit monde personnel, arrangé par notre médiocre raison, comme un élément profondément perturbateur[3] ». Bien souvent la femme n'est qu'une décevante donneuse d'illusion :

« Je suis la promesse qui ne peut être tenue et ma grâce consiste en cela même.

» Je suis la douceur de ce qui est avec le regret de ce qui n'est pas. Je suis la vérité avec le visage de l'erreur et qui m'aime n'a point souci de démêler l'une de l'autre[4]. »

Mais il y a aussi une utilité de l'illusion; c'est ce que l'Ange Gardien annonce à doña Prouhèze :

« – Même le péché! Le péché aussi sert.

– Ainsi il était bon qu'il m'aime?

– Il était bon que tu lui apprennes le désir.

– Le désir d'une illusion? d'une ombre qui pour toujours lui échappe?

– Le désir est de ce qui est, l'illusion est de ce qui n'est pas. Le désir au travers de l'illusion.

Est de ce qui est au travers de ce qui n'est pas[5]. »

Ce que Prouhèze par la volonté de Dieu a été pour Rodrigue c'est :

---

1. *L'Oiseau noir dans le Soleil levant.*
2. *Le Soulier de Satin.*
3. *Positions et Propositions.*
4. *La Ville.*
5. *Le Soulier de Satin.*

« Une Epée au travers de son cœur[1]. »

Mais la femme n'est pas seulement aux mains de Dieu cette lame, cette brûlure; les biens de ce monde ne sont pas destinés à être toujours refusés : ils sont aussi un aliment; il faut que l'homme les prenne avec lui et les fasse siens. La bien-aimée incarnera pour lui toute la beauté sensible de l'univers; elle sera sur ses lèvres un cantique d'adoration. « Que vous êtes belle, Violaine, et que ce monde est beau où vous êtes[2]. »

« Quelle est celle qui se tient debout en face de moi, plus douce que le souffle du vent, telle que la lune à travers les jeunes feuillages?... La voici comme l'abeille nouvelle qui déploie ses ailes encore fraîches, comme une grande biche, comme une fleur qui ne sait pas elle-même qu'elle est belle[3]. »

« Laisse-moi respirer ton odeur qui est comme l'odeur de la terre quand, brillante, lavée d'eau comme un autel, elle produit les fleurs jaunes et bleues,

» Et comme l'odeur de l'été qui sent la paille et l'herbe, et comme l'odeur de l'automne[4]... »

Elle résume toute la nature : la rose et le lis, l'étoile, le fruit, l'oiseau, le vent, la lune, le soleil, le jet d'eau, « le paisible tumulte du grand port dans la lumière de midi[5] ». Et elle est beaucoup plus encore : une semblable.

« Or, cette fois, voici bien autre qu'une étoile pour moi, ce point de lumière dans le sable vivant de la nuit,

» Quelqu'un d'humain comme moi[6]... »

« Tu ne seras plus seul, mais en toi avec toi pour

---

1. *Le Soulier de Satin.*
2. *L'Annonce faite à Marie.*
3. *La Jeune Fille Violaine.*
4. *La Ville.*
5. *Le Soulier de Satin.*
6. *Ibid.*

toujours la dévouée. Quelqu'un à toi pour toujours qui ne se reprendra plus, ta femme[1]. »

« Quelqu'un pour écouter ce que je dis et avoir confiance en moi.

» Un compagnon à voix basse qui nous prend dans ses bras et qui nous assure qu'il est une femme[2]. »

Corps et âme, c'est en la prenant contre son cœur que l'homme trouve ses racines dans cette terre et s'y accomplit.

« J'ai pris cette femme, et telle est ma mesure et ma portion de terre[3]. » Elle n'est pas légère à porter, mais l'homme n'est pas fait pour la disponibilité :

« Et voilà que le sot homme se trouve bien surpris avec lui de cette personne absurde, de cette grande chose lourde et encombrante.

» Tant d'habits, tant de cheveux, quoi faire?

» Il ne peut plus, il ne veut plus s'en défaire[4]. »

C'est que cette charge est aussi un trésor. « Je suis un grand trésor », dit Violaine.

Réciproquement c'est en se donnant à l'homme que la femme accomplit sa destinée terrestre.

« Car à quoi sert d'être une femme sinon pour être cueillie?

» Et cette rose sinon pour être dévorée? Et d'être jamais née

» Sinon pour être à un autre et la proie d'un puissant lion[5]? »

« Que ferons-nous, qui ne puis être une femme qu'entre ses bras et une coupe de vin que dans son cœur[6]? »

« Mais toi mon âme dis : je ne suis pas créée en vain et celui qui est appelé à me cueillir existe! »

1. *La Ville.*
2. *Le Pain dur.*
3. *La Ville.*
4. *Partage de Midi.*
5. *La Cantate à trois voix.*
6. *Ibid.*

« Ce cœur qui m'attendait, ah! quelle joie pour moi de le remplir[1]. »

Bien entendu, cette union de l'homme et de la femme doit être consommée en présence de Dieu; elle est sacrée et se situe dans l'éternel; elle doit être consentie par un mouvement profond de la volonté et ne pourra être rompue par un caprice individuel. « L'amour, le consentement que deux personnes libres se donnent l'une à l'autre a paru à Dieu une chose si grande qu'il en a fait un sacrement. Là comme partout le sacrement donne la réalité à ce qui n'était qu'un suprême désir du cœur[2]. » Et encore :

« Le mariage n'est pas le plaisir, c'est le sacrifice du plaisir, c'est l'étude de deux âmes qui pour toujours désormais et pour une fin hors d'elles-mêmes

» Auront à se contenter l'une de l'autre[3]. »

Par cette union, ce n'est pas seulement la joie que l'homme et la femme se donneront l'un à l'autre; mais chacun entrera en possession de son être. « Cette âme à l'intérieur de mon âme, c'est lui qui a su la trouver!... C'est lui qui est venu jusqu'à moi et qui m'a tendu la main... C'est lui qui était ma vocation! Comment dire? C'est lui qui était mon origine! Celui par qui et pour qui je suis venue au monde[4]. »

« Toute une partie de moi-même dont je croyais qu'elle n'existait pas, parce que j'étais occupée d'ailleurs et que je n'y pensais pas. Ah! Dieu, elle existe, elle vit terriblement[5]. »

Et cet être apparaît comme justifié pour celui qu'il complète, comme nécessaire. « C'est en lui que tu étais nécessaire », dit l'Ange de Prouhèze. Et Rodrigue :

1. *La Cantate à trois voix.*
2. *Positions et Propositions,* II.
3. *Le Soulier de Satin.*
4. *Livre de Tobie et de Sarah.*
5. *Le Père humilié.*

« Car qu'est-ce qu'on appelle mourir sinon de cesser d'être nécessaire?

» Quand est-ce qu'elle a pu se passer de moi? Quand est-ce que je cesserai d'être pour elle cela sans quoi elle n'aurait pu être elle-même[1]? »

« On dit qu'il n'y a pas d'âme qui ait été faite ailleurs que dans une vie et dans un rapport mystérieusement avec d'autres.

» Mais nous deux, c'est plus que cela encore, toi à mesure que tu parles, j'existe; une même chose répondant entre ces deux personnes.

» Quand on nous préparait, Orion, je pense qu'il restait un peu de la substance qui avait été disposée en vous et c'est de cela que vous manquez que je suis faite[2]. »

Dans la merveilleuse nécessité de cette réunion, le paradis est retrouvé, la mort vaincue :

« Le voici refait d'un homme et d'une femme, enfin cet être qui existait dans le Paradis[3]. »

« Jamais autrement que l'un par l'autre nous ne réussirons à nous débarrasser de la mort.

» Comme le violet s'il se fond avec l'orange dégage le rouge tout pur[4]. »

Enfin sous la figure d'un autre c'est à l'Autre dans sa plénitude que chacun accède, c'est-à-dire à Dieu.

« Ce que nous nous donnons l'un à l'autre, c'est Dieu sous des espèces différentes[5]. »

« Si d'abord tu ne l'avais vu dans mes yeux, est-ce que tu aurais eu tellement désir du ciel[6]? »

« Ah! cessez d'être une femme et laissez-moi voir sur

1. *Le Soulier de Satin.*
2. *Le Père humilié.*
3. *Feuilles de Saints.*
4. *Le Soulier de Satin.*
5. *Feuilles de Saints.*
6. *Ibid.*

votre visage enfin ce Dieu que vous êtes impuissante à contenir[1].

« L'amour de Dieu fait appel en nous à la même faculté que celui des créatures, à ce sentiment qu'à nous seuls nous ne sommes pas complets et que le Bien suprême en qui nous nous réalisons est, hors de nous, quelqu'un[2]. »

Ainsi chacun trouve en l'autre le sens de sa vie terrestre et aussi l'irréfutable témoignage de l'insuffisance de cette vie :

« Puisque je ne peux lui donner le ciel, du moins puis-je l'arracher à la terre. Moi seule puis lui fournir une insuffisance à la mesure de son désir[3]. »

« Ce que je te demandais, ce que je voulais te donner, cela n'est pas compatible avec le temps mais avec l'éternité[4]. »

Cependant le rôle de la femme et de l'homme ne sont pas exactement symétriques. Sur le plan social, il y a une évidente primauté de l'homme. Claudel croit aux hiérarchies et entre autres à celle de la famille : c'est le mari qui en est le chef. Anne Vercors règne sur son foyer. Don Pélage se considère comme le jardinier à qui a été confié le soin de cette plante fragile, doña Prouhèze; il lui donne une mission qu'elle ne songe pas à refuser. Le seul fait d'être un mâle confère un privilège. « Qui suis-je, pauvre fille, pour me comparer au mâle de ma race? » demande Sygne[5]. C'est l'homme qui laboure les champs, qui construit les cathédrales, qui combat par l'épée, explore le monde, conquiert des terres, qui agit, qui entreprend. C'est par lui que s'accomplissent les desseins de Dieu sur cette terre. La femme n'apparaît que comme une auxi-

---

1. *Le Soulier de Satin.*
2. *Positions et Propositions*, I.
3. *Le Soulier de Satin.*
4. *Le Père humilié.*
5. *L'Otage.*

liaire. Elle est celle qui reste sur place, qui attend, et qui maintient :

« Je suis celle qui reste et qui suis toujours là », dit Sygne.

Elle défend l'héritage de Coûfontaine, tient ses comptes au net tandis qu'il combat au loin pour la Cause. La femme apporte au lutteur le secours de l'espérance : « J'apporte l'espérance irrésistible[1]. » Et celui de la pitié :

« J'ai eu pitié de lui. Car où se tournerait-il, recherchant sa mère, autrement que vers la femme humiliée,

» Dans un esprit de confidence et de honte[2]. »

Et Tête d'Or mourant murmure :

« Voilà le courage du blessé, le soutien de l'infirme

» La compagnie du mourant... »

Que la femme connaisse ainsi l'homme dans sa faiblesse, Claudel ne lui en fait pas grief; au contraire : il trouverait sacrilège l'orgueil mâle qui s'affiche chez Montherlant et Lawrence. Il est bon que l'homme se sache charnel et misérable, qu'il n'oublie ni son origine ni la mort qui en est symétrique. Toute épouse peut dire les mots de Marthe :

« C'est vrai, ce n'est pas moi qui t'ai donné la vie.

» Mais je suis ici pour te la redemander. Et de là vient à l'homme devant la femme.

» Ce trouble tel que de la conscience, comme dans la présence d'un créancier[3]. »

Et cependant cette faiblesse doit s'incliner devant la force. Dans le mariage l'épouse *se donne* à l'époux qui se charge d'elle : Lâla se couche à terre devant Cœuvre qui pose sur elle son pied. Le rapport de la femme au mari, de la fille au père, de la sœur au frère, c'est un rapport de

1. *La Ville.*
2. *L'Echange.*
3. *Ibid.*

vassalité. Sygne fait entre les mains de George le serment du chevalier au suzerain.

« Vous êtes le chef et moi la pauvre sibylle qui garde le feu[1]. »

« Laisse-moi prêter serment comme un nouveau chevalier! O mon seigneur! O mon aîné, laisse-moi entre tes mains

» Jurer comme une nonne qui fait profession,

» O mâle de ma race[2]! »

Fidélité, loyauté sont les plus grandes vertus humaines de la vassale. Douce, humble, résignée en tant que femme elle est au nom de sa race, de sa lignée, orgueilleuse et indomptable; telle la fière Sygne de Coûfontaine et la princesse de Tête d'Or qui emporte sur ses épaules le cadavre de son père assassiné, qui accepte la misère d'une vie solitaire et sauvage, les douleurs d'une crucifixion et qui assiste Tête d'Or dans son agonie avant de mourir à ses côtés. Conciliatrice, médiatrice, ainsi la femme nous apparaît-elle souvent : elle est Esther docile aux ordres de Mardochée, Judith obéissant aux prêtres; sa faiblesse, sa pusillanimité, sa pudeur, elle est capable de les vaincre par loyauté à l'égard de la Cause qui est sienne puis-qu'elle est celle de ses maîtres; elle puise dans son dévouement une force qui fait d'elle le plus précieux des instruments.

Sur le plan humain, elle apparaît donc comme puisant sa grandeur dans sa subordination même. Mais, aux yeux de Dieu, elle est une personne parfaitement autonome. Que pour l'homme l'existence se dépasse tandis que pour la femme elle se maintient n'établit entre eux de diffé-rence qu'au regard de la terre : de toute façon ce n'est pas sur terre que la transcendance s'accomplit, c'est en Dieu. Et la femme a avec lui un lien aussi direct, plus intime même et plus secret que son compagnon. C'est par une

1. *L'Otage.*
2. *Ibid.*

voix d'homme – encore est-ce un prêtre – que Dieu parle
à Sygne; mais Violaine entend sa voix dans la solitude de
son cœur, et Prouhèze n'a affaire qu'à l'Ange Gardien.
Les plus sublimes figures de Claudel sont des femmes :
Sygne, Violaine, Prouhèze. C'est en partie parce que la
sainteté est selon lui dans le renoncement. Et la femme
est moins engagée dans des projets humains, elle a moins
de volonté personnelle : faite pour se donner, non pour
prendre, elle est plus proche du parfait dévouement. C'est
par elle que se fera le dépassement des joies terrestres qui
sont licites et bonnes, mais dont le sacrifice est meilleur
encore. Sygne l'accomplit pour une raison définie : sauver le pape. Prouhèze s'y résigne d'abord parce qu'elle
aime Rodrigue d'un amour défendu :

« Aurais-tu donc voulu que je remette entre tes bras
une adultère?... Je n'aurais été qu'une femme bientôt
mourant sur ton cœur et non pas cette étoile éternelle
dont tu as soif[1]. »

Mais quand cet amour pourrait devenir légitime, elle
ne tente rien pour l'accomplir en ce monde. Car l'Ange
lui a murmuré :

« Prouhèze, ma sœur, cette enfant de Dieu dans la
lumière que je salue,

» Cette Prouhèze que voient les anges, c'est celle-là
sans le savoir qu'il regarde, c'est celle-là que tu as faite
afin de la lui donner[2]. »

Elle est humaine, elle est femme, et elle ne se résigne
pas sans révolte :

« Il ne connaîtra pas ce goût que j'ai[3]! »

Mais elle sait que son vrai mariage avec Rodrigue ne se
consomme que par son refus :

« Quand il n'y aura plus aucun moyen de s'échapper,
quand il sera fixé à moi pour toujours dans cet impossible

---

1. *Le Soulier de Satin.*
2. *Ibid.*
3. *Ibid.*

hymen, quand il n'y aura plus moyen de s'arracher à ce cri de ma chair puissante et à ce vide impitoyable, quand je lui aurai prouvé son néant avec le mien, quand il n'y aura plus dans son néant de secret que le mien ne soit capable de vérifier.

» C'est alors que je le donnerai à Dieu découvert et déchiré pour qu'il le remplisse dans un coup de tonnerre, c'est alors que j'aurai un époux et que je tiendrai un dieu entre mes bras[1]. »

La résolution de Violaine est plus mystérieuse et plus gratuite encore; car elle a choisi la lèpre et la cécité quand un lien légitime aurait pu l'unir à l'homme qu'elle aimait et qui l'aimait.

« Jacques, peut-être.

» Nous nous aimions trop pour qu'il fût juste que nous fussions l'un à l'autre, pour qu'il fût bon d'être l'un à l'autre[2]. »

Mais si les femmes sont ainsi singulièrement vouées à l'héroïsme de la sainteté, c'est surtout parce que Claudel les saisit encore dans une perspective masculine. Certes, chacun des sexes incarne l'*Autre* aux yeux du sexe complémentaire; mais à ses yeux d'homme c'est malgré tout la femme qui apparaît souvent comme un *autre absolu*. Il y a un dépassement mystique dont « nous savons que nous sommes par nous-mêmes incapables et de là ce pouvoir sur nous de la femme pareil à celui de la Grâce[3] ». Le *nous* représente ici les mâles seuls et non l'espèce humaine, et en face de leur imperfection la femme est l'appel de l'infini. En un sens il y a là un nouveau principe de subordination : de par la communion des saints chaque individu est instrument pour tous les autres; mais la femme est plus précisément instrument de salut pour l'homme, sans que la réciproque apparaisse.

1. *La Jeune Fille Violaine.*
2. *Ibid.*
3. *Le Soulier de Satin.*

Le Soulier de Satin c'est l'épopée du salut de Rodrigue.
Le drame s'ouvre par la prière que son frère adresse à
Dieu en sa faveur; il se ferme sur la mort de Rodrigue que
Prouhèze a conduit à la sainteté. Mais, en un autre sens,
la femme gagne par là la plus haute autonomie : car sa
mission s'intériorise en elle, et, faisant le salut de
l'homme, ou lui servant d'exemple, elle fait dans la
solitude son propre salut. Pierre de Craon prophétise à
Violaine son destin, et il recueille en son cœur les fruits
merveilleux de son sacrifice; il l'exaltera à la face des
hommes dans les pierres des cathédrales. Mais c'est
Violaine qui l'a accompli sans secours. Il y a chez
Claudel une mystique de la femme qui s'apparente à celle
de Dante devant Béatrice, à celle des gnostiques, à celle
même de la tradition saint-simonienne appelant la femme
régénératrice. Mais du fait qu'hommes et femmes sont
également des créatures de Dieu, il lui a prêté aussi une
destinée autonome. Si bien que chez lui c'est en se faisant
autre – je suis la Servante du Seigneur – que la femme se
réalise comme sujet; et c'est dans son pour-soi qu'elle
apparaît comme l'Autre.

Il y a un texte des *Aventures de Sophie* qui résume à
peu près toute la conception claudélienne. Dieu, lisons-
nous, a confié à la femme « ce visage qui, si lointain et
déformé qu'il soit, est une certaine image de sa perfection. Il l'a rendue désirable. Il a placé ensemble la fin et
l'origine. Il l'a faite dépositaire de ses desseins et capable
de rendre à l'homme ce sommeil créateur dans lequel
même elle a été conçue. Elle est le support de la destinée.
Elle est le don. Elle est la possibilité de la possession...
Elle est l'attache de ce lien affectueux qui ne cesse d'unir
le créateur à son œuvre. Elle Le comprend. Elle est l'âme
qui voit et qui fait. Elle partage avec lui en quelque
manière la patience et le pouvoir de la création. »

En un sens, il semble que la femme ne saurait être
exaltée davantage. Mais au fond Claudel ne fait qu'exprimer poétiquement la tradition catholique légèrement

modernisée. On a dit que la vocation terrestre de la
femme ne nuit en rien à son autonomie surnaturelle;
mais, inversement, en lui reconnaissant celle-ci, le catholique se pense autorisé à maintenir en ce monde les
prérogatives mâles. Vénérant la femme *en Dieu*, on la
traitera en ce monde comme une servante : et même,
plus on exigera d'elle une soumission entière, plus sûrement on l'acheminera sur la voie de son salut. Se dévouer
aux enfants, au mari, au foyer, au domaine, à la Patrie, à
l'Eglise, c'est son lot, le lot que la bourgeoisie lui a
toujours assigné; l'homme donne son activité, la femme
sa personne; sanctifier cette hiérarchie au nom de la
volonté divine, ce n'est en rien la modifier, mais au
contraire prétendre la figer dans l'éternel.

IV

BRETON OU LA POÉSIE

Malgré l'abîme qui sépare le monde religieux de Claudel de l'univers poétique de Breton, il y a une analogie
dans le rôle qu'ils assignent à la femme : elle est un
élément de perturbation; elle arrache l'homme au sommeil de l'immanence; bouche, clé, porte, pont, c'est
Béatrice initiant Dante à l'au-delà. « L'amour de
l'homme pour la femme, si nous nous attachons une
seconde à l'observation du monde sensible, persiste à
encombrer le ciel de fleurs géantes et fauves. Il demeure
pour l'esprit qui éprouve toujours le besoin de se croire
en lieu sûr la plus terrible pierre d'achoppement. »
L'amour d'une autre conduit à l'amour de l'Autre.
« C'est au plus haut période de l'amour électif pour tel
être que s'ouvrent toutes grandes les écluses de l'amour
pour l'humanité... » Mais pour Breton l'au-delà n'est pas
un ciel étranger : il est ici même; il se dévoile à qui sait

écarter les voiles de la banalité quotidienne; l'érotisme
entre autres dissipe le leurre de la fausse connaissance.
« De nos jours, le monde sexuel... n'a pas que je sache
cessé d'opposer à notre volonté de pénétration de l'univers son infracassable noyau de nuit. » Se heurter au
mystère, c'est la seule manière de le découvrir. La femme
est énigme et pose des énigmes; ses multiples visages en
s'additionnant composent « l'être unique dans lequel il
nous est donné de voir le dernier avatar du Sphinx »; et
c'est pourquoi elle est révélation. « Tu étais l'image
même du secret », dit Breton à une femme aimée. Et un
peu plus loin : « La révélation que tu m'apportais avant
même de savoir en quoi elle pouvait consister, j'ai su que
c'était une révélation. » C'est dire que la femme est
poésie. C'est le rôle qu'elle joue aussi chez Gérard de
Nerval : mais dans Sylvie et Aurélia elle a la consistance
d'un souvenir ou d'un fantôme parce que le rêve, plus
vrai que le réel, ne coïncide pas exactement avec lui; pour
Breton la coïncidence est parfaite : il n'y a qu'un monde;
la poésie est objectivement présente dans les choses, et la
femme est sans équivoque un être de chair et d'os. On la
rencontre, non pas dans un demi-songe, mais tout éveillé,
au milieu d'une journée banale qui a sa date comme tous
les autres jours du calendrier – 5 avril, 12 avril, 4 octobre, 29 mai – dans un cadre banal : un café, ou le coin
d'une rue. Mais toujours elle se distingue par quelque
trait insolite. Nadja « va la tête haute contrairement à
tous les autres passants... Curieusement fardée... Je
n'avais jamais vu de tels yeux. » Breton l'aborde. « Elle
sourit, mais très mystérieusement et, dirais-je, comme en
connaissance de cause. » Dans *l'Amour fou* : « Cette
jeune femme qui venait d'entrer était comme entourée
d'une vapeur – vêtue d'un feu?... Et je puis bien dire qu'à
cette place, le 29 mai 1934, cette femme était *scandaleu-
sement* belle[1]. » Tout de suite le poète reconnaît qu'elle

1. C'est Breton qui souligne.

a un rôle à jouer dans sa destinée; parfois ce n'est qu'un
rôle fugitif, secondaire; telle l'enfant aux yeux de Dalila
des *Vases communicants*; même alors de menus miracles
naissent autour d'elle : ayant rendez-vous avec cette
Dalila, Breton le même jour lit un article bienveillant
signé d'un ami depuis longtemps perdu de vue et nommé
Samson. Parfois les prodiges se multiplient; l'inconnue du
29 mai, ondine qui faisait dans un music-hall un numéro
de natation, avait été annoncée par un calembour
entendu dans un restaurant sur le thème « Ondine, on
dîne »; et sa première longue sortie avec le poète avait été
minutieusement décrite dans un poème écrit par lui onze
ans plus tôt. La plus extraordinaire de ces sorcières, c'est
Nadja : elle prédit l'avenir, de ses lèvres jaillissent les
mots et les images que son ami a dans l'esprit au même
instant; ses rêves et ses dessins sont des oracles : « Je suis
l'âme errante », dit-elle; elle se dirige dans la vie « d'une
manière singulière ne se fondant que sur la pure intuition
et tenant sans cesse du prodige »; autour d'elle le hasard
objectif sème à profusion d'étranges événements; elle est
si merveilleusement libérée des apparences qu'elle dédaigne les lois et la raison : elle finit dans un asile. C'était
« un génie libre, quelque chose comme un de ces esprits
de l'air que certaines pratiques de magie permettent
momentanément de s'attacher mais qu'il ne saurait être
question de se soumettre ». A cause de cela elle échoue à
remplir pleinement son rôle féminin. Voyante, pythie,
inspirée, elle reste trop proche des créatures irréelles qui
visitaient Nerval; elle ouvre les portes du monde surréel :
mais elle est incapable de le donner parce qu'elle ne
saurait se donner elle-même. C'est dans l'amour que la
femme s'accomplit et qu'elle est réellement atteinte;
singulière, acceptant un destin singulier – et non flottant
sans racine à travers l'univers – alors elle résume tout. Le
moment où sa beauté atteint son terme le plus élevé c'est
à cette heure de la nuit où « elle est le miroir parfait dans
lequel tout ce qui a été, tout ce qui a été appelé à être se

baigne adorablement en ce qui va être *cette fois* ». Pour
Breton « trouver le lieu et la formule » se confond avec
« posséder la vérité dans une âme et un corps ». Et cette
possession n'est possible que dans l'amour réciproque,
amour bien entendu charnel. « Le portrait de la femme
qu'on aime doit être non seulement une image à laquelle
on sourit mais encore un oracle qu'on interroge »; mais il
ne sera oracle que si la femme même est autre chose
qu'une idée ou une image; elle doit être « la pierre
angulaire du monde matériel »; pour le voyant c'est ce
monde même qui est Poésie, et il faut qu'en ce monde, il
possède réellement Béatrice. « L'amour réciproque est le
seul qui conditionne l'aimantation totale sur quoi rien ne
peut avoir prise, qui fait que la chair est soleil et
empreinte splendide à la chair, que l'esprit est source à
jamais jaillissante, inaltérable, et toujours vive dont l'eau
s'oriente une fois pour toutes entre le souci et le serpo-
let. »

Cet amour indestructible ne saurait être qu'unique.
C'est le paradoxe de l'attitude de Breton que des *Vases
communicants* à *Arcane 17* il s'entête à vouer un amour
unique et éternel à des femmes différentes. Mais selon lui
ce sont les circonstances sociales qui empêchant la liberté
de son choix conduisent l'homme à des choix erronés;
d'ailleurs à travers ces erreurs il cherche en vérité *une*
femme. Et s'il se remémore les visages aimés, il « ne
découvrira pareillement dans tous ces visages de femmes
qu'un visage : le *dernier*[1] visage aimé ». « Que de fois
par ailleurs j'ai pu constater que sous des apparences
entièrement dissemblables cherchait de l'un à l'autre de
ces visages à se définir un trait commun des plus exceptionnels. » A l'ondine de *l'Amour fou* il demande :
« Est-ce vous enfin cette femme, est-ce seulement
aujourd'hui que vous deviez venir? » Mais dans *Arcane
17* : « Tu sais bien qu'en te voyant pour la première fois,

1. C'est Breton qui souligne.

c'est sans hésitation que je t'ai reconnue. » Dans un monde achevé, rénové, le couple serait, par suite d'un don réciproque et absolu, indissoluble : puisque la bien-aimée est tout, comment y aurait-il place pour une autre? Elle est cette autre aussi; et d'autant plus pleinement qu'elle est plus soi-même. « L'insolite est inséparable de l'amour. Parce que tu es unique tu ne peux manquer pour moi d'être toujours une autre, une autre toi-même. A travers la diversité de ces fleurs innombrables là-bas, c'est toi changeante que j'aime en chemise rouge, nue, en chemise grise. » Et à propos d'une femme différente mais également unique Breton écrit : « L'amour réciproque tel que je l'envisage, est un dispositif de miroirs qui me renvoie sous les mille angles que peut prendre pour moi l'inconnu, l'image fidèle de celle que j'aime, toujours plus surprenante de divination de mon propre désir et plus douée de vie. »

Cette femme unique, à la fois charnelle et artificielle, naturelle et humaine a le même sortilège que les objets équivoques aimés des surréalistes : elle est pareille à la cuiller-soulier, à la table-loup, au sucre de marbre que le poète découvre à la foire aux puces ou invente en rêve; elle participe au secret des objets familiers soudain décou-verts dans leur vérité; et à celui des plantes et des pierres. Elle est toutes les choses :

> *Ma femme à la chevelure de feu de bois*
> *Aux pensées d'éclair de chaleur*
> *A la taille de sablier*
> *... Ma femme au sexe d'algue et de bonbons anciens*
> *... Ma femme aux yeux de savane*

Mais surtout elle est par-delà toutes choses la Beauté. La beauté n'est pas pour Breton une idée qui se contem-ple mais une réalité qui ne se révèle – donc n'existe – qu'à travers la passion; il n'y a de beauté au monde que par la femme.

« C'est là, tout au fond du creuset humain en cette région paradoxale où la fusion de deux êtres qui se sont réellement choisis restitue à toutes les choses les valeurs perdues du temps des anciens soleils, où pourtant aussi la solitude fait rage par une de ces fantaisies de la nature qui autour des cratères de l'Alaska veut que la neige demeure sous la cendre, c'est là qu'il y a des années, j'ai demandé qu'on allât chercher la beauté nouvelle, la beauté envisagée exclusivement à des fins passionnelles. »

« La beauté convulsive sera érotique, voilée, explosante-fixe, magique-circonstancielle ou ne sera pas. »

C'est de la femme que tout ce qui est tire son sens. « C'est précisément par l'amour et par lui seul que se réalise au plus haut degré la fusion de l'essence et de l'existence. » Elle se réalise pour les amants et du même coup à travers le monde tout entier. « La recréation, la recoloration perpétuelle du monde dans un seul être, telles qu'elles s'accomplissent par l'amour éclairent en avant de mille rayons le monde de la terre. » Pour tous les poètes – ou presque – la femme incarne la nature; mais selon Breton elle ne l'exprime pas seulement : elle la délivre. Car la nature ne parle pas un langage clair, il faut en pénétrer les arcanes pour saisir sa vérité qui est la même chose que sa beauté : la poésie n'en est pas simplement le reflet mais plutôt la clé; et la femme ici ne se distingue pas de la poésie. C'est pourquoi elle est l'indispensable médiateur sans qui toute la terre se tait : « Elle n'est sujette, la nature, à s'illuminer et à s'éteindre, à me servir et à me desservir que dans la mesure où montent et s'abaissent pour moi les flammes d'un foyer qui est l'amour, le seul amour, celui d'*un* être. J'ai connu, en l'absence de cet amour, les vrais ciels vides. Il ne manquait qu'un grand iris de feu partant de moi pour donner du prix à ce qui existe... Je contemple jusqu'au vertige tes mains ouvertes au-dessus du feu de brindilles que nous venons d'allumer et qui fait rage, tes mains enchanteresses, tes mains transparentes qui planent sur le

feu de ma vie. » Chaque femme aimée est pour Breton
une merveille naturelle : « Une petite fougère inoublia-
ble rampant au mur intérieur d'un très vieux puits. »
« ... Je ne sais quoi d'aveuglant et de si grave qu'elle ne
pouvait que rappeler... la grande nécessité physique naturelle tout en faisant plus tendrement songer à la noncha-
lance de certaines hautes fleurs qui commencent à
éclore. » Mais inversement : toute merveille naturelle se
confond avec l'aimée; c'est elle qu'il exalte quand il
s'émeut d'une grotte, d'une fleur, d'une montagne. Entre
la femme qui réchauffe ses mains sur un palier du Teide
et le Teide lui-même toute distance est abolie. C'est l'un
et l'autre que le poète invoque dans une seule prière :
« Teide admirable! prends ma vie! Bouche du ciel en
même temps que des enfers, je te préfère ainsi énigmatique, ainsi capable de porter aux nues la beauté naturelle
et de tout engloutir. »

La beauté est plus encore que la beauté; elle se
confond avec « la nuit profonde de la connaissance »;
elle est la vérité et l'éternité, l'absolu; ce n'est pas un
aspect temporel et contingent du monde que la femme
délivre, c'en est l'essence nécessaire, une essence non pas
figée comme l'imaginait Platon mais « explosante-fixe ».
« Je ne découvre en moi d'autre trésor que la clé qui
m'ouvre ce pré sans limites depuis que je te connais, ce
pré fait de la répétition d'une seule plante toujours plus
haute, dont le balancier d'amplitude toujours plus grande
me conduira jusqu'à la mort... Car une femme et un
homme qui, jusqu'à la fin des temps, doivent être toi et
moi, glisseront à leur tour sans se retourner jamais
jusqu'à perte de sentier, dans la lueur optique, aux
confins de la vie et de l'oubli de la vie... Le plus grand
espoir, je dis celui en quoi se résument tous les autres, est
que cela soit pour tous et que pour tous cela dure, que le
don absolu d'un être à un autre qui ne peut exister sans sa
réciprocité soit aux yeux de tous la seule passerelle
naturelle et surnaturelle jetée sur la vie. »

Ainsi par l'amour qu'elle inspire et partage, la femme est pour chaque homme le seul salut possible. Dans *Arcane 17* sa mission s'élargit et se précise : elle doit sauver l'humanité. Breton s'est inscrit de tout temps dans la tradition de Fourier qui réclamant la réhabilitation de la chair exalte la femme en tant qu'objet érotique; il est normal qu'il aboutisse à l'idée saint-simonienne de femme régénératrice. Dans la société actuelle, c'est le mâle qui domine, au point que dans la bouche d'un Gourmont c'est une insulte de dire de Rimbaud : « Tempérament de fille! » Cependant « le temps serait venu de faire valoir les idées de la femme aux dépens de celles de l'homme dont la faillite se consomme assez tumultueusement aujourd'hui... Oui, c'est toujours la femme perdue, celle qui chante dans l'imagination de l'homme mais au bout de quelles épreuves pour elle, pour lui, ce doit être aussi la femme retrouvée. Et tout d'abord il faut que la femme se retrouve elle-même, qu'elle apprenne à se reconnaître à travers ces enfers auxquels la voue sans son recours plus que problématique la vue que l'homme, en général, porte sur elle. »

Le rôle qu'elle devrait remplir, c'est avant tout un rôle pacificateur. « J'ai toujours été stupéfait qu'alors sa voix ne se fît pas entendre, qu'elle ne songeât pas à tirer tout le parti possible, tout l'immense parti des deux inflexions irrésistibles et sans prix qui lui sont données, l'une pour parler à l'homme, l'autre pour appeler à elle toute la confiance de l'enfant. Quel prodige, quel avenir n'eût pas eu le grand cri de refus et d'alarme de la femme, ce cri toujours en puissance... A quand une femme simplement femme qui opérera le bien autre miracle d'étendre les bras entre ceux qui vont être aux prises pour leur dire : Vous êtes des frères. » Si la femme apparaît aujourd'hui comme désadaptée, mal équilibrée, c'est par suite du traitement que lui a infligé la tyrannie masculine; mais elle garde un miraculeux pouvoir du fait qu'elle plonge ses racines aux sources vives de la vie dont les mâles ont perdu les secrets. « Mélusine, à demi reprise par la vie panique, Mélusine aux attaches inférieures de pierraille ou d'herbes aquatiques ou de duvet de nuit, c'est elle que j'invoque, je ne vois qu'elle qui puisse réduire cette époque sauvage. C'est la femme tout entière et pourtant la femme telle qu'elle est aujourd'hui, la femme privée de son assiette humaine, prisonnière de ses racines mouvantes tant qu'on veut, mais aussi par elles en communication providentielle avec les forces élémentaires de la nature... La femme privée de son assiette humaine, la légende le veut ainsi par l'impatience et la jalousie de l'homme. »

Il convient donc de prendre parti aujourd'hui pour la femme; en attendant que lui ait été restituée dans la vie sa véritable valeur, l'heure est venue « de se prononcer en art sans équivoque contre l'homme et pour la femme ». « La femme-enfant. C'est son avènement à tout l'empire sensible que systématiquement l'art doit préparer. » Pourquoi la femme-enfant? Breton nous l'explique : « Je choisis la femme-enfant non pour l'opposer à l'autre femme mais parce que en elle et seulement en elle me semble résider à l'état de transparence absolue l'*autre*[1] prisme de vision... »

Dans la mesure où la femme est simplement assimilée à un être humain, elle sera aussi incapable que les êtres humains mâles à sauver ce monde en perdition; c'est la féminité comme telle qui introduit dans la civilisation cet élément *autre* qui est la vérité de la vie et de la poésie et qui seul peut délivrer l'humanité.

La perspective de Breton étant exclusivement poétique c'est exclusivement comme poésie donc comme *autre* que la femme y est envisagée. Dans la mesure où on s'interrogerait sur son destin à elle, la réponse serait impliquée dans l'idéal de l'amour réciproque : elle n'a d'autre vocation que l'amour; ceci ne constitue aucune infériorité

1. C'est Breton qui souligne.

puisque la vocation de l'homme est aussi l'amour. Cependant on aimerait savoir si pour elle aussi l'amour est clé du monde, révélation de la beauté; trouvera-t-elle cette beauté dans son amant? ou dans sa propre image? sera-t-elle capable de l'activité poétique qui réalise la poésie à travers un être sensible : ou se bornera-t-elle à approuver l'œuvre de son mâle? Elle est la poésie en soi, dans l'immédiat, c'est-à-dire pour l'homme; on ne nous dit pas si elle l'est aussi pour soi. Breton ne parle pas de la femme en tant qu'elle est sujet. Il n'évoque jamais non plus l'image de la mauvaise femme. Dans l'ensemble de son œuvre – en dépit de quelques manifestes et pamphlets où il invective le troupeau des humains – il s'attache non à inventorier les résistances superficielles du monde mais à en révéler la secrète vérité : la femme ne l'intéresse que parce qu'elle est une « bouche » privilégiée. Profondément ancrée dans la nature, toute proche de la terre, elle apparaît aussi comme la clé de l'au-delà. Il y a chez Breton le même naturalisme ésotérique que chez les gnostiques qui voyaient en Sophia le principe de la Rédemption et même de la création, que chez Dante choisissant Béatrice pour guide et chez Pétrarque illuminé par l'amour de Laure. Et c'est pourquoi l'être le plus ancré dans la nature, le plus proche de la terre est aussi la clé de l'au-delà. Vérité, Beauté, Poésie, elle est Tout : une fois de plus tout sous la figure de l'autre, Tout excepté soi-même.

V

STENDHAL OU LE ROMANESQUE DU VRAI

Si quittant l'époque contemporaine je reviens maintenant à Stendhal, c'est qu'au sortir de ces carnavals où la Femme tour à tour se déguise en mégère, en nymphe, en étoile du matin, en sirène, il est réconfortant d'aborder un homme qui vit parmi des femmes de chair et d'os.

Stendhal a dès l'enfance aimé les femmes sensuellement; il a projeté en elles les aspirations de son adolescence : il s'imaginait volontiers sauvant d'un danger une belle inconnue, et gagnant son amour. Arrivant à Paris, ce qu'il voulait le plus ardemment c'est « une charmante femme; nous nous adorerons, elle connaîtra mon âme »... Vieilli, il écrit dans la poussière les initiales des femmes qu'il a le plus aimées. « Je crois que la rêverie a été ce que j'ai préféré à tout », nous confie-t-il. Et ce sont des images de femmes qui ont alimenté ses rêves; leur souvenir anime les paysages. « La ligne de rochers en approchant d'Arbois, je crois, et venant de Dôle par la grande route fut pour moi une image sensible et évidente de l'âme de Métilde. » La musique, la peinture, l'architecture, tout ce qu'il a chéri, il l'a chéri avec une âme d'amant malheureux; qu'il se promène à Rome, à chaque tournant de page une femme surgit; dans les regrets, les désirs, les tristesses, les joies qu'elles ont suscités en lui il a connu le goût de son propre cœur; c'est elles qu'il veut pour juges : il fréquente leurs salons, il cherche à se montrer brillant à leurs yeux; il leur a dû ses plus grands bonheurs, ses plus grandes peines, elles ont été sa principale occupation; il préfère leur amour à toute amitié, leur amitié à celle des hommes; des femmes inspirent ses livres, des figures de femmes les peuplent; c'est en grande partie pour elles qu'il écrit. « Je cours la chance d'être lu en 1900 par les âmes que j'aime, les Mme Roland, les Mélanie Guilbert... » Elles ont été la substance même de sa vie. D'où leur est venu ce privilège?

Ce tendre ami des femmes, et précisément parce qu'il les aime dans leur vérité, ne croit pas au mystère féminin; aucune essence ne définit une fois pour toutes la femme; l'idée d'un « éternel féminin » lui semble pédante et ridicule. « Des pédants nous répètent depuis deux mille ans que les femmes ont l'esprit plus vif et les hommes plus de solidité; que les femmes ont plus de délicatesse dans les idées et les hommes plus de force d'attention. Un badaud de Paris qui se promenait autrefois dans les jardins de Versailles concluait ainsi de tout ce qu'il voyait que les arbres naissent taillés. » Les différences qu'on remarque entre les hommes et les femmes reflètent celle de leur situation. Par exemple comment les femmes ne seraient-elles pas plus romanesques que leurs amants? « Une femme à son métier à broder, ouvrage insipide et qui n'occupe que les mains, songe à son amant, tandis que celui-ci galopant dans la plaine avec son escadron est mis aux arrêts s'il fait un faux mouvement. » De même, on accuse les femmes de manquer de bon sens. « Les femmes préfèrent les émotions à la raison; c'est tout simple : comme en vertu de nos plats usages elles ne sont chargées d'aucune affaire dans la famille, *la raison ne leur est jamais utile...* Donnez à régler à votre femme vos affaires avec les fermiers de deux de vos terres, je parie que les registres sont mieux tenus que par vous. » Si l'on trouve dans l'histoire si peu de génies féminins, c'est que la société les prive de tout moyen de s'exprimer. « Tous les génies qui naissent *femmes*[1] sont perdus pour le bonheur du public; dès que le hasard leur donne les moyens de se montrer, voyez-les atteindre aux talents les plus difficiles. » Le pire handicap qu'elles aient à supporter, c'est l'éducation dont on les abrutit; l'oppresseur s'attache toujours à diminuer ceux qu'il opprime; c'est à dessein que l'homme refuse aux femmes leurs chances. « Nous laissons oisives chez elles les qualités les plus brillantes et les plus riches en bonheur pour elles-mêmes et pour nous. » A dix ans, la fillette est plus vive, plus fine que son frère; à vingt ans le polisson est l'homme d'esprit et la jeune fille « une grande idiote gauche, timide et ayant peur d'une araignée »; la faute en est à la formation qu'elle a reçue. Il faudrait donner aux femmes

1. C'est Stendhal qui souligne.

exactement autant d'instruction qu'aux garçons. Les antiféministes objectent que les femmes cultivées et intelligentes sont des monstres : tout le mal vient de ce qu'elles
demeurent encore exceptionnelles; si elles pouvaient toutes accéder à la culture aussi naturellement que les
hommes, elles en profiteraient avec le même naturel.
Après les avoir mutilées, on les asservit à des lois contre
nature : mariées contre leur cœur, on veut qu'elles soient
fidèles et le divorce même leur est reproché comme une
inconduite. On voue à l'oisiveté un grand nombre d'entre
elles alors qu'il n'y a pas de bonheur hors du travail.
Cette condition indigne Stendhal et il y voit la source de
tous les défauts qu'on reproche aux femmes. Elles ne sont
ni anges, ni démons, ni sphinx : des êtres humains que
des mœurs imbéciles ont réduits à un demi-esclavage.

C'est précisément parce qu'elles sont des opprimées
que les meilleures d'entre elles se garderont des tares qui
enlaidissent leurs oppresseurs; elles ne sont en soi ni
inférieures, ni supérieures à l'homme; mais par un
curieux renversement leur situation malheureuse les favorise. On sait combien Stendhal hait l'esprit de sérieux :
argent, honneurs, rang, pouvoir, lui paraissent les plus
tristes des idoles; l'immense majorité des hommes s'aliènent à leur profit; le pédant, l'important, le bourgeois, le
mari étouffent en eux toute étincelle de vie et de vérité;
bardés d'idées toutes faites, de sentiments appris, obéissant aux routines sociales, leur personnage n'est habité
que par le vide; un monde peuplé de ces créatures sans
âme est un désert d'ennui. Il y a malheureusement
beaucoup de femmes qui croupissent dans ces mornes
marécages; ce sont des poupées aux « idées étroites et
parisiennes » ou bien des dévotes hypocrites; Stendhal
éprouve « un dégoût mortel pour les femmes honnêtes et
l'hypocrisie qui leur est indispensable »; elles apportent à
leurs occupations frivoles le même sérieux qui guinde
leurs époux; stupides par éducation, envieuses, vaniteu-
ses, bavardes, méchantes par oisiveté, froides, sèches,

prétentieuses, malfaisantes, elles peuplent Paris et la province; on les voit grouiller derrière les nobles figures d'une Mme de Rênal, d'une Mme de Chasteller. Celle que Stendhal a peinte avec le soin le plus haineux, c'est sans doute Mme Grandet dont il a fait l'exact négatif d'une Mme Roland, d'une Métilde. Belle, mais sans expression, méprisante et dénuée de charme, elle intimide par sa « célèbre vertu » mais ne connaît pas la vraie pudeur qui vient de l'âme; pleine d'admiration pour soi, imbue de son personnage, elle ne sait que copier du dehors la grandeur; au fond elle est vulgaire et basse; « elle n'a pas de caractère... elle m'ennuie », pense M. Leuwen. « Parfaitement raisonnable, soucieuse de la réussite de ses projets », toute son ambition est de faire de son mari un ministre; « son esprit était aride »; prudente, conformiste, elle s'est toujours gardée de l'amour, elle est incapable d'un mouvement généreux; quand la passion se met dans cette âme sèche, elle la brûle sans l'illuminer.

Il n'y a qu'à renverser cette image pour découvrir ce que Stendhal demande aux femmes : c'est d'abord de ne pas se laisser prendre aux pièges du sérieux; du fait que les choses prétendues importantes sont hors de leur portée, elles risquent moins que les hommes de s'y aliéner; elles ont plus de chances de préserver ce naturel, cette naïveté, cette générosité que Stendhal met plus haut que tout autre mérite; ce qu'il goûte en elles, c'est ce que nous appellerions aujourd'hui leur authenticité : c'est là le trait commun à toutes les femmes qu'il a aimées ou inventées avec amour; toutes sont des êtres libres et vrais. Leur liberté s'affiche chez certaines d'une manière éclatante : Angela Pietragua, « catin sublime, à l'Italienne, à la Lucrèce Borgia » ou Mme Azur, « catin à la du Barry... une des Françaises les moins poupées que j'ai rencontrées » frondent ouvertement les mœurs. Lamiel se rit des conventions, des mœurs, des lois; la Sanseverina se jette avec ardeur dans l'intrigue et ne recule pas devant le crime. C'est par la vigueur de leur esprit que d'autres

s'élèvent au-dessus du vulgaire : telle Menta, telle
Mathilde de la Mole qui critique, dénigre, méprise la
société qui l'entoure et veut se distinguer d'elle. Chez
d'autres encore la liberté a une figure toute négative; ce
qu'il y a de remarquable chez Mme de Chasteller c'est
son détachement à l'égard de tout ce qui est secondaire;
soumise aux volontés de son père et même à ses opinions,
elle n'en conteste pas moins les valeurs bourgeoises par
cette indifférence qu'on lui reproche comme un enfantil-
lage et qui est la source de sa gaieté insouciante; Clélia
Conti se distingue aussi par sa réserve; le bal, les amuse-
ments habituels des jeunes filles la laissent froide; elle
semble toujours distante « soit par mépris de ce qui
l'entoure, soit par regret de quelque chimère absente »;
elle juge le monde, elle s'indigne de sa bassesse. C'est
chez Mme de Rênal que l'indépendance de l'âme est le
plus profondément cachée; elle ignore elle-même qu'elle
est mal résignée à son sort; c'est son extrême délicatesse,
sa sensibilité à vif qui manifestent sa répugnance pour la
vulgarité de son entourage; elle est sans hypocrisie; elle a
gardé un cœur généreux, capable d'émotions violentes, et
elle a le goût du bonheur; ce feu qui couve en elle, à
peine en sent-on du dehors la chaleur, mais il suffira d'un
souffle pour qu'elle s'embrase tout entière. Ces femmes
tout simplement sont *vivantes;* elles savent que la source
des vraies valeurs n'est pas dans les choses extérieures,
mais dans les cœurs; c'est ce qui fait le charme du monde
qu'elles habitent : elles en chassent l'ennui du seul fait
qu'elles y sont présentes avec leurs rêves, leurs désirs,
leurs plaisirs, leurs émotions, leurs inventions. La Sanseverina, cette « âme active », redoute l'ennui plus que la
mort. Stagner dans l'ennui « c'est s'empêcher de mourir,
disait-elle, ce n'est pas vivre »; elle est « toujours passionnée pour quelque chose, toujours agissante, gaie
aussi ». Inconscientes, puériles ou profondes, gaies ou
graves, audacieuses ou secrètes, toutes refusent le lourd
sommeil dans lequel l'humanité s'enlise. Et ces femmes

qui ont su préserver à vide leur liberté, dès qu'elles rencontreront un objet digne d'elles s'élèveront par la passion jusqu'à l'héroïsme; leur force d'âme, leur énergie traduisent la farouche pureté d'un engagement total.

Mais la seule liberté ne suffirait pas à les douer de tant d'attraits romanesques : une pure liberté, on la reconnaît dans l'estime mais non dans l'émotion; ce qui touche, c'est son effort pour s'accomplir à travers les obstacles qui la briment; il est chez les femmes d'autant plus pathétique que la lutte est plus difficile. La victoire remportée sur des contraintes extérieures suffit déjà à enchanter Stendhal; dans les *Chroniques italiennes* il cloître ses héroïnes au fond des couvents, il les enferme dans le palais d'un époux jaloux : il leur faut inventer mille ruses pour rejoindre leurs amants; portes dérobées, échelle de corde, coffres sanglants, enlèvements, séquestrations, assassinats, les déchaînements de passion et de désobéissance sont servis par une ingéniosité où se déploient toutes les ressources de l'esprit; la mort, les tortures menaçantes donnent encore plus d'éclat aux audaces des âmes forcenées qu'il nous dépeint. Même dans ses œuvres plus mûres Stendhal demeure sensible à ce romanesque apparent : il est la figure manifeste de celui qui naît du cœur; on ne peut les distinguer l'un de l'autre, non plus qu'on ne peut séparer une bouche de son sourire. Clélia invente à neuf l'amour en inventant l'alphabet qui lui permet de correspondre avec Fabrice; la Sanseverina nous est décrite comme « une âme toujours sincère qui jamais n'agit avec prudence, qui se livre tout entière à l'impression du moment »; c'est quand elle intrigue, quand elle empoisonne le prince et qu'elle inonde Parme que cette âme se découvre à nous : elle n'est rien d'autre que l'équipée sublime et folle qu'elle a choisi de vivre. L'échelle que Mathilde de la Mole appuie à sa fenêtre, c'est tout autre chose qu'un accessoire de théâtre : c'est sous une forme tangible son imprudence orgueilleuse, son goût de l'extraordinaire, son courage provocant. Les qualités de ces âmes ne se découvriraient pas si elles n'étaient entourées d'ennemis : les murs d'une prison, la volonté d'un souverain, la sévérité d'une famille.

Cependant les contraintes les plus difficiles à vaincre sont celles que chacun rencontre en soi-même : c'est alors que l'aventure de la liberté est la plus incertaine, la plus poignante, la plus piquante. Il est manifeste que la sympathie de Stendhal pour ses héroïnes est d'autant plus grande qu'elles sont plus étroitement des prisonnières. Certes, il goûte les catins, sublimes ou non, qui ont une fois pour toutes piétiné les conventions; mais il chérit plus tendrement Métilde retenue par ses scrupules et sa pudeur. Lucien Leuwen se plaît auprès de cette affranchie qu'est Mme de Hocquincourt : mais c'est Mme de Chasteller, chaste, réservée, hésitante qu'il aime à la passion; Fabrice admire l'âme entière de la Sanseverina qui ne recule devant rien; mais il lui préfère Clélia et c'est la jeune fille qui gagne son cœur. Et Mme de Rênal ligotée par sa fierté, ses préjugés, son ignorance est peut-être de toutes les femmes créées par Stendhal celle qui l'étonne le plus. Il situe volontiers ses héroïnes en province, dans un milieu borné, sous la coupe d'un mari ou d'un père imbécile; il lui plaît qu'elles soient incultes et même imbues d'idées fausses. Mme de Rênal et Mme de Chasteller sont toutes deux obstinément légitimistes; la première est d'esprit timide et sans aucune expérience, la seconde d'une intelligence brillante mais dont elle méconnaît la valeur; elles ne sont donc pas responsables de leurs erreurs, mais plutôt elles en sont les victimes autant que des institutions et des mœurs; et c'est de l'erreur que jaillit le romanesque, comme la poésie naît de l'échec. Un esprit lucide qui décide de ses actes en pleine connaissance de cause, on l'approuve ou on le blâme sèchement; tandis que c'est avec crainte, pitié, ironie, amour qu'on admire le courage et les ruses d'un cœur généreux cherchant son chemin dans les ténèbres. C'est parce qu'elles sont mystifiées qu'on voit fleurir chez les femmes des vertus inutiles et charmantes telles que leur pudeur, leur orgueil, leur extrême délicatesse; en un sens, ce sont des défauts : elles engendrent des mensonges, des suceptibilités, des colères mais elles s'expliquent assez par la situation où les femmes sont placées; celles-ci sont amenées à mettre leur orgueil dans les petites choses ou du moins dans « des choses qui n'ont d'importance que par le sentiment » parce que tous les objets « prétendus importants » sont hors de leur atteinte; leur pudeur résulte de la dépendance dont elles souffrent : parce qu'il leur est interdit de donner leur mesure dans des actes, c'est leur être même qu'elles mettent en question; il leur semble que la conscience d'autrui, et singulièrement celle de leur amant, les révèle dans leur vérité : elles en ont peur, elles tentent de lui échapper; dans leurs fuites, leurs hésitations, leurs révoltes, dans leurs mensonges mêmes s'exprime un authentique souci de la valeur; et c'est là ce qui les rend respectables; mais il s'exprime avec maladresse, voire avec mauvaise foi et c'est là ce qui les rend touchantes et même discrètement comiques. C'est quand la liberté se prend à ses propres pièges et triche avec elle-même qu'elle est le plus profondément humaine et donc aux yeux de Stendhal la plus attachante. Les femmes de Stendhal sont pathétiques quand leur cœur leur pose des problèmes imprévus : aucune loi, aucune recette, aucun raisonnement, aucun exemple venu du dehors ne peut plus les guider; il faut qu'elles décident seules : ce délaissement est le moment extrême de la liberté. Clélia est élevée dans des idées libérales, elle est lucide et raisonnable : mais des opinions apprises, justes ou fausses, ne sont d'aucun secours dans un conflit moral; Mme de Rênal aime Julien en dépit de sa morale, Clélia sauve Fabrice contre sa raison : il y a dans les deux cas le même dépassement de toutes les valeurs reconnues. C'est cette hardiesse qui exalte Stendhal; mais elle est d'autant plus émouvante qu'elle ose à peine s'avouer : elle en est plus naturelle, plus spontanée, plus authentique. Chez

Mme de Rênal l'audace est cachée par l'innocence : faute de connaître l'amour, elle ne sait pas le reconnaître et elle lui cède sans résistance; on dirait que pour avoir vécu dans la nuit elle est sans défense devant la fulgurante lumière de la passion; elle l'accueille, éblouie, fût-ce contre Dieu, contre l'enfer; quand ce feu s'obscurcit, elle retombe dans les ténèbres que gouvernent les maris et les prêtres; elle n'a pas confiance en ses propres jugements, mais l'évidence la foudroie; dès qu'elle retrouve Julien, elle lui livre de nouveau son âme; ses remords, la lettre que lui arrache son confesseur permettent de mesurer quelle distance cette âme ardente et sincère avait à franchir pour s'arracher à la prison où l'enfermait la société et accéder au ciel du bonheur. Le conflit est plus conscient chez Clélia; elle hésite entre sa loyauté à l'égard de son père et son amoureuse pitié; elle se cherche des raisons; le triomphe des valeurs auxquelles croit Stendhal lui paraît d'autant plus éclatant qu'il est éprouvé comme une défaite par les victimes d'une civilisation hypocrite; et il s'enchante de les voir user de ruse et de mauvaise foi pour faire prévaloir la vérité de la passion et du bonheur contre les mensonges auxquels elles croient : Clélia, promettant à la Madone de ne plus *voir* Julien, et acceptant pendant deux ans ses baisers, ses étreintes, à condition de garder les yeux fermés, est à la fois risible et bouleversante. C'est avec la même tendre ironie que Stendhal considère les hésitations de Mme de Chasteller et les incohérences de Mathilde de la Mole; tant de détours, de retours, de scrupules, de victoires et de défaites cachées pour parvenir à des fins simples et légitimes, c'est pour lui la plus ravissante des comédies; il y a de la drôlerie dans ces drames parce que l'actrice est à la fois juge et partie, parce qu'elle est sa propre dupe, et parce qu'elle s'impose des chemins compliqués là où il suffirait d'un décret pour que le nœud gordien soit tranché; mais cependant ils manifestent le plus respectable souci qui puisse torturer une âme noble : elle veut

demeurer digne de sa propre estime; elle met son propre
suffrage plus haut que celui d'autrui et par là elle se
réalise comme un absolu. Ces débats solitaires, sans écho,
ont plus de gravité qu'une crise ministérielle; quand elle
se demande si elle va ou non répondre à l'amour de
Lucien Leuwen, Mme de Chasteller décide d'elle-même
et du monde : Peut-on faire confiance à autrui? Peut-on
se fier à son propre cœur? Quelle est la valeur de l'amour
et des serments humains? Est-il fou ou généreux de croire
et d'aimer? Ces interrogations mettent en question le sens
même de la vie, celle de chacun et de tous. L'homme dit
sérieux est en fait futile parce qu'il accepte de sa vie des
justifications toutes faites; tandis qu'une femme passionnée et profonde révise à chaque instant les valeurs
établies; elle connaît la constante tension d'une liberté
sans appui; par là, elle se sent sans cesse en danger : elle
peut en un moment tout gagner, ou tout perdre. C'est ce
risque assumé dans l'inquiétude qui donne à son histoire
les couleurs d'une aventure héroïque. Et l'enjeu est le
plus haut qui soit : le sens même de cette existence qui
est la part de chacun, sa seule part. L'équipée de Mina de
Vanghel peut en un sens paraître absurde; mais elle
engage toute une éthique. « Sa vie fut-elle un faux calcul?
Son bonheur avait duré huit mois. C'était une âme trop
ardente pour se contenter du réel de la vie. » Mathilde de
la Mole est moins sincère que Clélia ou Mme de Chasteller; elle règle ses actes sur l'idée qu'elle se fait d'elle-
même plutôt que sur l'évidence de l'amour, du bonheur :
est-il plus orgueilleux, plus grand de se garder que de se
perdre, de s'humilier devant celui qu'on aime que de lui
résister? Elle est seule aussi au milieu de ses doutes et elle
risque cette estime de soi à quoi elle tient plus qu'à la vie.
C'est l'ardente quête des vraies raisons de vivre à travers
les ténèbres de l'ignorance, des préjugés, des mystifications, dans la lumière vacillante et fiévreuse de la passion,
c'est le risque infini du bonheur ou de la mort, de la

grandeur ou de la honte qui donne à ces destinées de
femme leur gloire romanesque.

La femme est bien entendu ignorante de la séduction
qu'elle dégage; se contempler soi-même, jouer un personnage, c'est toujours une attitude inauthentique;
Mme Grandet se comparant à Mme Roland prouve par
là même qu'elle ne lui ressemble pas; si Mathilde de la
Mole demeure attachante, c'est qu'elle s'embrouille dans
ses comédies et que souvent elle est en proie à son cœur
dans les moments où elle croit le gouverner; elle nous
touche dans la mesure où elle échappe à sa volonté. Mais
les héroïnes les plus pures n'ont pas conscience d'elles-
mêmes. Mme de Rênal est ignorante de sa grâce, comme
Mme de Chasteller de son intelligence. C'est là une des
joies profondes de l'amant à qui l'auteur et le lecteur
s'identifient : il est le témoin par qui ces richesses secrètes
sont révélées; cette vivacité que déploie loin des regards
Mme de Rênal, cet « esprit vif, changeant, profond » que
méconnaît l'entourage de Mme de Chasteller, il est seul à
les admirer; et même si d'autres apprécient l'esprit de la
Sanseverina, c'est lui qui pénètre le plus avant dans son
âme. Devant la femme, l'homme goûte le plaisir de la
contemplation; il s'en enivre comme d'un paysage ou
d'un tableau; elle chante dans son cœur et nuance le ciel.
Cette révélation le révèle à lui-même : on ne peut
comprendre la délicatesse des femmes, leur sensibilité,
leur ardeur sans se faire une âme délicate, sensible,
ardente; les sentiments féminins créent un monde de
nuances, d'exigences dont la découverte enrichit
l'amant : près de Mme de Rênal, Julien devient un autre
que cet ambitieux qu'il avait décidé d'être, il se choisit à
neuf. Si l'homme n'a pour la femme qu'un désir superficiel, il trouvera de l'amusement à la séduire. Mais c'est le
véritable amour qui transfigure sa vie. « L'amour à la
Werther ouvre l'âme... au sentiment et à la jouissance du
beau sous quelque forme qu'il se présente, même sous un
habit de bure. Il fait trouver le bonheur même sans les

richesses... » « C'est un but nouveau dans la vie auquel tout se rapporte et qui change la face de tout. L'amour-passion jette aux yeux d'un homme toute la nature avec ses aspects sublimes comme une nouveauté inventée d'hier. » L'amour brise la routine quotidienne, chasse l'ennui, l'ennui en qui Stendhal voit un mal si profond parce qu'il est l'absence de toutes raisons de vivre ou de mourir; l'amant a un but et cela suffit pour que chaque journée devienne une aventure : quel plaisir pour Stendhal de passer trois jours caché dans la cave de Menta! Les échelles de corde, les coffres sanglants traduisent dans ses romans ce goût de l'extraordinaire. L'amour, c'est-à-dire la femme, fait apparaître les vraies fins de l'existence : le beau, le bonheur, la fraîcheur des sensations et du monde. Il arrache à l'homme son âme et c'est par là qu'il lui en donne la possession; l'amant connaît la même tension, les mêmes risques que sa maîtresse et s'éprouve plus authentiquement qu'au cours d'une carrière concertée. Quand Julien hésite au pied de l'échelle dressée par Mathilde il met en question toute sa destinée : c'est dans cet instant-là qu'il donne sa vraie mesure. C'est à travers les femmes, sous leur influence, par réaction à leurs conduites, que Julien, Fabrice, Lucien font l'apprentissage du monde et d'eux-mêmes. Epreuve, récompense, juge, amie, la femme est vraiment chez Stendhal ce que Hegel un moment fut tenté d'en faire : cette conscience autre qui dans la reconnaissance réciproque donne au sujet autre la même vérité qu'elle reçoit de lui. Le couple heureux qui se reconnaît dans l'amour défie l'univers et le temps; il se suffit, il réalise l'absolu.

Mais ceci suppose que la femme n'est pas la pure altérité : elle est elle-même sujet. Jamais Stendhal ne se borne à décrire ses héroïnes en fonction de ses héros : il leur donne une destinée propre. Il a tenté une entreprise plus rare et qu'aucun romancier, je crois, ne s'est jamais proposée : il s'est projeté lui-même dans un personnage de femme. Il ne se penche pas sur Lamiel comme

Marivaux sur Marianne, ou Richardson sur Clarisse Harlow : il en épouse la destinée comme il avait épousé celle de Julien. A cause de cela même la figure de Lamiel demeure un peu théorique, mais elle est singulièrement significative. Stendhal a dressé autour de la jeune fille tous les obstacles imaginables : elle est pauvre, paysanne, ignorante, grossièrement élevée par des gens imbus de tous les préjugés; mais elle écarte de son chemin toutes les barrières morales du jour où elle comprend toute la portée de ces petits mots : « c'est bête ». La liberté de son esprit lui permet de reprendre à son compte tous les mouvements de sa curiosité, de son ambition, de sa gaieté; devant un cœur si résolu, les obstacles matériels ne peuvent manquer de s'aplanir; le seul problème ce sera pour elle de se tailler en un monde médiocre une destinée à sa mesure. Elle devait s'accomplir dans le crime et la mort : mais c'est aussi le sort assigné à Julien. Il n'y a pas de place pour les grandes âmes dans la société telle qu'elle est : hommes et femmes sont logés à la même enseigne.

Il est remarquable que Stendhal soit à la fois si profondément romanesque et si décidément féministe; d'ordinaire les féministes sont des esprits rationnels qui adoptent en toutes choses le point de vue de l'universel; mais c'est non seulement au nom de la liberté en général, c'est au nom du bonheur individuel que Stendhal réclame l'émancipation des femmes. L'amour n'aura, pense-t-il, rien à y perdre; au contraire, il sera d'autant plus vrai que la femme étant pour l'homme une égale pourra plus complètement le comprendre. Sans doute certaines des qualités qu'on goûte chez la femme disparaîtront : mais leur prix vient de la liberté qui s'y exprime; celle-ci se manifestera sous d'autres visages; et le romanesque ne s'évanouira pas du monde. Deux êtres séparés, placés en des situations différentes, s'affrontant dans leur liberté et cherchant l'un à travers l'autre la justification de l'existence, vivront toujours une aventure pleine de risques et de promesses. Stendhal fait confiance en la vérité; dès qu'on la fuit on meurt tout vif; mais là où elle brille, brillent la beauté, le bonheur, l'amour, une joie qui porte en soi sa justification. C'est pourquoi autant que les mystifications du sérieux, il refuse la fausse poésie des mythes. La réalité humaine lui suffit. La femme selon lui est simplement un être humain : les rêves ne sauraient rien forger de plus enivrant.

VI

On voit par ces exemples qu'en chaque écrivain singulier se reflètent les grands mythes collectifs : la femme nous est apparue comme *chair*; la chair du mâle est engendrée par le ventre maternel et recréée dans les étreintes de l'amante; par là la femme s'apparente à la *nature,* elle l'incarne : bête, vallon de sang, rose épanouie, sirène, courbe d'une colline, elle donne à l'homme l'humus, la sève, la beauté sensible et l'âme du monde; elle peut détenir les clefs de la *poésie*; elle peut être *médiatrice* entre ce monde et l'au-delà : grâce ou pythie, étoile ou sorcière, elle ouvre la porte du surnaturel, du surréel; elle est vouée à *l'immanence*; et par sa passivité elle dispense la paix, l'harmonie : mais si elle refuse ce rôle la voilà mante religieuse, ogresse. En tout cas, elle apparaît comme l'*Autre privilégié* à travers lequel le sujet s'accomplit : une des mesures de l'homme, son équilibre, son salut, son aventure, son bonheur.

Mais ces mythes s'orchestrent pour chacun d'une manière très différente. L'*Autre* est singulièrement défini selon la façon singulière dont l'*Un* choisit de se poser. Tout homme s'affirme comme une liberté et une transcendance : mais ils ne donnent pas tous à ces mots le même sens. Pour Montherlant la transcendance est un état : c'est lui le transcendant, il plane au ciel des héros; la femme croupit sur terre, sous ses pieds; il se plaît à mesurer la distance qui le sépare d'elle; de temps à autre, il la soulève vers lui, la prend, puis la rejette; jamais il ne s'abaisse vers sa sphère de gluantes ténèbres. Lawrence situe la transcendance dans le phallus; le phallus n'est vie et puissance que grâce à la femme; l'immanence est donc bonne et nécessaire; le faux héros qui prétend ne pas toucher terre bien loin d'être un demi-dieu n'arrive pas à être un homme; la femme n'est pas méprisable, elle est richesse profonde, source chaude; mais elle doit renoncer à toute transcendance personnelle et se borner à nourrir celle de son mâle. Le même dévouement lui est demandé par Claudel : la femme est aussi pour lui celle qui maintient la vie tandis que l'homme en prolonge l'élan par des actes; mais pour le catholique tout ce qui se passe sur terre baigne dans la veine immanence : le seul transcendant c'est Dieu; aux yeux de Dieu l'homme agissant et la femme qui le sert sont exactement égaux; à chacun de dépasser sa condition terrestre : le salut est en tout cas une entreprise autonome. Pour Breton la hiérarchie des sexes se renverse; l'action, la pensée consciente où le mâle situe sa transcendance lui semblent une plate mystification qui engendre la guerre, la sottise, la bureau-cratie, la négation de l'humain; c'est l'immanence, la pure présence opaque du réel qui est la vérité; la véritable transcendance s'accomplirait par le retour à l'immanen-ce. Son attitude est l'exacte contrepartie de celle de Montherlant : celui-ci aime la guerre parce qu'on y est débarrassé des femmes, Breton vénère la femme parce qu'elle apporte la paix; l'un confond esprit et subjectivité, il refuse l'univers donné; l'autre pense que l'esprit est objectivement présent au cœur du monde; la femme compromet Montherlant parce qu'elle brise sa solitude; elle est pour Breton révélation parce qu'elle l'arrache à la subjectivité. Quant à Stendhal on a vu qu'à peine la femme prend-elle chez lui une valeur mythique : il la considère comme étant une transcendance elle aussi; pour cet humaniste, c'est dans leurs relations réciproques

que les libertés s'accomplissent; et il lui suffit que l'*Autre*
soit simplement un autre pour que la vie ait selon lui
« un sel piquant »; il ne cherche pas « un équilibre
stellaire », il ne se nourrit pas du pain du dégoût; il
n'attend pas de miracle; il ne souhaite pas avoir affaire au
cosmos ou à la poésie mais à des libertés.

C'est qu'aussi il s'éprouve lui-même comme une liberté
translucide. Les autres – c'est là un point des plus
importants – se posent comme des transcendances mais
se sentent prisonniers d'une présence opaque au cœur
d'eux-mêmes : ils projettent dans la femme ce « noyau
infracassable de nuit ». Il y a chez Montherlant un
complexe adlérien où naît une mauvaise foi épaisse : c'est
cet ensemble de prétentions et de peurs qu'il incarne dans
la femme; le dégoût qu'il a pour elle, c'est celui qu'il
redoute d'éprouver pour soi-même; il prétend piétiner en
elle la preuve toujours possible de sa propre insuffisance;
il demande au mépris de le sauver; la femme c'est la fosse
où il précipite tous les monstres qui l'habitent[1]. La vie de
Lawrence nous montre qu'il souffrait d'un complexe
analogue mais plus purement sexuel : la femme a dans
son œuvre la valeur d'un mythe de compensation; par
elle se trouve exaltée une virilité dont l'écrivain n'était
pas très sûr; quand il décrit Kate aux pieds de don
Cipriano il croit avoir remporté sur Frieda un mâle
triomphe; il n'admet pas lui non plus que sa compagne le
mette en question : si elle contestait ses buts il perdrait
sans doute confiance en eux; elle a pour rôle de le
rassurer. Il lui demande la paix, le repos, la foi, comme
Montherlant demande la certitude de sa supériorité : ils
exigent ce qui leur manque. La confiance en soi ne fait
pas défaut à Claudel : s'il est timide, ce n'est que dans le

---

1. Stendhal a jugé par avance les cruautés auxquelles s'amuse Montherlant : « Dans l'indifférence que faire? L'amour-goût, mais sans les horreurs. Les horreurs viennent toujours d'une petite âme qui a besoin de se rassurer sur ses propres mérites. »

secret de Dieu. Aussi n'y a-t-il chez lui aucune trace de
lutte des sexes. L'homme se charge hardiment du poids
de la femme : elle est chance de tentation ou de salut. Il
semble que pour Breton l'homme ne soit vrai que par le
mystère qui l'habite; il lui plaît que Nadja voie cette
étoile vers laquelle il va et qui est comme « le cœur d'une
fleur sans cœur »; ses rêves, ses pressentiments, le déroulement spontané de son langage intérieur, c'est dans ces
activités qui échappent au contrôle de la volonté et de la
raison qu'il se reconnaît : la femme est la figure sensible
de cette présence voilée infiniment plus essentielle que sa
personnalité consciente.

Stendhal, lui, coïncide tranquillement avec soi-même;
mais il a besoin de la femme comme elle de lui afin que
son existence dispersée se rassemble dans l'unité d'une
figure et d'un destin; c'est comme pour autrui que
l'homme atteint à l'être; mais encore faut-il qu'autrui lui
prête sa conscience : les autres hommes ont pour leurs
semblables trop d'indifférence; seule la femme amoureuse
ouvre son cœur à son amant et l'y abrite tout entier. Sauf
Claudel qui trouve en Dieu un témoin de choix, tous les
écrivains que nous avons considérés attendent que, selon
le mot de Malraux, la femme chérisse en eux ce « monstre incomparable » connu d'eux seuls. Dans la collaboration ou la lutte, les hommes s'affrontent dans leur
généralité. Montherlant est pour ses pareils un écrivain,
Lawrence un doctrinaire, Breton un chef d'école, Stendhal un diplomate ou un homme d'esprit; c'est la femme
qui révèle en celui-là un prince magnifique et cruel, en
cet autre un faune inquiétant, en cet autre un dieu ou un
soleil ou un être « noir et froid comme un homme
foudroyé aux pieds du Sphinx[1] », en celui-ci enfin un
séducteur, un charmeur, un amant.

Pour chacun d'entre eux, la femme idéale sera celle qui
incarnera le plus exactement l'*Autre* capable de le révéler

1. *Nadja.*

à soi-même. Montherlant, l'esprit solaire, cherche en elle la pure animalité; Lawrence, le phallique, lui demande de résumer le sexe féminin dans sa généralité; Claudel la définit comme une âme-sœur; Breton chérit Mélusine enracinée dans la nature, il met son espoir dans la femme-enfant; Stendhal souhaite sa maîtresse intelligente, cultivée, libre d'esprit et de mœurs : une égale. Mais à l'égale, à la femme-enfant, à l'âme-sœur, à la femme-sexe, à la bête féminine le seul destin terrestre qui soit réservé, c'est toujours l'homme. Quel que soit l'ego qui se cherche à travers elle, il ne peut s'atteindre que si elle consent à lui servir de creuset. On exige d'elle en tout cas l'oubli de soi et l'amour. Montherlant consent à s'attendrir sur la femme qui lui permet de mesurer sa puissance virile; Lawrence adresse un hymne brûlant à celle qui se renonce en sa faveur; Claudel exalte la vassale, la servante, la dévouée qui se soumet à Dieu en se soumettant au mâle; Breton espère de la femme le salut de l'humanité parce qu'elle est capable à l'égard de son enfant, de son amant, de l'amour le plus total; et même chez Stendhal les héroïnes sont plus émouvantes que les héros masculins parce qu'elles se donnent à leur passion avec une violence plus éperdue; elles aident l'homme à accomplir sa destinée comme Prouhèze contribue au salut de Rodrigue; dans les romans de Stendhal il arrive souvent qu'elles sauvent leur amant de la ruine, de la prison ou de la mort. Le dévouement féminin est exigé comme un devoir par Montherlant, par Lawrence; moins arrogants Claudel, Breton, Stendhal l'admirent comme un choix généreux; ils le souhaitent sans prétendre le mériter; mais – sauf l'étonnant Lamiel – toutes leurs œuvres montrent qu'ils attendent de la femme cet altruisme que Comte admirait en elle et lui imposait, et qui selon lui aussi constituait à la fois une infériorité flagrante et une équivoque supériorité.

Nous pourrions multiplier les exemples : ils nous conduiraient toujours aux mêmes conclusions. En définissant la femme, chaque écrivain définit son éthique générale et l'idée singulière qu'il se fait de lui-même : c'est aussi en elle que souvent il inscrit la distance entre son point de vue sur le monde et ses rêves égotistes. L'absence ou l'insignifiance de l'élément féminin dans l'ensemble d'une œuvre est elle-même symptomatique; il a une extrême importance quand il résume dans sa totalité tous les aspects de l'Autre comme il arrive chez Lawrence; il en garde si la femme est saisie simplement comme une autre mais que l'écrivain s'intéresse à l'aventure individuelle de sa vie, ce qui est le cas de Stendhal; il la perd dans une époque comme la nôtre où les problèmes singuliers de chacun passent au second plan. Cependant la femme en tant qu'autre joue encore un rôle dans la mesure où, fût-ce pour se dépasser, chaque homme a encore besoin de prendre conscience de soi.

CHAPITRE III

Le mythe de la femme joue un rôle considérable dans la littérature; mais quelle importance a-t-il dans la vie quotidienne? Dans quelle mesure affecte-t-il les mœurs et les conduites individuelles? Pour répondre à cette question il faudrait préciser les rapports qu'il soutient avec la réalité.

Il y a diverses sortes de mythes. Celui-ci, sublimant un aspect immuable de la condition humaine qui est la « section » de l'humanité en deux catégories d'individus, est un mythe statique; il projette dans un ciel platonicien une réalité saisie dans l'expérience ou conceptualisée à partir de l'expérience; au fait, à la valeur, à la signification, à la notion, à la loi empirique, il substitue une Idée transcendante, intemporelle, immuable, nécessaire. Cette idée échappe à toute contestation puisqu'elle se situe par delà le donné; elle est douée d'une vérité absolue. Ainsi, à l'existence dispersée, contingente et multiple *des* femmes, la pensée mythique oppose l'Eternel Féminin unique et figé; si la définition qu'on en donne est contredite par les conduites des femmes de chair et d'os, ce sont celles-ci qui ont tort : on déclare non que la Féminité est une entité, mais que les femmes ne sont pas féminines. Les démentis de l'expérience ne peuvent rien contre le mythe. Cependant, d'une certaine manière, il prend sa source en elle. Ainsi il est exact que la femme est autre que l'homme, et cette altérité est concrètement éprouvée dans le désir, l'étreinte, l'amour; mais la relation réelle est de réciprocité; comme telle, elle engendre des drames authentiques : à travers l'érotisme, l'amour, l'amitié et leurs alternatives de déception, de haine, de rivalité, elle est lutte des consciences qui se veulent chacune essentielle, elle est reconnaissance des libertés qui se confirment l'une l'autre, elle est passage indéfini de l'inimitié à la complicité. Poser la Femme, c'est poser l'Autre absolu, sans réciprocité, refusant contre l'expérience qu'elle soit un sujet, un semblable.

Dans la réalité concrète, les femmes se manifestent sous des aspects divers; mais chacun des mythes édifiés à propos de la femme prétend la résumer tout entière; chacune se veut unique : la conséquence en est qu'il existe une pluralité de mythes incompatibles et que les hommes demeurent rêveurs devant les étranges incohérences de l'idée de Féminité; comme toute femme participe à une pluralité de ces archétypes qui prétendent chacun enfermer sa seule Vérité, ils retrouvent aussi devant leurs compagnes le vieil étonnement des sophistes qui comprenaient mal que l'homme pût être blond et brun à la fois. Le passage à l'absolu s'exprime déjà dans les représentations sociales : les relations s'y figent facilement en classes, les fonctions en types, comme dans la mentalité enfantine les rapports se fixent en choses. Par exemple la société patriarcale, centrée sur la conservation du patrimoine, implique nécessairement, à côté d'individus qui détiennent et transmettent les biens, l'existence d'hommes et de femmes qui les arrachent à leurs propriétaires et les font circuler; les hommes – aventuriers, escrocs, voleurs, spéculateurs – sont généralement désavoués par la collectivité; les femmes usant de leur attrait érotique ont la possibilité d'inviter les jeunes gens et même les pères de famille à dissiper leur patrimoine sans sortir de la légalité; elles s'approprient leur fortune ou captent leur héritage; ce rôle étant considéré comme néfaste, on appelle « mauvaises femmes » celles qui le remplissent. En fait, elles peuvent au contraire apparaître en un autre foyer – celui de leur père, de leurs frères, de leur mari, de leur amant – comme un ange gardien; telle courtisane qui dépouille de riches financiers est pour les peintres et les écrivains un mécène. L'ambiguïté du personnage d'Aspasie, de Mme de Pompadour se laisse facilement comprendre dans une expérience concrète. Mais si on pose que la femme, c'est la Mante Religieuse, la Mandragore, le Démon, l'esprit demeure confondu, s'il découvre aussi en elle la Muse, la Déesse Mère, Béatrice.

Comme les représentations collectives et entre autres les types sociaux se définissent généralement par couples de termes opposés, l'ambivalence semblera une propriété intrinsèque de l'Eternel Féminin. La sainte mère a pour corrélatif la marâtre cruelle, l'angélique jeune fille, la vierge perverse : aussi dira-t-on tantôt que Mère égale Vie ou que Mère égale Mort, que toute pucelle est un pur esprit ou une chair vouée au diable.

Ce n'est évidemment pas la réalité qui dicte à la société ou aux individus leur choix entre les deux principes opposés d'unification; à chaque époque, dans chaque cas, société et individu décident d'après leurs besoins. Très souvent ils projettent dans le mythe adopté les institutions et les valeurs auxquelles ils sont attachés. Ainsi le paternalisme qui réclame la femme au foyer la définit comme sentiment, intériorité, immanence; en fait tout existant est à la fois immanence et transcendance; quand on ne lui propose pas de but, ou qu'on l'empêche d'en atteindre aucun, qu'on le frustre de sa victoire, sa transcendance tombe vainement dans le passé, c'est-à-dire retombe en immanence; c'est le sort assigné à la femme dans le patriarcat; mais ce n'est aucunement une vocation non plus que l'esclavage n'est la vocation de l'esclave. On voit clairement chez Auguste Comte le développement de cette mythologie. Identifier la Femme à l'Altruisme, c'est garantir à l'homme des droits absolus à son dévouement, c'est imposer aux femmes un devoir-être catégorique.

Il ne faut pas confondre le mythe avec la saisie d'une signification; la signification est immanente à l'objet; elle est révélée à la conscience dans une expérience vivante; tandis que le mythe est une Idée transcendante qui échappe à toute prise de conscience. Quand dans *l'Age d'homme* Michel Leiris décrit sa vision des organes féminins, il nous livre des significations et n'élabore aucun mythe. L'émerveillement devant le corps féminin, le dégoût du sang menstruel sont des appréhensions d'une réalité concrète. Il n'y a rien de mythique dans l'expérience qui découvre les qualités voluptueuses de la chair féminine et on ne passe pas au mythe quand on tente de les exprimer par des comparaisons avec des fleurs ou des cailloux. Mais dire que la Femme, c'est la Chair, dire que la Chair est Nuit et Mort, ou qu'elle est la splendeur du Cosmos, c'est quitter la vérité de la terre et s'envoler vers un ciel vide. Car l'homme aussi est chair pour la femme; et celle-ci est autre qu'un objet charnel; et la chair revêt pour chacun et dans chaque expérience des significations singulières. Il est de même tout à fait vrai que la femme est – comme l'homme – un être enraciné dans la nature; elle est plus que le mâle asservie à l'espèce, son animalité est la plus manifeste; mais en elle comme en lui le donné est assumé par l'existence, elle appartient aussi au règne humain. L'assimiler à la Nature c'est un simple parti pris.

Peu de mythes ont été plus avantageux que celui-ci à la caste maîtresse : il justifie tous ses privilèges et l'autorise même à en abuser. Les hommes n'ont pas à se soucier d'alléger les souffrances et les charges qui sont physiologiquement le lot des femmes puisque celles-ci sont « voulues par la Nature »; ils en prennent prétexte pour augmenter encore la misère de la condition féminine, par exemple pour dénier à la femme tout droit au plaisir sexuel, pour la faire travailler comme une bête de somme[1].

De tous ces mythes, aucun n'est plus ancré dans les cœurs masculins que celui du « mystère » féminin. Il a quantité d'avantages. Et d'abord il permet d'expliquer sans frais tout ce qui paraît inexplicable; à une déficience subjective, l'homme qui ne « comprend » pas une femme est heureux de substituer une résistance objective; au lieu d'admettre son ignorance, il reconnaît hors de lui la présence d'un mystère : voilà un alibi qui flatte à la fois la paresse et la vanité. Un cœur épris s'évite ainsi bien des déceptions : si les conduites de la bien-aimée sont capricieuses, ses propos stupides, le mystère leur sert d'excuse. Enfin grâce au mystère se perpétue ce rapport négatif qui semblait à Kierkegaard infiniment préférable à une possession positive; en face d'une vivante énigme l'homme demeure seul : seul avec ses rêves, ses espoirs, ses craintes, son amour, sa vanité; ce jeu subjectif qui peut aller du vice à l'extase mystique est pour beaucoup une expérience plus attrayante qu'un authentique rapport avec un être humain. Sur quelles bases repose donc une illusion si profitable?

Assurément, en un sens, la femme est mystérieuse, « mystérieuse comme tout le monde » selon le mot de Maeterlinck. Chacun n'est sujet que pour soi; chacun ne peut saisir dans son immanence que soi seul : de ce point de vue l'autre est toujours mystère. Aux yeux des hommes l'opacité du pour-soi est plus flagrante chez l'autre féminin; ils ne peuvent par aucun effet de sympathie pénétrer son expérience singulière : la qualité du plaisir érotique de la femme, les malaises de la menstruation, les

---

1. Cf. BALZAC, *Physiologie du Mariage* : « Ne vous inquiétez en rien de ses murmures, de ses cris, de ses douleurs; *la nature l'a faite à notre usage,* et pour tout porter : enfants, chagrins, coups et peines de l'homme. Ne vous accusez pas de dureté. Dans tous codes des nations soi-disant civilisées l'homme a écrit les lois qui règlent le destin des femmes sous cette épigraphe sanglante : « *Vae victis!* Malheur aux faibles! »

douleurs de l'accouchement, ils sont condamnés à les ignorer. En vérité, il y a réciprocité du mystère : en tant qu'autre, et qu'autre de sexe masculin, il y a aussi au cœur de tout homme une présence fermée sur soi et impénétrable à la femme; elle ignore ce qu'est l'érotisme du mâle. Mais selon la règle universelle que nous avons constatée, les catégories à travers lesquelles les hommes pensent le monde sont constituées *de leur point de vue, comme absolues :* ils méconnaissent ici comme partout la réciprocité. Mystère pour l'homme, la femme est regardée comme mystère en soi.

A vrai dire sa situation la dispose singulièrement à être considérée sous cette figure. Son destin physiologique est très complexe; elle-même le subit comme une histoire étrangère; son corps n'est pas pour elle une claire expression d'elle-même; elle s'y sent aliénée; le lien qui en tout individu rattache la vie physiologique et la vie physique ou pour mieux dire la relation existant entre la facticité d'un individu et la liberté qui l'assume est la plus difficile énigme impliquée par la condition humaine : c'est chez la femme qu'elle se pose de la manière la plus troublante.

Mais ce qu'on appelle mystère, ce n'est pas la solitude subjective de la conscience, ni le secret de la vie organique. C'est au niveau de la communication que le mot prend son vrai sens : il ne se réduit pas au pur silence, à la nuit, à l'absence; il implique une présence balbutiante qui échoue à se manifester. Dire que la femme est mystère, c'est dire non qu'elle se tait mais que son langage n'est pas entendu; elle est là, mais cachée sous des voiles; elle existe par-delà ces incertaines apparitions. Qui est-elle? un ange, un démon, une inspirée, une comédienne? On suppose ou bien qu'il existe à ces questions des réponses impossibles à découvrir, ou plutôt qu'aucune n'est adéquate parce qu'une fondamentale ambiguïté affecte l'être féminin; en son cœur, elle est pour soi-même indéfinissable : un sphinx.

Le fait est qu'elle serait bien embarrassée de décider *qui* elle *est*; la question ne comporte pas de réponse; mais ce n'est pas que la vérité cachée soit trop ondoyante pour se laisser cerner : c'est qu'en ce domaine il n'y a pas de vérité. Un existant n'*est* rien d'autre que ce qu'il fait; le possible ne déborde pas le réel, l'essence ne précède pas l'existence : dans sa pure subjectivité, l'être humain n'*est* *rien*. On le mesure à ses actes. D'une paysanne on peut dire qu'elle est une bonne ou une mauvaise travailleuse, d'une actrice qu'elle a ou n'a pas de talent : mais si on considère une femme dans sa présence immanente, on ne peut absolument rien en dire, elle est en deçà d'aucune qualification. Or dans les relations amoureuses ou conjugales, dans toutes les relations où la femme est la vassale, l'autre, c'est dans son immanence qu'on la saisit. Il est frappant que la camarade, la collègue, l'associée soient sans mystère; en revanche, si le vassal est mâle, si en face d'un homme ou d'une femme plus âgés que lui, plus riches, un jeune garçon par exemple apparaît comme l'objet inessentiel, il s'enveloppe lui aussi de mystère. Et ceci nous découvre une infrastructure du mystère féminin qui est d'ordre économique. Un sentiment non plus n'*est* rien. « Dans le domaine des sentiments, le réel ne se distingue pas de l'imaginaire, écrit Gide. Et il suffit d'imaginer qu'on aime pour aimer, ainsi suffit-il de se dire qu'on imagine aimer, quand on aime, pour aussitôt aimer un peu moins... » Entre l'imaginaire et le réel il n'y a de discrimination qu'à travers des conduites. L'homme détenant en ce monde une situation privilégiée, c'est lui qui est à même de manifester activement son amour; très souvent il entretient la femme ou du moins il l'aide; en l'épousant il lui donne une position sociale; il lui fait des cadeaux; son indépendance économique et sociale lui permet des initiatives et des inventions : séparé de Mme de Villeparisis, c'est M. de Norpois qui faisait des voyages de vingt-quatre heures pour la rejoindre; très souvent il est occupé, elle est oisive : le temps qu'il passe avec elle, il le lui *donne*; elle le prend : avec plaisir, avec passion ou simplement pour se distraire? Accepte-t-elle ces bienfaits par amour ou par intérêt? Aime-t-elle le mari ou le mariage? Bien entendu, les preuves mêmes que donne l'homme sont ambiguës : tel don est-il consenti par amour ou par pitié? Mais tandis que normalement la femme trouve au commerce de l'homme quantité d'avantages, le commerce de la femme n'est profitable à l'homme que dans la mesure où il l'aime. Aussi d'après l'ensemble de son attitude, on peut à peu près estimer le degré de son attachement. Tandis que la femme n'a guère le moyen de sonder son propre cœur; selon ses humeurs elle prendra sur ses sentiments des points de vue différents, et tant qu'elle les subira passivement, aucune interprétation ne sera plus vraie qu'une autre. Aux cas assez rares où c'est elle qui détient les privilèges économiques et sociaux, le mystère se renverse : ce qui montre bien qu'il n'est pas lié à *ce* sexe plutôt qu'à cet autre mais à une situation. Pour un grand nombre de femmes les chemins de la transcendance sont barrés : parce qu'elles ne *font* rien, elles ne se *font être* rien; elles se demandent indéfiniment ce qu'elles *auraient pu* devenir, ce qui les conduit à s'interroger sur ce qu'elles *sont* : c'est une vaine interrogation; si l'homme échoue à découvrir cette essence secrète, c'est que tout simplement elle n'existe pas. Maintenue en marge du monde, la femme ne peut se définir objectivement à travers ce monde et son mystère ne recouvre que du vide.

En outre, il arrive que, comme tous les opprimés, elle dissimule délibérément sa figure ojective; l'esclave, le serviteur, l'indigène, tous ceux qui dépendent des caprices d'un maître ont appris à lui opposer un immuable sourire ou une énigmatique impassibilité; leurs vrais sentiments, leurs vraies conduites ils les cachent soigneusement. A la femme aussi on apprend depuis l'adolescence à mentir aux hommes, à ruser, à biaiser. Elle les aborde avec des visages d'emprunt; elle est prudente, hypocrite, comédienne.

Mais le Mystère féminin tel que le reconnaît la pensée mythique est une réalité plus profonde. En fait, il est immédiatement impliqué dans la mythologie de l'Autre absolu. Si on admet que la conscience inessentielle est elle aussi une subjecticité translucide, capable d'opérer le Cogito, on admet qu'elle est en vérité souveraine et qu'elle retourne à l'essentiel; pour que toute réciprocité apparaisse impossible, il faut que l'Autre soit pour soi un autre, que sa subjectivité même soit affectée par l'altérité; cette conscience qui serait aliénée en tant que conscience, dans sa pure présence immanente, serait évidemment Mystère; elle serait Mystère en soi du fait qu'elle le serait pour soi; elle serait le Mystère absolu. C'est ainsi qu'il y a, par-delà le secret que crée leur dissimulation, un mystère du Noir, du Jaune, en tant qu'ils sont considérés absolument comme l'Autre inessentiel. Il faut remarquer que le citoyen américain qui déconcerte profondément l'Européen moyen n'est cependant pas considéré comme « mystérieux » : plus modestement on assure qu'on ne le comprend pas; ainsi la femme ne « comprend » pas toujours l'homme, mais il n'y a pas de mystère masculin; c'est que la riche Amérique, le mâle, sont du côté du Maître et que le Mystère est propriété de l'esclave.

Bien entendu, on ne peut que rêver dans les crépuscules de la mauvaise foi sur la réalité positive du Mystère; semblable à certaines hallucinations marginales, dès qu'on essaie de le fixer il se dissipe. La littérature échoue toujours à peindre des femmes « mystérieuses »; elles peuvent seulement apparaître au début d'un roman comme étranges, énigmatiques; mais à moins que l'histoire ne demeure inachevée, elles finissent par livrer leur secret et elles sont alors des personnages cohérents et translucides. Par exemple le héros des livres de Peter Cheyney ne cesse de s'étonner des imprévisibles caprices des femmes : on ne peut jamais deviner comment elles vont se conduire, elles déjouent tous les calculs; en vérité dès que les ressorts de leurs actes sont dévoilés aux lecteurs, elles apparaissent comme de très simples méca-nismes : celle-ci était espionne, celle-là voleuse; si habile que soit l'intrigue, il y a toujours une clé, et il ne saurait en être autrement, l'auteur eût-il tout le talent, toute l'imagination qu'on peut souhaiter. Le mystère n'est jamais qu'un mirage, il s'évanouit dès qu'on essaie de le cerner.

Ainsi nous voyons que le mythe s'explique en grande partie par l'usage que l'homme en fait. Le mythe de la femme est un luxe. Il ne peut apparaître que si l'homme échappe à l'urgente emprise de ses besoins; plus des rapports sont concrètement vécus, moins ils sont idéali-sés. Le fellah de l'ancienne Egypte, le paysan bédouin, l'artisan du Moyen Age, l'ouvrier contemporain ont dans les nécessités du travail et de la pauvreté des rapports trop définis avec la femme singulière qui est leur compa-gne pour la parer d'une aura faste ou néfaste. Ce sont les époques et les classes à qui étaient accordés les loisirs de rêver qui ont dressé les statues noires et blanches de la féminité. Mais le luxe a aussi une utilité; ces rêves étaient impérieusement dirigés par des intérêts. Certes, la plupart des mythes ont des racines dans l'attitude spontanée de l'homme à l'égard de sa propre existence et du monde qui l'investit : mais le dépassement de l'expérience vers l'Idée transcendante a été délibérément opéré par la société patriarcale à des fins d'auto-justification; à travers les mythes, elle imposait aux individus ses lois et ses mœurs d'une manière imagée et sensible; c'est sous une forme mythique que l'impératif collectif s'insinuait en chaque conscience. Par l'intermédiaire des religions, des tradi-tions, du langage, des contes, des chansons, du cinéma, les mythes pénètrent jusque dans les existences les plus durement asservies aux réalités matérielles. Chacun peut y puiser une sublimation de ses modestes expériences : trompé par une femme aimée, celui-ci déclare qu'elle est une matrice enragée; cet autre est obsédé par l'idée de son impuissance virile : voilà la femme Mante Religieuse; celui-là se plaît en compagnie de sa femme : la voilà Harmonie, Repos, Terre nourricière. Le goût d'éternité à bon marché, d'un absolu de poche, qu'on rencontre chez la plupart des hommes se satisfait des mythes. La moindre émotion, une contrariété, deviennent le reflet d'une Idée intemporelle; cette illusion flatte agréablement la vanité.

Le mythe est un de ces pièges de la fausse objectivité dans lesquels l'esprit de sérieux donne tête baissée. Il s'agit encore une fois de remplacer l'expérience vécue et les libres jugements qu'elle réclame par une idole figée. A un rapport authentique avec un existant autonome, le mythe de la Femme substitue l'immobile contemplation d'un mirage. « Mirage! mirage! il faut les tuer puisqu'on ne peut les saisir; ou bien les rassurer, les informer, leur faire passer le goût des bijoux, en faire véritablement nos compagnes égales, nos amies intimes, des associées d'ici-bas, les habiller autrement, leur couper les cheveux, leur tout dire... » s'écria Laforgue. L'homme n'aurait rien à perdre, bien au contraire, s'il renonçait à déguiser la femme en symbole. Les songes quand ils sont collectifs et dirigés, des clichés, sont bien pauvres et monotones auprès de la réalité vivante : pour le vrai rêveur, pour le poète, elle est une source bien plus féconde qu'un merveilleux éculé. Les époques qui ont chéri le plus sincèrement les femmes, ce n'est pas la féodalité courtoise, ni le galant XIXe siècle : ce sont celles – le XVIIIe siècle par exemple – où les hommes voyaient dans les femmes des semblables; c'est alors qu'elles apparaissent comme vraiment romanesques : il n'est que de lire *les Liaisons dangereuses, le Rouge et le Noir, l'Adieu aux Armes* pour s'en rendre compte. Les héroïnes de Laclos, de Stendhal, de Hemingway sont sans mystère : elles n'en sont pas moins attachantes. Reconnaître dans la femme un être humain, ce n'est pas appauvrir l'expérience de l'homme :

celle-ci ne perdrait rien de sa diversité, de sa richesse, de son intensité si elle s'assumait dans son intersubjectivité; refuser les mythes, ce n'est pas détruire toute relation dramatique entre les sexes, ce n'est pas nier les significations qui se révèlent authentiquement à l'homme à travers la réalité féminine; ce n'est pas supprimer la poésie, l'amour, l'aventure, le bonheur, le rêve : c'est seulement demander que conduites, sentiments, passions soient fondés dans la vérité[1].

« La femme se perd. Où sont les femmes? les femmes d'aujourd'hui ne sont pas des femmes »; on a vu quel était le sens de ces mystérieux slogans. Aux yeux des hommes – et de la légion de femmes qui voient par ces yeux – il ne suffit pas d'avoir un corps de femme ni d'assumer comme amante, comme mère, la fonction de femelle pour être une « vraie femme »; à travers la sexualité et la maternité, le sujet peut revendiquer son autonomie; la « vraie femme » est celle qui s'accepte comme Autre. Il y a dans l'attitude des hommes d'aujourd'hui une duplicité qui crée chez la femme un déchirement douloureux; ils acceptent dans une assez grande mesure que la femme soit une semblable, une égale; et cependant ils continuent à exiger qu'elle demeure l'inessentiel; pour elle, ces deux destins ne sont pas conciliables; elle hésite entre l'un et l'autre sans être exactement adaptée à aucun et c'est de là que vient son manque d'équilibre. Chez l'homme il n'y a entre vie publique et vie privée aucun hiatus : plus il affirme dans l'action et le travail sa prise sur le monde, plus il apparaît comme viril; en lui valeurs humaines et valeurs vitales sont confondues; au lieu que les réussites autonomes de la

---

1. Laforgue dit encore à propos de la femme : « Comme on l'a laissée dans l'esclavage, la paresse, sans autre occupation et arme que son sexe, elle l'a hypertrophié et est devenue le Féminin... nous l'avons laissée s'hypertrophier; elle est au monde pour nous... Eh bien! tout cela est faux... Avec la femme nous avons jusqu'ici joué à la poupée. Voilà trop longtemps que ça dure!... »

femme sont en contradiction avec sa féminité puisqu'on demande à la « vraie femme » de se faire objet, d'être l'Autre. Il est très possible que sur ce point la sensibilité, la sexualité même des hommes se modifie. Une nouvelle esthétique est déjà née. Si la mode des poitrines plates et des hanches maigres – de la femme-éphèbe – n'a eu qu'un temps, on n'en est cependant pas revenu à l'opulent idéal des siècles passés. On demande au corps féminin d'être chair, mais discrètement; il doit être mince et non alourdi de graisse; musclé, souple, robuste, il faut qu'il indique la transcendance; on le préfère non pas blanc comme une plante de serre mais ayant affronté le soleil universel, hâlé comme un torse de travailleur. En devenant pratique, le costume de la femme ne l'a pas fait apparaître comme asexuée : au contraire, les jupes courtes ont mis en valeur beaucoup plus que naguère jambes et cuisses. On ne voit pas pourquoi le travail la priverait de son attrait érotique. Saisir à la fois la femme comme un personnage social et comme une proie charnelle peut être troublant : dans une série de dessins de Peynet parus récemment[1], on voyait un jeune fiancé délaisser sa promise parce qu'il était séduit par la jolie mairesse qui se disposait à célébrer le mariage; qu'une femme exerce un « office viril » et soit en même temps désirable, ç'a été longtemps un thème de plaisanteries plus ou moins graveleuses; peu à peu le scandale et l'ironie se sont émoussés et il semble qu'une nouvelle forme d'érotisme soit en train de naître : peut-être engendrera-t-elle de nouveaux mythes.

Ce qui est certain, c'est qu'aujourd'hui il est très difficile aux femmes d'assumer à la fois leur condition d'individu autonome et leur destin féminin; c'est là la source de ces maladresses, de ces malaises qui les font parfois considérer comme « un sexe perdu ». Et sans doute il est plus confortable de subir un aveugle esclavage que de travailler à s'affranchir : les morts aussi sont

1. En novembre 1948.

mieux adaptés à la terre que les vivants. De toute façon un retour au passé n'est pas plus possible qu'il n'est souhaitable. Ce qu'il faut espérer, c'est que de leur côté les hommes assument sans réserve la situation qui est en train de se créer; alors seulement la femme pourra la vivre sans déchirement. Alors pourra être exaucé le vœu de Laforgue : « O jeunes filles, quand serez-vous nos frères, nos frères intimes sans arrière-pensée d'exploitation? quand nous donnerons-nous la vraie poignée de main? » Alors « Mélusine non plus sous le poids de la fatalité déchaînée sur elle par l'homme seul, Mélusine délivrée... » retrouvera « son assiette humaine[1] ». Alors elle sera pleinement un être humain, « quand sera brisé l'infini servage de la femme, quand elle vivra pour elle et par elle, l'homme – jusqu'ici abominable – lui ayant donné son renvoi[2] ».

---

1. Breton, *Arcane 17.*
2. Rimbaud, *Lettre à P. Demeny*, 15 mai 1872.

DU MÊME AUTEUR

LA FORCE DES CHOSES (1963).

LA VIEILLESSE (1970).

TOUT COMPTE FAIT (1972).

LES ÉCRITS DE SIMONE DE BEAUVOIR (1979), par
Claude Francis et Fernande Gontier.

LA CÉRÉMONIE DES ADIEUX, suivi de ENTRETIENS
AVEC JEAN-PAUL SARTRE (1981)

Témoignage

DJAMILA BOUPACHA (1962), en collaboration
avec Gisèle Halimi.

Scénario

SIMONE DE BEAUVOIR (1979), un film de Josée Dayan
et Malka Ribowska, réalisé par Josée Dayan.

Journal

JOURNAL DE GUERRE, septembre 1939-janvier 1941 (1991).

Correspondance

LETTRES À SARTRE, tome I - 1930-1939 (1990).
LETTRES À SARTRE, tome II - 1940-1963 (1990).

Impression Brodard et Taupin
à La Flèche (Sarthe),
le 2 août 1993.
Dépôt légal : août 1993.
1ᵉʳ dépôt légal dans la même collection : mai 1986.
Numéro d'imprimeur : 6688H-5.

ISBN 2-07-032351-X / Imprimé en France.

65561